자폐장애

자폐장애

조수철 외 공저

학지사

머리말

　필자에게 대학원 강의는 스스로를 돌아볼 수 있는 좋은 기회가 된다. 첫 번째 학기에서는 '소아정신생물학'이라는 제목으로 한 학기 강의가 이루어졌고, 두 번째 학기에서는 '소아정신약물학'을 주제로 한 학기의 세미나를 주최한 바가 있다. 이 내용은 1995년도에 정리하여 단행본으로 출판한 바 있고 2000년도에는 개정판도 나왔다. 2000년도 1학기에는 이에 대한 각론으로 '주의력 결핍-과잉 운동장애'를 주제로 대학원 세미나를 주최하였고 이 내용을 정리·보완하여 단행본을 출판했으며, 이와 비슷한 모델로 『틱장애』(서울대학교 출판부, 2005)를 출판한 바 있다. 그 후 『소아정신병리의 진단과 평가』(조수철, 신민섭 공저, 학지사, 2005), 『인간의 발달과 생존-힘과 통제의 원리』(학지사, 2010), 『아동·청소년 임상 면담』(조수철 외 공저, 학지사, 2010) 등도 출판하였다.

　그러나 항상 마음속에 두고 있으면서도 막상 실천하지 못한 질환이 있는데, 바로 '자폐장애'다. 워낙 자료가 방대한데다 발전 속도가 너무 빨라 자료 정리에 많은 어려움이 있기 때문이다. 그러나 2009년도 대학원 강좌 때 '자폐장애'를 주제로 삼아 한 학기를 이끌었고, 이 자료들을 바탕으로 이 책을 집필하게 되었다.

　대학원 세미나 진행 도중 많은 분의 도움이 있었다. 서울대학교 신경정신과 교실에 속한 각 교수들께서 많은 도움을 주었다. 역학에서는 조맹제 교수; 유전 연구, 평가: 선별 및 진단에서는 유희정 교수; 환경적 요인, 약물치료에서는 김재원 교수; 신경생화학 및 신경생리 연구, 구조적 뇌영상 연구, 기능적 뇌영상 연구에서는 김붕년 교수; 의학적 상태에서는 소아청소년과의 채종휘 교수; 신경 연구에서는 김붕년 교수; 의학적 상태에서는 소아청소년과의 채종희 교수; 신경심리 검사 및 행동적 접근에서는 신민섭 교수; 교육적 접근에서는 정경미 교수; 가족치료적 접근에서는 박규리 교수; 기타 치료적 접근에서는 유한익 교수; 그리고 청소년기 및 성인기 자폐증에 관하여는 반건호 교수가 도움을 주었다.

또한 각 장마다 발표의 책임을 맡은 발표자들은 모두 정성을 다하여 철저한 준비를 해 주었으며 원고의 정리 단계에서는 홍순범 교수가 꼼꼼하게 도와주었다.

세미나와 집필에 참여해 주신 모든 교수님, 그리고 성실하게 정리해 주신 모든 분께 깊이 감사드린다. 자폐아동들을 다루는 모든 분들, 더 나아가서는 자폐아동을 가진 부모님께도 도움을 드릴 수 있었으면 하는 바람이 크다. 항상 최선을 다하여 출판해 주시는 김진환 사장님 이하 학지사 여러분께 깊은 감사를 드린다.

2011년
然谷齋에서
대표저자 조수철

나의 스승, 코헨 교수의 10주기를 추모하며

IN MEMORIAM
Donald J. Cohen, M.D.
September 5, 1940~October 2, 2001

차 례

Chapter 01

총 론

1. 서 론

자폐장애(autistic disorder)는 넓게는 전반적 발달장애(pervasive developmental disorder)의 범주 내에 속하는 질환이다. 전반적 발달장애는 진단명 그대로 발달 전반에 걸쳐 장애가 유발되는 질환으로, 소아기에 기대되는 사회성, 언어 또는 행동의 발달 측면에서 발달이 지연되거나 어느 정도 발달이 되었다가 퇴행되는 특징이 있다.

이상돈, 조수철

2. 역사적 배경

자폐장애에 대한 질병 개념이 형성되기 이전에는 어린 아동들에게서 보이는 자폐증을 포함한 정신병적 증상들을 모두 정신분열병 혹은 정신증의 일종으로 생각하였다. 1943년 Kanner가 이전에는 알려지지 않았던 장애를 가진 11명의 아동을 학계에 보고하였다. 그는 「정서적 접촉의 자폐적 장애(Autistic Disturbance of Affective Contact)」라는 논문에서 대인관계 형성의 장애, 언어와 의사소통의 장애, 그리고 동일성의 유지 및 특이한 반복 행동을 특징으로 기술하였으며 '조기 유아기 자폐증(early infantile autism)'이라는 진단명을 처음 사용하였다. 이러한 Kanner의 기술은 오늘날에도 거의 그대로 받아들여지고 있다. 그러나 이후에도 대체로 자폐장애 아동들을 정신분열병의 연속선상으로 보는 견해가 우세하였다. DSM-I(1952)과 DSM-II(1968)에서도 각각 '정신분열병적 반응, 소아기형(schizophrenic reaction, childhood type)'과 '정신분열병, 소아기형(schizophrenia, childhood type)'의 진단명 내에 유아기 자폐증이 포함되었다. 이후 아동기 정신병이 발병 연령에 따라 5세 이전과 이후의 두 군에서 임상적 특징과 역학적·원인적 특징이 다르다는 등의 연구가 진행되었다. Rutter(1968)는 그때까지 보고된 연구들을 고찰한 후 유아기 자폐증을 하나의 독립된 질병군으로 보고 특징을 정리하였다. 이를 바탕으로 ICD-9(1977)과 DSM-III(1980)에서 처음으로 '전반적 발달장애(pervasive developmental disorder)'라는 독립된 병명으로 인정을 받게 되었다. DSM-III-R(1987)에서는 4개의 하위 범주를 두 하위 범주로 단순화하고 주관적 기준을 삭제하였으며 진단적 개념을 확대하여 결과적으로 유병률이 증가하였다. DSM-IV(1994)에서는 다시 하위 분류가 세분화되고 진단 기준의 항목 수도 16개에서 12개로, 자폐장애란 진단을 내리기 위한 기준의 수도 8개에서 6개로 줄였다. 최근 1990년대 이후 학계에서는 '자폐 스펙트럼 장애(autism spectrum disorder)'라는 용어를 도입하였다. 여기에는 자폐장애, 기타 전반적 발달장애나 비정형 자폐증, 아스퍼거 장애

(Asperger's disorder)가 포함되며, 이들을 통합하여 연구가 이루어지는 경향이 있다.

3. 진단 기준

미국정신의학회(American Psychiatric Association)의 『정신장애의 진단 및 통계 편람 제4판(*DSM-IV-TR*)』(2000)에서 자폐장애(autistic disorder)는 전반적 발달장애(pervasive developmental disorder)에 속하며 그 외에도 아스퍼거 장애, 소아기 붕괴성 장애(childhood disintegrative disorder), 레트 장애(Rett disorder), 달리 분류되지 않은 전반적 발달장애가 전반적 발달장애에 속한다. 『국제질병분류 제10판(*ICD-10*)』(1992)에서는 소아기 자폐증(childhood autism)이라는 진단명으로 전반적 발달장애의 하위 분류로 포함되어 있으며 DSM-IV-TR과는 달리 8개의 하위 분류가 여기에 속한다.

F84   전반적 발달장애(pervasive developmental disorders)

F84.0   소아기 자폐증(childhood autism)

F84.1   비정형 자폐증(atypical autism)

F84.2   레트 증후군(Rett's syndrome)

F84.3   기타 소아기 붕괴성 장애(other childhood disintegrative disorder)

F84.4   정신지연 및 상동운동과 연관된 과다활동성 장애(overactive disorder associated with mental retardation and stereotyped movements)

F84.5   아스퍼거 증후군(Asperger's syndrome)

F84.8   기타 전반적 발달장애(other pervasive developmental disorders)

F84.9   달리 분류되지 않은 전반적 발달장애(pervasive developmental disorder, unspecified)

DSM-IV-TR의 자폐장애와 ICD-10의 소아기 자폐증의 진단 기준은 거의 동일하며 구체적인 진단 기준은 다음과 같다.

표 1-1   DSM-IV-TR 진단 기준
1. A, B, C 항목 중 최소한 6개(또는 그 이상)가 있고 A에서 최소 2개, 그리고 B와 C에서 각각 1개가 있다.
A. 사회적 상호교류의 질적인 장애로 다음 중 최소 2개가 나타난다.

a) 사회적 상호작용에 필요한 다양한 비언어적 행동, 가령 눈을 맞추며 쳐다보기, 얼굴 표정, 몸짓 및 제스처 사용에 현저한 지장이 있다.
  b) 발달 수준에 적합한 또래관계를 형성하지 못한다.
  c) 자발적으로 다른 사람과 즐거움, 관심 또는 성취감을 공유하고 싶어 하는 점이 부족하다. (예: 관심 있는 물건을 타인에게 보여 주거나 가져오거나 지적하는 점이 부족하다.)
  d) 사회적 또는 정서적 상호교류가 부족하다.

B. 의사소통의 질적인 장애로 다음 중 최소 1개가 나타난다.

a) 구어 발달이 지연되거나 또는 전적으로 부족하다. (제스처 또는 몸짓 같은 다른 형태의 의사소통 방식으로 보충하려고 하지 않는다.)
  b) 언어가 적절한 사람의 경우에도, 대화를 시작하거나 지속하는 데 현저한 지장이 있다.
  c) 반복적이고 상동적인 언어 혹은 개인에게 특유한(idiosyncratic) 언어
  d) 발달 수준에 적절한 가상 놀이나 사회적 흉내내기 놀이가 부족하다.

C. 행동, 관심 및 활동이 한정되고 반복적이고 상동적인 양상이 다음 중 최소 1개로 나타난다.

a) 1개 또는 그 이상의 상동적이고 한정된 관심에 몰두하는데, 그 강도나 집중 정도가 비정상적이다.
  b) 비기능적이고 틀에 박힌 특정 행동이나 관습에 강박적으로 집착한다.
  c) 상동적이고 반복적인 운동 매너리즘(예: 손 또는 손가락을 흔들거나 비꼬기, 복잡한 전신의 움직임)
  d) 물건의 어떤 부분에 지속적으로 집착한다.

2. 다음 중 최소한 한 분야에서 지연되거나 또는 비정상 기능을 하며, 이것이 3세 이전에 발병되었다.
1) 사회적 상호교류 2) 사회적 의사소통에서 사용되는 언어 3) 상징적 또는 상상 놀이
3. 본 장애는 레트 장애 또는 소아기 붕괴성 장애로 인한 것이 아니다.

표 1-2	ICD-10 진단 기준

A. 다음 영역 중 적어도 1개에서 3세 이전에 비정상적 혹은 손상된 발달을 보인다.

(1) 사회적인 의사소통에서 사용되는 수용성 혹은 표현성 언어
(2) 선택적인 사회적 애착 혹은 사회적인 상호작용의 발달
(3) 기능적 혹은 상징적 놀이

B. (1), (2) 그리고 (3)에서 적어도 6개의 증상, (1)에서 적어도 2개, (2)에서 적어도 1개, (3)에서 적어도 1개의 증상을 보인다.

(1) 다음의 영역에서 나타나는 사회적 상호작용의 질적인 손상(적어도 2개)
  - 사회적 상호작용을 조절하기 위해 눈 맞춤, 얼굴 표정, 몸 자세, 제스처를 적절히 사용할 수 없음
  - 관심사와 활동, 감정을 상호 공유하는 또래관계를 발전시키지 못함(정신 연령에 적절한 방법으로, 충분한 기회에도 불구하고)
  - 타인의 감정에 대해서 손상되거나 독특한 반응으로 보이는 사회적-감정적 상호성의 부족; 사회적 맥락에 따라 행동을 조절하는 능력의 부족; 혹은 사회적, 감정적, 의사소통 행동의 통합이 부족함
  - 즐거움, 흥미, 성취 등을 자발적으로 타인과 함께 나누는 것이 부족함(예: 관심이 있어서 물건을 보여 주거나 가져오거나 지적하는 점이 부족)

(2) 적어도 다음의 한 가지 이상의 영역에서 나타나는 의사소통의 질적인 손상
  - 구어 발달의 지연 혹은 완전한 결여가 있으며 이에 대해 대안적인 방법으로 몸짓이나 제스처를 사용하지 않음(종종 의사소통 양상의 옹알이가 부족함)
  - (언어 기술의 습득 정도에 관계없이) 대화를 시작하거나 지속하는 능력의 상대적 부족(상대방이 반응을 보임에도 불구하고)
  - 단어나 어구의 상동적이고 반복적인 사용 혹은 독특한 사용
  - 다양한 자발적 상징 놀이 혹은 모방 놀이(더 어린 경우)의 부족

(3) 다음의 영역 중 적어도 한 가지 이상에서 나타나는 제한적이고 반복적이고 상동적인 행동, 관심, 활동
  - 내용이나 초점에서 비정상적인 제한적이고 상동적인 패턴으로 관심이 집중됨; 혹은 내용이나 초점이 비정상적이지 않다 하더라도 하나 이상의 관심 영역이 강도나 협소하다는 면에서 비정상적임
  - 특정한 비기능적 방식이나 의식에 대한 강박적인 집착
  - 손이나 손가락 흔들기, 꼬기 혹은 복잡한 전신 움직임 등을 동반하는 상동적이고 반복적인 운동 매너리즘
  - 놀이 기구의 부분 혹은 비기능적 요소에 열중(예: 놀이 기구의 냄새, 표면의 느낌, 진동, 소음 등)

C. 이러한 임상 양상이 다른 발달장애로 인한 것이 아니어야 한다; 이차적 사회-감정적 문제를 동반한 기타 전반적 발달장애(F80.2), 반응성 애착장애(F94.1), 혹은 비억제형 애착장애(F94.2); 정동 혹은 행동 장애를 동반한 정신지체(F70-F72); 조발성 정신분열증(F20.-); 그리고 레트 증후군(F84.2)

4. 역 학

북미, 아시아, 유럽에서 실시된 역학 조사 결과, 자폐장애의 유병률은 아동 1만 명당 2~13명이었다. Fombonne(2005)이 1987년 이후 역학 연구를 종합한 결과로는 유병률이 1만 명당 2.5~72.6명 범위였으며 중간값은 11.3명이었다. DSM-IV에서는 아동 1만 명당 2~5명으로 유병률을 제시하고 있다. 자폐장애의 유병률은 최근의 연구일수록 높은 경향을 보인다. 그러나 질병 개념의 확대, 진단 기준의 변화, 연구 방법 및 연구 대상의 차이 등 여러 요소들이 유병률에 영향을 미치므로 실제로 자폐증의 유병률이 증가하였는지에 대해서는 아직 논란이 있다. 자폐장애에 대한 모든 연구가 여아보다 남아의 유병률이 높은 것으로 보고하고 있다. 비율은 남아 3~4명당 여아 1명이었다. 이러한 남녀 간의 유병률은 지능에 따라 차이가 있어 지능이 낮을수록 남녀 간의 차이는 작아지며, 증상에 있어서는 여아가 남아에 비해 심한 것으로 알려져 있다.

5. 임상 양상

1) 초발 연령

대부분 출생 후 1~2년 내에 증상이 시작된다. 언어 발달의 지연, 사회적인 관계 형성의 어려움, 환경에 대한 비정상적인 민감성이 주요 증상이다. Kanner (1943)는 출생 직후부터 자폐 증후군이 나타난다고 믿었으나 후속 연구에서는 1/3의 자폐아동이 일정한 기간 동안 정상 발달을 보인 후 자폐증을 보임이 관찰되었다. Rutter와 Lockyer(1967)는 전형적인 자폐 증상이 3~5세에 나타난다고 보고했다. 또한 환아 부모의 1/4은 환아가 몇 개의 의미 있는 단어를 말한 이후 대화를 하지 않거나 사회적 능력이 퇴행되었다고 보고했다. 그러나 자폐아동의 초기 발달이 정상이었다고 결정하는 것은 쉽지 않은데, 그것은 생후 2년간 나타나는 미미한 징후들을 부모들이 발견하지 못하거나 잊어버리는 등의 가능성을 고려해야 하기 때문이다.

2) 사회적 상호작용의 질적 장애

Kanner는 사회적 결손을 자폐증의 핵심 증상으로 간주하였다. 자폐증이라는 단어의 의미 자체도 대인관계를 회피한다는 뜻이다. 영아기에는 눈 맞춤을 피하고, 사람의 말소리에 거의 관심을 보이지 않으며, 안기려고 팔을 내밀지도 않고, 감정이 무디고 표정도 거의 없다. 유아기에는 대부분의 자폐아가 엄마 등 애착 대상과 떨어질 때 우는 등의 분리불안을 보이지 않고 낯선 이에 대해서도 불안해하지 않는다. 놀이방이나 유아원 등에서도 다른 아동들에 대해 전혀 관심을 보이지 않고 함께 어울려 놀지도 못한다. 아동 중기에는 부모나 다른 친숙한 성인에게 애착을 보이긴 하나 또래들과의 관계에서 심한 어려움을 보인다. 장애가 경한 아동의 경우 다른 아동들과 게임이나 놀이에 참여할 수 있으나 대개는 피상적이고 수동적이다. 나이가 들면서 부모와 형제들에게 애정을 보이고 다정하게 대하지만 먼저 사회적인 접촉을 시도하거나 관심을 보이는 일 또한 거의 없다. 일부 경중 자폐아는 우정을 원하지만 다른 사람의 관심과 정서를 알아차리지 못해 사회적으로 부적절한 말을 하거나 행동을 하여 우정을 발달시키지 못한다.

3) 언어와 대화의 장애

표현언어 발달의 지연은 대개 부모들이 처음으로 관심을 갖는 증상이다. 대부분의 자폐아동의 경우 언어 발달이 거의 일어나지 않거나 일어나더라도 말의 의미를 적절하게 이해하지 못한다. 혼자서는 중얼거리기도 하고 노래도 부르지만 누가 곁에서 말을 걸면 그에 대해 적절하게 답변을 하지 못하는 경우도 있다. 발달력상에서 유아기부터 옹알이가 거의 없거나 아예 소리조차 내지 못했다는 병력도 흔히 발견된다. 반향어의 형태로 표현되기도 하고 '나' 또는 '너'의 대명사를 혼동하여 사용하기도 하며, 말을 하더라도 억양이 전혀 없는 등의 장애도 동반된다. 나이가 들면서 어느 정도 언어의 발달이 일어나기는 하지만, 언어의 숨은 뜻에 대한 이해는 극히 제한되어 있기 때문에 농담을 이해하거나 비유를 이해하는 정도까지 발전되기는 극히 어렵다. 따라서 정상적인 대화는 어려운 경우가 많다. 일부 자폐아는 자기를 자극하기 위한 목적으로 아무 의미도 없는 단어나 구절을 반복하기도 한다.

4) 비정상적인 행동 패턴

자폐아동들은 놀이의 형태가 정상 아동과는 다른 양상을 띤다. 의도가 있는 놀이가 없고, 모방 놀이가 되지 않으며, 상상력이 필요한 놀이는 불가능하고, 놀이 형태의 다양성도 매우 결여되어 있다. 장난감을 가지고 놀 때에도 그 장난감의 기능이나 목적에 맞게 놀지 못하며, 놀이가 아주 단순하고 기계적인 양상을 띤다. 일렬로 배열하거나, 같은 색깔로만 모아 두거나, 크기 순서대로 나열만 하며, 이것이 흐트러졌을 때에는 아주 불안한 반응을 보이기도 한다. 조기 또는 중기 소아기가 되면 강박적인 행동도 관찰될 수 있다. 상동적인 행동, 매너리즘, 자해적인 행동, 충동적인 행동 등도 관찰된다. 변화에 대한 저항이 극심하여 항상 일정한 것만 고집하는 행동도 있다. 항상 같은 길로만 가려고 한다거나, 이사를 갈 때나 혹은 집 안에서라도 가구의 위치를 옮기면 떼를 부리는 행동도 나타날 수 있다. 자폐아는 부모 목소리 등에 대해 무관심한 것과는 대조적으로 청소기 혹은 라디오 소리에 대해 민감한 반응을 보이고 빛, 무늬, 소리, 회전 물체나 촉각적 감각에 사로잡히기도 한다.

5) 지능과 인지적 결손

대다수의 자폐아는 정신지체아로 40~60%는 IQ 50 이하이며, 단지 20~30% 만이 IQ 70 이상이다. IQ가 높거나 낮은 거와는 상관없이 주요 증상은 비슷하다. 하지만 IQ가 낮은 자폐아가 사회적 발달에서 더 심한 손상을 보이고, 상동 행동과 자해 행동 등 행동적 문제를 더 많이 보이며, 예후 또한 좋지 않다. 지능 저하는 영아기 때부터 뚜렷하게 보일 수 있다. 자폐아동들은 추상적 사고가 결핍되어 있고 정보를 배열하고 처리하지 못하는 것이 흔하다. 상대적으로 운동과 감각운동 기술에서 뛰어나지만 상징적 정보와 언어 능력은 취약하다. 그리고 지능 저하가 심할수록 청소년기에 간질 발생 위험이 높아진다.

6. 원인

1) 유전적 요인

자폐장애는 유전적인 경향이 매우 높은 질환으로 알려져 있다. 일란성 및 이란성 쌍생아에서의 진단 일치율을 통하여 측정하게 되는 유전율(genetic heritability)은 자폐장애의 경우 90% 이상인 것으로 보고되고 있다. 가족 내에 자폐장애 아동이 있는 경우 다음 형제에서 자폐장애가 발생할 위험성은 일반 인구 집단에 비해 50배에서 많게는 200배까지 높아지는 것으로 보고되고 있다. 자폐장애는 다양한 유전자들의 이상과 연관되어 있으며 이러한 유전적 다양성은 임상 양상의 다양성과도 밀접한 관련이 있다. 자폐장애는 대략 3~15개의 대립유전자(allele)들이 관여하는 복잡하고 다원적인(polygenic) 유전 형태를 나타낸다. 또한 복합적인 유전-유전 상호작용 및 유전-환경 상호작용을 거쳐 증상 및 질환으로 발현하는 것으로 알려져 있다. 자폐장애에 대한 후보 유전자는 최소한 100개 이상이지만 자폐장애와의 연관성이 일관되게 보고되는 유전자는 그렇게 많지 않

으며 세로토닌 운반체 유전자(serotonin transporter gene), GABRB3 유전자 등
이 있다.

2) 뇌기능적 원인론

자폐장애에 대한 신경생물학적 원인에 있어서 지금까지 다양한 뇌의 영역들
및 그와 연관된 기능적 해부학에 대한 논의가 이루어져 왔다. 현재까지의 연구
결과들을 종합해 보면, 자폐장애에서 주요 이상을 보이는 뇌 영역은 크게 변연
계(limbic system)와 측두엽(temporal lobe), 전두엽(frontal lobe) 및 그와 연관된
영역으로 요약할 수 있다.

특히 변연계에 속하는 편도체(amygdala)는 많은 연구에서 자폐장애가 있는
아동의 사회적 인지(social perception) 과제 수행 시 정상 아동에 비해 저활성화
(underactivity)되는 것으로 관찰되었다. 편도체가 사회적 및 정서적 기능과 연관
된 뇌 부위이며 언어 및 정보를 처리하고 고위 인지 기능을 담당하는 전두엽 등
과 기능적 연결관계를 가지고 있다는 것을 고려할 때 매우 고무적인 연구 결과
라고 할 수 있다.

구조적 뇌 자기공명영상(MRI) 연구에서 최근 가장 잘 반복되는 결과는 전체 뇌
크기가 증가되어 있다는 사실이다. 출생 시에는 정상 크기이지만, 생후 1년경부
터 크기가 커져 2~4세경에는 정상보다 5~10% 정도까지 차이를 보이다가, 성인
기에는 정상보다 약간 큰 정도다. 최근 연구에서는 측두엽 및 전두엽의 크기가
더 커지고 회백질보다 백질의 크기가 증가한 것으로 알려졌다. 이에 대한 한 가
지 이론은 자폐증에서 백질의 크기 증가가 단거리(short-distance) 경로의 과잉 증
가로 인해 발생하고 결과적으로 장거리 연결(longer-range connection)들은 감소
하여, 이런 연결의 불균형으로 인해 뇌 크기가 커지고 기능적으로 분리된 처리를
하게 된다는 것이다. 몇 개의 기능적 신경영상 연구에서도 '기능적 연결성'의 이
상이 보고된다. 이것은 자폐장애 아동이 정보를 통합적으로 처리하지 못하고 분
절된 형식으로 처리하며, 사물에 대한 전체적 조망 및 개념적 이해가 부족하고

사물의 일부에만 집착하는 현상을 보이는 것과 연관된 소견이라고 할 수 있다.

최근의 기능적 뇌영상 연구들에서는 자폐장애의 사회적 인지 특성뿐만 아니라 얼굴 표정의 인지(perception of facial expression), 합동 주시(joint attention), 공감 능력(empathy) 등에도 초점을 맞추고 있다. 이 중 비교적 일관되게 보고되는 소견은 얼굴 형태 및 표정의 인지를 담당하는 방추 얼굴 영역(fusiform face area: FFA)이 자폐장애에서 해당 과제 수행 시 저활성화되어 있다는 것이다. 이는 자폐장애 환자가 얼굴 및 얼굴 표정의 인식 능력이 떨어진다는 연구 결과와 일치하는 것이며, 자폐증의 핵심적인 사회성 결핍을 이해하는 중요한 단서를 제공한다. 또한 자폐장애의 공감 능력 결함과 관련해서는 거울 뉴런(mirror neuron)의 역할과 연결 지어 설명하려는 시도들이 이루어지고 있다. 거울 뉴런은 타인의 행동을 관찰할 때 마치 자신이 그 행동을 하는 것처럼 활성화되는 신경 회로 집단으로, 뇌 내에서 타인의 의도와 행동을 이해하는 데 핵심 역할을 담당하는 것으로 여겨지고 있다. 거울 뉴런은 모방, 학습, 감정이입 등의 능력을 사람이 갖추는 데 기여하고 있을 것으로 추정되고, 이러한 능력들이 자폐장애에서의 핵심적인 결함에 해당하기에 자폐증의 뇌 기능적 원인을 논하는 데 있어서 더 주목을 받고 있다.

3) 의학적 상태와의 연관성

자폐장애는 다른 의학적 상태가 10% 정도, 많게는 25%까지 동반되는 것으로 알려져 있다. 심한 지적장애가 동반되어 있거나 비전형적인 자폐장애인 경우에는 그 비율이 높아지는 것으로 알려져 있다.

그중 경련성 질환의 공존이 가장 많이 보고되어 4~42%의 자폐장애 환자에게서 간질이 동반되는 것으로 알려져 있다. 자폐장애 아동에게서 보이는 경련은 초기 아동기와 청소년기에 이봉 분포(bimodal peak)를 보이는 것으로 보고된다. 유형별로는 부분 발작(partial seizure)이 가장 흔하며 여아가 더 취약하다는 보고도 있다.

그 외에도 취약 X 증후군(fragile X syndrome), 결절성 경화증(tuberous sclerosis), 란다우-클레프너 증후군(Landau-Kleffner syndrome)과의 관련성에 대해서도 지속적으로 논의되고 있다.

4) 환경적 요인

정상 발달을 하던 아동 12명에게서 MMR(measles-mumps-rubella) 예방접종 2주 내에 발달의 퇴행이 있었다는 보고 후 자폐장애와 MMR 접종 간의 연관성에 대해서 활발하게 논의되고 있다. 2002년 염증성 장질환과 자폐장애를 모두 가진 환자의 장 조직에서 홍역 바이러스가 발견되었다는 보고 후 MMR 접종률이 저하되기도 하였다. 그러나 자폐장애가 없는 장질환에서도 홍역 바이러스가 발견되고, MMR 예방접종 여부와 자폐장애의 유병률 변화의 연관성이 없는 경우가 있으며, 그 외 코호트 연구(Cohort Study)에서도 MMR 접종군과 비접종군 사이에 유병률 차이가 없다는 것 등의 증거도 있어 현재로서는 관련성이 없는 쪽에 무게가 실려 있다. 이 외에도 백신 첨가제로 사용되는 수은 화합물인 티메로살(thimerosal), 탈리도마이드(thalidomide), 기타 중금속 등이 환경적 원인으로 거론되고 있다.

5) 기타

Kanner의 초기 보고에서는 질병의 선천적인 요소뿐 아니라 부모의 사회경제적 상태와 부모-자녀 상호관계의 문제와의 연관성이 강조되었다. 이후 연구에서도 부모의 정신병리가 자폐장애의 발병에 일정 역할을 할 것이라고 추측하였다. 그러나 현재는 비정상적인 양육 방식이 병을 설명하지 못하고 다른 발달장애 부모와 양육에 차이가 없는 것으로 증명되었다. 오히려 힘든 아이를 키우면서 부모가 심한 스트레스를 경험하고 우울, 불안이 발생하기 쉬운 것으로 알려져 있다.

7. 평 가

자폐장애는 광범위한 영역의 발달에 장애가 발생하므로 행동의 다양한 영역에 대한 평가를 내리는 것이 진단에 필수적이다. 아동에 대한 직접 관찰, 다른 전문가의 평가, 부모가 제공하는 발달력 등 다양한 정보로부터 임상적 판단을 내리게 된다. 인지 기능, 의사소통 기능, 적응 능력 등의 영역에 대해 측정 도구를 사용하여 평가할 수도 있다. 자폐장애의 평가에는 소아청소년 정신과 의사, 심리학자, 신경과 의사, 언어병리학자, 소아과 의사, 작업치료사, 물리치료사 사이의 협력과 상호 의뢰가 필요하다.

1) 병력 청취 및 정신상태 검사

아동의 태아기, 신생아기, 발달 지표를 포함한 초기 발달력, 발달 초기의 이상 양상, 질병력과 약물 투여력, 가족력, 이전의 평가 및 치료 경력, 현재의 교육 프로그램 등에 주의를 기울여 정보를 얻어야 한다. 과거력에 대한 정보는 감별 진단에 중요하며 검사의 추가 등 임상적 판단에 도움을 준다.

2) 전반적 발달장애의 진단평가 도구

자폐장애와 다른 전반적 발달장애를 선별하고 평가하는 데 도움을 주는 다양한 체크리스트, 평가척도들이 개발되어 있다. 그중 자폐증 진단관찰 스케줄(Autism Diagnostic Observation Schedule: ADOS)은 자폐장애가 의심되는 아동에게 사회적인 상황을 주고 아동의 말과 행동, 관계 맺기를 평가하는 도구다. 자폐증 진단면담 개정판(Autism Diagnostic Interview-Revised)은 부모 또는 아동의 일차 보호자에게 시행하는 면담으로, 자폐장애와 관련된 행동을 비롯하여 전반적인 발달력을 청취하는 도구다.

3) 실험실 검사 및 의학적 상태 평가

자폐장애의 의학적 평가에는 산과력, 신경과적 진찰, 그리고 선택적인 실험실 검사 및 의학적 검사가 포함된다. 여기에는 머리 둘레 및 그 변화 추이, 신체의 특이한 형태, Wood의 램프 검사, 걸음걸이, 긴장도, 반사, 뇌신경 검사, 청력검사 등이 있다.

4) 기타 기능검사

지능검사, 발달검사, 의사소통 능력 평가, 적응 능력 평가 등이 환자의 치료 프로그램 결정 및 예후 판단을 위해 필요하다.

8. 감별 진단

자폐아동들은 여러 문제를 가지는 것이 보통이므로 단계적 감별 진단이 요구된다. 첫 번째 단계는 아동의 현재 지능 수준을 결정하는 일이다. 두 번째 단계는 언어 발달이 지능에 적절한 수준을 이루고 있는지를 보는 것이다. 그러나 항상 전체 지능과 언어가 일치하는 것은 아니며, 지적장애에서 언어가 다소 정신 연령에 뒤지는 것은 흔하다. 따라서 언어 수준이 정신 연령에 적어도 일 년 이상 뒤지지 않는 한 언어 지연으로 진단 내려서는 안 된다. 세 번째 단계로는 아동의 행동이 실제 연령, 정신 연령, 언어 연령에 적합한가를 보는 것이다. 자폐증의 핵심은 발달의 왜곡에 있으므로 아동의 행동이 나머지 발달과 맞는다면 자폐증이라 진단 내릴 수 없다. 그렇지 않다면 다음 단계는 행동의 왜곡을 초래할 수 있는 정신과적 문제들을 생각하는 것이고, 나머지 단계들은 연관 있는 의학적 문제와 연관이 있을 수 있는 정신사회적 요소들의 유무를 고려하는 것이다. 정신과적 문제들을 감별하기 위한 가장 중요한 질문은 언제라도 정상 발달의 시기가 있었는가 하는 질문이다. 두 살에서 두 살 반까지 정상 발달을 보였다면 선택적 함구증이나 소아기 붕괴성 장애 그리고 정신분열증이 고려되어야 한다. 발달이 처음부터 비정상적이었다면 선택적 함구증이나 소아기 붕괴성 장애 등은 제외될 수 있지만, 네 번째 가능성으로 부모의 태만이나 학대에 의한 또는 시설 양육으로 인한 이차적 애착관계의 이상을 생각해야 한다. 진단적 혼란을 일으키는 신경학적, 발달학적 그리고 정신의학적 문제들을 개별적으로 살펴보면 다음과 같다.

① 발달성 언어장애: 발달성 언어장애 아동은 특히 5세 이전에는 어느 정도 자폐적 행동을 보일 수 있다. 관계를 맺는 점에 있어서나 사회성 반응에서는 장애를 보이지만 지각장애(감각 과잉 반응 혹은 과소 반응)는 보이질 않으며 비언어적 몸짓으로 타인과 관계할 수 있고 상상 놀이도 가능하다.

② 청력장애: 청력 장애아들이 자폐 소견을 보일 경우 둘 다 진단한다.

③ 지적장애: 지적장애 환아의 경우 자폐 증상의 일부만을 보인다. 그러나 지적장애가 심한 경우 감별이 어려운 경우도 있다.

④ 반응성 애착장애: 여러 사람이 돌보는 시설에서 자란 아이들 중 자폐장애와 비슷한 대인관계, 언어, 행동의 이상을 보일 수 있다. 하지만 이 경우 애착을 구하고 언어 이해의 손상이 드물다는 점, 그리고 긍정적인 환경에서 빠른 발달을 보인다는 것이 차이점이다.

⑤ 유아 우울증: 정상적으로 발달하던 아동이 돌보던 양육자와 장기간 격리되면 주요우울증의 증상을 보인다. 새로운 환경에 적응되면 차차 호전된다.

⑥ 소아 정신분열병: 소아 정신분열병의 경우 7~8세 이전에 발생은 드물며 이전에 정상 발달을 보인다.

9. 치료

자폐증의 치료는 다양한 방법들로 이루어지는데 그중에서 가장 효과적인 것은 교육적 개입이다. 여기에는 의사소통을 목표로 하는 다양한 교육과정, 행동치료적 방법, 구조화된 교육환경의 조직, 직업훈련 및 언어치료, 물리치료, 미술 및 음악 치료 등이 포함된다. 이들 치료를 통해 장기 예후가 호전되는 것으로 알려져 있다. 부모에 대한 적절한 지지와 교육, 훈련도 필요하다.

1) 치료교육

자폐증의 치료교육은 조기부터 지속적으로 개입하는 것이 바람직하다. 조기에 적절한 치료교육은 지적·의사소통적 기능 향상에 뚜렷한 효과가 있다. 또한 교육은 심도 있고 지속적으로 제공하는 것이 중요하다. 일반적으로 방학 동안 자폐아들이 견디기 힘들어하고 오히려 기존에 습득한 기술을 상실하는 경우도 있다. 치료자와 부모 그리고 치료자들 사이에 정보 공유 및 협력이 필요한 경우도 많다.

사회적 발달에서의 결함이 자폐장애의 주요 문제이므로 사회적 발달을 촉진하는 다양한 방법들이 이용된다. 이러한 사회적 기술들은 연령에 따라 다른 형태로 표현되며 연령이 높아질수록 보다 세분화된다. 따라서 교육적 중재도 연령에 맞추어 이루어진다. 영아기에는 엄마와의 애착과 합동 주시, 유아기에는 또래 집단의 사회적 규칙이나 단서 파악, 또래들과의 상호작용, 또래의 감정 이해와 규칙 파악, 청소년기에는 보다 깊은 또래관계 형성 등이 주요 교육 과제다.

2) 행동치료

1960년대 이래로 행동치료에서 상당히 많은 수의 연구가 자폐아에게 사회적 적응과 인지 및 운동 기술을 가르칠 수 있음을 증명했다. Lovaas와 Smith(1989)는 자폐아의 행동치료에 포함되는 몇 가지 원칙을 제시했는데 그 내용은 다음과 같다. 첫째, 자폐아는 개인차가 심하므로 행동치료 프로그램이 개인별로 작성되어야 한다. 둘째, 일반화의 문제가 있으므로 일반화를 위한 단계를 거쳐야 한다. 셋째, 아동의 사회적 발달을 촉진시키는 것이 치료 목적의 하나이므로 시설에서의 장기간 치료는 명확히 바람직하지 않다. 유아기의 강도 높은 행동치료는 중요하며 효과가 장기간 지속되는 긍정적 결과를 보였다.

3) 약물치료

약물치료는 증상의 완화 및 다른 치료를 잘 받을 수 있도록 도와주고 과민 반응을 조절해 줌으로써 부모가 양육하는 데 용이하도록 해 준다. 약물치료의 구체적 목표는 자신이나 타인에 대한 공격적 행동, 과다 활동, 상동증(stereotypy), 위축과 같이 아동이 기능하거나 학습하는 데 방해가 되는 증상이나 부적절한 행동을 감소시키는 것이다. 그렇지만 자폐증 환자 전체에게 필요한 것은 아니다. Sloman(1991)에 따르면 외래 방문 환자의 12%만이 약물치료를 필요로 한다. 약물을 투여하기 전에 의학적 측면뿐만 아니라 가정이나 학교 환경 등에 대해 철저히 평가해야 한다. 그리고 투약을 시작하게 되면 임상적으로 가능한 변화와 부작용에 대해 주의를 기울여야 하며, 필요하다면 객관적인 평가 도구나 척도를 사용한다. 약물 복용의 중단이 갑작스럽게 이루어지지 않도록 하며, 약물을 언제 중단할지 결정하는 것은 쉽지 않아 일반적으로는 대략 4~6개월마다 중단하고 평가하는 것을 권고하고 있다.

자폐장애에서 가장 흔히 사용되는 약물은 항정신병 약물이다. 주로 자해(self-mutilation), 공격성, 상동증 등의 행동적 문제를 조절하기 위해 이러한 약물이 사용된다. 이전에는 할로페리돌(haloperidol) 등 정형 항정신병 약물(typical antipsychotics)이 사용되었으나 지연성 운동 부작용(tardive dyskinesia) 등으로 더 이상 추천되지 않는다. 대신 현재는 운동 부작용이 개선된 비정형 항정신병 약물(atypical antipsychotics)이 주로 사용되고 있다. 이에 해당되는 약물로는 리스페리돈(risperidone), 올란자핀(olanzapine) 등이 있다.

자폐증에서 반복적인 생각과 행동, 그리고 이를 중단했을 때 생기는 불안을 줄이기 위해 항우울제를 사용할 수 있다. 여기에는 삼환계 항우울제(tricyclic antidepressant: TCA)인 클로미프라민(clomipramine), 선택적 세로토닌 재흡수차단제(selective serotonin reuptake inhibitor: SSRI)인 플루옥세틴(fluoxetine), 파록세틴(paroxetine) 등이 있다. 이러한 약물의 경우 아동과 청소년에서 과잉 행동, 불안 등의 부작용이 가능하므로 사용에 주의가 필요하다.

항경련제는 정신과적 증상 외에 경련의 조절을 위해 많이 사용되고 있다. 자극 과민성, 불면 등의 증상에 효과가 있는 것으로 알려져 있다.

이 외에도 환자의 증상과 상태에 따라 중추신경 자극제, 알파 효현제(agonist) 등을 사용할 수 있다.

10. 경과 및 예후

나이가 들면서 사회적, 언어적, 행동적인 어려움이 변화하기는 하지만, 일반적으로 자폐장애는 만성적인 질병이다. 학령기가 되면 많은 환아가 합동 주시(joint attention)도 늘어나고 친숙한 사람들에 대한 사회적 반응도 늘어난다. 언어 기술과 단순한 몸짓 표현 역시 증가한다. 반면, 자기 자극적인 행동 및 자해 행동 등 행동 문제가 더 흔해지고 다루기 힘들어지기도 한다. 청소년기에 일부 환아들은 상당한 호전을 보이기도 한다. 소수에서는 지적 능력의 저하와 같은 진행성 퇴행을 보인다. 과잉 행동은 과소 행동과 동기 부족으로 대체되고, 일부는 전보다 더 많은 불안과 긴장을 보이기도 한다. 또한 부적절한 성적 호기심으로 인한 행동으로 주위를 당황하게 한다. 이전에 신경학적 장애가 없던 환아의 7~28%는 청소년기에 처음으로 경련을 보인다. 많은 환자가 성인이 되어서도 스스로 돌보는 능력이 제한적이나 1/3은 어느 정도 개인적 · 직업적인 독립성을 달성하고, 그중 일부는 완전히 독립적으로 생활하기도 한다. 하지만 그들 역시 일상생활에서 공감 능력과 사회적인 상황에서의 처신에 어려움을 겪는 경우가 많다. 자폐장애의 중요한 예후 인자는 지적 능력과 의사소통 능력이다. 중등도 이하의 정신지체와 적응 기술의 결핍이 있는 경우 더 나쁜 예후를 보인다. 1980년 이후의 연구들에서 좋은 예후의 환자들이 늘어난 반면 나쁜 예후의 환자들은 줄어드는 경향을 보인다. 이는 조기 발견 및 조기 치료에 의한 예후 향상을 반영한 결과로 판단된다.

참 고 문 헌

American Psychiatric Association. *Diagnostic and statistical manual of mental disorders*. Washington DC: APA Press, 1952.

American Psychiatric Association. *Diagnostic and statistical manual of mental disorder, 2nd ed (DSM-II)*. Washington DC: APA Press, 1968.

American Psychiatric Association. *Diagnostic and statistical manual of mental disorders, 3rd ed (DSM-III)*. Washington DC: APA Press, 1980.

American Psychiatric Association. *Diagnostic and statistical manual of mental disorders, revised 3rd ed (DSM-III-R)*. Washington DC: APA Press, 1987.

American Psychiatric Association. *Diagnostic and statistical manual of mental disorders, 4th ed (DSM-IV)*. Washington DC: APA Press, 1994.

American Psychiatric Association. *Diagnostic and statistical manual of mental disorders, 4th, text revision (DSM-IV-TR)*. Washington DC: APA Press, 2000.

Fombonne E. Epidemiological studies of pervasive developmental disorders, In: *Handbook of autism and pervasive developmental disorders*, vol. 1. Volkmar FR, Klin A, Paul R, and Cohen DJ (eds). Hoboken, Wiley, 2005, pp. 42-69.

Kanner L. Autistic disturbances of affective contact. *Nervous Child* 1943;2:217-250.

Lovaas OI, and Smith T. A comprehensive behavioral theory of autistic children: paradigm for research and treatment. *J Behav Ther Exp Psychiatry* 1989;20:17-29.

Rutter M. Concepts of autism: a review of research. *J Child Psychol Psychiatry* 1968;9:1-25.

Rutter M, and Lockyer L. A five to fifteen year follow-up study of infantile psychosis, I. Description of sample. *Br J Psychiatry* 1967;113:1169-1182.

Sloman L. Use of medication in pervasive developmental disorders. *Psychiatr Clin North Am* 1991;14:165-182.

World Health Organization. *The ICD-9 international classification of diseases.* Geneva: World Health Organization, 1977.

World Health Organization. *The ICD-10 classifications of mental and behavioural disorder: clinical descriptions and diagnostic guidelines.* Geneva: World Health Organization, 1992.

Chapter 02

역학

1. 자폐장애의 유병률

1) 자폐장애

Fombonne(2009)은 전반적 발달장애의 유병률을 보고한 총 43개 연구를 검토하여 발표하였다. 그 결과 자폐장애의 남녀 성비는 평균 4.2:1이었고, 유병률은 0.7/1만에서 72.6/1만의 범위로 나왔다. 유병률은 표본 수와 부적 상관성을 보여, 소규모의 연구일수록 높은 유병률을 나타냈다. 또한 연구 시점과도 유의한 상관성을 보여, 7/1만 이상의 유병률을 보고한 연구들은 모두 1987년 이후에 시행된 것들이었다. 이는 최근 15~20년 동안 자폐장애의 유병률이 증가한 것을 나타낸다. 이러한 경향에 대한 해석은 추후에 다루겠다. 2000년도 이후에 시

김수진, 조맹제, 조수철

행한 18개의 연구에서는 유병률이 7.2~40.5/1만이었고, Fombonne은 그 평균인 20.6/1만을 가장 적절한 자폐장애의 유병률로 제안하고 있다.

2) 비특이적 전반적 발달장애

자폐장애의 엄격한 진단 기준에는 미치지 못하나 그와 유사한 증후군에 대한 연구들도 보고되었다. 오늘날 비전형 자폐증 및 비특이적 전반적 발달장애 진단에 부합하는 증후군이 '유사자폐' 장애 등 다양한 방식으로 정의되었다. 43개 연구 중 17개에서는 비전형 자폐 증후군의 유병률을 산출하였고, 그중 14개 연구에서는 자폐증에 비해 더 높은 유병률을 보고하였다. 자폐장애가 아닌 전반적 발달장애와 자폐장애의 평균 비는 1.8:1로, 자폐장애 평균 유병률 20.6/1만을 반영하면 비특이적 전반적 발달장애의 평균 유병률은 37.1/1만으로 추정된다. 이 집단은 이전 연구에서는 그리 관심을 받지 못했지만, 최근에 그 중요성과 자폐장애와의 관련성이 인식되면서 연구 설계에 비전형적 양상에 대한 정의를 포함시키는 경향이 늘고 있다.

3) 아스퍼거 증후군과 소아기 붕괴성 장애

아스퍼거 증후군은 ICD-10(1992)과 DSM-IV(1994)에 와서야 독립된 진단 범주가 되었기 때문에 이에 대한 역학 연구는 지금까지 거의 시행된 것이 없다 (Ehlers & Gillberg, 1993; Kadesjo et al., 1999). 단 2개의 연구만이 보고되었는데, 5개 미만의 증례를 대상으로 하여 그 유병률을 추정하기는 불가능하다. 한편, 최근 연구들에서는 아스퍼거 증후군이 자폐장애보다 유병률이 적다고 보고하고 있다. 얼마나 적은지 추정하는 건 어렵지만 대략 3~4:1의 비로 추정하는 것이 부족한 근거하에서 그나마 받아들여지고 있다. 이에 따라 계산하면 자폐장애의 1/3~1/4의 비율이므로, 대략 6/1만의 유병률로 추정할 수 있다.

소아기 붕괴성 장애에 대한 보고는 8개 연구에서 이루어졌고, 추정 유병률은

0~9.2/1만이었다. 총 조사 대상자 수를 모두 합하면 40만 6,660명 중에 8명이 확인되었으므로 2.0/10만이었다. 소아기 붕괴성 장애는 매우 드문 질환으로, 자폐장애 103명 중의 1명꼴이다.

4) 전반적 발달장애의 유병률

전술한 각 질환의 유병률을 바탕으로 했을 때, 전체 전반적 발달장애의 유병률은 63.7/1만이 되나(자폐장애 20.6/1만, 비특이적 전반적 발달장애 37.1/1만, 아스퍼거 증후군 6/1만의 총합), 이 값은 단순한 추정치에 지나지 않는다. 전반적 발달장애를 직접 조사한 최근 연구들은 이와 유사하거나 다소 높은 값을 제시하고 있다. 역시 Fombonne이 제시한 19개 연구의 유병률 중앙값은 63.5/1만이다. 최근 미국 질병통제예방센터(Centers for Disease Control and Prevention: CDC)에서 시행한 조사에 따르면, 미국 전체의 유병률은 이보다 약간 높게 나타났다. 최근 발전된 방법으로 엄격하게 수행한 연구만 취합하면 대략 60~70/1만인데, 이는 약 150명당 1명꼴로 전반적 발달장애를 갖고 있다는 뜻이다.

2. 자폐장애는 증가하고 있는가

최근 자폐장애 유병률이 증가한다는 가설을 검증하기 위해서는 유병률과 발병률을 구분할 수 있어야 한다. 진단을 정의하는 범위가 넓어지면 유병률과 발병률 모두 증가하므로, 이러한 변수를 엄격히 통제해야 시간에 따른 경향을 논할 수 있다.

이 주제에 대해 다음과 같은 다섯 가지 측면에서 고찰해 볼 수 있다.

1) 증례 선택 측면의 접근

전문가 서비스에 의뢰되는 아동이 늘고 특수교육 사례가 늘고 있는 것이 자폐
스펙트럼 장애의 발병률이 증가한다는 근거로 제시되고 있다. 그러나 이러한 의
뢰 건수의 증가는 의뢰 방식, 서비스의 가용성, 대중적 인식의 증가, 진단 연령
의 조기화, 진단 개념의 변화 등과 같은 여러 요인에 의해 결정된다. 이러한 교
란 변수들을 제대로 통제하지 못한 연구들이 상당수를 차지하고 있다.

진단 개념의 변화에 대한 증거의 경우는 캘리포니아 및 미국 전역을 대상으로
한 연구에서 나타났는데, 이전에 정신지체로 진단받았던 아동의 상당 비율이 전
반적 발달장애로 진단이 바뀌었다. 진단 연령이 앞당겨지는 추세에 대해서는 영
국에서 1990~1997년에 태어난 남아에게서 언어장애 등의 발달장애의 발병률
이 감소한 만큼 자폐증의 발병률이 증가하였다는 보고가 있었다. 더 최근의 영
국 조사에서는 과거에 발달적 언어장애로 진단받았던 성인의 66%는 전반적 발
달장애의 진단 기준에 부합했을 것이라는 추정을 하고 있다.

2) 단면적 역학 조사 간의 비교

자폐장애에 대한 역학 조사들은 각각 연구 설계가 다양하다. 이 점이 연구들
간에 결과 차이를 초래하고, 따라서 단순히 유병률 수치만으로 시기에 따른 경
향성을 논하는 것이 쉽지 않다. 앞에서 언급한 조사 시기와 유병률 간의 상관성
도 진단적 개념의 변화뿐 아니라 연구를 수행할 때 증례를 찾아내는 효율성이
점점 향상되었음을 반영할 수 있다. 최근의 연구에서조차 증례 선별 후 다시 선
별해 보면 최대 1/3이 누락될 수 있는 것으로 나타났다. 최근 미국과 영국에서
시행된 8개 연구를 직접 비교해 보면 각 지역에서 네 개씩의 연구는 같은 연도에
비슷한 연령군을 대상으로 시행되었는데, 이들 안에서는 지역차를 고려할 필요
가 없음에도 영국 내 연구에서 6배 이상, 미국 내 연구에서 14배 이상 유병률의
차이가 나타났다. 각 비교에서 높은 유병률을 보인 연구는 지역사회 기반의 선

별검사를 집중적으로 한 반면, 낮은 유병률을 보고한 연구에서는 증례 선별에 있어 수동적인 방법을 취하였다. 이들 연구 간에는 시간 차이가 없으므로 이러한 차이는 전적으로 증례 선별 방법론의 차이에서 기인한 것이라고 할 수 있겠다. 1994년 미국 14개 주의 8세 아동 40만 8,000명을 대상으로 질병관리본부에서 시행한 대규모 연구에서도 이와 같은 근거를 찾아볼 수 있다. 전체 유병률은 66/1만 명으로 추산되었는데, 주마다 3배에 달하는 차이를 나타내어 앨라배마 주에서는 33/1만의 최저치를 나타낸 반면, 뉴저지 주에서는 106/1만의 최고치를 보였다. 이러한 차이는 같은 해에 같은 연령군을 대상으로 수행한다 해도 증례를 확정하는 방식이 다름에 따라 결과에서 차이가 있을 수 있다는 것을 시사한다.

3) 동일 지역에서의 반복 연구

같은 지역에서 같은 방법으로 시간 차이를 두고 수행한 반복 연구의 결과는 시간에 따른 경향성을 알 수 있는 근거를 제공한다. Göteborg 연구(Gillberg, 1984; Gillberg et al., 1991)는 세 차례의 반복 연구에서 단기간 동안 유병률이 증가함을 보여 주었다. 그러나 각 연구에서 대상 연령군의 차이, 정신지체를 선별해 내는 도구의 발전, 이주 집단에서 태어난 증례, 지역 서비스의 변화, 자폐증 정의의 확장이 이러한 증가에 기여했을 수도 있다고 제안되었다. 또한 일본 토요타와 요코하마에서 각각 다른 시점에 수행한 연구에서도 유병률의 증가를 보였는데, 마찬가지로 저자들은 선별검사의 발전 및 진단 개념의 확장을 그 이유로 들었다.

영국 스태퍼드셔에서 엄격하게 동일한 증례 선별 방식으로 1992~1995년생 아동과 1996~1998년생 아동의 유병률을 조사하였는데, 증가되는 경향성을 보이긴 했지만 두 연령군 간에 통계적으로 유의한 차이는 나타나지 않았다(Chakrabarti & Fombonne, 2001, 2005). 이는 시간 차이에 따른 증가 추세는 없다는 것을 시사하고 있다. 최근 질병관리본부에서 2000년, 2002년에 수행한 조사에서는 4개 주는 비슷하고 2개 주는 증가 추세를 나타냈는데, 이 역시 선별 예민도의 발전 때문인 것으로 해석되고 있다.

4) 출생 코호트 추적 연구

출생 코호트 연구에서 확인된다면 자폐장애가 증가하고 있다는 가설을 상당히 강력하게 지지할 수 있다. 프랑스에서 진행된 두 개의 대규모 코호트 연구가 있는데, 이들 연구는 1972~1985년생(총 73만 5,000명, 그중 389명이 자폐증)을 대상으로 하였다. 두 연구 자료를 합한 결과는 연령에 따른 유병률의 증가를 보이지 않았다.

5) 발병률 연구

몇몇 발병률 연구는 단기간 사이에 발병률이 증가했음을 보고하였다. 1,410명을 대상으로 한 최대 규모의 한 영국 연구에서는 1988~1992년에서 2000~2001년 사이에 진료 기록상 처음 전반적 발달장애 진단을 받은 아동이 10배 가까이 증가한 것으로 나타났다. 그러나 이 연구는 시기에 따른 진단 기준의 변화나 대중적 인식, 서비스 이용도의 증가 요인을 통제하지 못했다. 이러한 제한점은 다른 발병률 연구들에도 유사하게 적용된다.

6) 결론

이와 같이 최근 자폐장애의 유병률이 증가한 것으로 보이는 추세가 직접적으로 발병률의 증가 때문이라고 보기는 어렵다. 자폐장애 진단 기준의 확장, 관련된 특수교육 정책의 변화, 진료 서비스 이용도의 증가가 유병률 증가에 기여하고 있다. 기존의 연구들은 이러한 요인들을 모두 배제하면서 순수하게 자폐장애가 증가하고 있다는 것을 입증하기에는 제한점이 많았다.

3. 국내 자폐장애의 실태

아시아 국가에서는 유일하게 일본에서만 역학 연구가 시행되었고, 국내에서는 체계적으로 이뤄진 조사 결과는 아직 전무한 실태다. 설문 조사 및 전문가의 진단으로 조사한 바에 따르면, 자폐장애는 1만 명당 6.7명, 자폐장애와 상세불명의 전반적 발달장애를 합하면 1만 명당 8.9~9.2명인 것으로 나타났으나 정교한 연구로 보기는 어렵다. 2007년 3월 보건복지부 자료(보건복지부 홈페이지 검색 참조)에 의하면, 발달장애로 등록된 장애인 수는 1만 1,261명(남자 9,345명, 여자 1,916명)이다. 그러나 이는 각 임상가마다 발달장애 진단에 사용하는 도구와 방법의 차이를 보정하지 못한 상태에서 나온 자료이므로 한계점을 가지고 있다. 또한 전반적 발달장애에 흔히 병존하는 정신지체 또는 언어장애로 장애인 등록을 하는 경우도 많아, 등록된 정신지체 장애인(13만 7,102명; 남자 8만 3,823명, 여자 5만 3,279명) 또는 언어장애인(1만 4,885명; 남자 1만 859명, 여자 4,026명) 가운데 일부는 실제로 전반적 발달장애를 가지고 있을 가능성이 많다. 무엇보다 고기능 자폐증이나 아스퍼거 증후군을 가진 아동들의 대다수가 장애인으로 등록하지 않는다는 점을 감안할 때, 실제 유병률은 이보다 훨씬 높을 것으로 생각된다.

참고문헌

American Psychiatric Association. *Diagnostic and statistical manual of mental disorders*, 4th ed (DSM-IV). Washington DC: APA Press, 1994.

Chakrabarti S and Fombonne E. Pervasive developmental disorders in preschool children. *JAMA* 2001;285:3093-3099.

Chakrabarti S and Fombonne E. Pervasive developmental disorders in preschool children: confirmation of high prevalence. *Am J Psychiatry* 2005;162:1133-1141.

Ehlers S and Gillberg C. The epidemiology of Asperger syndrome: A total population study. *J Child Psychol Psychiatry* 1993;34:1327-1350.

Fombonne E. Epidemiology of pervasive developmental disorders. *Pediatr Res* 2009;65:591-598.

Gillberg C. Infantile autism and other childhood psychoses in a Swedish urban region. Epidemiological aspects. *J Child Psychol Psychiatry* 1984;25:35-43.

Gillberg C, Steffenburg S, and Schaumann H. Is autism more common now than ten years ago? *Br J Psychiatry* 1991;158:403-409.

Kadesjo B, Gillberg C, and Hagberg B. Brief report: autism and Asperger syndrome in seven-year-old children: a total population study. *J Autism Dev Disord* 1999;29:327-331.

World Health Organization. *The ICD-10 classifications of mental and behavioural disorder: clinical descriptions and diagnostic guidelines.* Geneva: World Health Organization, 1992.

Chapter 03

유전 연구

1. 자폐장애의 유병률

1943년 Leo Kanner는 처음 자폐증에 대해서 기술하면서 선천적인 이상(inborn defect)이 원인일 것이라는 의견을 제시하였다. 하지만 이러한 제안은 당시의 시대 상황과 맞물려서 한동안 인정을 받지 못하였고, 양육 방법 등의 환경적인 요인에서 원인을 규명하려고 하였으며, 실제로 자폐증을 가진 아동의 부모나 형제가 자폐증을 갖고 있는 경우가 드물거나 자폐증과 관련하여 확인된 염색체 이상이 드물다는 이유로 이 질환의 유전적인 원인에 대해서 회의적인 보고 또한 있었다(Rutter, 1967).

그러나 자폐증 환자에 대한 추적 연구에서 그들이 결혼하여 자손을 갖는 경우가 드물고, 전체 인구에서 볼 때 자폐증은 매우 드문 질환이지만 자폐증을 가진

양영희, 김지은, 유희정, 조수철

대상의 형제에서는 일반 인구와 비교하였을 때 비교적 흔하다는 관찰을 통해서 이 질환의 원인 중에 유전적인 요소가 있음이 제기되었다(Rutter, 2005). 이러한 과정에서 1977년 처음 21명을 대상으로 쌍생아 연구(Folstein & Rutter, 1977a, 1977b)를 시행한 이후에 유전적인 원인 인자를 찾기 위한 많은 연구가 현재까지 지속되어 왔다. 오늘날 자폐장애는 가장 유전성이 높은 정신질환의 하나로 알려져 있으며, 최근 분자유전학 기술의 발달과 더불어 정신질환의 진단 분류체계의 발전으로 자폐장애의 유전 양식, 관련 유전자 등에 대한 정보가 점차 늘어가고 있다.

2. 선행 연구 내용 및 유전 연구 방법

1) 유전 모델: 복합 형질 질환

현재까지 자폐증의 유전 방식에 대해 여러 의견이 존재한다. 주요 유전자가 관여할 것이라는 의견(oligogenic model)과 다양한 유전 인자가 관여할 것이라는 의견(polygenic model)이 있다. 질환의 발생에 미미하게 기여하는 수많은 유전 인자가 관여할 것이라는 시각의 극단에는 주된 원인 유전자는 없으며, 따라서 원인 유전자를 찾는다는 것이 의미가 없다(null hypothesis)는 회의적인 시각조차 있다(Szatmari & Jones, 2007). 실제로 자폐증을 가진 환자의 친척에서 상대 위험도에 대한 관찰 연구를 보면 단일 유전자 또는 소수의 유전자가 관여하는 질환에서 기대되는 수치보다 훨씬 더 낮은 수치를 보인다는 보고들이 있다(Pickles et al., 1995). 자폐장애 환아의 형제에서 25%가 안 되는 낮은 위험도가 관찰되는 것과 여자보다 남자에서 4배 정도 자폐장애가 많이 관찰되는 것을 고려할 때, 자폐장애는 간단한 Mendel의 유전 법칙이나 단일 유전자에 의한 유전 양식을 따르지 않는다는 것을 알 수 있다. 이를 통해 자폐증은 다유전자 질환(polygenic disease)이라는 제안이 지지를 받고 있다. 즉, 자폐증에서 다양한 취약 유전자(susceptible genes)의 조합이 질환 발생에 기여할 것으로 생각되고 있다.

유전 방식에 대한 고민과 더불어 자폐증의 유전 연구 방법과 연구 결과들에 대해서 이해하기 위해서는 복합 형질 질환(complex disease)의 개념에 대한 이해가 필요하다. 복합 형질 질환이란 다양한 환경적 인자들과 다수의 유전자 간의 상호작용이 질병 발생에 복합적으로 작용하는 질환을 말한다. 이 경우 동일한 질병 관련 인자를 보유하여도 실제로 증상이 나타나는 양상, 즉 표현형에서 차이를 보인다. 이와 달리 단일 유전자 질병(monogenic disease)의 경우에는 우성 또는 열성 유전 양상 및 침투율에 따라 다소 차이는 있으나 일정한 표현형을 보인다. 이러한 복합 형질 질환에는 심혈관계 질환, 당뇨병, 정신분열병, 우울증 등의 다양한 질환이 포함된다.

자폐증에 대한 연구에서 이러한 복합 형질 질환으로서의 특징을 보이는 여러 결과들이 있어 왔다. 일란성 쌍생아에서도 질병의 발생률에 차이가 있으며 (Folstein & Rutter, 1977a, 1977b) 지능이나 기능의 장애 정도가 한 가족 내에서는 동일하게 나타난다는 관찰에서 고기능 자폐 스펙트럼 장애(high-functioning autism spectrum disorder)와 저기능 자폐 스펙트럼 장애(low-functioning autism spectrum disorder)는 서로 다른 유전적 기전에 따를 것이라는 제안이 있었다 (MacLean et al., 1999; Silverman et al., 2002). 또한 여성 자폐증 환자와 남성 자폐증 환자의 형제에서 질병 발생률(recurrence rate)이 서로 다르다는 보고도 있다(Ritvo et al., 1990).

자폐증 발생은 유전자 이외에 임신 시의 감염, 산모의 항경련제 등 약물 사용, 산모의 의학적 질환 등 태아의 뇌신경계 발달에 영향을 줄 수 있는 여러 요인들과의 관련성이 제기되었다. 물론 이러한 연구 보고들의 신빙성에 대해서는 향후 연구가 더 필요한 상황이다(Rutter, 2005). 자폐증을 갖고 있는 아동들에서 나타나는 세로토닌 이상은 다른 정신질환에서도 보고되고 있다. 따라서 자폐증의 유전 소인이 다른 정신질환과도 상관성이 있을 것으로 생각되고 있고, 이 또한 자폐증의 복합 형질 질환으로서의 특징을 드러내고 있다.

자폐증의 임상적 표현에서도 복합 형질 질환으로서의 자폐증의 특징이 드러나는 여러 보고들이 있다. 자폐증의 진단 범주에는 들어맞지 않으나 사회성의 부족이나 의사소통의 경미한 장애, 제한된 흥미를 나타내는 것 등의 가벼운 양상의 표현형('lesser variants' 또는 'broad phenotype')의 경우에는 소수의 유전 인자가 관여될 것이고, 이러한 표현형이 환자의 형제에게 발생할 비율은 자폐증이 생기는 경우보다 높아 20%에 이른다고 보고되었다(Bolton, 1994). 다시 말하면, 진단 범주에 속한 자폐증에는 더 많은 수의 유전 인자가 관여될 것이나 특징적인 임상 양상을 세분하였을 때는 각 임상 양상에 따라서 관여되는 원인 유전자는 더 적어질 것이다.

이러한 연구 결과들을 기반으로 하여 확대 자폐 표현형(broader autism phenotype)이라는 개념과 내적 표현형(endophenotype)이라는 개념이 대두되고 있다. 확대 자폐 표현형이란 그 실제에 대해서 더 이상 반론이 없으나 명확한 범위가 아직 정립되어 있지 않다(Rutter, 2005). 자폐증의 경한 표현형이라고 할 수 있으나 이것이 범주형(categorical) 기반에서 접근되어야 할 것인지 차원적(dimensional) 측면에서 접근되어야 할 것인지에 대해서도 아직 확립된 의견이 없다. 그러나 질환으로서의 자폐증과의 차이는 비교적 명확하다. 지능 저하나 간질과는 관련이 없고 사회적인 기능 저하도 두드러지지 않는다고 알려져 있다. Losh 등(2008)이 비교적 확정된 확대 표현형에 대해서 정리한 보고를 보면, 첫째는 언어장애로 늦은 언어 획득(delayed acquisition), 화술적 그리고/또는 실용적 언어장애(narrative and/or pragmatic language deficits), 사회적 행동 발달의 지연(delayed social behavioral development), 그리고 사회적 기능의 장애(social reticence, undemonstrative personality, few reciprocal friendships) 등이다. 둘째는 제한된 흥미와 관심 영역으로 경직된/완벽주의적인 성격(rigid/perfectionistic personality)이다. 마지막으로 신경인지 기능의 이상이 제안되었는데 사회-인지 기능의 장애(social-cognitive impairment), 실행 기능 조절의 저하(executive control deficits), 얼굴이나 사물의 모양을 인지하는 과정의 이상(featural processing bias) 등이 있다. 이와 달리 음성화 과정의 장애(phonological processing deficits), 불안과 과민성 등은 확대 자폐 표현형이 아니라고 보고되고 있다(Bishop et al., 2004; Piven et al.,

1997).

내적 표현형은 질병의 준임상적 표지자(subclinical marker)다. 행동 특징이나 생리적인 특징 또는 신경심리적인 특징 등으로 나타나며 자폐증에 이환된 대상과 이환되지 않은 대상 모두에게 나타난다. 신경생물학적 그리고 유전적 원인과 좀 더 직접적이고 밀접한 관련이 있을 것으로 여겨지고 있다. 따라서 이와 관련된 유전 인자는 자폐증을 발생시키는 전체 유전 인자보다는 소수의 유전 인자가 관여될 것이라고 여겨지며 각각의 내적 표현형은 독립적으로 유전될 것이라는 가설이 제기되고 있다(Gottesman & Gould, 2003; Ronald et al., 2006). 각각의 내적 표현형에는 대응되는 염색체 유전자 위치가 제안되고 있다. 현재까지 제안되고 있는 내적 표현형으로는 첫 단어나 구를 시작한 나이, 사회적 반응성(social responsiveness), 반복적인 행동과 강박증, 서번트 능력(savant skill), 발달 퇴보(developmental regression), 빠른 발달 지표(rapid milestones), 뇌 둘레, 일부 신경인지 기능 등이 제안되고 있다(Losh et al., 2008). 현재 효율적인 유전 연구를 위한 방법으로 이러한 내적 표현형을 통해서 대상군을 분류하고 이에 따른 유전 인자를 규명하려는 노력이 이어지고 있다.

현재까지 자폐증의 유전 기전에 대해 확립된 결론은 없다. 다유전자 모델(polygenic model)로 설명되지 않는 부분도 있는데, 가령 증상이 심한 자폐 환아의 가족이나 친척에서 자폐장애나 자폐 증상의 위험도가 높아야 하나 실제로 이러한 결과에 부합하는 연구 결과는 부족한 편이다. 하지만 단일 유전 질환이 아니라는 것에는 합의가 되고 있으며, 질환 발생을 전부 설명할 수는 없으나 주요 역할을 할 유전자가 있고 자폐증의 임상 양상을 정량화하여 표현형을 세분화했을 때 소수의 몇 개 유전자가 결정적인 역할을 할 것이라는 데 잠정적인 합의가 이루어지고 있다.

2) 쌍생아 연구

쌍생아 연구는 환경적인 요인을 최대한 동일하게 하여 그것의 영향을 배제하였을 때 유전적인 요인을 평가하기 위한 연구 방법이다. 유전적인 요인이 명확할수록 일란성 쌍생아의 질병 일치율(concordance rate)은 이란성 쌍생아의 경우보다 현저히 더 높을 것이다. 자폐장애의 유전성에 대해 처음으로 보고한 것은 쌍생아를 대상으로 시행한 연구였는데, Hanson과 Gottesman(1976)이 자폐장애의 유전성에 관한 증거가 없다는 것을 보고한 다음 해에 Folstein과 Rutter(1977a)가 자폐장애를 대상으로 한 최초의 쌍생아 연구를 시행하였다. 그들은 11명의 일란성 쌍생아 자폐장애 환아 중에서는 4명이 자폐장애인 쌍생아 형제를 가진 반면, 10명의 이란성 쌍생아 자폐장애 환아에서는 자폐장애인 쌍생아 형제가 없다는 것을 보고하였다(Folstein & Rutter, 1977b). 이후 미국, 북유럽 등지에서 시행된 다른 쌍생아 연구들에서도 이와 유사하게 일란성 쌍생아 자폐장애 환아에서 자폐장애 일치율이 높음이 일관되게 보고되었다(Bailey et al., 1995; Ritvo et al., 1985; Steffenburg et al., 1989).

후속 연구들(Bailey & Rutter, 1995; Folstein & Rutter, 1977b; Le Couteur et al., 1996; Steffenburg et al., 1989)을 통해 보고된 주요 결과들은 다음과 같다. 첫째, 일란성 쌍생아의 자폐증 일치율은 최대 60%임에 반해 이란성 쌍생아의 경우에는 3~15%다. 이러한 결과를 통해서 예측된 유전율(heritability)은 90%에 이르는 것으로 나타난다. 유전율이란 환경과는 뚜렷이 다른 유전자형의 변이로 인해 생긴 형질 변이의 비율을 의미하는 것으로, 높을수록 일차 친족들 사이에 상관관계가 크다는 것을 의미한다. 주의력결핍 과잉행동장애의 유전율이 0.7~0.8 정도로 평가되는 것에 비해, 자폐증은 0.9로 더 높은 유전성을 보인다고 할 수 있다. 둘째, 이란성 쌍생아에서 질병 일치율이 매우 낮은 것은 자폐증이 다유전자 질환임을 간접적으로 제시하는 것으로 제안되었다. 셋째, 자폐증의 표현형으로 경미한 양상까지 포함한 확대 표현형을 적용하였을 때 일란성 쌍생아에서의 질병 일치율은 90%에 달하였다. 이에 반해 이란성 쌍생아의 경우에는 10%이었다. 마지막으로 일란성 쌍생아의 경우에는 자폐증을 쌍생아 모두 가지고 있는 경우에도 실제 임상적 표현형에서는 이질적인 양상(heterogeneity)을 보여 지능이나 증상에 차이를 보였다.

한편, 자폐장애의 강한 유전성은 자폐장애 환아의 형제에도 영향을 주어, 그들의 자폐장애 위험도는 2~8%로 일반인에 비해 20~80배 높은 것으로 보고되었다. 그리고 자폐장애 환아의 가족 내에서는 자폐장애 진단 기준을 만족시키지는 않더라도 사회성 결여, 상동 행동 등의 위험이 높은 것으로 보고되었다 (Bolton et al., 1994).

이렇듯 자폐장애 환아의 쌍생아와 형제들을 대상으로 한 연구를 통하여 자폐장애의 발병에 유전적 요인이 강하게 작용함은 밝혀졌다 할 수 있겠으며, 쌍생아 연구는 유전적인 평가를 위해서 매우 의미 있는 방법이다. 그러나 특정 관련 유전자 및 유전 양식에 관해서는 많은 의문을 남기며, 실제 임상에서 자폐증에 이환된 쌍생아를 만나기란 쉽지 않은 어려움이 있어 다양한 연구 방법들이 필요하다.

3) 가족 연구

환자 친척의 상대 위험도가 일반 인구보다 높고 가족관계가 높을수록 그 위험도가 증가한다면 그 질환에 유전적인 원인 인자가 높다고 할 수 있다. 자폐증 환아의 형제에서 자폐증이 있을 위험은 2.7~4.5%로 보고되었다(Ritvo et al., 1985; Smalley et al., 1988). 자폐증과 다른 자폐 스펙트럼 장애를 모두 포함하여 평가했을 경우에 그 위험도는 5~6%라고 한다(Szatmari, 1998). 자폐증에 이환된 아동 이후에 태어나는 아동의 위험도(recurrence rate)는 5~8%로 보고되고 있다. 2007년 미국 질병통제예방센터(Centers for Disease Control and Prevention: CDC)에서 보고한 자폐증의 유병률 보고서(Kuehn, 2007)와 비교했을 때 일반 인구에 비해 25~40배 이상 높은 수치다.

가족 내에서 질환이 전달(transmission)되는 양상을 알아보기 위해서 앞서 언급한 것과 같이 표현형을 세분화하여 그 표현에 따른 가족 내 전달 양상에 대한 연구를 시행하였다. 자폐장애 환아의 부모는 다운 증후군 환아의 부모에 비하여 표준화된 성격 평가 면담에서 종종 비현실적, 순진한 또는 비반응적인 것으로 평가되었다(Piven et al., 1997). 이와 비슷하게, 자폐장애 환아의 형제들은 다운 증후군 환아의 형제들에 비하여 사회성 또는 의사소통 장애가 있거나 관심 분야가 제한적인 양상으로 나타남이 보고되었다(Bolton et al., 1994). 이러한 양상이 환아 가족군에서는 12~20%임에 반해 대조군에서는 2~3%라고 보고되었다.

이러한 연구가 확대가족(삼촌, 사촌 등)을 대상으로 시행되었는데, 2차, 3차 가족에서 자폐 증상은 6%의 남성 친척에서 보고되었으며, 이는 다운 증후군 경우의 3%보다 높은 것이었다(Pickles et al., 1995). 1차 가족 내에서의 연구와 달리, 확대가족을 대상으로 한 연구는 환경적인 요인을 공유하지 않으므로 유전적 요인에 의한 영향을 특징적으로 관찰할 수 있는 장점이 있다. 또 다른 연구(Szatmari et al., 2000)에서는 가족 병력을 평가하였고, 한 가족 구성원이 이환된 가족보다 두 가족 구성원 이상이 이환된 경우에 가족 내에서 나타나는 확대 표현형 비율이 더 높았다.

그러나 가족 연구는 가족 구성원의 평가에 의존하는 경우가 많은데, '자폐적'이라는 양상에 대한 이해가 없는 가족 구성원의 평가에는 치우침이 있을 수밖에 없다. 더욱이 첫째 아이가 자폐증인 경우 그다음 아이를 출산하지 않는 경우가 있어 가족 연구를 통한 자폐증의 유전 양상의 평가에는 제한이 있을 수밖에 없다.

한편, 자폐장애 관련 유전자가 다른 장애와도 관련이 있을 수 있음을 보고하는 연구도 있다. 한 연구에서는 자폐장애 환아의 부모를 구조화된 진단 도구로 면담하였을 때, 다운 증후군 환아의 부모에서보다 불안장애의 비율이 높음이 보고되었다(Piven et al., 1997). 다른 연구에서는 자폐장애 환아의 부모와 형제에서 다른 신경질환의 대조군에 비하여 우울증, 사회공포증, 물질 남용이 유의하게 높음이 보고되었다(Smalley et al., 1995). 하지만 이때 고려해야 할 점은 이러한 결과가 환경적 요인에 의하여 발생할 수도 있다는 사실이다. 가령 자폐장애 환아의 육아 자체가 보호자에게 스트레스로 작용하여 이러한 질환을 유발할 수도 있기 때문이다(Wolf et al., 1989). 국내에서는 자폐증 아동의 형제자매 17명과 정상 대조군 17명을 대상으로 한국형 소아우울척도, 한국형 소아불안척도, 자기개념척도, 자아존중감척도를 시행하여 비교한 연구(오창근 외, 2004)가 있었다. 이 연구에서는 내현화 및 외현화 증상, 우울, 불안, 자기개념 및 자아존중감에서는 두 군 사이에 차이가 없었으나, 자폐증 형제자매군의 사회성, 총 사회 능력은 대조군보다 유의하게 낮았다. 이와 관련해 유전적 소인과 환경적 요인에 관한 고찰이 진행되었다.

4) 염색체 이상에 대한 연구

자폐증을 보이는 아동 중에서 염색체 이상(chromosomal abnormality)을 보이는 아동은 약 10%를 차지한다고 알려져 있으며 구체적으로 취약 X 증후군(fragile X syndrome)과 결절성 경화증(tuberous sclerosis), 신경섬유종증(neurofibromatosis) 등이 있다(Rutter, 2005). 1969년 Lubs는 X염색체 장완의 이상을 발견하였고, 이러한 염색체 이상을 가진 4명의 남성에서 지적 능력의 장애를 보고하였다. 이렇게 첫 보고된 취약 X 증후군의 염색체 변이는 특발성 자폐장애 남자 환아의 7~8%에서 관찰되며, 취약 X 증후군에서의 특징적인 사회 기능의 이상도 보고되고 있다(Reiss & Dant, 2003). 그들의 30%에서는 자폐 스펙트럼 장애의 진단도 가능하다(Muhle et al., 2004). 이 외에도 자폐증과 염색체 15번 이상과의 관련성에 대한 보고도 있다(Shao et al., 2003; Veenstra-VanderWeele & Cook, 2004). 특발성 자폐장애 환아의 1~3%에서 15q11~13 부위의 중복이 환아 모로부터 유전된다고 한다. 그 외 모로부터 유전된 이 부위의 결실은 안젤만 증후군(Angelman syndrome)을, 부로부터 유전된 이 부위의 결실은 프래더-윌리 증후군(Prader-Willi syndrome)을 일으키는데, 이 두 질환에서 보이는 증상은 자폐장애와 유사한 증상을 일부 포함하고 있다.

이와 같은 일반적이지 않은 특정 집단을 대상으로 한 연구는 주로 단일 유전자 관련 질환 형태로 단순화하여 자폐장애에 대한 생물학적 기전을 이해하는 데 도움을 준다. 후보 유전자(candidate genes) 연구에 관하여 뒤에서 다시 정리하겠으나, 몇 개의 연구를 언급하면 X염색체에서 결실된 증례를 바탕으로 시냅스 형성에 관여하는 뉴로리긴(neuroligin) 유전자가 자폐 스펙트럼 장애와 관련성이 있음이 추정되어 연구가 시작되었고(Jamain et al., 2003; Thomas et al., 1999). NRXN1의 관련성이 보고된 바 있다(Feng et al., 2006; Kim et al., 2008). 또한 자폐 스펙트럼 장애에서 발견된 contactin 4 유전자에 이상을 가져오는 희귀 염색체 이상을 바탕으로 CNTNAP2 유전자가 자폐장애와 관련성이 있음이 보고되었다(Alarcón et al., 2008; Fernandez et al., 2004).

5) 유전 연관 분석과 연관성 연구

연계 연구는 이환된 환자의 가계를 이용하여 시행하는 연구로 질병의 발생과 매우 유의하게 연관되어 존재하는 유전 표지자의 유전체상의 위치를 밝혀내고 그곳을 중심으로 질병 원인 유전자 및 원인 유전 변이형을 규명하고자 하는 것이다. 다시 말해, 대조군 환아와 그의 형제들과 비교했을 때 자폐장애 환아와 그의 형제들에게서 기존에 알려진 어떤 표지자 유전자가 유의하게 더 연관되어 있다면, 그 표지자 주변에 자폐장애 관련 유전자가 있을 것으로 추정하는 것이다. 연관 정도는 LOD값이나 p값으로 평가하게 된다. LOD값이 높을수록 유전적 변이형이 표지자에 가까운 곳에 위치해 있다는 것을 의미하는데, 대략 LOD값이 3 이상인 경우와 p값이 0.0002 이하인 경우에 연관의 가능성이 의미 있게 높다고 알려져 있다. 다수의 유전 연관 분석(linkage analysis) 연구가 수행되어 왔으며(Auranen et al., 2000; Buxbaum et al., 2001; Liu et al., 2001), 그 결과는 매우 다양하게 보고되었다. 그러나 후속 연구에서의 결과의 재현이 많지 않다.

몇몇 연구에서는 7번 염색체에 자폐장애와 관련된 유전자가 있을 가능성에 대해서 언급하고 있다. 우선 7q31-35에 위치한 FOXP2 유전자가 언어장애의 한 유형과 관련 있음이 보고되었고, 대부분의 자폐장애에서 언어장애가 동반되며(Kjelgaard & Tager-Flusberg, 2001), 두 연구에서 자폐장애 환아나 친척에 언어 발달 지연이 있는 경우로 표현형을 한정한다면 LOD값의 증가가 있음을 보고하였다(Alarcón et al., 2002; Bradford et al., 2001). 그리고 자폐장애 환아가 있는 다수의 가계도에서 이 부위의 결실이 보고되었다(Yu et al., 2002). 또한 최근의 메타분석에서 관련 유전자가 7q에 있을 것이라고 보고된 바 있다(Badner & Gershon, 2002). 그러나 다른 연구에서 FOXP2 유전자가 자폐장애나 언어장애에서 주요한 관련 유전자가 아닐 것이라는 보고가 있기에 이에 대한 후속 연구가 필요한 상황이다(Newbury et al., 2002).

유전 연관 분석은 단일 유전자가 원인 유전자인 경우에 그 유용성이 높으나 복합 형질 질환인 경우에는 그 유용성이 적은 것으로 알려져 있다(이종극, 2006). 또한 자폐증의 유전 방식 모델이 명확하지 않으며, 진단적 확실성이 불안정한 경우에는 이러한 소규모의 가계 기반 연구에서는 그 한계를 드러낼 수밖에 없다(Rutter et al., 2007).

연관성 연구(association study)는 환자와 대조군 간의 유전 표지자의 빈도 차이를 조사하여 특정 유전자 또는 유전체 위치를 규명하는 연구로서 다유전자 질환의 연구에 유용하게 사용되고 있다. 이 연구는 한 집단에서 많이 발생한 질병은 집단 내에서 높은 빈도로 존재하는 유전 변이형에 의해 결정된다는 가설인 공동 질병-공동변인성(common disease-common variant theory)에 기반을 둔 연구 방법이다. 자폐장애에서는 15번 염색체의 UBE3A 유전자좌(locus)나 GABA 유전자의 아형이 자폐장애와 관련 있음이 보고되었다(Martin et al., 2000; Nurmi et al., 2001). 그러나 연관성 연구의 경우 위양성 결과가 많으며(Hodge, 1995), 다유전자 모델의 연구에 사용하기에는 적합성에 대한 논란이 있음을 고려해야 한다(Crowe, 1993). 실제로도 여러 후보 유전자가 자폐장애와 관련 있음이 연관성 분석을 통하여 연구되었으나, 대부분 후속 연구에서 재현되지 못했다(Betancur et al., 2002; Ingram et al., 2000; Wassink et al., 2001).

연구 대상들의 인종 차이 등에 따라서 유전적 구성이 달라질 수밖에 없어 이를 통제하기 위한 분석 방법 또한 제기되었다. Transmission Disequilibrium Test(TDT)가 그것으로, 이환된 아동과 그 부모의 DNA 분석을 통해서 부모로부터 이환된 아동에게 과잉전달(over-transmission)된 대립유전자를 알아내어(Spielman & Ewens, 1996) 원인 유전자를 규명하는 방법이다.

이러한 유전 연관 분석과 연관성 연구의 기본적인 원리는 유지한 채 게놈 전체를 조사하는 양상으로 최근의 연구 흐름이 바뀌고 있다. 이러한 연구 방법을 전장 유전체 연관 분석(genome-wide linkage analysis), 전장 유전체 연관성 연구(genome-wide association study: GWAS)라고 한다.

(1) 전장 유전체 연관 분석

질병과 관련된 유전자 위치를 찾는 유용한 방법으로 기대되어 현재까지 12개 이상의 연구가 시행되었다(Losh et al., 2008). 이러한 연구 결과들을 메타분석한 보고에 의하면 현재까지 염색체 7q가 가장 일관되게 주목을 받고 있다 (Trikalinos, 2006). 그러나 최근 대규모 대상군을 이용한 연구에서는 이 부위가 자폐증과 관련이 있다는 결과가 되풀이되지 못하였다. 그 이유로는 각각의 연구에서 자폐증의 표현형 정의가 일관되지 못하고 너무 다양한 표현형을 채택했다는 것이 제시되었다. 실제로 정신과 진단 기준에 DSM과 같은 범주형 진단과 기술적(descriptive), 조작적(operational) 진단 기준이 적용되어 널리 사용되어 왔다. 그러나 이러한 진단 기준은 다양한 원인을 가진 정신질환을 하나의 진단으로 묶기 때문에 유전 연구의 장애로 작용할 수 있다. 따라서 근래에 시행되는 자폐장애 유전 연구에서는 임상 진단보다 ADOS(Autism Diagnostic Observation Schedule)나 ADI-R(Autism Diagnostic Interview-Revised)을 통하여 표준화되고 신뢰성 높은 분류체계를 사용하고 있기도 하다. 그러나 연구용 진단 분류체계를 사용하여도 상당수 연구 결과가 재현되지 못하고 있어 자폐장애는 같은 진단적 분류체계에 속해 있다 하더라도 유전적으로는 이질적임을 시사하고 있다 (Abrahams & Geschwind, 2008). 따라서 최근에는 내적 표현형을 이용하여 연구를 진행하기도 한다. 한편, 전장 유전체 연관 분석 방법 자체가 다유전자 질환에 적합하지 않았기 때문이었다는 의견도 제시되었다. 이에 대안으로 전장 유전체 연관성 연구 방법이 새롭게 주목 받고 있다.

(2) 전장 유전체 연관성 연구

이 연구 방법은 대조군과 환아군에서 특정 유전 표지자를 이용하여 유전적 위험 요인을 비교하는 것이다. 이 표지자는 특정 유전자에 한정되지 않고 게놈 전체에 두루 퍼져 있는 것인데 이를 이용하여 질병에 관련된 유전자 및 유전 변이형을 밝히는 것이다. 과거에는 질병 후보 유전자 1~2개를 선발하여 환자와 대조군 간의 그 후보 유전자 내 유전 표지자의 빈도 차이를 조사하여 질병과 관련 있는 유전적 변이를 찾는 연구 방법을 적용해 왔다. 그러나 최근에는 SNP(single nucleotide polymorphism) 칩(chip)을 이용하여 효율적으로 전체 게놈을 조사하고 있다. 그러나 이러한 방법들은 무작위 오차(random error)의 발생률을 증가시킬 수 있어, 전체 SNP 표지자에서 기능적으로 중요한 SNP를 찾아내어 연구의 효율성을 높이기 위한 노력이 이루어지고 있다. 이는 수백에서 수천 개의 샘플을 반복적으로 평가하여 중요한 SNP를 선별하는 것이다. 이를 다단계 접근 방법(multi-stage approach method)이라고 한다. 또한 다수의 SNP를 조합하여 결정된 하나의 일배체형(haplotype)을 하나의 유전 표지자로 사용하여 일배체형 분석(haplotype analysis)을 시행하기도 한다.

6) 후보 유전자 연구

후보 유전자(candidate genes)란 질병 관련 유전 인자로 판명될 가능성이 있는 유전자를 말한다. 이러한 유전 인자는 크게 다음의 방법을 통해서 선택된다(Muhle et al., 2004). 첫째로 신경 발달과 관련이 있다고 알려진 유전자, 둘째로 약물치료의 효과, 임상 양상 등 임상 경험에서 관련이 있을 것이라고 생각되는 유전자, 셋째로 세포 유전 분석을 통해서 관련성을 시사하는 유전자, 넷째로 전체 게놈을 선별하는 방법을 통하여 후보 유전자가 결정된다. 후보 유전자가 결정되면 유전 연관 분석이나 연관 연구, 표현형 분석, 동물 연구 등을 통해서 자폐증의 병태생리와의 관련성이 평가되는 과정을 반복하게 된다.

현재까지 여러 연구를 통해서 약 100개의 유전자가 조사되었고 그중 일부만이 후속 연구에서 되풀이되었다. 〈표 3-1〉은 주요 후보 유전자를 정리한 것이다.

표 3-1	자폐증의 주요 후보 유전자
유전자	주요 발견과 기능적인 의미
MET	• 염색체 7q31 • receptor tyrosine kinase를 encoding • 신경 발달에 관련 • 기능 조절 부위(C allele)의 overtransmission
SLC6A4	• 일부 자폐증 환아의 혈소판의 세로토닌 상승과 관련 • promoter region인 5HTTLPR과의 관련성이 보고됨(Cho, 2007)
RELN	• 염색체 7q22 • 신경 발달에서 뉴런의 이동에 관련된 세포 내 상호작용을 조절하는 단백질을 encoding • 자폐증 환아의 사후 연구에서 뇌 특정 부위에서 reelin 단백질의 저하가 보고됨
PTEN	• phosphatase and tension homolog • 종양 억제 유전자: 통제되지 않는 세포 성장과 분화를 막는 생화학 경로와 관련 • macrocephaly를 가지고 있는 일부 자폐증 환아에서 돌연변이가 보고됨
TSC1, TSC2	• 종양 억제 유전자 • TSC1: 성장 억제 단백질인 hamartin을 encoding • TSC2: 성장 억제 단백질인 tuberin을 encoding • tuberous sclerosis complex와 관련
Neuroligins	• 시냅스의 성숙과 기능에서 주요 역할을 하는 cell adhesion molecules • X-linked neuroligins, NLGN3, NLGN4 • neurexin, CNTNAP2, SHANK3와 binding partners
Neurexins	• 시냅스의 기능과 관련된 neuroligin과 상호작용하는 신경단백질을 encoding • NRXN1의 coding exon의 deletion이 일부 자폐증 환아에서 보고됨
CNTNAP2	• contactin-associated protein like 2 • transmembranes scaffolding protein(CASPR2)을 encoding • cortical dysplasia-focal epilepsy와 관련 • 염색체 7q35와 language delay와 관련성
SHANK3	• 시냅스 기능에 주요 역할을 하는 neuronal scaffolding protein을 encoding • dendritic spine morphology를 조절하는 역할과 관련 • de novo deletion이나 mutation에 대해서 보고됨

7) 복제 수 변이를 이용한 유전 연구

기술의 발달로 DNA 복제 수에 대한 측정이 가능해지면서 인간 게놈 전체의 구조적인 변이형을 조사하는 방법이 대두되고 있다. 일반적으로 인간 게놈에서 미세 결손(microdeletion)이나 중복(duplication)과 같은 변이는 비교적 흔한 것으로 알려져 있다(Losh et al., 2008). 이러한 유전적 변이, 즉 복제 수 변이(copy number variation: CNV) 중에서는 복합 형질 질환과 관련이 있는 양상이 있을 것이라는 제안이 있었다(Shaw-Smith et al., 2004). 일례로 프래더-윌리 증후군이나 안젤만 증후군에서 15q11Yq13 부위가 중복되는데, 이와 같은 양상이 자폐증 환자의 1~3%에서 나타난다고 보고되었다(Moeschler et al., 2002). 자폐증을 가진 환자 전체의 약 24%에서 새로운 CNV가 있다는 보고(Jacquemont et al., 2006)가 있었고, 16p11.2의 결손(deletion)과 중복 또한 보고되었으며(Weiss et al., 2008), 이 부위의 발달 지연과 관련성이 제기되었다(Marshall et al., 2008; Sebat et al., 2007). 또한 이러한 CNV는 2명 이상의 구성원이 이환된 가계나 대조군에 비해서 가족 내 구성원 한 명만 이환된 경우가 높은 비율을 보였다(Marshall et al., 2008; Sebat et al., 2007). 따라서 이러한 결과들을 통해서 임상군의 특징 및 내적 표현형에 따른 유전 연구 방법을 달리하는 것이 필요하다는 의견이 제시되고 있다(Losh et al., 2008).

3. 결론 및 향후 연구 과제

현재까지 자폐증과 관련된 원인 유전 인자를 찾기 위해 많은 연구가 진행되어 왔고 또 분명한 성과도 있었다. 즉, 1977년 쌍생아 연구 이후에 많은 연구 결과에서 자폐증은 분명히 유전적인 소인이 많은 질환이며, 하나의 유전 인자가 주요하게 관여하지 않고 다양한 유전 인자들이 관여하는 질환임을 보여 주었다. 더욱이 하나의 질환으로서의 자폐증과 관련된 유전 인자는 다양하지만 특정 표현형, 즉 내적 표현형과 관련 있는 유전자는 그보다 적을 것이라는 데 합의가 이루어지고 있다. 또한 자폐증과 관련된 후보 유전자들을 검증하는 연구들이 반복되어 주요한 유전자들에 대한 보고들이 이루어지고 있다.

한편으로 기존 연구 결과들이 일관되지 못한 것도 사실이다. 그 원인으로는 진단 방법의 차이, 다양한 유전 연구 방법, 작은 표본 크기, 불명확한 표현형의 정의 등이 있을 수 있다. 이러한 한계를 극복하기 위해 다양한 연구 방법들이 시도되어 과거의 쌍생아 연구, 가족 연구에서 더 나아가 자폐아동과 형제군, 대조군 등을 비교하거나 많은 대상을 모아서 게놈 전체를 분석하는 연구들이 이루어지고 있다. 이러한 연구들에는 GWAS나 CNV를 이용한 연구 그리고 내적 표현형을 이용한 유전 연구들이 있다.

자폐증과 관련된 유전상담에서도 이러한 유전 연구 결과들이 주요한 역할을 하고 있다. 유전상담 시에는 자폐증이 한 개의 유전자가 원인인 질환과는 차이가 있다는 것, 취약 X 증후군과 레트 장애 등 몇몇을 제외하고는 현재까지 자폐증을 진단할 수 있는 유용한 유전 검사는 없다는 것, 그리고 개인에 대한 특정 위험도를 알 수는 없다는 것을 알릴 필요가 있다. 더 나아가 부모가 자녀 동의 없이 손자의 위험도를 알고자 하는 등 상담 대상이 본인이 아닌 경우에는 구체적인 유전상담 정보를 제공하지 말 것을 권고하기도 한다(Rutter, 2005).

유전 연구들이 더 효율적으로 이루어지기 위해서는 유전 분석 방법, 유전 통계 방법의 발전도 중요하지만 임상 양상에 따른 자폐증의 하위 그룹 설정, 신경생리학적 특징, 신경심리적 특징, 임상 표현형 등을 통해 정립될 수 있는 내적 표현형에 대한 지속적인 연구가 이루어져야 하겠다. 더 나아가 환경적인 원인 인자와 유전적인 요인을 아우를 수 있는 유전 연구가 이루어져야겠다.

현재 국외에서는 자폐증 연구와 관련된 대규모의 공동 연구 팀들이 있다. 대표적으로 자폐증의 국제분자유전학연구협회(International Molecular Genetics Study of Autism Consortium), 자폐증 유전자원교환(Autism Genetic Resource Exchange)이 있다. 이들에 의한 대규모 공동 연구를 통해서 연구 대상 표본 수를 늘리고 연구 정보도 활발하게 교환하고 있다. 국내에서도 서울대학교 병원을 주

축으로 하여 시작되고 있는데, 이를 국외의 연구 팀과 공동 협력하는 연구체계
로 발전시키는 것이 필요하다고 하겠다.

참 고 문 헌

오창근, 홍성도, 김지혜, 심세훈. 자폐증 환자의 형제 및 자매의 정서적 특성에 대한 예비
    연구. 소아청소년정신의학 2004;15:75-81.
이종극. 질병 유전체 분석법. 서울: 월드사이언스, 2006.

Abrahams BS and Geschwind DH. Advances in autism genetics: on the threshold of a
    new neurobiology. *Nat Rev Genet* 2008;9:341-355.
Alarcón M, Abrahams BS, Stone JL, Duvall JA, Perederiy JV, Bomar JM, et al. Linkage,
    association, and gene-expression analyses identify CNTNAP2 as an autism-
    susceptibility gene. *Am J Hum Genet* 2008;82(1):150-159.
Alarcón M, Cantor RM, Liu J, Gilliam TC, and Geschwind DH. Autism Genetic Research
    Exchange Consortium. Evidence for a language quantitative trait locus on
    chromosome 7q in multiplex autism families. *Am J Hum Genet* 2002;70(1):60-71.
Auranen M, Nieminen T, Majuri S, Vanhala R, Peltonen L, and Järvelä I. Analysis of
    autism susceptibility gene loci on chromosomes 1p, 4p, 6q, 7q, 13q, 15q, 16p,
    17q, 19q and 22q in Finnish multiplex families. *Mol Psychiatry* 2000;5(3):320-322.
Badner JA and Gershon ES. Regional meta-analysis of published data supports linkage
    of autism with markers on chromosome 7. *Mol Psychiatry* 2002;7:56-66.
Bailey A, Le Couteur A, Gottesman I, Bolton P, Simonoff E, Yuzda E, et al. Autism as a
    strongly genetic disorder: evidence from a British twin study. *Psychol Med*
    1995;25:63-77.
Betancur C, Corbex M, Spielewoy C, Philippe A, Laplanche JL, Launay JM, et al.
    Serotonin transporter gene polymorphisms and hyperserotonemia in autistic
    disorder. *Mol Psychiatry* 2002;7(1):67-71.
Bishop DV, Maybery M, Wong D, Maley A, Hill W, and Hallmayer J. Are phonological
    processing deficits part of the broad autism phenotype? *Am J Med Genet B*

Neuropsychiatr Genet 2004;128B:54-60.

Bolton P, Macdonald H, Pickles A, Rios P, Goode S, Crowson M, et al. A case-control family history study of autism. *J Child Psychol Psychiatry* 1994;35:877-900.

Bradford Y, Haines J, Hutcheson H, Gradiner M, Braun T, Sheffield V, et al. Incorporating language phenotypes strengthens evidence of linkage to autism. *Am J Med Genet* 2001;105(6):539-547.

Buxbaum JD, Silverman JM, Smith CJ, Kilifarski M, Reichert J, Hollander E, et al. Evidence for a susceptibility gene for autism on chromosome 2 and for genetic heterogeneity. *Am J Hum Genet* 2001;68(6):1514-1520.

Cho IH, Yoo HJ, Park M, Lee YS, Kim SA. *Brain Res*. 2007 Mar 30;1139:34-41. Epub 2007 Jan 8.

Crowe RR. Candidate genes in psychiatry: an epidemiological perspective. *Am J Med Genet* 1993;48(2):74-77.

Feng J, Schroer R, Yan J, Song W, Yang C, Bockholt A, et al. High frequency of neurexin 1beta signal peptide structural variants in patients with autism. *Neurosci Lett* 2006;409(1):10-13.

Fernandez T, Morgan T, Davis N, Klin A, Morris A, Farhi A, et al. Disruption of contactin 4 (CNTN4) results in developmental delay and other features of 3p deletion syndrome. *Am J Hum Genet* 2004;74(6):1286-1293.

Folstein S and Rutter M. Genetic influences and infantile autism. *Nature* 1977a;265:726-728.

Folstein S and Rutter M. Infantile autism: a genetic study of 21 twin pairs. *J Child Psychol Psychiatry* 1977b;18:297-321.

Gottesman II and Gould TD. The endophenotype concept in psychiatry: etymology and strategic intentions. *Am J Psychiatry* 2003;160:636-645.

Hanson DR and Gottesman II. The genetics, if any, of infantile autism and childhood schizophrenia. *J Autism Child Schizophr* 1976;6(3):209-234.

Hodge SE. Genetic analysis workshop 9: development of problem 1. *Genet Epidemiol* 1995;12(6):555-560.

Ingram JL, Stodgell CJ, Hyman SL, Figlewicz DA, Weitkamp LR, and Rodier PM. Discovery of allelic variants of HOXA1 and HOXB1: genetic susceptibility to autism spectrum disorders. *Teratology* 2000;62(6):393-405.

Jacquemont ML, Sanlaville D, Redon R, Raoul O, Cormier-Daire V, Lyonnet S, et al.

Array-based comparative genomic hybridisation identifies high frequency of cryptic chromosomal rearrangements in patients with syndromic autism spectrum disorders. *J Med Genet* 2006;43:843-849.

Jamain S, Quach H, Betancur C, Råstam M, Colineaux C, Gillberg IC, et al. Mutations of the X-linked genes encoding neuroligins NLGN3 and NLGN4 are associated with autism. *Nat Genet* 2003;34(1):27-29.

Kanner L. Autistic disturbances of affective contact. *Nervous Child* 1943;2:217-250.

Kim HG, Kishikawa S, Higgins AW, Seong IS, Donovan DJ, Shen Y, et al. Disruption of neurexin 1 associated with autism spectrum disorder. *Am J Hum Genet* 2008;82(1):199-207.

Kjelgaard MM and Tager-Flusberg H. An Investigation of Language Impairment in Autism: Implications for Genetic Subgroups. *Lang Cogn Process* 2001;16:287-308.

Kuehn BM. CDC: autism spectrum disorders common. *JAMA* 2007;297:940.

Le Couteur A, Bailey A, Goode S, Pickles A, Robertson S, Gottesman I, et al. A broader phenotype of autism: the clinical spectrum in twins. *J Child Psychol Psychiatry* 1996;37:785-801.

Liu J, Nyholt DR, Magnussen P, Parano E, Pavone P, Geschwind D, et al. A genomewide screen for autism susceptibility loci. *Am J Hum Genet* 2001;69(2):327-340.

Losh M, Sullivan PF, Trembath D, and Piven J. Current developments in the genetics of autism: from phenome to genome. *J Neuropathol Exp Neurol* 2008;67:829-837.

MacLean JE, Szatmari P, Jones MB, Bryson SE, Mahoney WJ, Bartolucci G, et al. Familial factors influence level of functioning in pervasive developmental disorder. *J Am Acad Child Adolesc Psychiatry* 1999;38:746-753.

Marshall CR, Noor A, Vincent JB, Lionel AC, Feuk L, Skaug J, et al. Structural variation of chromosomes in autism spectrum disorder. *Am J Hum Genet* 2008;82:477-488.

Martin ER, Menold MM, Wolpert CM, Bass MP, Donnelly SL, Ravan SA, et al. Analysis of linkage disequilibrium in gamma-aminobutyric acid receptor subunit genes in autistic disorder. *Am J Med Genet* 2000;96(1):43-48.

Moeshler JB, Mohandas TK, Hawk AB, and Noll WW. Estimate of prevalence of proximal 15q duplication syndrome. *Am J Med Genet* 2002;111(4):440-442.

Muhle R, Trentacoste SV, and Rapin I. The genetics of autism. *Pediatrics*

2004;113:e472-486.

Newbury DF, Bonora E, Lamb JA, Fisher SE, Lai CS, Baird G, et al. FOXP2 is not a major susceptibility gene for autism or specific language impairment. *Am J Hum Genet* 2002;70(5):1318-1327.

Nurmi EL, Bradford Y, Chen Y, Hall J, Arnone B, Gardiner MB, et al. Linkage disequilibrium at the Angelman syndrome gene UBE3A in autism families. *Genomics* 2001;77(1-2):105-113.

Pickles A, Bolton P, Macdonald H, Bailey A, Le Couteur A, Sim CH, et al. Latent-class analysis of recurrence risks for complex phenotypes with selection and measurement error: a twin and family history study of autism. *Am J Hum Genet* 1995;57:717-726.

Piven J, Palmer P, Jacobi D, Childress D, and Arndt S. Broader autism phenotype: evidence from a family history study of multiple-incidence autism families. *Am J Psychiatry* 1997;154:185-190.

Reiss AL and Dant CC. The behavioral neurogenetics of fragile X syndrome: analyzing gene-brain-behavior relationships in child developmental psychopathologies. *Dev Psychopathol* 2003;15:927-968.

Ritvo ER, Freeman BJ, Mason-Brothers A, Mo A, and Ritvo AM. Concordance for the syndrome of autism in 40 pairs of afflicted twins. *Am J Psychiatry* 1985;142:74-77.

Ritvo ER, Mason-Brothers A, Freeman BJ, Pingree C, Jenson WR, McMahon WM, et al. The UCLA-University of Utah epidemiologic survey of autism: the etiologic role of rare diseases. *Am J Psychiatry* 1990;147:1614-1621.

Ronald A, Happe F, Bolton P, Butcher LM, Price TS, Wheelwright S, et al. Genetic heterogeneity between the three components of the autism spectrum: a twin study. *J Am Acad Child Adolesc Psychiatry* 2006;45:691-699.

Rutter M. Psychotic disorders in early childhood. In: *Recent developments in schizophrenia*. Coppen AJ and Walk A (eds). England: Headley bros/RMPA, 1967.

Rutter M. Genetic influences and autism. In: *Handbook of autism and pervasive developmental disorders*. Volkmar FR, Paul R, Klin A, and Cohen DJ. New York: Wiley, 2005.

Rutter M, Kreppner J, Croft C, Murin M, Colvert E, Beckett C, et al. Early adolescent outcomes of institutionally deprived and non-deprived adoptees, III. Quasiautism. *J Child Psychol Psychiatry* 2007;48(12):1200-1207.

Sebat J, Lakshmi B, Malhotra D, Troge J, Lese-Martin C, Walsh T, et al. Strong association of de novo copy number mutations with autism. *Science* 2007;316:445-449.

Shao Y, Cuccaro ML, Hauser ER, Raiford KL, Menold MM, Wolpert CM, et al. Fine mapping of autistic disorder to chromosome 15q11-q13 by use of phenotypic subtypes. *Am J Hum Genet* 2003;72:539-548.

Shaw-Smith C, Redon R, Rickman L, Rio M, Willatt L, Fiegler H, et al. Microarray based comparative genomic hybridisation (array-CGH) detects submicroscopic chromosomal deletions and duplications in patients with learning disability/mental retardation and dysmorphic features. *J Med Genet* 2004;41(4):241-248.

Silverman JM, Smith CJ, Schmeidler J, Hollander E, Lawlor BA, Fitzgerald M, et al. Symptom domains in autism and related conditions: evidence for familiality. *Am J Med Genet* 2002;114:64-73.

Smalley SL, Asarnow RF, and Spence MA. Autism and genetics. A decade of research. *Arch Gen Psychiatry* 1988;45:953-961.

Smalley SL, McCracken J, and Tanguay P. Autism, affective disorders, and social phobia. *Am J Med Genet* 1995;60(1):19-26.

Spielman RS and Ewens WJ. The TDT and other family-based tests for linkage disequilibrium and association. *Am J Hum Genet* 1996;59:983-989.

Steffenburg S, Gillberg C, Hellgren L, Andersson L, Gillberg IC, Jakobsson G, et al. A twin study of autism in Denmark, Finland, Iceland, Norway and Sweden. *J Child Psychol Psychiatry* 1989;30:405-416.

Szatmari P and Jones MB. Genetic epidemiology of autism spectrum disorders. In: *Autism and pervasive developmental disorders*. Volkmar FR (ed). New York: Cambridge University Press, 2007.

Szatmari P, Jones MB, Zwaigenbaum L, and MacLean JE. Genetics of autism: overview and new directions. *J Autism Dev Disord* 1998;28:351-368.

Szatmari P, MacLean JE, Jones MB, Bryson SE, Zwaigenbaum L, Bartolucci G, et al. The familial aggregation of the lesser variant in biological and nonbiological relatives of PDD probands: a family history study. *J Child Psychol Psychiatry* 2000;41:579-586.

Thomas NS, Sharp AJ, Browne CE, Skuse D, Hardie C, and Dennis NR. Xp deletions associated with autism in three females. *Hum Genet* 1999;104(1):43-48.

Trikalinos TA, Karvouni A, Zintzaras E, Ylisaukko-Oja T, Peltonen L, Jarvela I, et al. A heterogeneity-based genome search meta-analysis for autism-spectrum disorders. *Mol Psychiatry* 2006;11:29-36.

Veenstra-VanderWeele J and Cook EH, Jr. Molecular genetics of autism spectrum disorder. *Mol Psychiatry* 2004;9:819-832.

Wassink TH, Piven J, Vieland VJ, Huang J, Swiderski RE, Pietila J, et al. Evidence supporting WNT2 as an autism susceptibility gene. *Am J Med Genet* 2001;105(5):406-413.

Weiss LA, Shen Y, Korn JM, Arking DE, Miller DT, Fossdal R, et al. Association between microdeletion and microduplication at 16p11.2 and autism. *N Engl J Med* 2008;358:667-675.

Wolf LC, Wolf LC, Noh S, Fisman SN, and Speechley M. Psychological effects of parenting stress on parents of autistic children. *J Autism Dev Disord* 1989;19(1):157-166.

Yu CE, Dawson G, Munson J, D'Souza I, Osterling J, Estes A, et al. Presence of large deletions in kindreds with autism. *Am J Hum Genet* 2002;71(1):100-115.

Chapter 04

환경적 요인

1. 서 론

자폐장애의 원인은 아직 분명하게 밝혀져 있지 않다. 현재까지의 연구로 보았을 때 유전적인 요인이 더 많은 영향을 주는 것으로 생각되지만, 환경적인 요인은 그것이 밝혀질 경우 피할 수 있고 예방할 수 있으므로 일차 예방의 관점에서 중요하다고 하겠다. 최근 40년간 자폐장애의 유병률은 꾸준히 증가하였다. 40년 전에는 1만 명당 4명이었던 것이 요즘은 1만 명당 30~60명까지 보고되고 있다. 이러한 유병률의 증가는 아마도 진단 기준이 넓어진 것이 중요한 요인으로 생각된다. 그러나 환경적인 요인의 역할을 완전히 배제할 수는 없다. 이에 이 장에서는 환경적인 요인에 대해 고찰하고자 한다.

남보라, 김재원, 조수철

2. 홍역-볼거리-풍진 백신과 티메로살

최근까지도 많은 논란이 되었던 홍역-볼거리-풍진(measles-mumps-rubella: MMR) 백신과 티메로살(thimerosal)에 대해 먼저 고찰해 보고자 한다.

1) 홍역-볼거리-풍진 백신

Singh 등(1998)의 홍역과 자폐장애에 관한 사례 보고에 따르면, 자폐아의 혈청의 70%에서 항수초 염기성 단백질 항체(anti-myelin basic protein antibodies)가 발견되었고, 57%에서 항신경세포-축삭 미세섬유 단백질 항체(anti-neuron-axon filament protein antibodies)가 발견되었으나, 대조군에서는 전혀 없었다. 또한 Singh 등(2002)의 연구에서는 정상아나 다른 질환에 이환된 아이들과 비교하여 자폐아동에서 더 높은 수준의 항MMR 항체가 있다고 보고하였다. 이러한 보고들은 MMR에서 홍역과 연관된 비정상적인 면역 반응이 자폐장애의 병인과 관련 있을 수 있음을 제안하였다.

자폐장애의 유병률 증가에 MMR 백신이 기여하리라 생각된 것은 1998년에 Wakefield 등이 만성적 소장결장염(chronic enterocolitis)을 가진 자폐 스펙트럼 장애 아이 12명의 사례를 보고하면서부터 시작되었다. 12명 중 9명에서 MMR 백신 접종 후 2주 이내에 자폐장애의 행동 증상이 나타났다고 하였다. 백신과 자폐장애가 연관이 있다는 주장은 시간이 지나면서 지연되어 나타나거나 만성적인 경과도 모두 포함하는 것으로 변했다. Spitzer(2003)는 자폐장애가 백신의 영향이라고 주장하는 493명의 아이들의 의료 기록을 조사한 결과 MMR 백신 접종 후 평균 1.2년 뒤에 증상이 나타났고, 진단받기까지는 3.2년이 걸렸다고 보고했다. 그러나 이 자료는 대표성이 부족하다고 볼 수 있겠다. 그럼에도 이 연구를 바탕으로 MMR 백신이 자폐장애의 원인에 기여한다고 생각해 본다면 아마도 그 효과는 지연되어 나타나는 것으로 생각할 수 있겠다.

하지만 여러 역학 연구에서 밝혀진 결과를 살펴보면 예방접종의 시기와 자폐장애의 발생 시점에 연관이 없었고, 예방접종을 한 환아와 그렇지 않은 환아 사이에 자폐장애의 발생 시점에 차이가 없었다(DeStefano et al., 2004; Madsen et al., 2002; Taylor et al., 1999).

여러 연구에서 자폐장애와 예방접종이 관련 없다는 보고가 지속적으로 이루어졌다는 것이 중요하다고 생각된다. 역학 연구 중에서 일본 연구가 중요한 의미를 갖는데, 일본은 볼거리(mumps)에 대한 과도한 걱정으로 1990년대 초반에 MMR 백신 사용을 중단하였기 때문이다. 만약 MMR 백신의 사용이 자폐장애 증가의 원인이라면 백신 사용 중지 후에는 자폐장애의 비율이 떨어져야 하나 그런 일은 없었다. 여러 역학 연구에서는 MMR 백신과 자폐장애가 연관 있다는 증거는 없는 상태다. 환자 대조군 연구 중에서 1991~1998년에 덴마크에서 태어난 모든 아이를 대상으로 예방접종을 한 아이(44만 655명)와 예방접종을 하지 않은 아이(9만 6,648명)를 비교했더니 자폐장애의 위험에 차이가 없었다.

또한 MMR 백신이 배변장애(dyschezia)를 가진 퇴행성 자폐증(regressive autism)과 관련이 있다는 주장에 대해서도 역학 연구에서는 증거가 없다. Taylor 등(1999)의 연구를 보면, MMR 백신이 도입된 1988년 전후로 배변 증상(bowel symptom)을 가진 자폐장애 환아의 비율에 변화가 없었다.

배변증상이 있는 자폐 환아의 장에서 홍역 항원(measles antigen)이 존재한다고 하였으나 자폐장애가 없는 크론씨병이나 염증성 대장염의 환아에서도 유사한 결과가 보고되고 있다. 즉, 이러한 결과는 자폐장애 환아의 장에서 보이는 특이적인 소견은 아닌 것으로 생각된다. 이러한 바이러스성 항원의 존재는 원인이라기보다는 장의 면역학적 반응의 결과라고 생각된다(Hendrickson & Turner, 2002).

요약하면, 아직 MMR 백신과 자폐장애가 관련이 있다는 명확한 증거는 없다. 그러나 이것으로 자폐장애를 가진 환아에서 때때로 일어나는 MMR 백신에 대한 특이 반응을 모두 배제할 수는 없을 것이다.

2) 티메로살

MMR 백신과 함께 논란이 되었던 것이 티메로살(thimerosal)이다. 티메로살은 백신의 보존제로서 에틸 수은을 함유하고 있다. 이미 알려진 것처럼, 수은은 과용량에서 신경발달학적 후유증을 남길 수 있다. 그리고 그 기전은 비교적 뇌에 직접적인 독성의 효과다.

2004년 Geier와 Geier의 연구에서 미국의 백신 부작용 보고 자료를 바탕으로 티메로살이 포함된 DTP(diphtheria, tetanus, acellular pertussis) 백신을 접종받은 아이들과 티메로살이 포함되지 않은 백신을 접종받은 아이들을 비교하였더니 자폐장애의 상대 위험도는 6이다. 그러나 역학적인 연구에서는 근거가 없는 편이다. 백신에서 수은 성분을 제거한 후에도 자폐장애의 비율은 떨어지는 것이 아니라 오히려 증가했다. HMO 데이터베이스 연구(Verstraeten et al., 2003), 영국에서의 연구(Jick & Kaye, 2004), Stehr-Green 등의 연구(2003)에서도 자폐장애와 티메로살의 연관성이 없다고 보고하였다.

요약하면, 티메로살이 자폐장애의 원인이라는 근거는 미약한 실정이다.

3. 바이러스 감염

다음으로 살펴볼 것은 초기의 바이러스 감염이 자폐장애의 원인이라는 주장이다. 바이러스 감염이 어떻게 자폐장애를 일으키는지 그 기전은 아직 알려져 있지 않다. 예상되는 기전으로는 중추신경계의 직접적인 감염, 신체 일부의 감염이 중추신경계 질환을 유발하거나 산모와 태아의 면역 반응을 바꾸어 놓는 것, 혹은 이 모든 기전이 동시에 작용하는 것이 있다.

1) 바이러스-사이토카인 가설

우리 몸은 바이러스에 감염되면 면역 반응으로 다양한 사이토카인(cytokine)을 만들어 낸다. 뇌의 비정상적인 사이토카인 농도는 중추신경계 발달을 바꿀수 있다고 한다. 동물 연구에서도 초기의 바이러스 감염이 이후의 행동 변화를일으킨다는 보고도 있다(Stubbs, 1995). 임신 중기의 쥐를 인간 인플루엔자 바이러스로 호흡기 감염을 시켰더니 행동 이상이 나타났다. 이것은 산모의 항바이러스 면역 반응이 태아의 뇌 발달에 영향을 준다는 것을 보여 준다. 여러 연구가자폐아동에서 사이토카인 생산 증가의 증거들을 보고했다(Gupta et al., 1996; Jyonouchi et al., 2001; Stubbs, 1995).

또한 어린 루이스 쥐에 보르나병 바이러스(Borna disease virus)를 감염시켰더니 쥐가 상동적인 행동, 조절되지 않는 활동, 성장 지연, 정도를 벗어난 반사 반응, 불균형적인 운동 반응 등을 보였다. 이 쥐들은 놀이 행동과 다른 사회 활동에도 장애를 보였다고 한다. 그러나 Hornig 등(2004)의 자폐장애를 가진 환아의혈액 연구에서 보르나병 바이러스 감염의 증거는 찾을 수 없었다. 그래도 이러한 동물 모델에서 면역 반응이 신경 발달을 교란시키고 자폐장애와 비슷한 행동문제를 일으키는 것을 알 수 있다.

또한 바이러스성 뇌염은 뇌세포를 직접적으로 파괴하여 자폐 행동들을 일으킬수 있고, 바이러스 감염은 병리적인 자가 면역 반응을 일으킬 수 있다(Money et al., 1971; Sweeten & Fujinami, 2004). 자폐아동들에게서 뇌 단백에 대한 자가 항체의 증가와 면역 반응의 활성화 증거를 볼 수 있다(Connolly et al., 1999; Sweeten et al., 2003).

산모의 면역 반응은 태아에게 비정상적인 신경 발달을 일으킬 수 있다. 자폐아동의 부모에서 자폐아동의 림프구에 대한 항체의 활동성이 증가되었다는 보고도 있다.

그러나 이러한 연구들로부터 신경 발달의 초기에 면역 반응 이상이 직접적으로 중추신경계의 이상을 일으키는지, 타고난 중추신경계의 이상이 비정상적인 면역 반응을 이끌어 내는지, 혹은 이 두 가지가 동시에 일어나는지는 알 수 없다.

2) 바이러스 감염

각각의 바이러스가 자폐장애와 연관이 있는지에 대해서는 논란이 있다. 자폐장애아들의 출생에 계절적인 차이가 있다는 보고는 많다(Bartlik, 1981; Fombonne, 1989; Gillberg, 1990; Konstantareas et al., 1986; Tanoue et al., 1988). 그래서 Ticher 등(1996)은 바이러스의 대유행이 아마도 자폐장애에 중요한 역할을 할 것이라고 주장하였다. 이스라엘의 역학 연구에서는 자폐아동의 출생 패턴과 홍역의 비율이 관련 있다고 하였다(Ring et al., 1997). 그러나 Landau 등(1999)의 연구에서는 계절성을 확인하지 못하였다.

많은 연구가 바이러스 감염과 자폐장애가 관계 있다는 주장과 관계 없다는 상반된 주장을 하고 있다. 이러한 결과들은 아마도 어떤 바이러스에 의한 중추신경계의 감염이 민감한 사람에서 자폐장애가 발현되도록 촉진하는 역할을 할 수도 있다는 것을 제시한다.

4. 출생 전 스트레스

태어나기 전에 산모가 받는 스트레스가 자폐장애의 위험을 증가시킨다는 두 가지 후향적 연구가 있다. 한 연구는 자폐장애를 가진 산모들이 임신 기간에 더 많은 가정 불화를 경험했다는 보고이고, 다른 연구는 188명의 자폐아동의 부모들이 임신 기간 동안 더 많은 스트레스 사건을 경험했다는 것이다(Beversdorf et al., 2005; Ward, 1990).

그러나 이러한 연구들은 여러 제한점이 있다. 부모들의 후향적인 기억에 의존했고, 자폐아 부모들이 임신과 관계없이 더 많은 스트레스를 경험하는 경향을 가진 사람들일 수 있으며, 자폐아와 상관없이 임신 기간 중에 더 많은 스트레스를 경험하는 경향이 있을 수도 있다. 또한 산모가 임신 기간 중에 받는 스트레스가 다른 원인 요소와 관련이 있는지도 잘 알 수 없다. 부모들이 보고한 스트레스가 정확히 임신 기간 중 언제 영향을 미쳤는지 확인할 수 없고, 정말 자폐장애의 위험을 증가시키는지 알 수 없다는 제한점이 있다. 이러한 점을 극복하기 위해 Kinney 등(2008a)은 자연 현상에 의한 스트레스와의 관련성을 연구하였다. 이와 더불어 Kinney 등(2008b)은 태생기에 폭풍의 경험 정도에 따라 자폐장애의 발생률이 증가하는 것을 확인하였다.

임상 연구와 동물 연구 등에서 태생기의 스트레스가 태어난 후의 이상과 연관이 있다는 증거가 많다. 만약 태생기의 스트레스가 자폐장애에 기여한다면 자폐장애에 높은 빈도로 동반되는 인지 저하나 경련, 신경학적 문제들을 설명할 수도 있을 것이다.

그러면 이러한 스트레스가 어떻게 태아의 뇌 발달에 영향을 미치는지에 대해 제시된 기전들을 살펴보겠다. 첫째, 자궁과 태반으로 가는 혈류가 감소하여 태아 저산소증을 일으킬 수 있다. 둘째, 산모에서 나온 스트레스 호르몬이 태반을 건너가서 태아의 뇌하수체-시상하부 축의 발달에 영향을 줄 수 있다. 셋째, 임신과 출산의 합병증을 만들 수 있다. 넷째, 스트레스 반응과 관계된 유전자에 후성적 효과(epigenetic effect)가 생길 수 있다. 다섯째, 성 호르몬의 분포에 영향을 미쳐서 테스토스테론에 더 많이 노출시킬 가능성이 있다.

이 중에서 테스토스테론과 관련된 연구를 더 살펴본다. 자폐장애 아이들 중에는 남아가 훨씬 더 많다. 그 원인으로 자궁 속에서 더 높은 농도의 테스토스테론에 노출되어서라는 주장이 제기되었다. 만약 이 가정이 옳다면 환아들의 형제, 친척들 중에도 남아가 더 많을 것이다. 그래서 발표된 연구들을 분석한 결과 남아가 좀 더 많았지만 통계적으로 유의하지는 않았다.

한편, 국내 보고로 유아 자폐증의 출생 계절, 출생 순위, 산모 연령에 대한 연구가 있었다(이영식 외, 1993). 그 결과, 자폐아군의 출생 월별, 계절별 분포나 출생 순위는 대조군과 차이가 없었다. 다만 출생 당시의 산모 연령이 대조군에 비해 유의하게 많았고, 출산의 위험도가 높은 임신도 대조군에 비해 자폐아군에서 통계적으로 의미 있게 많았다.

5. 주산기 문제

많은 연구에서 산과적인 합병증이 자폐장애의 위험을 증가시킨다고 보고하였으며, 자폐장애와 연관이 있다는 많은 주산기 합병증이 보고되고 있다. 그러나 이러한 위험 인자들이 일관성 있게 확인되지는 않고 있다. 이것은 아마도 그동안의 연구에서 쓰인 진단 기준, 대조군, 표본 크기 등이 서로 다르기 때문인 것으로 생각된다.

이러한 주산기 합병증이 자폐장애의 위험을 증가시키는 기전으로는 출생 시 결손의 이차적인 결과, 주산기 합병증에 의한 뇌 손상을 반영하는 것, 또는 유전학적으로 이상이 있는 태아로부터 부수 현상으로 주산기 합병증이 나타나는 것이 있다. Bolton(1997)은 관련 있는 주산기 합병증들이 비교적 경미한 점으로 보아 직접적으로 뇌 손상을 일으키기보다는 부수 현상 내지는 위험 인자를 공유함으로써 연관성을 보이는 것이라고 하였다.

6. 독성 금속 노출 및 산화 스트레스

1) 중금속

납은 신경독성 물질로 잘 알려져 있지만 자폐장애와 관련된 연구는 거의 없다. 수은 역시 신경독성이 있는 것으로 알려져 있고, 많은 사고에서 태생기에 메틸 수은에 노출되었을 때 심각한 신경 발달 장애가 남았다.

많은 자폐장애 아동이 비정상적인 중금속 농도를 가지고 있다고 한다. Filipek 등(2000)에 따르면 자폐아동과 정신증이 있는 아동의 44%가 혈중 납 농도가 2표준편차 이상에 속해 있었다고 한다.

다른 연구에서도 수은, 카드뮴, 납, 비소가 자폐아동에서 더 높은 농도로 존재한다고 보고하였다(Lonsdale et al., 2002; Quig, 1998). 이것은 아마도 자폐아동들이 몸에서 중금속을 잘 배출하지 못해서 축적되었을 것으로 생각된다. Palmer 등(2006)이 텍사스에서 행한 연구에서는 수은 1,000파운드가 환경으로 방출될 때마다 자폐장애의 비율은 61%씩 증가하였다.

중금속과 관련된 연구 중에서 ARI에서 생의학적 처치의 행동적 효과에 대해 2006년에 보고한 것에 따르면, 76%의 보호자가 45개의 약물과 23개의 보조식품, 9개의 특별 식이 중에서 킬레이트화 치료로 아이들의 행동 문제가 좋아졌다고 하였다. 그다음으로 65%는 글루텐과 카제인이 없는 식단이 효과적이었다고 하였다.

2) 독성, 산화 스트레스와 신경학적 손상의 증거

독성과 산화 스트레스(oxidative stress)가 자폐장애 아동에서 신경학적 손상의 원인이 될 것이라는 가설이 제기되었다. James 등(2004)에 따르면 자폐장애 아동에서 글루타티온은 감소하고 산화 스트레스는 증가되어 있었다. 또한 그들은 출생 후의 손상으로 인해 신경세포의 죽음과 뇌 손상으로 자폐 성향을 보이기도 했다(Rice & Barone, 2000). 사후에 조직검사를 통해 자폐증에서 소뇌의 조롱박 세포(Purkinje cell)가 감소한 소견이 보고되기도 하였다. 여러 동물 연구 결과에서는 손상으로 인해 조롱박 세포가 감소하고 조롱박 세포에 선택적 취약성이 있다고 한다. 동물 연구에서 알려진 것은 산소 공급이 부족할 때 경련이나 대사성 부족과 같은 독성, G단백질의 기능 이상, 바이러스 감염, 티아민과 같은 비타민 부족, 수은·납·비소·카드뮴·비스무트 등의 중금속, 빌리루빈, 페니토인, 에탄올, 알카로이드, 톨루엔, 디프테리아 독소, 염증성 대장염과 같은 만성 흡수장애, 산화 스트레스 등에 조롱박 세포가 취약하다는 것이다. 중금속에 의한 산화 스트레스가 세포질의 칼슘 농도를 증가시키고 세포 괴사를 포함하는 연쇄 반응을 시작하게 만든다고도 한다(Olanow & Arendash, 1994). 자폐장애 아동의 출생 후 세포 손상에 관한 많은 증거가 있다. 신경 아교증(gliosis)은 신경 손상 이후에 신경세포의 증가로 나타나는 것인데, 자폐장애를 가진 아동의 소뇌에서 조롱박 세포의 손상 이후에 나타난 신경 아교증이 있다고 한다. 아교섬유산성단백질 (Glial fibrillary acidic protein: GFAP)은 신경세포 손상 후에 증가하는데, 자폐장 애에서 비교군보다 높은 수치를 보였다고 한다. Ahlsen 등(1993), Kemper와 Bauman(1993)에 따르면, 조롱박 세포가 커져 있는 것은 염증에 따른 부종으로 신경 손상이 세포 부종을 만든 것이라고 한다. 많은 연구에서는 자폐장애 아동의 뇌가 크다고 보고하고 있다. 자폐장애 아동들이 12세까지는 대조군에 비해 뇌가 크다고 하며, 머리 둘레는 모든 연령에서 대조군보다 증가되어 있다고 한다.

쥐의 경우에도 출생 후 수은에 노출된 후에 뇌가 커지고 자폐장애와 비슷한 증상을 보였다고 한다(Hornig et al., 2004). 많은 연구에서 중금속이 뇌의 투과 성, 성장 인자, 생화학적 반응들을 변화시키는 것 같다고 주장하고 있다(Hornig et al., 2004; Hossain et al., 2004; Quig, 1998; Waly et al., 2004). 중금속 노출과 관련해서는 글루타티온 수준과 산화 스트레스와 역의 상관관계가 있다고 한다. 글루타티온은 신체의 거의 모든 세포에서 발견되고 중금속 제거의 역할을 한 다. 산화 스트레스는 조롱박 세포의 괴사와 감소를 일으킨다. 항산화제가 산화 스트레스로부터 조롱박 세포를 보호할 수가 있다. 자폐장애 아동에서 글루타티 온 부족과 산화 스트레스에 대한 증거는 많다. 최근 연구들에서 산화 스트레스 와 지질 과산화가 자폐장애 아동의 경우 증가해 있다고 한다(Chauhan et al., 2004; James et al., 2004; Sogut et al., 2003; Yorbik et al., 2002; Zoroglu et al., 2004). 또한 항산화 단백의 감소와 획득한 기술의 손실은 관계가 있다. 특히 퇴 행하는 자폐장애 아동의 증상의 발현에 산화 스트레스가 역할을 할 것으로 생 각된다. 자폐장애 아동에서 글루타티온 혈장 농도 감소와 산화된 글루타티온이 높은 농도로 나타난다고 한다. 글루타티온의 주요 기능은 항산화제, 해독제, 면 역 반응 증강제인데, 이러한 기능과 관련하여 자폐장애에서 이상이 많이 보고 되고 있다.

어떤 아이들이 신경학적 손상에 더 취약한가를 설명하는 요인들로는 손상을 받은 나이와 유전적인 취약성, 스트레스와 다른 공존 질환, 환경, 식이 등이 복합적으로 영향을 주는 것으로 여겨지고 있다.

7. 기타 환경적 요인

제시된 가능한 환경적 요인으로는 산모의 갑상선 저하증, 선천성 갑상선 저하증, 산모의 탈리도마이드(thalidomide) 사용, 산모의 발프로산(valproic acid) 사용, 산모의 코카인 또는 알코올 사용 등이 있다. 이러한 요인들은 자폐장애의 일반적인 위험 요인이라기보다는 개별 사례에서 위험 요인으로 작용한 것으로 생각되고 있다.

탈리도마이드는 1950~1960년대에 수면 보조제로 많이 처방된 약이다. 처음으로 자폐장애와의 관련성이 보고된 것은 임신 1기에 탈리도마이드를 복용했던 100명의 스웨덴 환자의 재검에서 4명이 자폐장애로 나타난 것이었다. 발프로산과 관련된 사례 연구에서는 임신 기간 중에 노출되었을 때 자폐장애의 특징이 높은 빈도로 보였다고 한다.

이러한 임신 중 약물에 대한 노출이 위험 요인으로 작용하는 역할은 아주 작을 것으로 생각된다. 그러나 이런 보고들이 자폐장애의 원인에 대한 환경적인 요인에 대한 가능성을 보여 준다.

polychlorinated biphenyls(PCBs)는 지방에 축적되는 복합물로서 동물 연구에서 신경 독성 효과와 환경 호르몬으로서의 영향이 알려져 있다. 장기간의 연구에서 태아가 이물질에 노출될 경우 비정상적인 반사 반응, 운동 기술의 부족, 인지 결함들이 증가하였다. 그러나 자폐장애와의 관련성에 대한 연구는 부족한 실정이다.

최근 관심의 대상이 되고 있는 polybrominated diphenyl ether compounds (PBDEs)는 갑상선 호르몬 기능에 장애를 일으킬 수 있다. 동물 연구에서는 성 호르몬, 동종 이형의 행동 등에 영향을 준다고 알려져 있다.

알코올과 관련해서는 9명의 사례 보고가 있는데 태아알코올증후군(fetal alcohol syndrome)과 자폐장애가 모두 있는 사례였다. 그러나 역학 연구에서는 알코올과 자폐장애 사이의 연관성에 관한 증거가 없다.

흡연과 불법 약물에 관해서도 연구 결과가 일관되지 않다. 임신 중에 코카인에 노출된 아이들의 코호트에서 11%가 자폐장애로 진단된다는 연구 결과가 있다. 아마도 임신 중의 코카인에 대한 노출이 환아에서 혈중 세로토닌 농도를 높이는 것으로 생각된다. 그러나 이 연구 결과를 해석하는 것은 복잡한데, 이 산모들이 알코올과 담배를 비롯하여 다른 약물들도 같이 사용하였기 때문이다.

8. 화학물질이 자폐장애의 위험을 높이는 기전

1) 콜린성 신경전달 방해

유기 인산염은 아세틸콜린에스터레이즈의 강력한 억제 물질이다. 아세틸콜린에스터레이즈는 니코틴 수용체와 무스카린 수용체에서 아세틸콜린을 빠르게 가수 분해하는 역할을 한다. 콜린성(cholinergic) 시냅스는 인지, 보상, 운동 능력, 마취에 중요한 작용을 한다. 이 콜린성 시냅스의 이상이 자폐장애를 포함한 병적인 상태와 연관이 있는 것으로 생각된다.

2) 감마아미노뷰티르산 신경전달 방해

유기 염소계 살충제의 경우에는 수면장애, 불안, 간질과 관련된 염소 채널의 기능과 발현을 바꿔 놓는다. 중추신경계에서 억제성과 흥분성 사이의 불균형이 자폐장애의 감수성에 영향을 준다는 가설은 자폐장애에서 감마아미노뷰티르산(GABA) 이상이 있다는 보고들에 의해 뒷받침되고 있다.

3) 칼슘 신호 방해

세포 내 칼슘 이온의 농도 변화는 세포가 세포 주기, 마지막 분화, 이동, 세포 사망을 조절하는 가장 흔한 방법이다. 신경 연결의 손상은 자폐장애에서 가장 흔한 원인론적 특징으로 간주되고 있다.

9. 면역 독성학 (immunotoxicology)

환경적 요인은 면역계의 발달에도 영향을 줄 수 있다. 세로토닌의 경우 자폐장애 환아의 1/3에서 혈소판 세로토닌의 농도가 증가해 있다. 옥시토신과 바소프레신은 포유류에서 사회적인 신호, 사회적인 인식, 사회적 관계에 관련된 호르몬이다. 옥시토신 수용체의 다형태성이 자폐장애와 연관이 있으며 옥시토신 처리 과정의 복잡한 손상이 자폐장애 환아에게 존재한다고 한다. 이런 점이 자폐장애에서 면역체계가 환경적 요인과 유전적 요인이 수렴하는 점일 것으로 생각되고 있다.

10. 요약 및 향후 연구 방향

자폐장애는 다양한 원인과 다양한 현상을 가진 신경발달학적 질환으로 최근 유병률은 1만 명당 60명까지 보고되고 있다. 이런 유병률의 증가는 진단 성향의 변화도 있지만 그것이 모든 걸 설명해 주지는 않는다. 자폐장애는 유전적 성향이 있지만 그 방법이 복잡하고 다양한 유전자가 관련되어 있을 것으로 생각된다. 이런 유전자들이 환경적 요인과 상호작용하거나 후생적인 영향을 주는 것으로 생각된다. 환경적 요인과 자폐장애가 관련이 있을 것으로 여겨지지만 그 증거는 아직 많지 않다. 앞으로의 연구에서는 신호 단백질이나 내분비적인 요소들이 잠재적인 위험 요인인지에 대한 검토가 필요하다.

참 고 문 헌

이영식, 민경준, 최진숙, 김동현, 조수철, 이길홍, 홍강의. 유아자폐증의 출생계절, 출생순위 및 산모연령에 관한 연구. 소아청소년정신의학 1993;4:46-53.

Ahlsen G, Rosengren L, Belfrage M, Palm A, Haglid K, Hamberger A, et al. Glial fibrillary acidic protein in the cerebrospinal fluid of children with autism and other neuropsychiatric disorders. *Biol Psychiatry* 1993;33:734-743.

Bartlik BD. Monthly variation in births of autistic children in North Carolina. *J Am Med Womens Assoc* 1981;36:363-368.

Beversdorf DQ, Manning SE, Hillier A, Anderson SL, Nordgren RE, Walters SE, et al. Timing of prenatal stressors and autism. *J Autism Dev Disord* 2005;35:471-478.

Bolton PF. Obstetric complications in autism: consequences or causes of the condition? *J Am Acad Child Adolesc Psychiatry* 1997;36:272-281.

Chauhan A, Chauhan V, Brown WT, and Cohen I. Oxidative stress in autism: increased lipid peroxidation and reduced serum levels of ceruloplasmin and transferrin—the antioxidant proteins. *Life Sci* 2004;75:2539-2549.

Connolly AM, Chez MG, Pestronk A, Arnold ST, Mehta S, and Deuel RK. Serum autoantibodies to brain in Landau-Kleffner variant, autism, and other neurologic disorders. *J Pediatr* 1999;134:607-613.

DeStefano F, Bhasin TK, Thompson WW, Yeargin-Allsopp M, and Boyle C. Age at first measles-mumps-rubella vaccination in children with autism and school-matched control subjects: a population-based study in metropolitan Atlanta. *Pediatrics* 2004;113:259-266.

Filipek PA, Accardo PJ, Ashwal S, Baranek GT, Cook EH Jr, Dawson G, Gordon B, Gravel JS, Johnson CP, Kallen RJ, Levy SE, Minshew NJ, Ozonoff S, Prizant BM, Rapin I, Rogers SJ, Stone WL, Teplin SW, Tuchman RF, and Volkmar FR. Practice parameter: screening and diagnosis of autism: report of the Quality Standards Subcommittee of the American Academy of Neurology and the Child Neurology Society. *Neurology* 2000;55:468-479.

Fombonne E. Season of birth and childhood psychosis. *Br J Psychiatry* 1989;155:655-

661.

Geier DA and Geier MR. A comparative evaluation of the effects of MMR immunization and mercury doses from thimerosal-containing childhood vaccines on the population prevalence of autism. *Med Sci Monit* 2004;10:PI33-39.

Gillberg C. Do children with autism have March birthdays? *Acta Psychiatr Scand* 1990;82:152-156.

Gupta S, Aggarwal S, and Heads C. Dysregulated immune system in children with autism: beneficial effects of intravenous immune globulin on autistic characteristics. *J Autism Dev Disord* 1996;26:439-452.

Hendrickson BA and Turner JR. MMR vaccination, ileal lymphoid nodular hyperplasia, and pervasive developmental disorder. *Lancet* 2002;359:2051-2052.

Hornig M, Chian D, and Lipkin WI. Neurotoxic effects of postnatal thimerosal are mouse strain dependent. *Mol Psychiatry* 2004;9:833-845.

Hossain MA, Russell JC, Miknyoczki S, Ruggeri B, Lal B, and Laterra J. Vascular endothelial growth factor mediates vasogenic edema in acute lead encephalopathy. *Ann Neurol* 2004;55:660-667.

James SJ, Cutler P, Melnyk S, Jernigan S, Janak L, Gaylor DW, et al. Metabolic biomarkers of increased oxidative stress and impaired methylation capacity in children with autism. *Am J Clin Nutr* 2004;80:1611-1617.

Jick H and Kaye JA. Autism and DPT vaccination in the United Kingdom. *N Engl J Med* 2004;350:2722-2723.

Jyonouchi H, Sun S, and Le H. Proinflammatory and regulatory cytokine production associated with innate and adaptive immune responses in children with autism spectrum disorders and developmental regression. *J Neuroimmunol* 2001;120:170-179.

Kemper TL, and Bauman ML. The contribution of neuropathologic studies to the understanding of autism. *Neurol Clin* 1993;11:175-187.

Kinney DK, Miller AM, Crowley DJ, Huang E, and Gerber E. Autism prevalence following prenatal exposure to hurricanes and tropical storms in Louisiana. *J Autism Dev Disord* 2008a;38:481-488.

Kinney DK, Munir KM, Crowley DJ, and Miller AM. Prenatal stress and risk for autism. *Neurosci Biobehav Rev* 2008b;32:1519-1532.

Konstantareas MM, Hauser P, Lennox C, and Homatidis S. Season of birth in infantile autism. *Child Psychiatry Hum Dev* 1986;17:53-65.

Landau EC, Cicchetti DV, Klin A, and Volkmar FR. Season of birth in autism: a fiction revisited. *J Autism Dev Disord* 1999;29:385-393.

Lonsdale D, Shamberger RJ, and Audhya T. Treatment of autism spectrum children with thiamine tetrahydrofurfuryl disulfide: a pilot study. *Neuro Endocrinol Lett* 2002;23:303-308.

Madsen KM, Hviid A, Vestergaard M, Schendel D, Wohlfahrt J, Thorsen P, et al. A population-based study of measles, mumps, and rubella vaccination and autism. *N Engl J Med* 2002;347:1477-1482.

Money J, Bobrow NA, and Clarke FC. Autism and autoimmune disease: a family study. *J Autism Child Schizophr* 1971;1:146-160.

Olanow CW and Arendash GW. Metals and free radicals in neurodegeneration. *Curr Opin Neurol* 1994;7:548-558.

Palmer RF, Blanchard S, Stein Z, Mandell D, and Miller C. Environmental mercury release, special education rates, and autism disorder: an ecological study of Texas. *Health Place* 2006;12:203-209.

Quig D. Cysteine metabolism and metal toxicity. *Altern Med Rev* 1998;3:262-270.

Rice D and Barone S, Jr. Critical periods of vulnerability for the developing nervous system: evidence from humans and animal models. *Environ Health Perspect* 2000;108, Suppl 3:511-533.

Ring A, Barak Y, and Ticher A. Evidence for an infectious aetiology in autism. *Pathophysiology* 1997;4:1485-1488.

Singh VK, Lin SX, Newell E, and Nelson C. Abnormal measles-mumps-rubella antibodies and CNS autoimmunity in children with autism. *J Biomed Sci* 2002;9:359-364.

Singh VK, Lin SX, and Yang VC. Serological association of measles virus and human herpesvirus-6 with brain autoantibodies in autism. *Clin Immunol Immunopathol* 1998;89:105-108.

Sogut S, Zoroglu SS, Ozyurt H, Yilmaz HR, Ozugurlu F, Sivasli E, et al. Changes in nitric oxide levels and antioxidant enzyme activities may have a role in the pathophysiological mechanisms involved in autism. *Clin Chim Acta* 2003;331:111-117.

Spitzer WO. Measles, mumps, and rubella vaccination and autism. *N Engl J Med*

2003;348:951-954; author reply 951-954.

Stehr-Green P, Tull P, Stellfeld M, Mortenson PB, and Simpson D. Autism and thimerosal-containing vaccines: lack of consistent evidence for an association. *Am J Prev Med* 2003;25:101-106.

Stubbs G. Interferonemia and autism. *J Autism Dev Disord* 1995;25:71-73.

Sweeten TL and Fujinami RS. A potential link between measles virus and autism: age-matched control groups are essential. *Pediatr Neurol* 2004;30:78; author reply 78.

Sweeten TL, Posey DJ, and McDougle CJ. High blood monocyte counts and neopterin levels in children with autistic disorder. *Am J Psychiatry* 2003;160:1691-1693.

Tanoue Y, Oda S, Asano F, and Kawashima K. Epidemiology of infantile autism in southern Ibaraki, Japan: differences in prevalence in birth cohorts. *J Autism Dev Disord* 1988;18:155-166.

Taylor B, Miller E, Farrington CP, Petropoulos MC, Favot-Mayaud I, Li J, et al. Autism and measles, mumps, and rubella vaccine: no epidemiological evidence for a causal association. *Lancet* 1999;353:2026-2029.

Ticher A, Ring A, Barak Y, Elizur A, and Weizman A. Circannual pattern of autistic births: reanalysis in three ethnic groups. *Hum Biol* 1996;68:585-592.

Verstraeten T, DeStefano F, Chen RT, and Miller E. Vaccine safety surveillance using large linked databases: opportunities, hazards and proposed guidelines. *Expert Rev Vaccines* 2003;2:21-29.

Wakefield AJ, Murch SH, Anthony A, Linnell J, Casson DM, Malik M, et al. Ileal-lymphoid-nodular hyperplasia, non-specific colitis, and pervasive developmental disorder in children. *Lancet* 1998;351:637-641.

Waly M, Olteanu H, Banerjee R, Choi SW, Mason JB, Parker BS, et al. Activation of methionine synthase by insulin-like growth factor-1 and dopamine: a target for neurodevelopmental toxins and thimerosal. *Mol Psychiatry* 2004;9:358-370.

Ward AJ. A comparison and analysis of the presence of family problems during pregnancy of mothers of "autistic" children and mothers of normal children. *Child Psychiatry Hum Dev* 1990;20:279-288.

Yorbik O, Sayal A, Akay C, Akbiyik DI, and Sohmen T. Investigation of antioxidant enzymes in children with autistic disorder. *Prostaglandins Leukot Essent Fatty Acids* 2002;67:341-343.

Zoroglu SS, Armutcu F, Ozen S, Gurel A, Sivasli E, Yetkin O, et al. Increased oxidative stress and altered activities of erythrocyte free radical scavenging enzymes in autism. *Eur Arch Psychiatry Clin Neurosci* 2004;254:143-147.

Chapter 05

신경생화학 및 신경생리학 연구

1. 서 론

다른 많은 정신과 질환과 마찬가지로, 자폐증의 생물학적 원인을 찾고자 하는 노력은 다방면으로 이루어져 왔다. 현대적인 의미의 신경생물학적 원인에 대한 연구는 우울증 등 다른 정신과 질환에 효과적인 치료제가 개발된 이후라고 할 수 있다. 세로토닌 등 신경전달물질의 변화가 증상의 변화와 연관되어 있다는 연구 결과가 보고되면서, 그에 사용되었던 연구 방법이 자폐증의 연구에도 적용되기 시작하였다. 이후 신경전달물질의 측정부터 뇌영상학적인 도구는 물론 신경생리학적 방법까지 다양한 방법이 동원되어 자폐증의 원인을 탐구하려는 시도가 계속되어 왔다. 이 장에서는 현재까지 이루어진 자폐증과 관련된 신경생화학적 또는 신경생리학적 연구들의 결과를 개괄적으로 설명하고자 한다.

정동청, 김붕년, 조수철

2. 신경전달물질

자폐증은 대인관계와 의사소통의 장애, 반복적인 행동 등의 특징적인 증상을 가지는 정신장애로, 신경 발달 과정의 결함이 그 원인으로 작용한다고 생각된다. 기존에 알려져 있던 각종 신경전달물질들의 기능이 자폐증의 증상을 설명할 수 있으리라는 근거에서 신경전달물질에 대한 각종 연구가 이루어져 왔으나, 방법론적인 한계 때문에 뇌 안에서 신경전달물질 작용의 변화를 직접적으로 측정하기는 힘들었으며, 주로 뇌척수액이나 말초 혈액에서 신경전달물질과 그 대사물의 변화에 대한 연구가 이루어졌다. 신경전달물질 중에서도 세로토닌, 도파민, 노르에피네프린 등 생체아민(biogenic amines)에 대한 연구가 주를 이루었으며, 특히 세로토닌에 대한 연구가 가장 많이 보고되었다.

1) 세로토닌

세로토닌(5-hydroxytryptamine: 5-HT)은 기분, 수면, 식욕 등의 조절에 관여하는 것으로 알려져 있으며, 솔기핵(raphe nucleus)에서 생성되어 대뇌 피질과 소뇌, 척수 전반에 걸쳐서 신경세포가 연결되어 있다. 전구물질인 트립토판(tryptophan)으로부터 5-HTP(5-hydroxytryptophan)를 거쳐 세로토닌이 생성되며, 이는 다시 단가아민 산화효소(monoamine oxidase: MAO)를 통해서 주로 5-HIAA(5-hydroxyindoleacetic acid)로 대사된다. 자폐증과 세로토닌의 관계에 대해서 처음으로 보고한 것은 Schain과 Freedman(1961)이며, 이후에도 여러 연구자에 의해 자폐증 환자에서 혈중 세로토닌 농도가 증가된 것이 보고되었다. 이 외에도 다음과 같은 이유 때문에 세로토닌이 자폐증과 연관 있을 것이라 생각되었다. 즉, LSD(lysergic acid diethylamide)와 같은 세로토닌성 환각제(serotonergic hallucinogen)가 지각에 큰 영향을 주고, 세로토닌이 중추신경계의 발달에 있어서 중요한 역할을 한다는 점(Buznikov, 1984; Waage-Baudet et al., 2003; Whitaker-

Azmitia et al., 1996; Whitaker-Azmitia, 2001), 펜플루라민(fenfluramine)이나 클로미프라민(clomipramine), 플루옥세틴(fluoxetine)과 같이 세로토닌에 작용하는 약물들이 자폐증의 일부 증상에 효과를 보이고, 세로토닌 운반체 유전자(5-HT transporter gene)가 자폐증과 연관을 보인다는 점 등이 근거로 제시되고 있다.

세로토닌에 대한 연구는 주로 세로토닌과 그 대사물질인 5-HIAA의 혈액 내혹은 뇌척수액이나 소변에서의 농도를 측정하는 방식으로 많이 이루어졌으며, 트립토판의 대사와 관련해서도 일부 연구가 이루어졌다. 먼저 혈중 세로토닌 농도를 살펴보면, 앞서 언급한 바와 같이 세로토닌 농도의 증가가 비교적 일관되게 보고되고 있으며, 자폐증에 걸린 아동·청소년의 25% 이상에서 혈중 세로토닌 과다증(hypersetonemia)이 나타난다고 한다. 국내에서도 조수철 등(1992)이 유아 자폐증 환아들을 대상으로 혈장 5-HIAA의 농도를 측정한 결과 유의한 증가 소견을 발견할 수 있었다. 한편, 자폐증 환아의 가족에서 혈중 세로토닌 과다증이 나타날 확률 역시 더 높았다는 보고가 있으며, 자폐증 환아의 혈중 세로토닌 농도가 높을수록 그 확률이 증가했다(Leventhal et al., 1990). 혈소판이 풍부하게 함유된 혈장에서의 세로토닌 농도를 자폐증 환아끼리 비교했을 때에도 이 환된 형제가 있는 경우에 더 높다는 보고가 있었다(Piven et al., 1991).

혈중 세로토닌 농도가 높은 자폐증 환아의 부모에서 우울이나 강박 증상이 더 많이 나타나는 것에서 볼 수 있듯이, 정신과적 증상의 심각도와 세로토닌 농도는 상관관계를 보인다는 보고도 있었다(Cook et al., 1994). 어휘력 또는 다른 인지 기능의 저하 역시 세로토닌 농도와 관련 있다는 보고가 있었다(Cook, 1990; Cuccaro, 1993). 그러나 그 결과를 해석할 때 말초 혈액에 존재하는 세로토닌은 장벽에 존재하는 세포에서 합성된 것이기 때문에 혈중 세로토닌 농도의 증가가 중추신경계 내에서의 변화를 직접적으로 반영하는 것이 아니라는 점을 염두에 두어야 할 것이다. 실지로 앞서 언급한 국내 연구(조수철 외, 1992)에서는 혈장 5-HIAA의 농도와 전반적 발달장애의 정신병리가 심한 정도 사이에 유의미한 상관관계가 발견되지 않았다. 일부에서는 세로토닌 농도의 차이를 혈소판에 존재하는 세로토닌 수용체의 농도나 결합 방식의 차이로 설명하고 있다.

자폐증 환자는 뇌에서 세로토닌의 전구체인 트립토판을 이용할 수 있는 능력
이 감소했다는 주장도 있었다. 혈장 트립토판 농도 대 중성 아미노산 농도의 비
가 정상 대조군에 비해 유의미하게 낮았다는 보고가 있었고(D'Eufemia et al.,
1995), 자폐증을 앓고 있는 성인에서 트립토판을 결핍시켰을 때 상동 행동이나
불안과 같은 증상이 악화되는 것이 관찰되었다. McDougle 등(1996)은 이러한
연구 결과를 바탕으로 트립토판 결핍이 다른 신경펩타이드(neuropeptides)나 이
차 전달체계(second messenger system), 수용체 합성, 신경전달물질의 균형 등
에 영향을 미칠 수도 있으리란 의견을 제시하기도 했다. 이는 세로토닌이 예상
했던 것보다 더 광범위한 증상에 영향을 줄 수 있음을 시사하며, 글루탐산
(glutamic acid), 글루타민(glutamine), 아스파트산(aspartic acid), 감마아미노뷰
티르산(γ-aminobutyric acid)의 감소가 세로토닌 과다혈증에 동반되어 나타났다
는 보고 역시 이를 뒷받침하고 있다.

세로토닌의 대사체인 5-HIAA에 대해서도 몇몇 연구가 보고되었다. 5-HIAA
의 소변 농도를 통해 체내에서의 세로토닌 합성 정도를 가늠할 수 있는데, 지금
까지의 연구 결과를 볼 때 자폐증 환자와 정상인의 차이는 뚜렷하지 않은 것으
로 생각된다. 5-HIAA와 혈중 세로토닌 농도의 관계 역시 뚜렷하지 않아서
(Minderaa et al., 1987), 자폐증 환자에서 세로토닌 생성 자체는 정상적인 수준일
것이라는 주장도 있다(Anderson & Hoshino, 2005). 뇌척수액 5-HIAA 농도는 뇌
에서의 세로토닌 변화를 좀 더 직접적으로 반영할 것이라 기대되었으나, 정상
대조군에 비교했을 때 차이가 발견되지 않았다(Anderson et al., 1988; Narayan et
al., 1993).

2) 도파민

도파민(dopamine)은 활동성이나 동기의 조절 및 보상(reward), 인지 기능, 운
동 기능, 호르몬 분비 등의 역할과 관련이 있는 신경전달물질이다. 도파민을 분
비하는 신경세포는 주로 중뇌(midbrain)에 존재하며, 중뇌 피질변연계 경로

(mesocorticolimbic pathway), 흑질선조체 경로(nigrostriatial pathway), 누두결절 경로(tuberoinfundibular pathway)를 통해 신경 회로를 형성하고 있다. 타이로신(tyrosine)은 tyrosine hydroxylase에 의해 L-DOPA(L-dihydroxy-phenylalanine)로 대사되고, 다시 탈카르복실작용(decarboxylation)을 거쳐 도파민이 생성된다. 도파민은 MAO와 COMT(catechol-O-methyltransferase)에 의해 분해되어 HVA(homovanillic acid) 또는 3, 4-DOPAC(3, 4-dihydroxyphenylacetic acid)로 대사된다. 도파민이 dopamine-β-hydroxylase에 의해 대사되면 노르에피네프린으로 전환되며, phenylethanolamine-N-methyltransferase에 의해 다시 에피네프린으로 바뀐다. 자폐증의 동물 모델에서 나타나는 상동 행동이나 과활동성 등이 도파민 체계의 이상으로 인한 것이라 생각되고 있으며, 항정신병 약물과 같은 도파민 차단제를 복용했을 때 이런 증상들이 호전된다는 것을 볼 때, 도파민 시스템의 항진으로 자폐증의 일부 증상이 나타난다고 생각된다.

도파민에 대한 연구는 도파민의 대사물질인 HVA를 대상으로 다수 이루어졌다. 뇌척수액 HVA 농도에 대해서는 세로토닌과 마찬가지로 정상군과 별다른 차이가 관찰되지 않았으나(Narayan et al., 1993), 일부 연구에서는 증상이 심할수록 HVA 값이 더 낮다는 보고가 있었다(Cohen, 1974). 프로베네시드(probenecid)를 이용해서 소변에서의 요산(uric acid) 분비를 증가시켰을 때에도 뇌척수액 HVA 농도 증가는 정상 범위인 것으로 보고되었다(Winsberg et al., 1980). 뇌척수액 HVA 농도에 관한 연구는 이외에도 다수 있었으나 그 결과는 일치하지 않는다. 종합해 볼 때, 자폐증에서 중추신경계 도파민 전환이 증가되어 있다고 보기는 힘들다고 생각된다. 한편, 멜라토닌은 망막에 존재하는 무축삭 세포(amacrine cell)에서 도파민 분비를 억제하는 작용이 있는데, 자폐증 환아와 그 부모 그리고 이환되지 않은 형제들에서 멜라토닌 분비가 낮에도 계속해서 상승해 있다는 보고가 있었다(Ritvo et al., 1993). 이는 자폐증에서의 도파민 이상을 시사하는 소견이라 생각된다.

HVA 소변 농도에 대해서는 자폐증 환아에서 정상보다 더 높게 나타난다는 보고가 있었다(Barthelemy et al., 1988; Garnier et al., 1986; Garreau et al., 1988).

그러나 혈액이나 소변에서의 HVA 농도가 뇌에서의 도파민 상태를 어느 정도로 반영하는지는 확실하지 않다. 그중 일부의 HVA는 뇌에서 생성되었을 것이나, 말초에서의 도파민은 부신이나 신장, 교감신경계에서 생성되기 때문에 상당 부분의 HVA가 말초에서 생성된 도파민의 대사 산물일 것으로 생각된다. 실제 혈장 HVA 농도를 비교한 연구에서는 자폐증과 정상 대조군 사이에 차이가 없다는 보고가 있었고(Minderaa et al., 1989), 프로락틴(prolactin) 농도에서도 두 군 사이에 차이가 없었다고 한다(McBride et al., 1989; Minderaa et al., 1989). 도파민 대사에 관여하는 COMT에 대한 연구에서도 자폐증과 정상 대조군 사이의 차이는 관찰되지 않았다(Giller et al., 1980; O'Brien et al., 1976). 도파민의 전구물질인 L-DOPA와 관련해서는 L-DOPA를 투여했을 때 혈중 세로토닌 농도가 감소하고 혈소판 수는 증가하며(Ritvo et al., 1971), L-DOPA 투여에 따른 성장 호르몬의 분비가 지연된다는 보고가 있었다(Realmuto et al., 1990).

한편, 국내 보고로는 1991년 조수철 등이 전형적 유아 자폐증 환아 37명, 비전형적 유아 자폐증 환아 26명, 대조군 23명을 대상으로 혈장 dopamine-β-hydroxylase 활성도를 측정한 연구가 있었다. 그 결과, 전형적 유아 자폐증 및 비전형적 유아 자폐증 환아들을 합한 전반적 발달장애군에서 혈장 dopamine-β-hydroxylase 활성도가 대조군에 비해 뚜렷이 높았다. 다만 정신병리와의 상관관계는 발견되지 않았다.

3) 노르에피네프린

노르에피네프린(norepinephrine)은 각성과 불안, 스트레스 반응, 기억 등에 작용하며, 후뇌(hindbrain)에 위치한 청반핵(locus coeruleus)에서 생성된다. 노르에피네프린은 앞서 언급했듯이 도파민으로부터 생성되며 MAO와 COMT를 통해서 대사된다. 중추신경계에서는 MHPG(3-methoxy-4-hydroxypheny-lglycol)로, 말초에서는 VMA(vanillylmandelic acid)로 대사된다. 클로니딘(clonidine)과 같이 노르에피네프린 기능을 억제하는 약물은 금단 증상을 치료하기 위해 사용되며

(Redmond & Huang, 1979), 요힘빈(yohimbine)이나 데시프라민(desipramine)과 같이 기능을 강화하는 약물은 각성을 증가시키거나 항우울제로 작용하게 된다. 노르에피네프린은 교감신경계의 조절에 중요한 역할을 하며, 평상시에는 부교감신경계와 균형을 이루다가 위기 시에는 투쟁-도피(fight-or-flight) 반응을 유도한다. 중추신경계에서의 노르에피네프린 기능을 평가하기 위해 주로 뇌척수액 노르에피네프린 혹은 MHPG 농도를 측정한다. 도파민의 경우와 마찬가지로, 혈액이나 소변에서의 MHPG 농도가 중추신경계의 노르에피네프린 기능을 어느 정도 반영하는지 알 수 없기 때문에 많은 연구가 이루어지지는 않았다. VMA는 말초에서 생성되는 대사 산물이기 때문에 주로 교감신경계 활성을 평가하기 위한 목적으로 이용된다.

　노르에피네프린은 주로 스트레스에 대한 반응을 평가하기 위한 목적으로 측정되며, 시상하부-뇌하수체-부신 축(HPA axis)의 기능과 함께 평가되는 경우가 많다. 자폐증에서의 연구 결과는 비교적 일관되게 나온다. 에피네프린과 노르에피네프린 혈중 농도가 자폐증 환자에서 증가되어 있다는 등의 보고가 있었으나 (Barthelemy et al., 1998; Launay, 1987), 노르에피네프린과 에피네프린 그리고 그 대사물질의 농도를 각각 중추신경계와 말초 혈액에서 조사했을 때는 환자군에서 별다른 이상이 보고되지 않았다. 자폐증 환자의 기저치 교감신경이나 부신 기능은 대체로 정상과 크게 다르지 않으며, 일부 환자에서는 스트레스 상황에서 교감신경계의 반응이 항진된 것으로 보고 있다(Anderson & Hoshino, 2005). 이는 클로니딘이 자폐증 치료에서 일부 효과를 보일지도 모른다는 보고(Fankhauser et al., 1992)와도 서로 의미가 통한다고 볼 수 있겠다. 일부에서는 노르에피네프린 체계의 이상이 자폐증의 병인으로서는 별다른 의미를 가지지 않는다고 여기고 있다(Poustka, 2007). 스트레스와 관련된 내용에 대해서는 호르몬에 대한 부분에서 좀 더 설명하겠다.

4) 아편양 펩타이드

엔케팔린(enkephalin)이나 엔도르핀(endorphin)과 같은 아편양 펩타이드 (opioid peptide)는 모르핀(morphine)과 동일한 수용체에 작용하는 리간드 (ligand)다. 동물에게 아편을 주사했을 때는 통증 지각의 감소, 같은 행동의 지속, 자해 행동, 사회적 관계의 감소 등을 관찰할 수 있다. 이는 자폐증 환자에서 도 나타나는 행동이기 때문에 아편양 펩타이드의 과잉이 자폐 증상과 연관 있으 리라는 가설이 제시되었다. 둘 사이의 관계를 밝히기 위한 연구는 주로 자폐증 환자의 혈장과 뇌척수액에서 아편양 펩타이드 농도를 측정하는 방식으로 진행 되었는데, 혈장에서의 아편양 펩타이드 농도 측정 결과는 일관성이 결여되어 관 련성을 뒷받침하기가 힘들다. 혈장 β 엔도르핀을 측정한 연구에서는 C-말단 분 절(C-terminal fragments)이 매우 증가되었다고 보고되기도 했다. 뇌척수액에 대 한 연구에서는, 자폐증의 β 엔도르핀 농도가 정상 대조군에 비해 별다른 차이 가 없어 둘 사이의 연관성이 뚜렷하지 않다는 보고가 있었다(Nagamitsu, 1993). 그리고 엔케팔린의 경우는 자폐증에서 증가되어 있다는 보고가 있었다(Gillberg et al., 1985; Ross et al., 1987). 일부에서는 아편 수용체의 길항제인 날트렉손 (naltrexone)을 자해 행동을 보이는 자폐증 환자의 치료에 시도해 보았는데, 처 음에는 효과가 있는 것으로 보고되었다(Sandman et al., 1983). 국내에서도 자해 행위를 보이는 자폐증 환아에게 할로페리돌과 날트렉손 병합 요법과 행동치료 를 병행하여 효과를 보았던 사례 보고가 있었다(임명호 외, 1999). 그러나 후속 연구에서 이런 효과는 충분히 뒷받침되지 않았다. 치료적 목적으로 사용했을 때 실제로 효과가 있는지에 대해서는 여전히 이견이 많은 상태다(Poustka, 2007).

5) 아미노산과 아세틸콜린

글루타메이트(glutamate)와 GABA는 신경전달물질의 역할을 하는 아미노산 (amino acid)으로, 글루타메이트는 주로 신경세포의 활성을 자극하고, 반대로

GABA는 신경세포를 억제하는 작용을 한다. 자폐증 환자에서 혈장 글루타메이트와 GABA가 증가되어 있음이 보고되었다(Aldred et al., 2003; Dhossche et al., 2002). 사후 뇌 연구에서는 해마의 GABA 수용체 밀도에 차이가 있고, 글루타메이트를 GABA로 전환시키는 효소인 glutamic acid decarboxylase 역시 변화를 보인다는 보고가 있었다(Blatt et al., 2001; Fatemi et al., 2002). 글루타메이트가 과다 분비되면 흥분세포 독성(excitotoxicity)에 의해서 신경 퇴행이 발생한다고 알려져 있는데, 자폐증에서의 신경 발달상의 문제가 이와 관련이 있을 것이라는 주장도 있다. 한편, Xq28에 존재하는 GABA 수용체의 아단위(subunit) 유전자가 자폐증과 관련이 있다는 연구가 있었으며(Cohen et al., 1991), Xp21.3에서는 GABA A α3 아단위 유전자가 자폐증과 관련 있다고 보고되기도 했다(Derry & Barnard, 1991).

아세틸콜린(acetylcholine)은 중추신경과 말초에서의 대사와 기능을 평가하기 힘든 이유로 상대적으로 적은 수의 연구만 진행되어 왔다. 근래 들어서는 사후 뇌 연구에서 피질 영역의 콜린성 수용체 변화가 보고되었고(Lee et al., 2002; Perry et al., 2001), 핵자기공명분광법(nuclear resonance spectroscopy)을 이용한 연구에서도 뇌의 아세틸콜린 농도가 변화했음이 보고되었다(Sokol, 2002).

이상으로 신경전달물질과 관련된 이상에 대해서 살펴보았는데, 일각에서는 단가아민 계통(monoaminergic system)의 성숙 결함(maturation defect)이 자폐증의 원인이라 주장하기도 한다. Martineau 등(1992)이 자폐증 환아에서 소변의 세로토닌 농도가 높으며, 자폐증 여부와 상관없이 나이가 들면서 세로토닌 농도는 감소한다는 연구 결과를 보고하였다. 도파민과 노르에피네프린의 대사물에서도 비슷한 결과가 보고되었다. Chugani 등(1999)도 정상적으로 인간의 뇌에서 세로토닌을 합성할 수 있는 능력은 소아기에 가장 높으나 자폐증 환자에서 이런 능력이 손상되어 있다고 주장했다. 그러나 단가아민 계통의 문제가 자폐증의 근본적인 원인이라기보다는 중추신경계의 전반적인 신경 발달 과정의 결함이 여러 신경전달물질의 이상으로 나타난다고 보는 것이 더 타당할 것이라 생각된다.

3. 이차 전달물질

고리 AMP(Cyclic AMP(adenosine-3', 5'-cyclic monophosphate)는 세포 내 신호전달 체계(intracellular signaling system)에서 이차 전달물질(second messengers)로서의 역할을 수행하며, 고리 AMP의 합성과 분해에 관여하는 효소인 adenylate cyclase와 phophodiesterase의 활성은 뇌세포에서 특히 더 높다고 한다. 고리 AMP의 증가는 신경세포의 흥분에서 중요한 역할을 차지하며, 기억과 불안의 형성에 관여하는 것으로 알려져 있다. Winsberg 등(1980)은 자폐증 환아에게 프로베네시드(probenecid)를 투여했을 때 뇌척수액 내의 고리 AMP가 증가하는 것을 보고했다. 자폐증과 다른 소아 정신과 질환을 비교한 연구에서는 자폐증과 과잉 행동이 동반된 정신지체 아동에서 혈장 고리 AMP 농도가 증가하고, 그 농도는 과잉 행동의 정도와 상관관계를 보인다고 보고되었다(Hoshino et al., 1980). 또한 자폐증에서 혈장 고리 AMP는 증가하는 데 비해 고리 GMP는 증가하지 않아, 고리 AMP의 증가가 자폐증에 특이적인 소견이라는 연구 결과도 있었다(Goldberg et al., 1984).

자폐 증상을 보이는 정신분열병 환아의 적혈구를 융해시켰을 때 ATPase의 활성이 높다고 보고되는데(Sankar, 1971), 이는 ATP에 대한 적혈구 세포막 투과성이 감소했거나 ATPase 활성에 관여하는 다른 요소의 영향인 것으로 생각된다. 또한 아데닌(adenine)과 구아닌(guanine)과 같은 퓨린(purine) 계열이 대사될 때 최종적으로 요산(uric acid)이 형성되는데, 자폐증 환자의 1/4에서 과요산뇨증(hyperuricosuria)이 관찰된다는 보고도 있었다(Page & Coleman, 2000; Rosenberger-Debiesse & Coleman, 1986). 한편, Jaeken과 Van den Berghe(1984)가 시행한 연구에서는 퓨린을 생성하고 이노신 단가인산염(inosine monophosphate)을 아데노신 단가인산염(adenosine monophosphate)으로 전환시키는 효소인 아데닐로석시네이즈(adenylosuccinase) 농도가 자폐증 환자에게서 더 낮음을 시사하는 결과가 보고되기도 했다. 자폐증 환자의 형제를 대상으로 한 후속 연구에서도 아데닐로석시네이즈의 Vmax가 훨씬 낮았다고 보고되었고(Barshop et al., 1989), 이것이 자폐증의 근본 원인 중의 하나일 것이라는 주장도 있었다. 자폐 증상을 동반한 정신지체 환자의 가계를 대상으로 한 연구에서도 아데닐로석시네이트 절단효소(adenylosuccinate lyase) 유전자의 돌연변이가 보고되었다(Stone et al., 1992).

칼슘 이온($Ca2^+$)의 기능 이상에 대한 연구도 수건 보고되었다. 자폐 증상을 동반하는 티모시 증후군(Timothy Syndrome)의 원인으로 칼슘 채널의 일종인 Ca(V)1.2 유전자의 돌연변이가 제시되었고(Splawski et al., 2004), 신경세포의 흥분성과 $Ca2^+$ 신호를 조절하는 이온 채널 유전자의 돌연변이가 자폐증에서 보고된 바 있다(Krey & Dolmetsch, 2007). $Ca2^+$에 의해 조절되는 신호 단백질(signaling proteins)은 시냅스 형성과 축삭돌기의 성장 조절에 관여하는데, 이 단백질의 이상이 자폐증의 발병에 영향을 줄 것으로 생각되고 있다. 일부에서는 세로토닌 재흡수 차단제(serotonin reuptake inhibitors)가 자폐증의 일부 증상에 효과적이라는 점을 근거로 세로토닌 수용체의 이차 전달물질인 이노시톨(inositol)을 자폐증 환아에게 투여했지만 증상의 호전이 관찰되지 않았다(Levine et al., 1997).

4. 호르몬

1) 코르티솔

시상하부-뇌하수체-부신 축(HPA axis)은 스트레스 반응에 중요한 역할을 수행하며, 교감신경계와 밀접하게 연결되어 있다. 부신피질에서 생성되는 호르몬인 코르티솔(cortisol) 역시 스트레스에 반응해 생성되며, 보통은 이른 아침에 많은 양이 분비된다. 코르티솔의 생성은 뇌하수체에서 생성되는 ACTH(adrenocorticotropin hormone)에 의해 조절된다. ACTH는 다시 시상하부의 CRH(corticotrophin-releasing hormone)에 의해서 조절된다. 이 과정은 되먹임(feedback) 기전에 의해 이루어진다. 자폐증에서는 일반적으로 기저 코르티솔 수치가 정상 혹은 증가되어 있으며, 덱사메타손(dexamethasone)으로 억제했을 때 코르티솔 분비가 감소하지 않는 것으로 보고된다. 자폐증 환자에서 인슐린에 반응한 코르티솔의 분비는 정상인보다 더욱 증가하나(Maher et al., 1975), 발열 스트레스에 대해서 11-OHCS(11-hydroxycorticosteroids)가 증가하는 정도는 정상보다 크지 않았다고 한다(Yamazaki et al., 1975). 같은 연구에서 자폐증 환자의 11-OHCS 일중 변동(diurnal variation)은 정상과 다른 것으로 보고되었다. 또 다른 연구에서도 특수학교가 아닌 일반학교에 다니는 자폐증 환아에게서 낮 시간 동안 코르티솔이 과다 분비되는 경향이 보고되었는데, 이는 환경적인 스트레스에 대한 반응으로 나타난 변화가 아닐까 생각된다(Richdale & Prior, 1992). 자폐증 환아에게 덱사메타손 억제 검사(dexamethasone suppression test: DST)를 시행했을 때, 지능지수가 낮은 군에서 코르티솔 분비가 억제되지 않는 것이 관찰되었고, 이는 후속연구에서도 비교적 일관되게 보고되고 있다(Hoshino et al., 1984; 1987; Jensen et al., 1985). 기저치의 코르티솔과 ACTH 분비는 대체로 정상과 다르지 않은 것으로 보인다.

2) 갑상선 호르몬

자폐증 환자의 갑상선 기능 이상과 T3(triiodothyronine)의 치료 효과에 대해서 여러 연구가 보고되었다. T3 섭취가 감소했다는 연구 결과도 있으나(Kahn, 1970), T3, T4, TSH(thyroid stimulating hormone) 농도를 볼 때 갑상선기능저하증(hypothyroidism) 소견을 찾을 수 없었다는 보고도 있었다(Abbassi et al., 1978; Cohen et al., 1980). T3의 치료 효과와 관련해서는 지능지수가 낮은 군에서 반응이 관찰되기도 했으나, 전체적으로 위약에 비해 우수한 치료 효과를 확인할 수 없었다고 한다(Campbell et al., 1978b). 정신분열병 환아를 대상으로 TRH(thyrotropin releasing hormone)를 투여했을 때, TSH에 대한 반응은 증가하고 T3의 반응은 감소하거나 지연되어서 나타났다는 보고가 있었다(Campbell et al., 1978a). 그러나 TRH에 대한 반응은 연구마다 서로 결과가 달라서 하나의 결론으로 일반화하기는 힘들다. 한편, 다수의 자폐증 환자에서 선천성 갑상선기능저하증이 관찰되었다는 보고가 있어서, 갑상선기능저하증이 자폐증에 취약한 개인에게 위험 요인으로 작용할 가능성을 배제할 수는 없다.

3) 성 호르몬

자폐증에 걸린 남아에게 황체형성 호르몬-분비 호르몬(luteinizing hormone-releasing hormone: LH-RH) 검사를 시행했을 때, 황체형성 호르몬(luteinizing hormone: LH)과 난포자극 호르몬(follicle-stimulating hormone: FSH)의 반응이 모두 감소했다는 보고가 있었다(Hoshino, 1983). adrenal androgens, 테스토스테론, DHEAS(dehydroepiandrosterone sulfate)에 대한 연구에서는 자폐증과 대조군 사이의 차이를 발견하지 못했다(Tordjman et al., 1995). 한편에서는, 발달 초기 남성 호르몬(androgen)에 대한 노출의 차이가 자폐증의 발병에 영향을 줄지도 모른다는 주장이 제기되었고(Manning et al., 2001; Tordjman et al., 1997), 손가락 길이의 비를 이용해 이를 평가해 보고자 하는 시도도 있었다. 자폐증이 남성에서 더 흔하게 발병하고, 자폐증의 뇌가 기능하는 방식이 남성의 뇌와 더 유사하다는 등의 이유로, 자폐증과 남성 호르몬 사이의 관련성은 많은 관심을 끌었다. 최근까지도 여러 가지 방법들이 동원되어 남성 호르몬과 자폐증 사이의 관계에 대한 연구가 이루어지고 있다(Auyeung et al., 2009; Henninsgson et al., 2009). 성 호르몬은 아니지만 옥시토신(oxytocin)의 경우 애착 행동의 관점에서 자폐증과의 관련성이 제시되었고, 자폐증 환자에게서 옥시토신을 처리하는 과정에 변화가 있다는 보고도 있었다(Green et al., 2001).

5. 산화 스트레스

일부 연구자들은 미토콘드리아(mitochondria)의 기능 이상 및 산화 스트레스 (oxidative stress)와 관련해서 자폐증의 병태생리를 설명하려는 움직임을 보이고 있다. 1990년대 후반, 미토콘드리아의 이상이 자폐증과 관련 있을 것이라는 주 장이 제시되었고(Lombard, 1998), 이를 전후해서 자폐증 환자에서 미토콘드리 아의 에너지 대사 이상 및 미토콘드리아 DNA(mitochondrial DNA: mtDNA)의 돌 연변이가 여러 건 보고되었다. 100명의 자폐증 환자를 대상으로 카르니틴 (carnitine) 농도를 측정했을 때, 36%에서 미토콘드리아 이상을 시사하는 수준의 결과가 관찰되었으며(Filipek et al., 2004), 159명의 자폐증 환자 중 38%에서 비 특이적인 생화학적 이상이 동반되어 있다는 보고도 있었다(Poling et al., 2006). 일반 인구 집단을 대상으로 한 연구에서는 자폐증 환자의 7.2%에서 미토콘드리 아 호흡연쇄효소대사이상(mitochondrial respiratory chain disorder)이 동반되어 있다고 보고되었다(Oliveira et al., 2005). Weissman 등(2008)은 최초에 자폐증 으로 진단받았다가 후에 미토콘드리아 전자전달사슬(mitochondrial electron transport chain)의 이상이 밝혀진 환자들에 대해 보고하면서, 미토콘드리아 내 에서의 산화적 인산화 이상이 자폐증의 신경 발달 과정에 영향을 미치는 것이라 고 설명하였다. 더불어 그것이 신경돌기(neurite)의 모양 변화나 시냅스 생성 (synaptogenesis), 세포 이동의 문제와 관련 있을 것이라고 보았다(Persico & Bourgeron, 2006). 자폐증을 미토콘드리아 뇌증(mitochondrial encephalopathy) 으로 간주하는 근거는 신경계, 근육, 내장, 면역체계와 같이 에너지 소비가 활발 한 장기의 기능을 주로 침범하고, 탄수화물을 제외한 식사를 제공했을 때 증상 의 변화가 관찰되기 때문이다. 또한 높은 유전성에도 불구하고 전통적인 멘델 학파 방식의 유전으로는 기전을 설명할 수 없다는 점 역시 자폐증과 미토콘드리 아 사이의 관계를 의심하도록 만든다.

위에서 언급한 연구 말고도 자폐증에서의 대사 이상에 대한 다양한 연구 결과들이 보고되어 왔다. Coleman과 Blass는 1985년에 자폐증과 젖산산증(lactic acidosis)이 동반된 사례들을 보고하면서 일부 자폐증에서 탄수화물 대사 이상과의 관련성에 대해 언급한 바가 있었다. 이 외에도 자폐증 환아에서 산화 질소(nitric oxide: NO)나 산틴산화효소(xanthine oxidase), 티오바르비튜레이트산 반응물질(thiobarbituric acid reactive substance)과 같이 반응성 산소기(reactive oxygen species: ROS)가 증가하고(Sogut et al., 2003; Zoroglu et al., 2004), GSH(glutathione), SOD(superoxide dismutase)와 같은 항산화제(antioxidants)는 감소하는 것이 관찰되었다(James et al., 2004; Yorbik et al., 2002). 최근의 한 연구는 자폐증 환아와 대조군을 대상으로 메티오닌 메틸전환(methionine transmethylation)과 메티오닌 황전환(methionine transsulfuration) 대사 산물을 측정하고, 그 조절과 관련된 것으로 알려진 다형적 변이(polymorphic variant)에 대하여 조사하였다. SAM(S-adenosylmethionine)과 SAH(S-adenosylhomocysteine)의 비율(SAM/SAH)은 메틸화 능력(methylation capacity)을 반영하는데, 자폐증 환아에서 메티오닌과 SAM/SAH가 감소한 것이 관찰되었으며, 다른 물질들의 농도 역시 항산화 능력과 산화 환원 항상성의 감소를 시사했다. 또한 RFC-1, TCN2, COMT, MTHFR 등 관련 유전자의 단일염기다형성(single neucleotide polymorphism: SNP)을 분석한 결과 대립유전자 빈도(allele frequency)에 차이가 있었다. 이 역시 유전자끼리의 상호작용이 영향을 주고 있음을 뒷받침했다. 연구자들은 이상의 결과를 바탕으로, 대사와 관련된 이상이 자폐증의 하나의 내표현형(endophenotype)으로서, 메티오닌의 메틸전환(transmethylation)과 황전환(transsulfuration) 경로를 조절하는 유전자 산물(gene product)의 미세한 변화를 반영하는 것이라고 주장했다(James et al., 2006). James 등이 2009년에 발표한 논문에서는 lymphoblastoid 세포(LCLs)에서의 GSH(reduced glutathione)와 GSSG(oxidized disulfide glutathione)의 농도를 측정해서 각각 세포 내에서와 미토콘드리아 내에서의 산화 환원 능력(redox capacity)을 평가하였다. 산화 스트레스를 가했을 때 자폐증 환자의 LCLs에서 GSH/GSSG의 농도가 더 크게 감소했고, 산화 질소에 노출시켰을 때는 미토콘드리아의 막전위가 감소하는 것이 관찰되었다. 세포와 미토콘드리아 내에서의 글루타티온 보존 능력의 감소 역시 자폐증에서의 항산화 능력의 저하를 시사하는 것이라 볼 수 있을 것이다(James et al., 2009).

6. 전기생리(electrophysiology)

자폐증에서 흔하게 병발하는 질병 중 하나가 간질이며, 임상적으로 간질 진단을 받지 않은 자폐증 아동의 65%에서도 뇌파 이상이 출현했다는 보고가 있다 (Chez et al., 2006). 이는 신경세포 사이의 연결에 문제가 있음을 시사한다고도 볼 수 있으며, 결국 환자의 뇌에서 정보를 처리하는 과정에까지 영향을 주게 될 것이다. 정보 처리 과정에 어떤 문제가 있는지에 대해 좀 더 체계적으로 접근하기 위해서 뇌간 청각유발 반응이나 사건유발전위 등이 연구에 적용되고 있다.

1) 뇌간 청각유발 반응

뇌간 청각유발 반응(brain stem auditory-evoked responses)은 청각 자극이 가해지고 나서 0~10msec 사이에 관찰되는 뇌파의 변화다. 뇌간 수준에서의 정보 처리를 반영하기 때문에 피질 수준에서의 정보 처리 과정보다는 단순히 정보 전달 속도를 평가하는 데 더 유용하다고 할 수 있다. 자폐증에서 관찰되는 정보 처리나 인지의 문제들은 정보를 전달하는 속도가 지연되기 때문에 나타나는 증상일 수도 있으며(Poustka, 2007), 실제 자폐증에서 정보 전달 속도가 느려져 있는지를 확인하기 위해 뇌간 청각유발 반응검사를 이용한 몇몇 연구들이 수행되었다. 자폐증 환자의 80%에서 정점 간 잠복기(interpeak latency)가 지연된다는 연구 결과도 있었고(Thivierge et al., 1990), 뇌간 전달 속도가 지연되는 정도가 자폐증의 증상과 상관을 보인다는 연구 결과도 있었다(Wong & Wogo, 1991). 다른 연구 결과들까지 종합해 볼 때 만족스러울 만큼 일관된 방향을 보여 주진 않지만 자폐증에서 뇌간이 침범되어 있음을 어느 정도 제시한다고 볼 수 있겠다 (Klin, 1993).

2) 사건유발전위

사건유발전위(event-related potentials: ERP)란 특정 자극이 주어졌을 때 그에 반응해 나타나는 전기 활동의 일시적인 변화라고 정의할 수 있다(Jeste & Nelson, 2009). 사건유발전위를 통해서 새로운 자극에 주의를 기울이거나, 선택적으로 집중을 유지하거나, 집중하는 정도를 적절히 조절하는 등의 기능을 평가하게 된다. 흔히 사용되는 지표들로는 P50(또는 P1), N100(또는 N1), P300(또는 P3), MMN(mismatch negativity) 등이 있다. P50은 자극이 가해지고 50msec 정도 이후에 나타나는 파형에 붙인 이름으로, 자극을 걸러 주는 기능을 반영하며 정보 처리 과정 중 가장 먼저 관찰되는 반응이다. 동일한 자극이 반복될 때 P50의 진폭은 감소하게 되는데, 이는 중요하지 않은 자극에 대한 주의가 감소하는 것으로 해석할 수 있다. N100은 자극 후 100msec 정도에 나타나는 음의 값을 가지는 파형으로, 예상치 못한 자극이 가해졌을 때 검출된다. N100은 강도의존적 진폭변화량(loudness dependence auditory evoked potential)이라고 불리기도 한다. P50과 N100은 자극의 전주의 검출(pre-attentive detection)을 반영하는 것으로서, 청각 자극과 관련해서는 일차 청각피질(primary auditory cortex)에서 생성된다. 반복적인 청각 자극이 가해질 때, 성인은 P1-N1-P2 파형이 관찰되나 소아는 P1과 N2가 나타난다고 한다. P300은 300msec에 나타나는 파형이며, 일반적인 인지 처리 과정을 반영한다. P300은 P3a와 P3b라는 두 가지 요소로 구성되어 있다. P3a는 새로운 자극이 출현했을 때 주의를 기울이게 되는 과정을, P3b는 기억과 관련해서 자극에 주의를 기울이는 과정을 반영하는 것으로 생각된다(Polich, 2007). 낮은 빈도로 가해지는 자극일수록 P300의 진폭이 커지고, 과제의 난이도가 높을수록 반응지연시간(latency)이 증가한다. MMN은 150~200msec 정도의 시간에 관찰되며, 반복되는 자극 속에서 변화가 있을 때 이 새로운 자극에 반응하여 자동적으로 나타나게 된다.

(1) 하위 수준의 정보 처리

자폐증과 관련된 사건유발전위의 변화로는 P1, N1, P2, P3의 반응지연시간이 감소한 것이 관찰되었고(Martineau et al., 1984), N1에 대해서는 다른 연구에서도 반응지연시간이 정상보다 짧아졌다고 보고되었다. 정신지체 아동과 비교했을 때에는 N1c 반응지연시간이 상대적으로 더 길었다는 연구 결과도 있었는데(Ferri et al., 2003), 이는 하위 수준에서의 정보 처리에 영향을 주는 것이 인지 기능 저하 한 가지만이 아니라는 점을 시사한다. 반응지연시간뿐만 아니라 N1, P3 등의 진폭 역시 정상과 달랐다고 한다(Oades et al., 1990). 이상의 연구 결과를 종합해 보면, N1 등의 반응지연시간이 감소했다는 것은 하위 수준의 정보 처리 속도가 빨라졌다는 것을 의미하며, 자폐증 환아의 반응 속도가 빠르지 않다는 것은 결국 상위 수준의 정보 처리에서 문제가 있다는 식으로 해석할 수도 있을 것이다. 또한 N1의 경우 정상에서는 자극이 증가하면서 진폭이 커지는데, 자폐증과 수용성 언어장애 환아에게서는 공히 이와 같은 N1 진폭의 증가가 관찰되지 않았다(Lincoln et al., 1995). 또 높은 기능 수준의 성인 자폐증 환자에게서 P1 반응의 이상이 관찰되었는데, 이는 망상활성계(reticular activating system)와 시상(thalamus)의 이상 때문인 것으로 해석되었다(Buchwald et al., 1992). 한편, 앞서 설명했듯이 MMN은 새로운 자극의 감별을 반영하는데, 음의 높낮이 변화와 관련해서 MMN 반응지연시간이 짧아진다는 보고도 있고(Gomot et al., 2002, 2006), 높낮이 변화가 있을 때 MMN의 진폭이 커진다는 보고도 있다(Ferri et al., 2003). 고기능 자폐증 환아를 대상으로 한 연구에서는 일반 아동과 비교했을 때 정상적인 MMN 파형이 관찰된다는 보고가 있어서(Ceponiene et al., 2003), MMN은 자폐증에서 인지 기능의 정도와 관련이 있을 가능성도 있다.

(2) 고위 수준의 정보 처리

P3b는 P3a보다 상대적으로 고위 수준의 정보 처리 과정을 잘 반영하는 것으

로 생각된다. 자폐증에서 P3b의 진폭이 감소했다는 보고가 있었으며 (Courchesne et al., 1984), 후속 연구에서도 비슷한 결과가 보고되었다. 정상적인 수행 능력을 보이는 자폐증 환자에서도 역시 P3b가 비슷하게 감소하는 것이 관찰되었다(Ciesielski et al., 1990; Lincoln et al., 1993). P3b에 대한 연구 결과를 바탕으로 선택적 주의를 기울이는 능력의 결함이 자폐증에서 인지 기능 장애의 원인일 것이라는 주장도 제기되었다(Ciesielski et al., 1990). 또한 수행 능력이 동일한 경우에도 P3b의 차이가 관찰된다는 점에서 자폐증 환자가 목표 사건(target event)과 관련된 정보를 처리할 때 일반적이지 않은 생리학적 과정을 사용할 것이라는 주장도 제시되었다(Courchesne et al., 1989). 자폐증 환아의 P3b 진폭이 수용성 언어장애 환아와 비교할 때 비정상적으로 낮게 나타났다는 보고도 있었다. 이는 청각 정보를 처리할 때 겪는 어려움으로 해석된다(Lincoln et al., 1993). 자폐증 환자를 주의력결핍 과잉행동장애, 난독증과 비교했을 때, 과제에 따라 시각 자극의 P2N2(mismatch activity)가 다르게 나타나며, 규칙에서 벗어난 자극(deviant stimuli)보다는 새로운 자극(novel stimuli)이 가해질 때 P3 진폭이 커진다는 보고도 있었다(Kemner, 1994). 능동 조건(active condition)에서 Cz 전극에서 얻은 P300(A/Pcz/300)의 진폭이 정상에 비해서 낮다는 연구 결과도 있었다. 정상 대조군뿐만 아니라 주의력결핍 과잉행동장애 및 난독증 군과 비교해서도 뚜렷하게 나타났기 때문에 A/Pcz/300의 변화가 자폐증에 특이적인 소견이라고 주장되기도 했다(Kemner et al., 1995).

한편, 정서적 자극이 P3의 생성과 관련된 영역을 특히 잘 활성화시키나, 정상 지능지수의 자폐증 환자에게 정서적 자극을 가했을 때 P3 파형에서 정상과의 차이는 관찰되지 않았다고 한다(Erwin et al., 1991). P3b와 마찬가지로 중요하거나 특이한 자극에 반응을 보이는 파형으로는 Nc가 있다. Nc는 큰 진폭값을 가지는 음의 파형이다. 지능지수가 낮은 자폐증 환자군을 높은 지능의 환자군과 비교했을 때 P3a가 지연되어 나타나고 Nc와 P3b 진폭이 더 낮다고 보고되었다. 이는 집중 정도에 의존해서 새로운 정보를 처리하는 과정의 차이가 인지 기능의 정도와 연관이 있을 수도 있다는 것을 시사한다.

(3) 청각 자극의 사회적 인식

초기에는 자폐증 환자의 지각(perception)과 관련해서 많은 연구가 이루어졌으나, 근래에 들어서는 주로 사회적 인지와 관련된 감각 자극의 처리에 관심이 모아지고 있다. Dawson 등(1988)은 자폐증 환아들이 피아노 소리에는 정상적인 P300 진폭을 보이나 목소리 자극에는 P300 진폭이 감소한다고 보고했고, Ceponiene 등(2003)은 모음 자극이 주어질 때 자폐증 환아에서 P3a가 관찰되지 않는 것을 보고하면서, 언어 자극에 주의를 기울이게 되는 능력의 결함이 자폐증에서의 언어 처리나 의사소통 장애의 근본적인 원인일지도 모른다고 주장했다. 또 다른 연구에서는 자폐증 환자에서 P1, N2, P3, N4 등의 진폭 감소가 수동 조건에서는 관찰되나 능동 조건에서는 관찰되지 않는다고 보고되었다. 이는 자발적으로 주의를 기울였을 때에는 언어 자극을 부호화하는 능력이 회복될 수도 있다는 가능성을 제시한 것이다(Whitehouse & Bishop, 2008). 또한 자폐증 환아가 비언어성 청각 자극에 노출될 때에는 정상적인 MMN이 관찰되나, 음절의 변화에 반응해서는 MMN 자체가 나타나지 않을 뿐더러 자폐증 환아들은 비언어성 청각 자극을 듣는 것을 더 선호한다는 보고도 있었다(Kuhl, 2005).

Lepistö 등(2005, 2006)은 고기능 자폐증 환아와 아스퍼거 증후군을 대상으로 연구를 병행했다. 자폐증 환아에게 언어성 자극과 비언어성 자극을 제시하면서 높낮이, 길이, 모음의 변화를 줬는데, 자폐증은 정상군과 비교해서 높낮이 변화에 대한 MMN 진폭이 증가되었고, 비언어성 자극에 비해 언어성 청각 자극에 대한 P3a 진폭이 감소한 것이 관찰되었다. 이는 높낮이 변화에 대한 감수성이 항진되어 있고, 언어 자극에 대한 비자발적 정향(involuntary orientation)에 손상이 있음을 의미한다(Lepistö et al., 2005, 2006). 또한 기능 수준이 낮은 자폐증 환아에 대한 연구에서는 복잡한 배경 자극에서 음소(phoneme)를 구분해 내는 과제에서 MMN이 감소했고, 높낮이에 대한 자극에서는 정상적인 MMN이 관찰되었다고 한다. 이는 언어와 비슷한 자극에 노출된 상황에서 다양한 자극으로부터 언어 형태로 된 자극을 구분해 내는 능력이 자폐증 환아에서 손상되어 있음을 의미하는 것이며, 결국 하위 수준에서의 청각 자극 처리 과정의 결함이 고위 수준에서의 언어 처리에 영향을 주는 것이라 생각할 수 있겠다(Lepistö et al., 2008).

이상의 연구 결과들을 살펴볼 때, 자폐증 환아와 정상적인 발달 과정을 거치고 있는 아동 간에 언어를 처리하는 과정에서의 차이는 분명히 존재할 것이라 생각된다. 언어성 자극을 비언어성 자극과 구분해서 더 주의를 기울이고 정보를 우선적으로 처리하게 만드는 데 필요한 신경 회로의 결함이 그 근본적인 원인이라고 추정할 수 있으리라 생각된다(Jeste & Nelson, 2009).

(4) 시각 자극의 사회적 인식

의사소통의 문제가 자폐증의 주요 증상 중 하나인 것에서 알 수 있듯이, 자폐증의 핵심적인 병리는 청각 정보의 처리와 좀 더 밀접한 관련이 있는 것으로 생각되었다. 따라서 사건유발전위와 관련된 연구 역시 청각 자극에 대해서 더 많이 이루어졌으며, 시각 자극에 대한 연구는 청각 자극과 함께 이루어진 경우가 많았다. 시각 자극에 대한 초창기 사건유발전위 연구 중 하나로 Novick 등 (1979)의 연구가 있다. 이 연구에서 자극이 연속되어 가해지다가 생략되었을 때 청각과 시각 자극 모두에서 자폐증 환자의 사건유발전위 진폭이 감소하거나 사라진다는 결과가 보고되었다. 이후 Courchesne 등(1985a, 1985b, 1989)의 연구에서는 시각 자극에 반응할 때 P3b 진폭은 정상적이나 N1과 Nc는 감소한 결과가 관찰되었고, 청각 자극과 비교할 때 시각 자극의 P3b가 더 분명하게 관찰되었다. 이는 시각과 청각 정보 처리 과정에서의 신경생리학적 결함에 서로 질적인 차이가 있다는 근거로 제시되었다. 한편, P3a와 P3b 진폭의 감소가 여러 연구자들에 의해 보고되었다(Kemner et al., 1994; Verbaten et al., 1991). 고기능의 자폐증 청소년의 선택적 주의(selective attention)에 대해서 보다 집중적으로 평가했을 때에는 P300의 이상이 관찰되지 않았다는 보고도 있다(Hoeksma et al., 2006). 아울러 시각 자극이 시야의 주변부에 위치했을 때 P3a가 지연되고 P3b 진폭이 감소하며, 이것이 자폐증 환자가 공간적으로 다양한 자극에 대해 집중하는 능력에 결함이 있음을 의미한다는 주장도 있었다. 이상의 연구들은 선택적 주의, 시각 자극의 구분, 공간적 지향과 같이 고위 수준의 시각 정보 처리를 담당하는 신경 회로의 이상을 뒷받침한다고 볼 수 있다.

시각 자극 중에서도 사회적 정보가 담긴 자극에 대한 연구는 얼굴에 대한 시각 정보의 처리와 관련해서 주로 이루어졌다. 얼굴에 대한 정보를 처리하는 과정에서 나타나는 이상들은 자폐증 환아의 사회적 인식의 결함을 특징적으로 반영하는 것이란 생각이 있었다. 일부 연구자들은 사회적 상호성(social reciprocity)의 장해가 얼굴에 대한 정보 처리의 이상에서 기인하는 것이란 가설을 세우기도 했다. 기능적 뇌영상학 연구에서는 방추 이랑(fusiform gyrus) 등의 특정 부위가 얼굴을 인식하는 것과 관련 있다는 것이 밝혀졌다. 실제로 자폐증 환자가 얼굴을 구분하고 인지하고 관련 감정을 지각하는 것에 문제가 있다는 것이 다수의 연구자들에 의해 보고되었고, 자폐증 환아는 만 1세경부터 다른 사람의 얼굴을 주시하지 못하는 것이 관찰되었다(Osterling & Dawson, 1994).

얼굴 인식을 이용한 최초의 사건유발전위 연구 중 하나는 Small 등(1971)에 의해 이루어졌는데, 엄마의 얼굴과 낯선 사람의 얼굴을 제시했을 때 피질 반응의 차이가 관찰되지 않았다. 현재 얼굴에 특이적으로 반응하는 사건유발전위 요소로는 N170, N290, P400 등이 알려져 있다. 영아기 초기에 N290과 P400이 나타나며, 학령 초기에는 N170이 대신 나타나기 시작한다. N170과 N290은 특정인의 인식보다는 얼굴의 물리적 형태를 구조적으로 인식하는 과정을 반영하며, P400은 얼굴의 모양에 더 특이적으로 반응한다(de Haan, 2008). 현대적인 의미의 연구는 Dawson 등에 의해 시작되었다 할 수 있다. 이 연구에 따르면 낮은 기능의 자폐증 환아에게 엄마와 낯선 사람의 얼굴을 제시했을 때 P400과 Nc에서의 차이가 관찰되지 않았으나, 낯선 물체와 친숙한 물체를 구별할 때의 차이는 정상 아동과 마찬가지로 유지되었다(Dawson et al., 2002a, 2002b). 성인 아스퍼거 증후군 환자를 정상과 비교한 연구에서도 물체에 대한 차이는 나타나지 않았으나, 얼굴이나 얼굴 부위가 제시되었을 때는 N170의 지연이 관찰되었다(O'Connor et al., 2007). 이상의 연구 결과를 볼 때, 자폐증 환아들은 정상 아동처럼 얼굴 자극을 더 특별하게 처리하지 않고, 대신 얼굴이 아닌 물체와 관련된 자극을 더 특별하게 처리하는 것으로 생각된다. 고기능 자폐증 환아가 시각적 정보를 통합하는 능력 자체는 정상과 차이가 없었다는 연구 결과도 보고된 바 있다(Kemner et al., 2007).

근래에 들어서는 정서적 자극에 대한 연구도 이루어지고 있는데, N300이 자극에 대한 반응을 평가하는 데 이용된다. N300은 공포스러운 얼굴이나 화난 얼굴에 진폭이 증가하며, 부정적 정서에 주의를 기울이는 과정을 반영한다고 생각된다. 자폐증 환아들은 공포스러운 표정을 봤을 때에도 N300 진폭의 증가가 관찰되지 않았는데, 이는 자폐증 환아들이 정서적 자극을 처리하는 과정에도 결함이 있음을 시사한다 할 수 있겠다(Dawson et al., 2004). 이 외에 아래위로 뒤집어 놓은 얼굴을 보았을 때의 N170의 반응에 대한 연구도 있었다. 정상에서는 뒤집힌 얼굴에서 N170이 지연되어 나타나나 자폐증 환자에서는 뒤집힌 얼굴과 정상적인 얼굴 사이에 N170 반응지연시간의 차이가 관찰되지 않았다고 한다(McPartland et al., 2004). 한편, Boeschoten 등(2007)은 얼굴 자극을 처리할 때 자폐증 환아와 정상 환아 사이에 피질 심부 내지는 피질하 영역에서의 정보 처리 과정에 차이가 있을지도 모른다고 주장했다.

(5) 실행 기능

실행 기능(executive function)과 관련해서는 많은 수의 연구가 이루어지지는 않았다. 고기능 자폐증 환자에게 지속수행검사(continuous performance task: CPT), 이해폭검사(span of apprehension: SPAN), 관용어 인지검사(idiom recognition task: IRT)를 수행토록 한 연구에서 관용어구를 제시했을 때 N400이 큰 폭으로 감소하는 것이 관찰되었고, N1은 모든 검사에서 증가하고 P3는 IRT와 CPT에서만 증가되었다(Strandburg et al., 1993). N1과 P3의 증가는 그러한 과제를 수행함에 있어서 더 많은 노력이 필요하다는 것을 반영한 결과일 수도 있다. Henderson 등(2006)이 변형된 반응 간섭 과제(modified flanker task)를 이용해 실행 기능을 평가한 연구에서는, 오류 관련 음성 전위(error related negativity: ERN)를 측정하였다. ERN은 반응의 정확도에 대한 피질 수준의 감독을 반영하는 것으로, 자폐증 환자에서 ERN이 더 지연되어 있음이 보고되었다. 이를 지능지수와 사회적 기능의 정도에 따라 층화해서 분석했을 때에는 ERN 진폭이 지능 지수나 사회적 기능의 문제, 불안 등의 증상과 관계가 있는 것으로 나타났다. 실수와 연관되어 나타나는 양의 파형인 Pe를 ERN과 함께 분석한 연구도 있는데, 자폐증 환아에서 ERN과 Pe의 진폭이 낮게 나타났으며, 정상 아동처럼 실수 후에 반응 시간이 느려지는 것이 관찰되지 않았다. 자폐증 환아들은 실수를 할 수 있는 상황에 덜 민감하며, 그 결과로 그런 상황에서 자신의 행동을 교정할 수 있는 능력 또한 손상된 것으로 생각된다.

7. 결론

자폐증의 원인에 대해서 전체적인 임상 양상을 관통할 만한 설명은 아직 제시되지 않은 상태다. 이는 자폐증 역시 다른 정신과 질환처럼 다양한 병인을 가진 질환군이기 때문일 수도 있고(Folstein & Rosen-Sheidley, 2001), 한편으로는 연구 방법론의 발달이 아직 충분히 이루어지지 않았기 때문일 수도 있다. 미토콘드리아와 관련된 연구만 살펴보더라도, 이것이 전체 자폐증을 설명할 수 있는 이론이라기보다는 일부 환자군에 있어서 그 병인을 설명해 주는 대안으로 간주하는 것이 바람직할 것이다. 이처럼 자폐증의 생물학적인 원인에 대한 연구는 다른 정신과 분야와 비교하더라도 아직 밝혀지지 않은 것이 많다고 할 수 있겠다. 그러나 생물학적인 측면, 특히 생화학적인 측면에 대한 연구는 치료법 개발을 위한 기반을 제공하고, 신경전달물질의 수용체를 생성하는 유전자에 대한 연구를 통해 유전적 감수성을 밝혀낼 수 있다는 점에서 여전히 그 의의를 가진다고 할 수 있겠다(Poustka, 2007). 신경생리학적인 연구 역시 현재보다 더 정교한 방법론의 도입을 통해 자폐증에서의 정보 처리 방식에 대한 궁금증을 자세하게 풀어 줄 것이라 기대되고 있다. 또한 미토콘드리아 이론처럼 일부 환자에 대해서만 적용할 수 있는 이론이라 할지라도 대상 환자들을 좀 더 조기에 발견해서 효과적인 치료법을 적용하는 데 보탬이 될 수 있으리라 생각된다.

참 고 문 헌

임명호, 김정림, 정보인, 조수철, 홍강의. 반복적으로 머리를 때리는 전반성발달장애 환아 1례. 소아청소년정신의학 1999;10:244-251.

조수철, 서유헌, 김헌식. 유아자폐증의 혈장 dopamine-beta-hydroxylase의 활성도의 개체발생적인 특성과 정신병리와의 상호관계에 관한 연구. 소아청소년정신의학 1991;2:51-61.

조수철, 최진숙, 서유헌. 유아자폐증에 있어서 혈장 5-hydroxyindoleacetic acid의 농도와 정신병리와의 상호관계에 관한 연구. 정신의학 1992;17:77-83.

Anderson GM, Ross DL, Klykylo W, Feibel FC, and Cohen DJ. Cerebrospinal fluid indoleacetic acid in autistic subjects. *J Autism Dev Disord* 1988;18:259-262.

Anderson GM, and Hoshino Y. Neurochemical studies of autism. In: *Handbook of Autism and Pervasive Developmental Disorders*, 3rd ed, Volkmar FR et al. (eds). Hoboken: John Wiley & Sons, 2005.

Abbassi V, Linscheid T, and Coleman M. Triiodothyronine (T3) concentration and therapy in autistic children. *J Autism Child Schizophr* 1978;8:383-387.

Aldred S, Moore KM, Fitzgerald M, and Waring RH. Plasma amino acid levels in children with autism and their families. *J Autism Dev Disord* 2003;3:93-97.

Auyeung B, Baron-Cohen S, Ashwin E, Knickmeyer R, Taylor K, and Hackett G. Fetal testosterone and autistic traits. *Br J Psychol* 2009;100:1-22.

Barshop BA, Alberts AS, and Gruber HE. Kinetic studies of mutant human adenylosuccinase. *Biochim Biophys Acta* 1989;999:19-23.

Barthelemy C, Bruneau N, Cottet-Eymard JM, Domenech-Jouve J, Garreau B, Lelord G, Muh JP, and Peyrin L. Urinary free and conjugated catecholamines and metabolites in autistic children. *J Autism Dev Disord* 1988;18:583-591.

Blatt GJ, Fitzgerald CM, Guptill JT, Booker AB, Kemper TL, and Bauman ML. Density and distribution of hippocampal neurotransmitter receptors in autism: an autoradiographic study. *J Autism Dev Disord* 2001;31:537-543.

Boeschoten MA, Kenemans JL, van Engeland H, and Kemner C. Face processing in Pervasive Developmental Disorder (PDD): the roles of expertise and spatial frequency. *J Neural Transm* 2007;114:1619-1629.

Buchwald JS, Erwin R, Van Lancker D, Guthrie D, Schwafel J, and Tanguay P. Midlatency auditory evoked responses: P1 abnormalities in adult autistic subjects. *Electroencephalogr Clin Neurophysiol* 1992;84:164-171.

Buznikov GA. The action of neurotransmitters and related substances on early embryogenesis. *Pharmacol Ther* 1984;25:23-59.

Campbell M, Hollander CS, Ferris S, and Greene LW. Response to thyrotropin-releasing hormone stimulation in young psychotic children: a pilot study. *Psychoneuroendocrinology* 1978a;3:195-201.

Campbell M, Small AM, Hollander CS, Korein J, Cohen IL, Kalmijn M, and Ferris S. A controlled crossover study of triiodothyronine in autistic children. *J Autism Child Schizophr* 1978b;8:371-381.

Ceponiene R, Lepistö T, Shestakova A, Vanhala R, Alku P, Naatanen R, and Yaguchi K. Speech-sound-selective auditory impairment in children with autism: they can perceive but do not attend. *Proc Natl Acad Sci U S A* 2003;100:5567-5572.

Chez MG, Chang M, Krasne V, Coughlan C, Kominsky M, and Schwartz A. Frequency of epileptiform EEG abnormalities in a sequential screening of autistic patients with no known clinical epilepsy from 1996 to 2005. *Epilepsy Behav* 2006;8:267-271.

Chugani DC, Muzik O, Behen M, Rothermel R, Janiss HJ, Lee J, and Chugani HT. Development changes in brain serotonin synthesis capacity in autistic and nonautistic children. *Annals of Neurology* 1999;45:287-295.

Ciesielski KT, Courchesne E, and Elmasian R. Effects of focused selective attention tasks on event-related potentials in autistic and normal individuals. *Electroencephalogr Clin Neurophysiol* 1990;75:207-220.

Cohen DJ, Shaywitz BA, Johnson WT, and Bowers M, Jr. Biogenic amines in autistic and atypical children. Cerebrospinal fluid measures of homovanillic acid and 5-hydroxyindoleacetic acid. *Arch Gen Psychiatry* 1974;31:845-853.

Cohen DJ, Young JG, Lowe TL, and Harcherik D. Thyroid hormone in autistic children. *J Autism Dev Disord* 1980;10:445-450.

Cohen IL, Sudhalter V, Pfadt A, Jenkins EC, Brown WT, and Vietze PM. Why are autism and the fragile-X syndrome associated? Conceptual and methodological issues. *Am J Hum Genet* 1991;48:195-202.

Coleman M, and Blass JP. Autism and lactic acidosis. *J Autism Dev Disord* 1985;15:1-8.

Cook EH. Autism: review of neurochemical investigation. *Synapse* 1990;6:292-308.

Cook EH, Jr., Charak DA, Arida J, Spohn JA, Roizen NJ, and Leventhal BL. Depressive and obsessive-compulsive symptoms in hyperserotonemic parents of children with autistic disorder. *Psychiatry Res* 1994;52:25-33.

Courchesne E, Courchesne RY, Hicks G, and Lincoln AJ. Functioning of the brain-stem auditory pathway in non-retarded autistic individuals. *Electroencephalogr Clin Neurophysiol* 1985a;61:491-501.

Courchesne E, Kilman BA, Galambos R, and Lincoln AJ. Autism: processing of novel auditory information assessed by event-related brain potentials. *Electroencephalogr Clin Neurophysiol* 1984;59:238-248.

Courchesne E, Lincoln AJ, Kilman BA, and Galambos R. Event-related brain potential correlates of the processing of novel visual and auditory information in autism. *J Autism Dev Disord* 1985b;15:55-76.

Courchesne E, Lincoln AJ, Yeung-Courchesne R, Elmasian R, and Grillon C. Pathophysiologic findings in nonretarded autism and receptive developmental language disorder. *J Autism Dev Disord* 1989;19:1-17.

Cuccaro ML, Wright HH, Abramson RK, Marsteller FA, and Valentine J. Whole-blood serotonin and cognitive functioning in autistic individuals and their first-degree relatives. *J Neuropsychiatry Clin Neurosci* 1993;5:94-101.

Dawson G, Carver L, Meltzoff AN, Panagiotides H, McPartland J, and Webb SJ. Neural correlates of face and object recognition in young children with autism spectrum disorder, developmental delay, and typical development. *Child Dev* 2002a;73:700-717.

Dawson G, Finley C, Phillips S, Galpert L, and Lewy A. Reduced P3 amplitude of the event-related brain potential: its relationship to language ability in autism. *J Autism Dev Disord* 1988;18:493-504.

Dawson G, Webb S, Schellenberg GD, Dager S, Friedman S, Aylward E, and Richards T. Defining the broader phenotype of autism: genetic, brain, and behavioral perspectives. *Dev Psychopathol* 2002b;14:581-611.

Dawson G, Webb SJ, Carver L, Panagiotides H, and McPartland J. Young children with autism show atypical brain responses to fearful versus neutral facial expressions of emotion. *Dev Sci* 2004;7:340-359.

De Haan M. *Infant EEG and Event-Related Potentials*. London: Psychology Press;

2008.

D'Eufemia P, Finocchiaro R, Celli M, Viozzi L, Monteleone D, and Giardini O. Low serum tryptophan to large neutral amino acids ratio in idiopathic infantile autism. *Biomed Pharmacother* 1995;49:288-292.

Derry JM, and Barnard PJ. Mapping of the glycine receptor alpha 2-subunit gene and the GABAA alpha 3-subunit gene on the mouse X chromosome. *Genomics* 1991;10:593-597.

Dhossche D, Applegate H, Abraham A, Maertens P, Bland L, Bencsath A, and Martinez J. Elevated plasma gamma-aminobutyric acid (GABA) levels in autistic youngsters: stimulus for a GABA hypothesis of autism. *Med Sci Monit* 2002;8:PR1-6.

Erwin R, Van Lancker D, Guthrie D, Schwafel J, Tanguay P, and Buchwald JS. P3 responses to prosodic stimuli in adult autistic subjects. *Electroencephalogr Clin Neurophysiol* 1991;80:561-571.

Fankhauser MP, Karumanchi VC, German ML, Yates A, and Karumanchi SD. A double-blind, placebo-controlled study of the efficacy of transdermal clonidine in autism. *J Clin Psychiatry* 1992;53:77-82.

Fatemi SH, Halt AR, Stary JM, Kanodia R, Schulz SC, and Realmuto GR. Glutamic acid decarboxylase 65 and 67 kDa proteins are reduced in autistic parietal and cerebellar cortices. *Biol Psychiatry* 2002;52:805-810.

Ferri R, Elia M, Agarwal N, Lanuzza B, Musumeci SA, and Pennisi G. The mismatch negativity and the P3a components of the auditory event-related potentials in autistic low-functioning subjects. *Clin Neurophysiol* 2003;114:1671-1680.

Filipek PA, Juranek J, Nguyen MT, Cummings C, and Gargus JJ. Relative carnitine deficiency in autism. *J Autism Dev Disord* 2004;34:615-623.

Folstein SE, and Rosen-Sheidley B. Genetics of autism: complex aetiology for a heterogeneous disorder. *Nat Rev Genet* 2001;2:943-955.

Garnier C, Comoy E, Barthelemy C, Leddet I, Garreau B, Muh JP, and Lelord G. Dopamine-beta-hydroxylase (DBH) and homovanillic acid (HVA) in autistic children. *J Autism Dev Disord* 1986;16:23-29.

Garreau B, Barthelemy C, Jouve J, Bruneau N, Muh JP, and Lelord G. Urinary homovanillic acid levels of autistic children. *Dev Med Child Neurol* 1988;30:93-98.

Gillberg C, Terenius L, and Lonnerholm G. Endorphin activity in childhood psychosis.

Spinal fluid levels in 24 cases. *Arch Gen Psychiatry* 1985;42:780-783.

Giller EL, Jr., Young JG, Breakefield XO, Carbonari C, Braverman M, and Cohen DJ. Monoamine oxidase and catechol-O-methyltransferase activities in cultured fibroblasts and blood cells from children with autism and the Gilles de la Tourette syndrome. *Psychiatry Res* 1980;2:187-97.

Goldberg M, Hattab J, Meir D, Ebstein RP, and Belmaker RH. Plasma cyclic AMP and cyclic GMP in childhood-onset psychoses. *J Autism Dev Disord* 1984;14:159-164.

Gomot M, Bernard FA, Davis MH, Belmonte MK, Ashwin C, Bullmore ET, and Baron-Cohen S. Change detection in children with autism: an auditory event-related fMRI study. *Neuroimage* 2006;29:475-484.

Gomot M, Giard MH, Adrien JL, Barthelemy C, and Bruneau N. Hypersensitivity to acoustic change in children with autism: electrophysiological evidence of left frontal cortex dysfunctioning. *Psychophysiology* 2002;39:577-584.

Green L, Fein D, Modahl C, Feinstein C, Waterhouse L, and Morris M. Oxytocin and autistic disorder: alterations in peptide forms. *Biol Psychiatry* 2001;50:609-613.

Henderson H, Schwartz C, Mundy P, Burnette C, Sutton S, Zahka N, and Pradella A. Response monitoring, the error-related negativity, and differences in social behavior in autism. *Brain Cogn* 2006;61:96-109.

Henningsson S, Jonsson L, Ljunggren E, Westberg L, Gillberg C, Rastam M, Anckarsater H, Nygren G, Landen M, Thuresson K, Betancur C, Leboyer M, Eriksson E, and Melke J. Possible association between the androgen receptor gene and autism spectrum disorder. *Psychoneuroendocrinology* 2009;34:752-761.

Hoeksma MR, Kemner C, Kenemans JL, and van Engeland H. Abnormal selective attention normalizes P3 amplitudes in PDD. *J Autism Dev Disord* 2006;36:643-654.

Hoshino Y, Kumashiro H, Yashima Y, Kaneko M, Numata Y, Oshima N, and Watanabe A. Plasma cyclic AMP level in psychiatric diseases of childhood. *Folia Psychiatr Neurol Jpn* 1980;34:9-16.

Hoshino Y, Ohno Y, Murata S, Yokoyama F, Kaneko M, and Kumashiro H. Dexamethasone suppression test in autistic children. *Folia Psychiatr Neurol Jpn* 1984;38:445-449.

Hoshino Y, Watanabe M, Tachibana R, Murata S, Kaneko M, Yashima Y, and Kumashiro H. A study of the hypothalamus-pituitary function in autistic children by the loading test of 5HTP, TRH, and LH-RH. *Jpn J Brain Res* 1983;9:94-95.

Hoshino Y, Yokoyama F, Watanabe M, Murata S, Kaneko M, and Kumashiro H. The diurnal variation and response to dexamethasone suppression test of saliva cortisol level in autistic children. *Jpn J Psychiatry Neurol* 1987;41:227-235.

Jaeken J, and Van den Berghe G. An infantile autistic syndrome characterised by the presence of succinylpurines in body fluids. *Lancet* 1984;2:1058-1061.

James SJ, Cutler P, Melnyk S, Jernigan S, Janak L, Gaylor DW, and Neubrander JA. Metabolic biomarkers of increased oxidative stress and impaired methylation capacity in children with autism. *Am J Clin Nutr* 2004;80:1611-1617.

James SJ, Melnyk S, Jernigan S, Cleves MA, Halsted CH, Wong DH, Cutler P, Bock K, Boris M, Bradstreet JJ, Baker SM, and Gaylor DW. Metabolic endophenotype and related genotypes are associated with oxidative stress in children with autism. *Am J Med Genet B Neuropsychiatr Genet* 2006;141B:947-956.

James SJ, Rose S, Melnyk S, Jernigan S, Blossom S, Pavliv O, and Gaylor DW. Cellular and mitochondrial glutathione redox imbalance in lymphoblastoid cells derived from children with autism. *FASEB J* 2009;23:2374-2383.

Jensen JB, Realmuto GM, and Garfinkel BD. The dexamethasone suppression test in infantile autism. *J Am Acad Child Psychiatry* 1985;24:263-265.

Jeste SS, and Nelson CA, 3rd. Event related potentials in the understanding of autism spectrum disorders: an analytical review. *J Autism Dev Disord* 2009;39:495-510.

Kahn AA. Thyroid dysfunction. *Br Med J* 1970;4:495.

Kemner C, Lamme VA, Kovacs I, and van Engeland H. Integrity of lateral and feedbackward connections in visual processing in children with pervasive developmental disorder. *Neuropsychologia* 2007;45:1293-1298.

Kemner C, Verbaten MN, Cuperus JM, Camfferman G, and Van Engeland H. Visual and somatosensory event-related brain potentials in autistic children and three different control groups. *Electroencephalogr Clin Neurophysiol* 1994;92:225-237.

Kemner C, Verbaten MN, Cuperus JM, Camfferman G, and van Engeland H. Auditory event-related brain potentials in autistic children and three different control groups. *Biol Psychiatry* 1995;38:150-165.

Klin A. Auditory brainstem responses in autism: brainstem dysfunction or peripheral hearing loss? *J Autism Dev Disord* 1993;23:15-35.

Krey JF, and Dolmetsch RE. Molecular mechanisms of autism: a possible role for $Ca2^+$ signaling. *Curr Opin Neurobiol* 2007;17:112-119.

Kuhl PK, Coffey-Corina S, Padden D, and Dawson G. Links between social and linguistic processing of speech in preschool children with autism: behavioral and electrophysiological measures. *Dev Sci* 2005;8:F1-F12.

Launay JM, Bursztejn C, Ferrari P, Dreux C, Braconnier A, Zarifian E, Lancrenon S, and Fermanian J. Catecholamines metabolism in infantile autism: a controlled study of 22 autistic children. *J Autism Dev Disord* 1987;17:333-347.

Lee M, Martin-Ruiz C, Graham A, Court J, Jaros E, Perry R, Iversen P, Bauman M, and Perry E. Nicotinic receptor abnormalities in the cerebellar cortex in autism. *Brain* 2002;125:1483-1495.

Lepistö T, Kajander M, Vanhala R, Alku P, Huotilainen M, Naatanen R, and Kujala T. The perception of invariant speech features in children with autism. *Biol Psychol* 2008;77:25-31.

Lepistö T, Kujala T, Vanhala R, Alku P, Huotilainen M, and Naatanen R. The discrimination of and orienting to speech and non-speech sounds in children with autism. *Brain Res* 2005;1066:147-157.

Lepistö T, Silokallio S, Nieminen-von Wendt T, Alku P, Naatanen R, and Kujala T. Auditory perception and attention as reflected by the brain event-related potentials in children with Asperger syndrome. *Clin Neurophysiol* 2006;117:2161-2171.

Leventhal BL, Cook EH, Jr., Morford M, Ravitz A, and Freedman DX. Relationships of whole blood serotonin and plasma norepinephrine within families. *J Autism Dev Disord* 1990;20:499-511.

Levine J, Aviram A, Holan A, Ring A, Barak Y, and Belmaker RH. Inositol treatment of autism. *J Neural Transm* 1997;104:307-310.

Lincoln AJ, Courchesne E, Harms L, and Allen M. Contextual probability evaluation in autistic, receptive developmental language disorder, and control children: event-related brain potential evidence. *J Autism Dev Disord* 1993;23:37-58.

Lincoln AJ, Courchesne E, Harms L, and Allen M. Sensory modulation of auditory stimuli in children with autism and receptive developmental language disorder: event-related brain potential evidence. *J Autism Dev Disord* 1995;25:521-539.

Lombard J. Autism: a mitochondrial disorder? *Med Hypotheses* 1998;50:497-500.

Maher KR, Harper JF, Macleay A, and King MG. Peculiarities in the endocrine response to insulin stress in early infantile autism. *J Nerv Ment Dis* 1975;161:180-184.

Manning JT, Baron-Cohen S, Wheelwright S and Sanders G. The 2nd to 4th digit ratio and autism. *Dev Med Child Neurol* 2001;43:160-164.

Martineau J, Barthelemy C, Jouve J, Muh JP, and Lelord G. Monoamines (serotonin and catecholamines) and their derivatives in infantile autism: age-related changes and drug effects. *Dev Med Child Neurol* 1992;34:593-603.

Martineau J, Garreau B, Barthelemy C, and Lelord G. Evoked potentials and P300 during sensory conditioning in autistic children. *Ann N Y Acad Sci* 1984;425:362-369.

McBride PA, Anderson GM, Hertzig ME, Sweeney JA, Kream J, Cohen DJ, and Mann JJ. Serotonergic responsivity in male young adults with autistic disorder. Results of a pilot study. *Arch Gen Psychiatry* 1989;46:213-221.

McDougle CJ, Naylor ST, Cohen DJ, Aghajanian GK, Heninger GR, and Price LH. Effects of tryptophan depletion in drug-free adults with autistic disorder. *Arch Gen Psychiatry* 1996;53:993-1000.

McPartland J, Dawson G, Webb SJ, Panagiotides H, and Carver LJ. Event-related brain potentials reveal anomalies in temporal processing of faces in autism spectrum disorder. *J Child Psychol Psychiatry* 2004;45:1235-1245.

Minderaa RB, Anderson GM, Volkmar FR, Akkerhuis GW, and Cohen DJ. Urinary 5-hydroxyindoleacetic acid and whole blood serotonin and tryptophan in autistic and normal subjects. *Biol Psychiatry* 1987;22:933-940.

Minderaa RB, Anderson GM, Volkmar FR, Akkerhuis GW, and Cohen DJ. Neurochemical study of dopamine functioning in autistic and normal subjects. *J Am Acad Child Adolesc Psychiatry* 1989;28:190-194.

Nagamitsu S. CSF beta-endorphin levels in pediatric neurologic disorders. *Kurume Med J* 1993;40:233-241.

Narayan M, Srinath S, Anderson GM, and Meundi DB. Cerebrospinal fluid levels of homovanillic acid and 5-hydroxyindoleacetic acid in autism. *Biol Psychiatry* 1993;33:630-635.

Novick B, Kurtzberg D, and Vaughn HG, Jr. An electrophysiologic indication of defective information storage in childhood autism. *Psychiatry Res* 1979;1:101-108.

Oades RD, Stern LM, Walker MK, Clark CR, and Kapoor V. Event-related potentials and monoamines in autistic children on a clinical trial of fenfluramine. *Int J Psychophysiol* 1990;8:197-212.

O'Brien RA, Semenuk G, Coleman M, and Spector S. Catechol-O-methyltransferase activity in erythrocytes of children with autism. *Clin Exp Pharmacol Physiol* 1976;3:9-14.

O'Connor K, Hamm JP, and Kirk IJ. Neurophysiological responses to face, facial regions and objects in adults with Asperger's syndrome: an ERP investigation. *Int J Psychophysiol* 2007;63:283-293.

Oliveira G, Diogo L, Grazina M, Garcia P, Ataide A, Marques C, Miguel T, Borges L, Vicente AM, and Oliveira CR. Mitochondrial dysfunction in autism spectrum disorders: a population-based study. *Dev Med Child Neurol* 2005;47:185-189.

Osterling J, and Dawson G. Early recognition of children with autism: a study of first birthday home videotapes. *J Autism Dev Disord* 1994;24:247-257.

Page T, and Coleman M. Purine metabolism abnormalities in a hyperuricosuric subclass of autism. *Biochim Biophys Acta* 2000;1500:291-296.

Perry EK, Lee ML, Martin-Ruiz CM, Court JA, Volsen SG, Merrit J, Folly E, Iversen PE, Bauman ML, Perry RH, and Wenk GL. Cholinergic activity in autism: abnormalities in the cerebral cortex and basal forebrain. *Am J Psychiatry* 2001;158:1058-1066.

Persico AM, and Bourgeron T. Searching for ways out of the autism maze: genetic, epigenetic and environmental clues. *Trends Neurosci* 2006;29:349-358.

Piven J, Tsai GC, Nehme E, Coyle JT, Chase GA, and Folstein SE. Platelet serotonin, a possible marker for familial autism. *J Autism Dev Disord* 1991;21:51-59.

Polich J. Updating P300: an integrative theory of P3a and P3b. *Clin Neurophysiol* 2007;118:2128-2148.

Poling JS, Frye RE, Shoffner J, and Zimmerman AW. Developmental regression and mitochondrial dysfunction in a child with autism. *J Child Neurol* 2006;21:170-172.

Poustka F. The neurobiology of autism. In: *Autism and Pervasive Developmental Disorders*, 2nd ed. Volkmar FR et al. (eds). Cambridge: Cambridge University Press, 2007.

Realmuto GM, Jensen JB, Reeve E, and Garfinkel BD. Growth hormone response to L-dopa and clonidine in autistic children. *J Autism Dev Disord* 1990;20:455-465.

Redmond DE, Jr, and Huang YH. Current concepts, II. New evidence for a locus coeruleus-norepinephrine connection with anxiety. *Life Sci* 1979;25:2149-2162.

Richdale AL, and Prior MR. Urinary cortisol circadian rhythm in a group of high-functioning children with autism. *J Autism Dev Disord* 1992;22:433-447.

Ritvo ER, Ritvo R, Yuwiler A, Brothers A, Freeman BJ, and Plotkin S. Elevated daytime melatonin concentrations in autism: a pilot study. *Euro Child Adol Psych* 1993;2:75-78.

Ritvo ER, Yuwiler A, Geller E, Kales A, Rashkis S, Schicor A, Plotkin S, Axelrod R, and Howard C. Effects of L-dopa in autism. *J Autism Child Schizophr* 1971;1:190-205.

Rosenberger-Debiesse J, and Coleman M. Preliminary evidence for multiple etiologies in autism. *J Autism Dev Disord* 1986;16:385-392.

Ross DL, Klykylo WM, and Hitzemann R. Reduction of elevated CSF beta-endorphin by fenfluramine in infantile autism. *Pediatr Neurol* 1987;3:83-86.

Sandman CA, Datta PC, Barron J, Hoehler FK, Williams C, and Swanson JM. Naloxone attenuates self-abusive behavior in developmentally disabled clients. *Appl Res Ment Retard* 1983;4:5-11.

Sankar DV. Studies on blood platelets, blood enzymes, and leucocyte chromosome breakage in childhood schizophrenia. *Behav Neuropsychiatry* 1971;2:2-10.

Schain RJ, and Freedman DX. Studies on 5-hydroxyindole metabolism in autistic and other mentally retarded children. *J Pediatr* 1961;58:315-320.

Small JG, DeMyer MK, and Milstein V. CNV responses of autistic and normal children. *J Autism Child Schizophr* 1971;1:215-231.

Sogut S, Zoroglu SS, Ozyurt H, Yilmaz HR, Ozugurlu F, Sivasli E, Yetkin O, Yanik M, Tutkun H, Savas HA, Tarakcioglu M, and Akyol O. Changes in nitric oxide levels and antioxidant enzyme activities may have a role in the pathophysiological mechanisms involved in autism. *Clin Chim Acta* 2003;331:111-117.

Sokol DK, Dunn DW, Edwards-Brown M, and Feinberg J. Hydrogen proton magnetic resonance spectroscopy in autism: preliminary evidence of elevated choline/creatine ratio. *J Child Neurol* 2002;17:245-249.

Splawski I, Timothy KW, Sharpe LM, Decher N, Kumar P, Bloise R, Napolitano C, Schwartz PJ, Joseph RM, Condouris K, Tager-Flusberg H, Priori SG, Sanguinetti MC, and Keating MT. Ca(V)1.2 calcium channel dysfunction causes a multisystem disorder including arrhythmia and autism. *Cell* 2004;119:19-31.

Stone RL, Aimi J, Barshop BA, Jaeken J, Van den Berghe G, Zalkin H, and Dixon JE. A mutation in adenylosuccinate lyase associated with mental retardation and autistic features. *Nat Genet* 1992;1:59-63.

Strandburg RJ, Marsh JT, Brown WS, Asarnow RF, Guthrie D, and Higa J. Event-related potentials in high-functioning adult autistics: linguistic and nonlinguistic visual information processing tasks. *Neuropsychologia* 1993;31:413-434.

Thivierge J, Bedard C, Cote R, and Maziade M. Brainstem auditory evoked response and subcortical abnormalities in autism. *Am J Psychiatry* 1990;147:1609-1613.

Tordjman S, Anderson GM, McBride PA, Hertzig ME, Snow ME, Hall LM, Ferrari P, and Cohen DJ. Plasma androgens in autism. *J Autism Dev Disord* 1995;25:295-304.

Tordjman S, Ferrari P, Sulmont V, Duyme M, and Roubertoux P. Androgenic activity in autism. *Am J Psychiatry* 1997;154:1626-1627.

Verbaten MN, Roelofs JW, van Engeland H, Kenemans JK, and Slangen JL. Abnormal visual event-related potentials of autistic children. *J Autism Dev Disord* 1991;21:449-470.

Waage-Baudet H, Lauder JM, Dehart DB, Kluckman K, Hiller S, Tint GS, and Sulik KK. Abnormal serotonergic development in a mouse model for the Smith-Lemli-Opitz syndrome: implications for autism. *Int J Dev Neurosci* 2003;21:451-459.

Weissman JR, Kelley RI, Bauman ML, Cohen BH, Murray KF, Mitchell RL, Kern RL, and Natowicz MR. Mitochondrial disease in autism spectrum disorder patients: a cohort analysis. *PLoS One* 2008;3:e3815.

Whitaker-Azmitia PM. Serotonin and brain development: role in human developmental diseases. *Brain Res Bull* 2001;56:479-485.

Whitaker-Azmitia PM, Druse M, Walker P, and Lauder JM. Serotonin as a developmental signal. *Behav Brain Res* 1996;73:19-29.

Whitehouse AJ, and Bishop DV. Do children with autism 'switch off' to speech sounds? An investigation using event-related potentials. *Dev Sci* 2008;11:516-524.

Winsberg BG, Sverd J, Castells S, Hurwic M, and Perel JM. Estimation of monoamine and cyclic-AMP turnover and amino acid concentrations of spinal fluid in autistic children. *Neuropediatrics* 1980;11:250-255.

Wong V, and Wong SN. Brainstem auditory evoked potential study in children with autistic disorder. *J Autism Dev Disord* 1991;21:329-340.

Yamazaki K, Saito Y, Okada F, Fujieda T, and Yamashita I. An application of neuroendocrinological studies in autistic children and Heller's syndrome. *J Autism Child Schizophr* 1975;5:323-332.

Yorbik O, Sayal A, Akay C, Akbiyik DI and Sohmen T. Investigation of antioxidant enzymes in children with autistic disorder. *Prostaglandins Leukot Essent Fatty Acids* 2002;67:341-343.

Zoroglu SS, Armutcu F, Ozen S, Gurel A, Sivasli E, Yetkin O, and Meram I. Increased oxidative stress and altered activities of erythrocyte free radical scavenging enzymes in autism. *Eur Arch Psychiatry Clin Neurosci* 2004;254:143-147.

Chapter 06

구조적 뇌영상 연구

1. 서 론

현재까지 자폐증의 병태생리 연구를 위해 많은 뇌영상 연구가 시행되어 왔다. 전산화 단층촬영(computed tomography: CT)이나 자기공명영상(magnetic resonance imaging: MRI)을 이용해 뇌의 구조적 변화를 측정하는 것을 시작으로, 최근에는 용적화소에 기초한 형태계측술(voxel-based morphometry: VBM)이나 확산텐서영상(diffusion tensor imaging: DTI)과 같은 방법을 이용한 연구들이 이루어지고 있다. 이러한 연구들 간에 서로 일치하지 않는 결과를 보일 때도 있지만, 전체적으로 다양한 영역에서 자폐증 환자의 뇌 구조적 이상이 보고되고 있는 실정이다. 이 장에서는 현재까지 이루어진 구조적 뇌영상 연구 결과들을 살펴봄으로써 자폐증의 뇌형태학적 이상을 알아보고자 한다.

장준환, 김붕년, 조수철

2. 선행 연구 내용

1) 관심 영역을 사용한 연구

(1) 소뇌

MRI를 통한 연구는 방사선이 없다는 특성으로 인해 소아에게 사용하기에 적합하다는 장점을 갖는다. 이로 인해 MRI 연구가 1980년대부터 적용되어 1990년대 이후에는 주를 이루게 되었다. 이들 연구 중에 초기 연구들은 뇌의 특정 부위의 이상을 규명하기 위해 관심 영역(region of interest: ROI) 방법을 적용하여 이루어지는 경우가 많았으며, 이전의 사후 부검 결과와 관찰 결과들을 토대로 소뇌(cerebellum)의 구조적 뇌영상 소견 이상을 보고하는 연구들이 많았다. 소뇌의 주요 기능 중 하나는 현재 연속되고 있는 상황을 통해 향후 일어날 상황을 예측하고 신경계가 적절히 반응할 수 있도록 준비하는 것이다(Allen & Courchesne, 2003).

Courchesne 등(1988)이 자폐증 환자에서 소뇌 벌레 소엽(vermian lobule) VI/VII의 용적 감소를 보고한 이후에 Hashimoto 등(1995)도 유사한 결과를 보고하였다. 이러한 결과는 소뇌에서 조롱박(Purkinje) 세포의 감소를 보고한 부검 결과와도 합치하는 소견이다. 저자들은 이러한 소뇌의 이상이 소뇌와 뇌간(brain stem), 시상하부(hypothalamus), 시상(thalamus)과의 연결을 통해 뇌의 기능적 발달 과정에 영향을 미친다고 가정하였다. Courchesne 등(1994)은 2세부터 40세까지의 다양한 연령대를 가진 50명의 자폐증 환자들과 53명의 대조군을 대상으로 한 연구에서 16%의 환자들이 소뇌의 VI/VII 소엽 영역의 용적 감소를 보였다고 보고하였다. 하지만 이와 상반되는 결과를 보고한 논문들도 있다. 102명의 다양한 신경유전학적 이상을 가진 환자군의 소뇌 용적을 측정한 Schaefer 등(1996)의 연구에서는 소뇌 벌레 소엽의 영역 감소가 자폐증에 특이적이지 않다고 보고하였으며, 자폐증 환자에서 소뇌 벌레 소엽의 크기 변화가 없거나 오히려 과다

형성(hyperplasia)이 있음을 보고한 연구도 있었다(Kleiman et al., 1992; Piven et al., 1992). 이러한 다양한 결과는 자폐증 환자군과 대조군의 선정에서의 기준 차이, 즉 발달 수준, IQ, 나이, 사회경제적 상태, 신체적 합병증의 정도 등에서의 차이에 기인했을 수도 있다. 최근에 12개의 소뇌 ROI 연구를 메타분석한 연구(Stanfield, 2008)에서는 자폐증 환자에서 소엽 VI/VII의 용적 감소가 나타난다고 보고하였다.

(2) 바닥핵

꼬리핵(caudate nucleus), 조가비핵(putamen), 담창구(globus pallidus)로 이루어진 바닥핵(basal ganglia)은 정형적으로 나타나는 반복 행동과 연관되는 것으로 알려져 있으며, 이러한 반복 행동은 자폐증의 주요 행동 증상 중 하나다. Sears 등(1999)의 연구에서 35명의 고기능 자폐증 성인과 대조군을 비교했을 때 자폐증 환자에서 꼬리핵의 용적 증가가 관찰되었으며, 이러한 용적 증가는 반복적이고 의식화된(ritualistic) 행동과 상관관계가 있는 것으로 관찰되었다. 꼬리핵은 전전두엽(prefrontal lobe)과 연결되어 있으며 행동을 억제하는 기능을 수행하는 것으로 알려져 있다. 15명의 자폐증 소아를 대상으로 한 연구(Herbert et al., 2003)에서는 대조군에 비해 담창구와 조가비핵의 용적 증가가 보고되기도 하였다. 하지만 이 연구에서는 꼬리핵의 용적 증가는 나타나지 않았다. 이러한 상충되는 결과를 해석하기 위해서는 바닥핵에 대한 후속 연구가 필요할 것이다.

(3) 뇌량

뇌량(corpus callosum)은 뇌의 좌우 반구를 연결하는 백질(white matter)의 다발을 칭한다. 자폐증 연구에서 다양한 부위의 뇌량 이상이 보고되었으나 전반적으로 뇌량의 용적 감소를 보고한 경우가 많다. Saitoh 등(1995)은 뇌량을 5개 영역으로 나누어 33명의 자폐증 환자와 23명의 대조군의 뇌량 면적을 측정한 후, 자폐증 환자에서 주로 두정엽과 연결되는 뒤쪽 뇌량의 면적 감소를 보고하였다. 독립적으로 수행된 다른 연구(Egaas et al., 1995)에서도 51명의 자폐증 환자에서 대조군과 비교하여 뒤쪽 뇌량의 면적 감소가 관찰되었다. 그 밖의 연구들 (Hardan et al., 2000; Manes et al., 1999)에서도 다소 위치의 차이는 있으나 뇌량의 용적 감소가 보고되었다. 한편, 국내에서는 1999년에 8명의 자폐성 장애, 8명의 발달성 언어장애, 10명의 정상 대조군 남아들을 대상으로 MRI를 이용한 면적 측정 연구를 시행한 결과 뇌량의 문(rostrum)부가 자폐성 장애군에서 대조군이나 발달성 언어장애군에 비하여 유의하게 작음이 보고되었다(이정섭 외, 1999). 이러한 뇌량 용적의 감소는 자폐증에서 뇌 반구 간 연결성의 저하를 시사하며, 자폐증 환자에서 나타나는 인지 기능 저하와 관련이 있을 것으로 생각된다.

(4) 띠이랑

Haznedar 등(1997)은 7명의 고기능 자폐증 환자들을 대상으로 MRI와 양전자 방출 단층촬영(positron emission tomography: PET)을 시행하였을 때 자폐증 환자의 오른쪽 앞쪽 띠이랑(cingulate gyrus)의 용적 감소와 대사 감소가 관찰되었다고 보고하였다. 앞쪽 띠이랑은 정보 처리와 감정적인 신호(cue)에 대한 반응과 관련 있는 영역으로, 이러한 소견은 자폐증 환자에서 띠이랑 부위의 신경세포 밀도가 증가하고 수상돌기의 감소를 보고한 병리학적 소견과도 합치되는 결과라 할 수 있다.

(5) 편도체

편도체(amygdala)는 사회적 행동, 인지와 관련되어 있기 때문에(Adolphs, 2001) 자폐증에서 나타나는 사회적 결함과 관련하여 관심의 대상이 되어 왔다. 편도체 용적에 대한 연구들은 전반적으로 소수의 환자군을 대상으로 행해졌으며 결과가 일관되지 못한 상태다. 현재까지의 연구 결과들은 편도체 용적의 증가를 보고하거나 (Howard et al., 2000; Sparks et al., 2002) 용적의 감소를 보고하고 있다(Aylward et al., 1999; Herbert et al., 2003; Pierce et al., 2001). 이 중 사회적인 지각(social perception)과 편도체 용적의 상관관계를 살펴본 한 논문

(Howard et al., 2000)에서는 고기능 자폐증 환자들이 증가된 편도체 용적을 갖고 있으며, 공포를 인식하는 데 오류 반응을 보이고, 얼굴 인식 기억력 과제에서 저하된 능력을 보인다고 보고하였다. 이와 관련해 저자들은 자폐증의 증상 원인 가운데 하나가 편도체에서 신경세포의 가지치기(pruning)의 감소가 일어나는 것이고, 이 때문에 편도체의 용적 증가가 일어날 수 있다고 제안하였다. 하지만 Pierce 등(2001)은 7명의 남성 자폐증 환자를 8명의 대조군과 비교했을 때 편도체의 용적 감소가 나타나며 왼쪽 편도체의 용적 감소가 얼굴 자극을 처리할 때의 신경 활성의 감소와 연관된다고 보고하기도 하였다.

(6) 메타분석 결과

Stanfield 등(2008)은 46개의 연구를 종합하여 메타분석을 시행하였다. 이 연구에서는 20개 관심 영역의 용적 변화를 분석하였는데, 뇌의 전체 용적과 대뇌 반구, 소뇌, 바닥핵의 용적이 자폐증에서 증가되는 것으로 보고하였다. 이에 반해 뇌량의 용적은 자폐증 환자에서 감소되어 있으며, 중뇌와 벌레 소엽의 일부도 용적이 감소하는 경향이 있음을 보고하였다. 또한 소뇌 벌레 소엽 VI/VII에서는 나이와 IQ가 용적에 영향(modifying effect)을 주며, 편도체 용적의 경우 나이의 영향을 받는 것으로 나타났다. 이러한 연구 결과는 자폐증 환자의 경우 뇌의 국소적인 이상이 있는 가운데 전체 용적은 증가함에 따라 뇌 영역들 간의 연결이 통합되지 못하여 증상이 나타날 수 있음을 시사한다.

2) 용적화소에 기초한 형태계측술

관심 영역을 사용한 연구들에서 일정하지 않은 결과들이 도출되는 원인 중 하나는 관심 영역을 정하는 기준, 즉 측정하고자 하는 부위의 경계를 설정하는 데 있어서의 문제점이다. 또한 관심 영역을 사용한 연구는 다양한 영역을 대규모로 비교하는 데 어려움이 있다. 이러한 제한점을 극복하기 위한 연구 방법 중 하나가 통계적 매개변수 지도화(statistical parametric mapping: SPM)를 이용한 용적

화소에 기초한 형태계측술(voxel-based morphometry: VBM)이다. 이는 인위적인 구획 설정 없이 전체적인 뇌 부위에서의 변화를 측정할 수 있는 방법이다. 아직 VBM을 이용한 연구의 수는 제한적이나, 연구 결과들은 전반적으로 전두-선조체 회로(fronto-striatal circuit)와 두정엽 영역의 네트워크와 관련된 영역들의 회색질 감소를 보고하고 있다. 추가적으로 언어 능력과 관련된 측두엽 회색질의 감소도 보고되었다(Boddaert et al., 2004; McAlonan et al., 2005). McAlonan 등(2005)은 정상 지능을 가진 17명의 자폐증 환아와 같은 나이대의 17명의 대조군을 비교했을 때 전두-선조체 회로와 두정엽의 회색질 감소 및 소뇌, 왼쪽 속섬유막(internal capsule), 뇌활(fornix)의 백질 감소를 관찰하였다. 또한 자폐증 환아들은 유의하게 증가된 뇌척수액의 용적을 보였다. 이러한 소견은 자폐증의 증상 발현과 관련하여 변연-선조체의 '사회적' 뇌 시스템(limbic-striatal 'social' brain system)과 관련된 이상을 시사하는 소견이다. Boddaert 등(2004)도 21명의 자폐증 환자들을 대상으로 한 연구에서 위 측두 고랑(superior temporal sulcus)의 회색질 농도 감소 및 소뇌와 오른쪽 측두극(right temporal pole)의 백질 농도 감소를 보고하였다. 이 역시 자폐증에서 나타나는 사회적 기능의 저하가 측두엽의 구조적 이상에서 기인할 수 있음을 의미한다.

3) 확산텐서영상 연구

확산텐서영상(diffusion tensor imaging: DTI)은 최근 들어 주목받고 있는 새로운 뇌영상 기술 중 하나로, 조직 내 수분(water)의 확산 정도를 가시화하고 정량적으로 측정하기 위해 고안된 기법이다. 특히 수초화(myelination)된 백질 내부에 있는 물 분자들의 움직임이 축삭을 따라 방향성을 형성하기 때문에 물 분자의 확산 정도에 있어서 비등방성(anisotropy)이 발생하게 된다. 이러한 비등방성에 기초하여 DTI는 분할 비등방도(fractional anisotropy: FA)라는 지표를 이용해 백질 신경섬유의 구조적 연결성의 정도를 관찰할 수 있다.

FA값을 이용한 초기 연구에서 Barnea-Goraly 등(2004)은 7명의 고기능 자폐

중 환아를 대상으로 사회적인 지각과 관련된 방추 이랑(fusiform gyrus)과 측두엽, 마음이론(theory of mind)과 관련된 복내측 전전두 피질, 띠이랑, 측두엽, 편도체 등에서 낮은 FA값을 보인다는 것을 보고하였다. 이후 Alexander 등(2007)은 뇌 반구 간 연결에 중요한 뇌량의 백질에 주목하여 뇌량의 용적과 FA값이 자폐증 환자에서 모두 감소되어 있다는 사실을 밝혔다. 또한 정보 처리 속도의 저하가 확산 정도의 감소와 연관되어 있음을 보였는데, 이는 자폐증에서 나타나는 인지 기능의 저하가 뇌량의 미세 구조 이상과 관련 있음을 시사하는 소견이다. 10~35세의 다양한 연령대의 자폐증 환자들을 대상으로 하여 백질의 발달학적 변화를 관찰한 논문(Keller et al., 2007)에서도 뇌 내의 장거리 간 연결과 관련된 부챗살관(corona radiata)이나 반구 간 연결성을 시사하는 뇌량의 FA값이 저하되어 있는 결과가 관찰되었다. 최근에는 Sundaram 등(2008)도 유사한 결과를 보고하였다.

3. 결론 및 향후 연구 과제

뇌영상 기술의 발달로 자폐증의 신경생물학적인 원인을 규명하기 위한 연구에 많은 진전이 있어 왔다. 초기에는 주로 CT나 MRI를 이용해 뇌의 전체적인 구조적 이상과 함께 자폐증의 증상과 관련된 소뇌, 바닥핵, 띠이랑 등 부위의 이상에 초점이 맞추어져 왔다. 최근에는 DTI 방법론을 통한 여러 뇌 부위들 간의 연결성에 대한 연구들이 활발히 이루어지고 있다. 이러한 연구 결과들을 종합해 볼 때, 자폐증 환자들은 대뇌의 크기가 증가되어 있음에도 뇌 부위들 간에 효율적인 정보의 교류가 이루어지지 않고 이로 인해 인지 기능의 저하가 나타날 수 있음을 가정해 볼 수 있다. 특히 언어 기능 및 사회적인 기능과 관련된 부위들의 구조적 이상이 지속적으로 보고되고 있다는 사실은 시사하는 바가 크다고 하겠다.

현재로서는 뇌영상 연구 결과를 자폐증의 진단 목적으로 사용하기에는 증거가 부족하다고 할 수 있다. 하지만 다음 장에서 설명할 기능적 뇌영상 결과와 결합한다면 자폐증 환자의 뇌 이상을 보다 통합적으로 이해할 수 있을 것이다. 또한 최근 개발되고 있는 형태 분석(shape analysis)이나 뇌 피질의 두께(cortical thickness)를 측정하는 기법들을 통해 더 미세 구조적인 수준의 이상을 이해하기 위한 노력들이 이루어지고 있다. 따라서 향후 자폐증의 뇌영상 연구는 다양한 방법론을 통합하여 전체적인 의미를 해석하는 방향으로 나아가야 할 것이다.

참 고 문 헌

이정섭, 강민희, 홍강의. 자폐적 장애 및 발달적 언어장애 환아에서 자기공명영상을 이용한 뇌량, 시상, 소뇌 및 뇌교에 대한 구조적인 예비연구. 신경정신의학 1999;38:219-226.

Adolphs R. The neurobiology of social cognition. *Curr Opin Neurobiol* 2001;11:231-239.

Alexander AL, Lee JE, Lazar M, Boudos R, DuBray MB, Oakes TR, et al. Diffusion tensor imaging of the corpus callosum in Autism. *Neuroimage* 2007;34:61-73.

Allen G and Courchesne E. Differential effects of developmental cerebellar abnormality on cognitive and motor functions in the cerebellum: an fMRI study of autism. *Am J Psychiatry* 2003;160:262-273.

Aylward EH, Minshew NJ, Goldstein G, Honeycutt NA, Augustine AM, Yates KO, et al. MRI volumes of amygdala and hippocampus in non-mentally retarded autistic adolescents and adults. *Neurology* 1999;53:2145-2150.

Barnea-Goraly N, Kwon H, Menon V, Eliez S, Lotspeich L, and Reiss AL. White matter structure in autism: preliminary evidence from diffusion tensor imaging. *Biol Psychiatry* 2004;55:323-326.

Boddaert N, Chabane N, Gervais H, Good CD, Bourgeois M, Plumet MH, et al. Superior temporal sulcus anatomical abnormalities in childhood autism: a voxel-based morphometry MRI study. *Neuroimage* 2004;23:364-369.

Courchesne E, Saitoh O, Yeung-Courchesne R, Press GA, Lincoln AJ, Haas RH, et al. Abnormality of cerebellar vermian lobules VI and VII in patients with infantile autism: identification of hypoplastic and hyperplastic subgroups with MR imaging. *AJR Am J Roentgenol* 1994;162:123-130.

Courchesne E, Yeung-Courchesne R, Press GA, Hesselink JR, and Jernigan TL. Hypoplasia of cerebellar vermal lobules VI and VII in autism. *N Engl J Med* 1988;318:1349-1354.

Egaas B, Courchesne E, and Saitoh O. Reduced size of corpus callosum in autism. *Arch Neurol* 1995;52:794-801.

Hardan AY, Minshew NJ, and Keshavan MS. Corpus callosum size in autism. *Neurology* 2000;55:1033-1036.

Hashimoto T, Tayama M, Murakawa K, Yoshimoto T, Miyazaki M, Harada M, et al. Development of the brainstem and cerebellum in autistic patients. *J Autism Dev Disord* 1995;25:1-18.

Haznedar MM, Buchsbaum MS, Metzger M, Solimando A, SpiegelCohen J, and Hollander E. Anterior cingulate gyrus volume and glucose metabolism in autistic disorder. *Am J Psychiatry* 1997;154:1047-1050.

Herbert MR, Ziegler DA, Deutsch CK, O'Brien LM, Lange N, Bakardjiev A, et al. Dissociations of cerebral cortex, subcortical and cerebral white matter volumes in autistic boys. *Brain* 2003;126:1182-1192.

Howard MA, Cowell PE, Boucher J, Broks P, Mayes A, Farrant A, et al. Convergent neuroanatomical and behavioural evidence of an amygdala hypothesis of autism. *Neuroreport* 2000;11:2931-2935.

Keller TA, Kana RK, and Just MA. A developmental study of the structural integrity of white matter in autism. *Neuroreport* 2007;18:23-27.

Kleiman MD, Neff S, and Rosman NP. The brain in infantile autism: are posterior fossa structures abnormal? *Neurology* 1992;42:753-760.

Manes F, Piven J, Vrancic D, Nanclares V, Plebst C, and Starkstein SE. An MRI study of the corpus callosum and cerebellum in mentally retarded autistic individuals. *J Neuropsychiatry Clin Neurosci* 1999;11:470-474.

McAlonan GM, Cheung V, Cheung C, Suckling J, Lam GY, Tai KS, et al. Mapping the brain in autism. A voxel-based MRI study of volumetric differences and intercorrelations in autism. *Brain* 2005;128:268-276.

Pierce K, Muller RA, Ambrose J, Allen G, and Courchesne E. Face processing occurs outside the fusiform 'face area' in autism: evidence from functional MRI. *Brain* 2001;124:2059-2073.

Piven J, Nehme E, Simon J, Barta P, Pearlson G, and Folstein SE. Magnetic resonance imaging in autism: measurement of the cerebellum, pons, and fourth ventricle. *Biol Psychiatry* 1992;31:491-504.

Saitoh O, Courchesne E, Egaas B, Lincoln AJ, and Schreibman L. Cross-sectional area of the posterior hippocampus in autistic patients with cerebellar and corpus callosum abnormalities. *Neurology* 1995;45:317-324.

Schaefer GB, Thompson JN, Bodensteiner JB, McConnell JM, Kimberling WJ, Gay CT, et al. Hypoplasia of the cerebellar vermis in neurogenetic syndromes. *Ann Neurol* 1996;39:382-385.

Sears LL, Vest C, Mohamed S, Bailey J, Ranson BJ, and Piven J. An MRI study of the basal ganglia in autism. *Prog Neuropsychopharmacol Biol Psychiatry* 1999;23:613-624.

Sparks BF, Friedman SD, Shaw DW, Aylward EH, Echelard D, Artru AA, et al. Brain structural abnormalities in young children with autism spectrum disorder. *Neurology* 2002;59:184-192.

Stanfield AC, McIntosh AM, Spencer MD, Philip R, Gaur S, and Lawrie SM. Towards a neuroanatomy of autism: a systematic review and meta-analysis of structural magnetic resonance imaging studies. *Eur Psychiatry* 2008;23:289-299.

Sundaram SK, Kumar A, Makki MI, Behen ME, Chugani HT, and Chugani DC. Diffusion tensor imaging of frontal lobe in autism spectrum disorder. *Cereb Cortex* 2008;18:2659-2665.

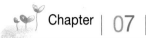

Chapter | 07 |

기능적 뇌영상 연구

1. 서 론

자폐장애의 진단 기준(DSM-IV)을 보면 증상들이 세 가지 범주로 나뉘어 있다. 첫째 범주는 사회적 상호작용의 손상이다. 여기에는 눈 맞춤이나 얼굴 표정 같은 비언어적 행동을 사용하는 데 있어서의 손상, 발달 단계에 적절하게 또래 관계를 맺는 데 있어서의 어려움, 감정적 상호작용의 부족 등이 포함된다. 둘째 범주는 의사소통의 손상이다. 여기에는 타인과 대화를 시작하거나 유지하는 능력의 손상뿐 아니라 발달 단계에 적절한 여러 가지 가장 놀이(make-believe play)나 모방 놀이(imitative play)의 부족 등도 포함된다. 셋째 범주는 제한적·반복적·상동적 양식의 행동, 관심, 활동이다. 여기에는 특정한 비기능적인 절차(routine)나 의식(ritual)에 융통성 없게 집착하는 것, 물건들의 부분에 완고하

홍순범, 김붕년, 조수철

게 집착하는 것 등이 포함된다. 이 장에서는 이러한 세 가지 범주 구분을 빌려와 그에 따른 자폐증의 기능적 뇌영상 연구들을 살펴보고자 한다.

2. 사회적 상호작용의 질적 손상

1) 마음이론

마음이론(theory of mind)은 누군가의 행동을 설명하거나 예측할 때 그 행동의 주체에게 독립적인 정신 상태가 있기 때문에 그런 행동이 나온다고 설명할 수 있는 능력을 말한다(Castelli et al., 2000). 인지신경과학(cognitive neuroscience)의 매우 활발한 연구 분야로 발전한 마음이론은 연구 초기부터 자폐증을 이해하는 데 중요한 도움을 줄 것으로 기대를 모았다(Baron-Cohen et al., 1985; Castelli et al., 2002).

많은 연구자가 자폐증의 특징으로 마음이론의 결손을 지적한다(Baron-Cohen et al., 1993; Frith et al., 1989). 자폐증이 있는 소아나 성인은 거짓 믿음 과제(false belief task)에서 저조한 수행을 보이며(Baron-Cohen et al., 1985) 그들이 보이는 사회성 장애는 타인의 생각과 감정을 떠올리지 못하는 데서 기인한다고 설명할 수 있다(Frith, 1989). 한편, Baron-Cohen 등(1985)은 마음이론에 관한 최초의 실험적 연구를 통해 자폐증 아이들, 정상 아이들, 다운 증후군 아이들을 비교했는데, 이 중 자폐증 아이들에서만 마음이론과 관련한 수행의 저하가 나타났다. 또한 자폐증을 가진 사람들의 많은 수는 지능이 낮지만 정상 지능이나 상위 지능에서도 자폐증이 발생할 수 있다(Volkmar, 2005). 이는 마음이론의 결손이 매우 특별하다는 것을 말해 준다(Frith et al., 1991). 즉, 지능 등 뇌의 다른 기능은 손상되지 않고 마음이론과 관련된 뇌 영역만 독립적으로 손상될 수 있음을 의미한다. 이는 마음이론의 장애가 뇌영상 연구 대상으로 적합할 가능성을 시사한다.

　자폐증의 마음이론에 관한 기능적 뇌영상 연구를 살펴보기 전에 정상인의 마음이론을 연구한 결과를 참고하는 것이 도움이 될 것이다. Fletcher 등(1995)은 정상 지원자들을 대상으로 여러 가지 스토리를 읽고 이해하도록 하면서 양전자 방출 단층촬영(PET)을 실시했다. 스토리들은 3종류로 구성된다. 첫째는 마음이론이 요구되는 스토리다. 둘째는 마음이론이 요구되지는 않지만, 즉 등장 인물들의 정신 상태를 고려할 필요는 없지만 사건들을 기억하고 연결시키고 각각의 문장들로부터 얻은 정보를 하나의 이야기 구조로 통합하는 능력이 요구되는 스토리다. 셋째는 문장들이 무작위로 구성되어 있어서 하나의 이야기 구조로 통합하는 능력이 요구되지는 않지만 적어도 글을 읽고 문장의 의미에 주목하는 등의 능력이 요구되는 스토리다. 매 스토리의 뒤에는 그 스토리가 요구하는 능력에 상응하는 질문이 이어졌다. 이 연구에서 사용되었던 스토리들의 예는 〈표 7-1〉과 같다.

표 7-1	마음이론 스토리의 종류들

마음이론 스토리

도둑이 상점을 털고는 달아나고 있다. 그가 집으로 뛰어가다가 장갑을 떨어뜨렸는데 그걸 순찰 중이던 경찰관이 목격했다. 그는 상대가 도둑이라는 사실을 모르며, 단지 상대가 장갑을 떨어뜨렸음을 알려 주고 싶을 뿐이다. 하지만 경찰관이 도둑에게 "이봐요! 멈춰!"라고 소리치자, 도둑은 경찰관 쪽으로 돌아보곤 자수한다. 양손을 위로 들고는 자신이 동네 상점에 침입했다고 시인한다.
질문: 도둑은 왜 그랬나?

전쟁 중에 빨강 군대는 파랑 군대의 병사 하나를 포로로 잡았다. 그들은 포로로 하여금 그의 탱크 부대의 위치를 말하게 하려고 한다. 그들은 그 탱크 부대가 바다 또는 산에 있다는 것까지는 이미 알고 있다. 또한 그들은 포로가 자기 부대를 구하기 위해 분명 거짓말을 하리란 것도 알고 있다. 그 포로는 매우 용감하고 똑똑해서 적군이 자신의 탱크 부대를 찾도록 내버려 두지 않을 것이다. 사실 탱크 부대는 산에 있다. 이제 적군이 그에게 탱크 부대의 위치를 묻자 그는 이렇게 대답한다. "그 부대는 산에 있다."
질문: 포로가 왜 그렇게 말했나?

물리적인 스토리

도둑이 보석 상점에 막 침입하려고 한다. 그는 상점 문의 자물쇠를 기술적으로 연다. 전자식 탐지 광선의 아래로 조심스럽게 기어간다. 광선을 건드리면 경보가 울릴 것이다. 조용히 저장실 문을 열고 반짝이는 보석들을 바라본다. 하지만 그가 손을 뻗을 때 무언가 부드러운 것을 밟는다. 그러자 어떤 날카로운 소리와 함께 무언가 작고 맹렬한 것이 그를 지나 상점 문 쪽으로 내달린다. 그 즉시 경보가 울린다.

질문: 왜 경보가 울렸나?

두 개의 군대가 오랜 세월 전쟁을 치르고 있다. 전력은 팽팽했다. 하지만 파랑 군대는 노랑 군대에 비해 보병이 강하다. 반면, 노랑 군대는 파랑 군대에 비해 공군이 강하다. 전쟁의 승패를 결정지을 최후의 전투가 치러지는 날에 산에는 짙은 안개가 끼어 있었다. 전투가 벌어질 장소에 군인들 바로 위로 안개가 낮게 깔려 있었던 것이다. 날이 저물 무렵에 파랑 군대가 승리했다.

질문: 왜 파랑 군대가 이겼나?

문장들이 연결되지 않는 스토리

네 형제는 여동생 스텔라에게 공간을 내어주기 위해 옆으로 비켜섰다. 질은 여러 차례 실험을 반복했다. 공항의 이름이 바뀌었다. 루이즈는 작은 기름 병의 마개를 땄다. 두 아이는 날마다 하던 산책을 포기해야 했다. 그녀는 그랜드 호텔의 스위트룸을 차지했다. 수술 뒤 벌써 20년이 지났다.

질문: 아이들은 산책을 갔나?

하루는 사이먼 삼촌이 알렉스를 방문했다. 공연의 전반부가 끝났다. 그는 편지를 치우고 손을 주머니 안에 찔러 넣었다. 그녀는 여전히 우산을 들고 있었다. 고양이들이 다시 소년에게로 달려갔다. 플로라가 광장 중앙으로 왔다. 작은 섬의 해안선은 바위투성이였다.

질문: 플로라는 광장으로 갔나?

이 연구 결과에서 마음이론이 요구되는 스토리를 읽을 때 활성이 증가하는 뇌 영역으로 왼쪽 내측 전두 이랑(left medial frontal gyrus)이 발견되었고 뒤쪽 띠이랑 피질(posterior cingulate cortex)의 일부도 포함되었다. 이들 영역은 마음이론 스토리를 읽을 때를 다른 2종류의 스토리 중 어느 쪽을 읽을 때와 비교해도 모두 활성이 증가하는 영역이었다. 마음이론 스토리를 읽을 때를 물리적인 스토리를 읽을 때와 비교하면 이들 영역 외에도 앞쪽 띠이랑 피질(anterior cingulate cortex)과 오른쪽 아래 두정엽(right inferior parietal lobe)의 활성이 증가했고, 마음이론 스토리를 읽을 때를 문장들이 연결되지 않는 스토리를 읽을 때와 비교하면 양쪽 측두극(left & right temporal pole)과 왼쪽 위 측두 이랑(left superior temporal gyrus)의 활성이 증가했다. 이 결과는 마음이론에 대해 기능적 뇌영상 연구를 시행한 최초의 성과 중 하나로서 이후 후속 연구를 통해 어느 뇌 영역의 활성 증가가 재현되었는지 살펴보면 흥미로울 것이다.

주목할 만한 후속 연구로서 Gallagher 등(2000)은 기능적 자기공명영상 (functional magnetic resonance imaging: fMRI)을 이용해 연구를 실시했는데, 정상 지원자들로 하여금 2종류의 마음이론 과제를 수행하도록 했다. 하나는 방금 소개한 스토리 이해 과제로 Fletcher 등(1995)이 이용한 것과 동일하다. 이에 더해 언어적 영역의 마음이론뿐 아니라 시각적 영역의 마음이론도 알아보기 위해 만화 과제를 도입했다. 연구에 적용한 방식은 기본적으로 스토리 과제의 경우와 같다. 즉, 장면을 이해하는 데 마음이론이 필요한 만화, 이해하는 데 마음이론이 필요하지 않은 만화, 그림들이 무작위로 뒤죽박죽 배열된 만화의 3종류를 피험자들에게 제시하며 fMRI 검사를 시행했다.

그 결과, 스토리 과제의 경우 마음이론을 발휘할 때 내측 전전두 이랑(medial prefrontal gyrus), 양쪽 측두-두정 경계(left & right temporo-parietal junction), 양쪽 측두극(left & right temporal pole)의 활성 증가가 관찰되었고, 만화 과제의 경우 마음이론을 발휘할 때 내측 전전두 이랑, 오른쪽 중간 전두 이랑(right middle frontal gyrus), 오른쪽 측두-두정 경계(right temporo-parietal junction), 설전부(precuneus), 방추(fusifrom)의 활성 증가가 관찰되었다. 이 연구는 마음이론에 대해 fMRI 기법을 적용한 초기 연구의 하나로 Fletcher 등(1995)이 보고한 것과 상당 부분 일치하는 결과를 보였으며, 특히 내측 전전두 피질(medial prefrontal cortex)이 마음이론 능력을 발휘하는 데 중요한 역할을 할 것이란 점을 확인해 주었다. 뿐만 아니라 이 영역은 언어적이든 시각적이든 과제 형식에 관계없이 그러한 역할을 하는 것으로 시사되었다.

이후 Frith와 Frith(2003)는 마음이론에 대한 일련의 기능적 뇌영상 연구 결과들을 종합하여 3개의 뇌 영역이 중요하게 관여한다고 정리하였다. 첫째로 다섯 가지 서로 다른 마음이론 과제를 이용한 9개의 연구 결과들(Berthoz et al., 2002; Brunet et al., 2000; Castelli et al., 2000; Ferstl & von Cramon, 2002; Fletcher et al.,

1995; Gallagher et al., 2000; Goel et al., 1995; Schultz et al., 2003; Vogeley et al., 2001)을 종합할 때 양쪽 측두극의 활성이 증가했으며, 특히 왼쪽 측두극의 활성이 더 컸다. 그런데 기존의 다른 연구 결과들을 보면 이 영역은 조리 있는 이야기를 논리에 맞지 않거나 연결이 되지 않는 이야기와 비교할 때 활성이 증가했다는 것이다(Fletcher et al., 1995). 또한 의미론적인 결정(semantic decision)을 내릴 때(예를 들면 '어느 쪽이 소에 더 가까운가? 말인가 곰인가?'와 같은 질문에 답할 때) 활성이 증가했다(Noppeney & Price, 2002a, 2002b; Vandenberghe, 1996). 그리고 자전적인 기억(autobiographical memory)을 인출하는 경우(Fink et al., 1996; Maguire et al., 1999, 2000), 단일 단어 인식 때 감정적인 맥락(emotional context)을 부수적으로 인출하는 경우(Maratos et al., 2001), 그리고 익숙한 얼굴, 장면, 목소리를 인식하는 경우(Nakamura et al., 2000, 2001)에도 이 영역의 활성이 증가했다. 따라서 저자들은 측두극 영역이 과거의 경험에 기초하여 당면 상황의 의미와 감정적인 맥락을 이해하는 데 관여하는 것으로 임시적인 결론을 내렸다. 일례로 레스토랑에 가면 우리는 우선 메뉴판을 받을 테고, 그런 다음 주문을 하고, 와인 시음을 할 테고, 그 밖의 것들을 경험에 의거해 기대하게 된다. 이런 능력은 당면 상황을 예측하는 데 큰 도움이 될 것이고 마음이론의 적용 방식에 대해서도 시사하는 바가 있다는 것이다. 참고로 의미론적 치매(semantic dementia) 환자들의 경우에도 앞쪽 측두엽, 특히 왼쪽이 위축(atrophy)을 보이며, 이러한 위축이 진행됨에 따라 이 환자들은 의미론적 맥락에 대한 지식을 잃어버리게 된다며 관련성을 언급했다.

둘째로 위에서 언급한 9개의 연구 결과들을 종합할 때 마음이론 과제는 측두-두정 경계가 모 이랑(angular gyrus)으로 뻗어 나아가는 부위인 뒤쪽 위 측두고랑(posterior superior temporal sulcus)의 활성을 증가시키며, 특히 오른쪽의 활성이 더 크다는 것을 알 수 있었다. 그런데 기존의 다른 연구 결과들을 보면 이 영역의 활성은 살아 있는 행위자(living agent)나 생물학적 움직임(biological motion)과 관련이 있다는 것이다(Allison et al., 2000; Campbell et al., 2001; Puce et al., 1998; Puce & Perrett, 2003). 하지만 한편으로 이 영역은 사람 얼굴이나 동물의 정지된 영상을 볼 때나 동물의 이름에 의해서도 활성이 증가(Chao et al., 1999)되는 것으로 보아, 뒤쪽 위 측두 고랑은 살아 있는 것의 행동을 관찰할 때뿐만 아니라 살아 있는 것의 행동에 관한 정보를 인출할 때에도 활성이 증가하는 듯하다. 뿐만 아니라 자극이 예상치 못하게 변화할 경우(Corbetta et al., 2000; Downar et al., 2000)나 예상할 수는 있으되 복잡한 움직임을 추적하는 학습 중(Maquet et al., 2003)에도 이 영역의 활성이 증가하는 것으로 보인다. 그리하여 저자들은 뒤쪽 위 측두 고랑은 살아 있는 것의 행동과 관련이 있을 뿐 아니라 살아 있는 것에서 비롯되지는 않았더라도 자극의 갑작스러운 변화나 복잡한 형태의 움직임과 관련이 있으리라고 정리하는 편이 신중할 것이라고 말한다. 다만 이런 류의 움직임이라면 살아 있는 것에서 비롯될 가능성이 월등히 높지 않겠느냐고 덧붙이고 있다.

셋째로 저자들은 마음이론 과제를 이용해 내측 전전두 피질의 활성 증가를 보고한 11개(위에서 언급한 9개 포함) 연구 결과를 기존의 다른 연구 결과들과 비교하였다. 그 가운데 몇 가지만 발췌하면, 우선 Petrovic과 Ingvar(2002)가 수행한 통증에 대한 연구를 꼽을 수 있다. 그들은 통증에 대한 우리의 지각이 통증 자극의 물리적 성질을 반영하는 부분과 그 자극에 대한 정신적 태도(mental attitude)를 반영하는 부분으로 구분된다고 주장했다. 그런데 그중 후자와 관련된 뇌 영역이 내측 전전두 피질과 일정 부분 겹친다는 것이다. 또한 저자들은 같은 영역이 미학적 판단(Zysset et al., 2002)이나 도덕적 판단(Greene et al., 2001)을 내릴 때에도 활성이 증가했다고 언급하였다. 아울러 이상을 비롯해 여러 개의 관련 연구 결과들을 종합할 때 내측 전전두 피질이 표상—그것이 통증이든, 감정적 반응이든, 어떤 믿음이나 소망이든—을 현실 세계로부터 분리시키는 역할을 할 것으로 유추했다. 통증에 대한 반응을 이해하기 위해서는 그 통증 자극이 얼마나 유해한가가 아니라 그 통증을 느끼는 당사자가 어떻게 느끼는가에 대한 표상을 떠올릴 수 있어야 한다. 그림에 대한 미학적 판단을 내릴 때에도 그 그림 자체가 갖고 있는 유쾌하거나 불쾌한 성질이 아니라 그것을 감상하는 당사자가 어떻게 느끼는지에 대한 표상을 떠올려야 하며, 여기에 내측 전전두 피질이 중요한 역할을 한다는 것이다. 저자들이 이러한 유추의 근거로 든 연구를 하나 더 언급하면 Bottini 등(1994)이 실시한 PET 연구가 있다. 그 연구 결과 은유적인 진술이 문자 그대로의 진술보다 내측 전전두 피질의 활성을 더 증가시켰으며, 이는 은유가 현실 자체를 전달하는 것이 아니라 현실에 대한 화자의 의도를 전달한다는 점에서 은유를 이해하는 데에는 표상을 현실 세계로부터 분리시키는 작업이 필요하다는 것이다.

　이상에서 살펴본 바와 같이 정상인의 마음이론을 연구한 결과들은 3개의 뇌영역, 즉 내측 전전두 피질, 뒤쪽 위 측두 고랑 그리고 측두극의 활성 증가를 지목하고 있다. 이런 배경 지식을 토대로 자폐증에 대한 연구를 살펴보면 이해하기 쉽다. Castelli 등(2002)은 두 개의 삼각형이 움직이는 애니메이션을 고기능 자폐증이나 아스퍼거 증후군이 있는 10명의 성인 및 10명의 정상인에게 제시하며 PET 연구를 시행했다. 그런데 이들 삼각형이 움직이는 방식은 서로의 생각과 감정을 고려해 상호작용하는 경우(꼬시기, 속이기 등), 목표 지향적으로 움직이되 주로 행동의 측면에서만 상호작용하는 경우(뒤쫓기, 싸우기 등), 무작위로 움직일 뿐 어떤 목표도 의도도 상호작용도 없는 경우의 세 가지로 나뉘었다. 그 결과, 정상 대조군은 두 개의 삼각형이 서로의 생각과 감정을 고려해 움직이는 애니메이션을 볼 때 마음이론과 관련된 대표적인 세 영역인 내측 전전두 피질, 위 측두 고랑 그리고 측두극의 활성 증가를 보임으로써 앞서 언급한 기존의 연구 결과들에 부응하였다. 이와 대조적으로 자폐증이 있는 군은 이들 세 영역 모두에서 대조군에 비해 낮은 활성을 보였으며, 참고로 선조외 피질(extrastriate cortex)의 활성은 두 군에서 차이가 없었다. 그리고 애니메이션 내용에 대한 설명을 요구하자, 자폐증이 있는 군은 두 개의 삼각형이 서로의 생각과 감정을 고려해 움직이는 애니메이션을 설명할 때에만 설명의 적절성이 대조군에 비해 낮았다. 이 연구는 정상인에서 이른바 마음이론 회로망(network)이라고 알려진 뇌영역들인 내측 전전두 피질, 뒤쪽 위 측두 고랑 그리고 측두극의 활성이 자폐증에서는 유의하게 감소한다는 결과를 보고한 대표적인 사례다(Williams & Minshew, 2007).

2) 시선 인식

자폐증이 타인의 시선을 처리(gaze processing)하는 능력에 손상이 있으리란 점에서 자폐증의 사회성 장애를 반영하는 중요한 지표 중 하나가 합동 주시 (joint attention) 능력의 저하라는 것은 어렵지 않게 짐작할 수 있다. 하지만 타인의 시선을 처리하는 작업의 이면에 존재하는 신경학적 기제를 살펴보기에 앞서, 이 작업이 자폐증에서 어떤 식으로 손상되어 있는지 행동학적 특징을 좀 더 짚고 넘어가기로 하자. Baron-Cohen 등(1993)은 서로 다른 네 가지 사탕 중 하나를 바라보는 만화 얼굴들을 아이들에게 제시하면서 만화 얼굴이 어느 사탕을 가장 좋아하는지 물었다. 정상 아이들과 지적장애가 있는 아이들은 만화 얼굴의 시선으로부터 정신적 의미를 유추하여 만화 얼굴이 바라보는 사탕을 질문에 대한 답으로 지목했다. 반면, 자폐증 아이들이 그렇게 지목하는 비율은 유의하게 낮았다. 다른 실험에서는 아이들에게 그들을 향해 바라보거나 그 반대 방향으로 바라보는 얼굴 사진들을 제시하고는 어느 얼굴이 그들을 보고 있느냐고 물었다. 이 경우에는 자폐증 아이들이나 정상 아이들, 지적장애 아이들 모두 대답에 차이가 없었다. 따라서 자폐증 아이들이 어려움을 겪는 작업은 시선의 방향을 지각하는 일이기보다 그로부터 타인의 정신 상태를 추측하는 일이다.

위 내용은 자폐증에서 시선을 처리하는 능력에 대해 fMRI 연구를 실시한 Pelphrey 등(2005)의 논문에서 발췌한 것이다. 위와 같은 행동학적 배경 지식을 토대로 이 연구자들은 사람 얼굴 애니메이션을 제작했다. 이 애니메이션이 처음 피험자들에게 제시될 때에는 얼굴 속 눈동자가 정면을 바라보고 있으며 얼굴의 양옆으로 각각 3개씩 총 6개의 빈 공간(좌우로 눈 높이에 있는 공간, 좌우로 눈보다 높이 있는 공간, 좌우로 눈보다 아래 있는 공간)이 있다. 다음 순간에 이들 6개의 공간 중 하나에 깜박이 표시가 등장하고, 그다음 순간에는 얼굴 속 눈동자가 움직인다. 이때 경우의 수는 두 가지다. 즉, 눈동자가 그 깜박이 표시를 향해 움직이는 경우와 깜박이 표시가 등장하지 않은 나머지 5개의 빈 공간 중 하나를 향해 움직이는 경우다. 그리고 저자들에 따르면 전자는 눈동자가 피험자의 기대에 부응하는 방향으로 움직인 것이고, 후자는 기대에 위배되는 방향으로 움직인 것이다. 이 두 경우를 fMRI 검사로 비교한 결과, 정상 대조군에서는 위 측두 고랑 부위에서 활성의 차이를 보였다. 즉, 애니메이션의 눈동자가 기대에 위배되는 방향으로 움직이는 걸 볼 때가 위 측두 고랑 부위의 활성이 더 컸던 것이다. 하지만 고기능 자폐증이 있는 군에서는 눈동자가 기대에 위배되는 방향으로 움직이는 걸 볼 때나 기대에 부응하는 방향으로 움직이는 걸 볼 때나 위 측두 고랑 부위의 활성에 차이가 없었다. 이 연구 결과는 자폐증을 가진 사람들이 타인의 시선을 처리하는 데 있어 보이는 어려움이 위 측두 고랑 영역의 기능 결손과 관련이 있으리란 점을 시사한다.

3) 얼굴 인식

Schultz 등(2000)은 고기능 자폐증이나 아스퍼거 증후군이 있는 14명과 정상 대조군을 대상으로 지각적 분별 과제(perceptual discrimination task)를 수행하게 하면서 fMRI 연구를 실시했다. 한 쌍의 얼굴 또는 물건 또는 무늬를 나란히 제시하면서 둘이 서로 같은지 다른지 판단하도록 한 것이다. 그 결과, 대조군에서는 얼굴을 분별할 때 방추 이랑(fusiform gyrus)의 활성이 증가했고 물건을 분별할 때는 아래 측두 이랑(inferior temporal gyrus)의 활성이 증가했다. 반면, 자폐증이 있는 군은 얼굴을 분별할 때 방추 이랑의 활성이 증가하지 않고 대신 아래 측두 이랑의 활성이 증가했다. 따라서 저자들은 자폐증이 있는 사람들은 얼굴을 인식할 때 정상인들이 물건을 인식하는 것과 유사한 방식으로 접근한다고 결론을 내렸다.

이 연구 결과가 자폐증이 있는 사람들이 타인의 얼굴을 처리(face processing)하는 기제에 대해 매우 깔끔한 결론을 제공하고 있기는 하지만, 안타깝게도 이는 후속 연구를 통해 일관되게 재현되지 않았다. 일례로 Pierce 등(2001)은 6명의 자폐증 성인과 8명의 정상인을 대상으로 얼굴을 분별할 때와 모양을 분별할 때의 fMRI 검사를 비교하였다. 그 결과, 정상 대조군은 얼굴을 인식할 때 방추 이랑, 위 측두 고랑, 편도(amygdala)의 활성이 증가한 반면, 자폐증이 있는 군에서는 활성의 증가가 발견되지 않았다. 이는 아래 측두 이랑의 활성 증가를 관찰했던 Schultz 등(2000)의 연구 결과와 대비되는 것이다.

더 나아가 Hadjikhani 등(2004)은 자폐증이 있는 사람들이 얼굴을 인식할 때에는 방추 이랑의 활성이 증가하지 않더라는 기존의 결과들에 대해서도 의문을 제기했다. 저자들은 자폐 스펙트럼 장애가 있는 11명의 성인과 10명의 정상 대조군에게 얼굴 자극, 물건 자극 그리고 무늬 자극을 제시하며 fMRI 검사를 시행했다. 그런데 선행 연구들과는 중요한 차이점이 있었다. 이 연구에서는 자극의 중앙 위치에 작은 빨간색 십자가를 넣고서 피험자들에게 그것을 계속 응시하라고 주문한 것이다. 또한 선행 연구들이 피험자들로 하여금 자극을 보면서 어떤 판단을 하도록 주문한 데 비해, 이 연구에서는 자극 중앙의 십자가를 그냥 수동적으로 바라보고 있으라고 주문했다. 이를 통해 얼굴 자극의 지엽적인 특징들 쪽으로 피험자들의 주의가 분산되는 것을 막으려 했다. 연구 결과, 자폐증이 있는 군에서건 정상 대조군에서건 얼굴 자극을 볼 때에는 방추 이랑의 외측 영역의 활성이 증가했다. 참고로 아래 측두 이랑(inferior temporal gyrus)의 활성 증가는 관찰되지 않았다. 또한 물건 자극을 볼 때에는 두 군 모두에서 방추 이랑의 내측 영역의 활성이 증가했다. 결론적으로 얼굴 자극을 보든 물건 자극을 보든 자폐증이 있는 사람들과 정상인의 뇌는 비슷한 활성 양상을 보였다.

같은 해에 발표된 Pierce 등(2004)의 연구도 유사한 아이디어에서 출발했다고 볼 수 있을 것이다. 그런데 연구 방법 면에서는 위의 Hadjikhani 등(2004)의 연구에 비해 훨씬 더 많은 노력이 투입되었을 것 같다. 7명의 자폐증 성인과 9명의 정상인을 대상으로 한 이 연구에서는 피험자들의 가족이나 친구들의 사진을 찍어 낯익은(familiar) 얼굴 자극 집합을 만들고, 또 피험자들이 모르는 지역사회 지원자들의 사진을 찍어 낯선(stranger) 얼굴 자극 집합을 만들었다. 그리고는 사진들을 차례로 제시하면서 피험자들로 하여금 화면 중앙을 응시하며 여성의 사진을 골라 내도록 주문했다. 그 결과, 낯익은 얼굴들을 볼 때 자폐증이 있는 사람들의 방추 이랑이 정상인들의 경우와 비슷하게 반응한다는 걸 발견했다. 이에 대해 저자들은 낯익은 얼굴 자극들이 자폐증 피험자들의 흥미와 의욕을 불러일으켜 그들의 주의력이 증가했기 때문일 것이라고 해석했다. 하지만 이 연구에서는 저자들이 애초에 기대했던 것과 달리 낯선 얼굴들을 볼 때에도 자폐증이 있는 사람들의 방추 이랑이 정상인들의 경우와 비슷한 활성을 보이는 것으로 나왔다. 이에 대해 저자들은 기존의 fMRI 연구들이 토막 설계(block design)를 이용했다면 이 연구는 사건 관련 설계(event-related design)를 이용했기 때문에 자폐증 피험자들로 하여금 다음에는 어떤 친숙한 얼굴이 나올까 계속 기대하게 만들었을 것이라고 설명했다. 이것은 결국 충분히 주의를 기울여 얼굴들을 바라본다면 자폐증에서도 정상인의 뇌에서와 비슷한 방추 이랑의 활성이 일어난다는 뜻으로 이해할 수 있다. 한편, 이 연구는 친숙한 얼굴을 볼 때 자폐증이 있는 사람이건 정상인이건 편도의 활성이 증가한다는 결과도 보고했다.

그렇긴 해도 자폐증의 방추 이랑이 얼굴을 처리하는 과정에서 활성이 증가하지 않더라는 결과는 많은 연구에서 재현된 것이 사실이다(Hall et al., 2003; Hubl et al., 2003; Pierce et al., 2001; Piggot et al., 2004; Schultz, 2005; Wang et al., 2004). 그러나 이 같은 결과는 방추 이랑 자체에서 일차적으로 기원한 것이 아니라 다른 이유 때문이었을 것이라고 Hadjikhani 등(2004), Pierce 등(2004)이 의문을 제기할 수 있었던 데에는 다음의 연구가 중요한 역할을 한 것으로 보인다. Klin 등(2002)은 15명의 자폐증 피험자와 15명의 대조군에게 에드워드 올비 원작의 1967년도 영화 〈누가 버지니아 울프를 두려워하랴〉의 몇몇 장면들을 보여주었다. 그러면서 눈의 궤도를 추적하는 기술(eye-tracking technology)을 적용해 피험자들의 시선이 화면 속 입, 눈, 몸, 물건에 머무른 시간을 조사하였다. 그 결과, 네 군데 각각에 시선이 머무른 시간이 자폐증군과 대조군 사이에 전부 유의한 차이를 보였다. 시선이 화면 속 눈에 머무른 시간은 자폐증에서 유의하게 감소했고 입, 몸, 물건에 머무른 시간은 자폐증에서 유의하게 증가한 것이다. 또한 사회성 기능 수준과의 상관관계도 보았는데, 시선이 화면 속 입에 머무른 시간이 길면 사회성이 양호했고 물건에 머무른 시간이 길면 그 반대였다.

이 연구가 Hadjikhani 등(2004), Pierce 등(2004)의 연구에 아이디어를 제공했

을지 몰라도, 눈의 궤도를 추적한 자료가 자폐증의 기능적 뇌영상 연구에 직접적으로 도입된 최초의 사례 중 하나는 Dalton 등(2005)이 시행한 연구다. 이 연구는 중립적인 얼굴과 감정적인 얼굴, 정면을 향하는 얼굴과 비스듬한 방향을 향하는 얼굴, 낯익은 얼굴과 낯선 얼굴 등 다양한 자극을 사용했고, 그 결과에 있어서도 대조군에서 더 큰 활성을 보인 뇌 영역과 자폐증군에서 더 큰 활성을 보인 뇌 영역을 보고하는 등 살펴볼 점이 많다. 그러나 가장 중요한 점은 역시 fMRI 검사를 시행하면서 피험자들의 시선이 사진 속 얼굴, 눈, 입에 머무른 시간을 측정했다는 점일 것이다. 그 결과, 자폐증이 있는 사람들의 방추 이랑 및 편도의 활성은 그들의 시선이 화면 속 눈에 머무른 시간과 정적 상관관계를 보인다는 자료를 얻었다. 이에 대한 저자들의 해석은 흥미롭다. 그들은 자폐증이 있는 사람이 타인의 눈을 보게 되면 편도를 포함하는 변연계 영역이 과민 반응을 보이고, 이는 사회성 자극에 부정적으로 예민한 셈이니 상대의 눈을 잘 쳐다보지 못하게 되며, 따라서 방추 이랑의 활성이 이차적으로 감소하는 것이라고 했다. 이로써 그들은 선행 연구 결과들의 불일치가 제기한 의문에 일정 부분 답을 하려고 시도했다.

그런데 끝을 맺기에 앞서 한 가지 덧붙일 사항이 있다. Pierce 등(2001)의 연구로 돌아가면, 저자들은 각각의 피험자들이 얼굴을 분별할 때 가장 큰 활성을 보이는 뇌 영역이 어디일까 개인별로도 알아봤다. 정상인 피험자들의 경우에는 다들 방추 이랑에서 가장 큰 활성을 보였다. 반면에 자폐증 피험자들의 경우에는 가장 큰 활성을 보이는 영역이 전두엽, 방추 이랑, 후두엽, 소뇌 등 다양했다. 따라서 저자들은 정상인들과 달리 자폐증이 있는 사람들은 개인마다 다른 신경체계를 이용해 얼굴을 바라볼 가능성이 있음을 언급했다.

4) 거울 뉴런계

공감(empathy)을 마음이론만으로 설명하려고 하면 무언가 부족한 느낌을 받는다. 그 이유는 아마 마음이론이 타인을 이해하는 방식은 타인과 그가 속해 있는 맥락을 감안하여 논리적-추론적으로 해석하는 인지적인 접근 방식인 데 비해, 공감에는 타인의 마음을 마치 나 자신이 직접 경험하듯이 내적으로 시뮬레이션하며 이해하는 측면(embodied simulation)이 포함되기 때문일 것이다 (Buccino & Amore, 2008; Gallese, 2007). 이에 대한 신경학적 실마리가 원숭이 (macaque monkey)의 뇌에서 발견되었다(Gallese et al., 1996). 어떤 목적 지향적 행동을 자신이 수행할 때와 그런 행동을 남이 수행하는 걸 관찰할 때에 모두 활동하는 일군의 뉴런들이 발견된 것이다. 그것들을 거울 뉴런(mirror neuron)이라 부른다.

거울 뉴런의 관점에서 자폐증의 사회성 장애를 살펴보기에 앞서 정상인을 대상으로 한 거울 뉴런 연구들에 대해 알아보자. 하지만 거울 뉴런을 발견하기 위해 원숭이에게 했던 실험을 인간에게 똑같이 적용할 수는 없었기에 기능적 뇌영상 연구가 중요한 비중을 차지하게 되었다. 정상인의 거울 뉴런에 대한 초기 fMRI 연구들(Buccino et al., 2001; Iacoboni et al., 1999)이 있지만, 여기에서는 Iacoboni 등(2005)이 23명의 정상 지원자들을 대상으로 3종류의 짧은 동영상을 보여 주며 fMRI 검사를 시행한 연구를 소개한다. 첫 번째 종류는 맥락 조건 (context condition) 동영상이다. 여기에는 찻주전자, 머그잔, 쿠키, 그리고 차에 타 마시거나 쿠키에 발라 먹을 수 있는 간단한 재료들이 놓여 있는 것이 보인다. 다만 이것들이 어떤 동영상에는 정갈하게 정돈되어 있고 어떤 동영상에는 어질러져 있어 이들 동영상은 서로 다른 맥락 조건을 피험자들에게 제시하게 된다. 즉, 정갈하게 정돈되어 있는 모습은 차를 마시기 전이라는 맥락을 나타내고, 어질러져 있는 모습은 차를 마신 후라는 맥락을 나타낸다. 두 번째 종류는 행동 조건(action condition) 동영상이다. 이것은 머그잔을 제외한 다른 사물들은 보이지 않고 사람 손이 등장하여 머그잔을 집어 올리는 모습을 보여 준다. 이때에도 머그잔 몸통을 손 전체로 움켜쥐는 방식과 머그잔 손잡이를 손가락으로 살짝 집는 방식의 서로 다른 영상이 피험자들에게 제시된다. 세 번째 종류는 의도 조건 (intention condition) 동영상이다. 이는 앞의 두 종류의 조건들을 합한 것이라고 이해할 수 있다. 여기에는 머그잔 주위로 찻주전자, 쿠키, 간단한 재료들이 다시 등장하며, 그 가운데 사람 손이 나타나 머그잔을 집어 올리게 된다. 따라서 차 마시기 전의 맥락에 손이 나타나 머그잔을 집어 올렸다면 그 사람의 의도는 차를 마시려는 것일 것이고, 차 마신 후의 맥락에 손이 나타나 머그잔을 집어 올렸다면 그 사람의 의도는 머그잔과 그 밖의 물건들을 깨끗이 치우려는 것일 것이다. 이것이 저자들의 아이디어였다. 이 같은 설정하에 fMRI 검사를 한 다음 행동 조건 때보다 의도 조건 때 활성이 더 증가한 뇌 영역과 맥락 조건 때보다 의도 조건 때 활성이 더 증가한 뇌 영역을 조사하였다. 그 결과, 두 가지 비교 모두에서 활성이 증가한 영역은 오른쪽 아래 전두 피질(right inferior frontal cortex)이었다. 그리고 각각의 비교를 따로 살펴보면, 행동 조건 때보다 의도 조건 때 활성이 더 증가한 뇌 영역으로는 아래 전두 피질 외에 시각 영역(visual area)이 있었다. 이는 찻주전자 등 다양한 물건들이 행동 조건 동영상에서는 없었고 의도 조건 동영상에서는 있었다는 사실로 설명 가능하다. 그리고 맥락 조건 때보다 의도 조건 때 활성이 더 증가한 뇌 영역으로는 아래 전두 피질 외에 아래 두정 소엽(inferior parietal lobule)과 위 측두 고랑이 있었다. 위 측두 고랑의 경우에는 앞에서도 언급했듯이 생물학적 움직임과의 관련성이 알려져 있다. 그래서 맥락 조건 때에는 사람 손이 등장하지 않았고 의도 조건 때에는 사람 손이 등장했다는 사실로 설명 가능하다. 원숭이의 뇌에서는 아래 두정 영역에 손으로 쥐는 (grasping) 행동에 대한 거울 뉴런이 속해 있다고 알려져 있으므로 아래 두정 소엽의 활성 증가 역시 손의 등장 여부를 반영하는 것으로 설명되었다.

Agnew 등(2007)의 개관을 참고할 때 정상인을 대상으로 fMRI나 PET 검사를 시행한 많은 거울 뉴런 연구들이 아래 전두 이랑을 공통적으로 지목하고 있다 (Grafton et al., 1996; Iacoboni et al., 1999, 2005; Rizzolatti et al., 1996a, 1996b). 또한 여러 연구들이 위 측두 고랑(Grezes et al., 2003; Rizzolatti et al., 1996a, 1996b)이나 두정엽(Grafton et al., 1996; Grezes et al., 2003; Iacoboni et al., 1999), 특히 아래 두정 소엽의 관련성을 보고했다(Rizzolatti & Craighero, 2004). 이들은 원숭이를 대상으로 한 거울 뉴런 연구들이 보고했던 부위들과도 유사하다(di Pellegrino et al., 1992; Jellema et al., 2000).

그런데 인간의 경우 거울 뉴런의 개념은 단지 어떤 목적 지향적 행동을 관찰할 때뿐만 아니라 감정적인 영역에까지 확대 적용될 수 있는 것으로 보인다(Carr et al., 2003; Pfeifer et al., 2008). 그래야 비로소 거울 뉴런이 인간의 공감 능력에 중요한 역할을 한다고 볼 수 있을 것이다. 더 구체적으로는 아래 전두 이랑이 가장 대표적인 영역이며, 흔히 아래 두정 소엽과 위 측두 고랑까지 포함되는 인간의 거울 뉴런 체계가 편도를 포함하는 변연계 영역과 섬(insula)의 도움을 받아 공감 능력을 만들어 낸다는 것이다(Blair, 2005; Carr et al., 2003; Keysers & Gazzola, 2006; Pfeifer et al., 2008). 일례로 Wicker 등(2003)은 14명의 건강한 지원자들을 대상으로 혐오(disgust)에 관한 fMRI 연구를 시행하였다. 연구자들은 먼저 연기학교에 다니는 배우들을 모집해 세 가지 냄새를 맡고 그때 느껴지는 감정을 자연스럽고도 분명하게 표현해 달라고 요구했다. 세 가지 냄새는 순수한 물의 냄새, 혐오스러운 향을 탄 물의 냄새, 기분 좋은 향을 탄 물의 냄새였다. 배우들이 감정을 표현하는 동안, 연구자들은 그 모습을 촬영하였다. 이 같은 사전 준비를 갖춘 후 연구자들은 건강한 피험자들에게 촬영된 영상을 보여 주면서 fMRI 검사를 하고 또 직접 혐오스럽거나 기분 좋은 향을 맡게 하면서 fMRI 검사를 하여 두 경우를 비교하였다. 그 결과, 혐오가 깃든 얼굴 표정을 관찰할 때와 직접 혐오를 느낄 때 모두 왼쪽 앞쪽 섬(left anterior insula)과 오른쪽 앞쪽 띠이랑 피질(right anterior cingulate cortex)의 활성이 증가했다.

정상인의 거울 뉴런에 관한 이 같은 연구 결과들을 배경 지식으로 갖고 있으면 자폐증의 거울 뉴런 연구를 살펴보는 일이 훨씬 수월하다. 이에 관한 대표적인 기능적 뇌영상 연구 중 하나로, Dapretto 등(2006)이 자폐 스펙트럼 장애가 있는 아이들 9명과 전형적인 발달을 보이는 아이들 10명을 대상으로 시행한 fMRI 연구를 꼽을 수 있다. 이 연구에서는 서로 다른 다섯 가지 감정(분노, 공포, 행복, 슬픔, 중립적인 감정)을 표현하는 80종류의 얼굴들을 자극으로 제시하였다. 피험자들은 이 얼굴들을 단순히 관찰하면서 fMRI 검사를 받기도 하고 직접 흉내 내면서 fMRI 검사를 받기도 했다. 그 결과, 우선 감정 표현을 흉내 낸 경우에 양 군을 비교하면 전형적인 발달을 보이는 아이들은 자폐 스펙트럼 장애가 있는 아이들에 비해 아래 전두 이랑, 섬, 편도 주위 영역 등에서 활성이 증가했다. 또한 감정 표현을 단순히 관찰한 경우에도 양 군을 비교하면 전형적인 발달을 보이는 아이들은 자폐 스펙트럼 장애가 있는 아이들에 비해 아래 전두 이랑의 활성이 증가했다. 그리고 저자들은 이 같은 결과가 자폐 스펙트럼 장애가 있는 아이들이 얼굴 자극에 집중하지 못했기 때문은 아닐 거라고 언급했다. 그 근거로 방추 이랑과 같이 얼굴을 처리하는 데 관여하는 영역들이 양 군 모두에서 분명한 활성을 보였다는 점을 들고 있다. 더 나아가 저자들은 자폐 스펙트럼 장애가 있는 아이들에게서 아래 전두 이랑의 활성 정도가 자폐증 진단면담지 개정판(Autism Diagnostic Interview-Revised: ADI-R), 자폐증 진단관찰 스케줄 일반용(Autism Diagnostic Observation Schedule-Generic: ADOS-G)의 사회성 하위 척도(social subscale) 점수와 부적 상관관계를 갖는다는 결과를 보여 주었다. 이를 통해 자폐 스펙트럼 장애의 중요한 특징 중 하나인 사회성 결손의 이면에는 거울 뉴런 체계의 이상이 잠재해 있을 것이라고 결론을 맺고 있다.

3. 의사소통의 질적 손상

1) 언어 처리

자폐증에 대한 많은 기능적 뇌영상 연구들이 그렇듯이, Just 등(2004a)이 수행한 자폐증에서의 언어 처리(language processing)에 관한 연구도 정상인을 대상으로 얻은 기존의 결과들로부터 출발하였다. 흔히 브로카 영역(Broca's area)이라 불리는 왼쪽 아래 전두 이랑은 정상인이 문장을 이해하는 데 있어서 단어 등 문장 구성 요소들 간의 관계를 파악(syntactic processing)하거나(Caplan et al., 1998; Friederici et al., 2000) 의미를 해석(semantic processing)하는(Fiez, 1997; Gabrieli et al., 1998) 것과 같은 통합적인 역할에 관여한다는 연구 결과들이 있었다. 반면, 흔히 베르니케 영역(Wernicke's area)이라 불리는 왼쪽 위 그리고 중간 측두 이랑은 어휘의 의미를 이해(lexical processing)하는(Howard et al., 1992) 역할에 관여한다는 것이다. 이 같은 연구 결과들을 토대로 Just 등(2004b)은 고기능 자폐증 피험자와 정상 대조군 피험자 각각 17명에게 문장 이해 과제를 제시하면서 fMRI 검사를 시행하였다. 그 결과, 자폐증 피험자들은 대조군에 비해 브로카 영역의 활성이 감소하고 베르니케 영역의 활성이 증가했다. 저자들은 이같은 결과가 자폐증 피험자들은 문장에 포함된 개개의 단어들을 처리하는 데 더집중하고 개개의 단어들이 갖는 의미를 조리 있게 통합하는 데 취약하다는 점을시사한다고 해석했다. 또한 이 연구에서는 여러 뇌 영역들의 활성이 변화하는시간적 경과(time series)를 조사하여 기능적 연결 정도(functional connectivity)를살펴보았다. 즉, 활성이 증가하는 시간이 서로 일치하는 뇌 영역들 간에는 기능적 연결의 정도가 높다고 보았다. 그 결과, 대조군에 비해 자폐증 피험자들에서는 더 낮은 기능적 연결의 정도가 관찰되었다. 이는 문장을 이해하는 데 있어 피질 회로망의 정보 통합 수준이 낮다는 것을 시사한다고 설명되었다.

Koshino 등(2005)은 고기능 자폐증이 있는 성인 14명과 대조군 14명을 대상으로 언어적인 작업기억(verbal working memory)에 관한 fMRI 연구를 시행하였다. 구체적으로 알파벳을 이용한 n 백 검사(n-back test)가 시행되었다. 그 결과, 배외측 전전두 피질의 경우 대조군에서는 좌우가 비등하게 활성이 증가한 데 비해, 자폐증 성인에서는 오른쪽은 대조군 수준으로 활성이 증가했으나 왼쪽은 활성의 증가가 적었다. 그리고 아래 두정엽의 경우에는 대조군에서는 왼쪽이 오른쪽보다 더 활성이 증가한 데 비해, 자폐증 성인에서는 대조군에서와 반대로 오른쪽이 왼쪽보다 활성이 더 증가했다. 결국 자폐증 성인에서는 상대적으로 왼쪽배외측 전전두 피질과 왼쪽 아래 두정엽의 활성 증가가 정상 성인에 비해 적었던 셈이다. 이는 자폐증 성인이 알파벳 자극을 비언어적인 방식으로 처리함을시사한다고 저자들은 설명했다. 즉, 정상적으로는 알파벳을 음운론적인 부호(phonological code)로 기억하는 데 비해, 자폐증에서는 알파벳의 이름을 부르는대신 알파벳의 모양을 시각적인 부호(visual-graphical code)로 기억할 가능성이있다는 것이다. 또한 자폐증 성인들은 대조군보다 아래 측두 영역과 후두 영역을 포함하는 뇌의 뒤쪽 영역에서 더 큰 활성 증가를 나타냈다. 저자들은 이 역시 자극의 시각적 특징에 더 초점을 맞춰 정보를 처리했음을 시사한다고 언급했다. 정리하자면, 정상인은 알파벳의 이름을 암송하는 언어적인 방식으로 과제를 처리하는 데 비해 자폐증이 있는 사람들은 시각적인 자극으로 알파벳을 취급한다는 것이다. 또한 이 연구에서도 서로 함께 작동하는 뇌 영역들은 각각이 반응하는 시간적 경과가 비슷하리란 가정 아래 기능적 연결 정도를 조사하였다. 그 결과, 전전두 영역이 자폐증에서는 오른쪽 두정 영역과 더 관련되어 있고, 정상인에서는 왼쪽 두정 영역과 더 관련되어 있는 것으로 나타났다.

Kana 등(2006)의 연구 결과도 비슷한 맥락에서 이해할 수 있다. 이 연구에서는 12명의 고기능 자폐증 성인과 13명의 대조군 피험자에게 여러 문장들을 하나씩 보여 주면서 참인지 거짓인지 판단하도록 하고 fMRI 검사를 시행하였다. 문장들은 그 뜻을 이해하기 위해 심상을 떠올릴 필요가 없는 문장들(low-imagery sentences)과 그 뜻을 이해하기 위해 심상을 떠올릴 필요가 있는 문장들(high-imagery sentences)의 2종류였다. 이 연구에서 사용되었던 문장들의 예는 다음과 같다.

- 저심상 문장(low-imagery sentence, 참): 덧셈, 뺄셈, 곱셈은 수학 기술이다.
- 저심상 문장(low-imagery sentence, 거짓): 동물과 광물은 살아 있고 식물은 그렇지 않다.
- 고심상 문장(high-imagery sentence, 참): 숫자 8을 90° 회전시키면 안경과 비슷해진다.
- 고심상 문장(high-imagery sentence, 거짓): 오렌지, 파인애플, 코코넛의 모양은 세모다.

연구 결과, 대조군에서는 2종류의 문장을 처리할 때 활성이 증가하는 뇌 영역이 다른 것으로 나타났다. 고심상 문장을 처리할 때에는 저심상 문장을 처리할 때에 비해 두정엽 속 고랑을 비롯해 시각적 심상에 관여한다고 알려진(Just et al., 2004b) 뇌 영역들의 활성이 증가하였다. 대조군에서 보인 이 같은 결과와는 대조적으로, 자폐증 성인들은 고심상 문장을 처리할 때나 저심상 문장을 처리할 때나 뇌 영역의 활성에 별다른 차이가 없었다. 이는 그들이 2종류의 문장을 비슷한 방식으로 처리한다는 뜻이다. 저자들은 자폐증에서는 저심상 문장을 처리할 때에도 고심상 문장을 처리할 때와 마찬가지로 심상을 동원해 그 뜻을 이해한다고 설명했다.

2) 소리 처리

Gervais 등(2004)은 5명의 자폐증 성인과 8명의 대조군에게 음성(voice) 및 비음성(non-voice) 소리를 들려주면서 fMRI 검사를 시행했다. 그 결과, 비음성 소리를 듣는 상황에서는 자폐증과 대조군의 뇌영상에 차이가 없었다. 이는 자폐증에서도 비음성 소리에 대한 처리는 정상적으로 이루어진다는 걸 시사한다. 하지만 음성 소리를 듣는 상황에서는 결과가 달랐다. 대조군에서 음성 소리를 듣는 상황과 비음성 소리를 듣는 상황을 비교해 보면, 음성 소리를 듣는 경우에 양쪽 위 측두 고랑의 활성이 유의하게 더 컸다. 반면, 자폐증에서 동일한 비교를 해 보면 음성 소리를 듣는 상황과 비음성 소리를 듣는 상황 간에 뇌 활성의 차이가 없었다. 참고로 기존의 연구 결과 양쪽 위 측두 고랑에는 음성에 선택적으로 반응을 보이는(voice-selective) 영역이 존재한다고 한다(Belin et al., 2000). 이상을 토대로 저자들은 비정상적인 음성 처리 방식이 자폐증의 사회성 장애에 기여하는 바가 있을 것이라고 결론 내리고 있다.

3) 좌뇌 우세성 감소

자폐증에서 왼쪽 반구의 이상을 보고한 기능적 뇌영상 연구들이 있었다(Volkmar, 2007). Chiron 등(1995)은 18명의 자폐증 소아·청소년과 10명의 대조군을 대상으로 단일 양자방출 전산화 단층촬영(single photon emission computed tomography: SPECT) 연구를 하였다. 대조군에서는 왼쪽 반구의 국소 대뇌 혈류(regional cerebral blood flow: rCBF)가 오른쪽의 값보다 크지만 자폐증에서는 왼쪽 반구의 국소 대뇌 혈류가 감소하여 오른쪽의 값이 더 크게 측정된다는 결과가 보고되었다. 이후 Muller 등(1999)은 5명의 자폐증 성인과 5명의 대조군을 대상으로, Boddaert 등(2003)은 5명의 자폐증 성인과 8명의 대조군을 대상으로, 또 Boddaert 등(2004)은 11명의 자폐증 소아와 6명의 정신지체 소아 대조군을 대상으로 PET 연구를 시행하였다. 공통적으로 자폐증에서는 언어적인 소리를 들을 때 왼쪽 반구의 언어 관련 영역들 활성이 대조군에 비해 덜 증가한다는 결과가 보고되었다.

4. 제한적 · 반복적 · 상동적 양식의 행동, 관심, 활동

상동 행동은 실행 기능(executive function)의 결손, 특히 억제 통제(inhibitory control) 및 인지 유연성(cognitive flexibility)의 결손과 관련지어 설명되기도 한다(Verhoeven et al., 2009). 여기에서는 대표적으로 다양한 실행 기능 과제를 이용한 Schmitz 등(2006)의 연구를 살펴보겠다. 그들은 자폐 스펙트럼 장애가 있는 10명의 성인과 건강한 대조군 12명을 대상으로 운동 반응 억제(motor response inhibition) 능력을 보는 과제(GO/NO-GO task), 인지 간섭 억제(cognitive interference inhibition) 능력을 보는 과제(spatial motor STROOP task), 그리고 반응 준비 경향의 이동(set shifting) 능력을 보는 과제(SWITCH task)를 수행하도록 하면서 fMRI 검사를 시행했다. 그 결과, 양 군은 과제 수행 능력 면에서는 차이를 보이지 않았다. 그러나 대조군에 비해 자폐증이 있는 사람들은 첫째, 운동 반응 억제 능력을 보는 과제를 수행할 때 왼쪽 아래 및 안와 전두 피질의 활성이 더 컸다. 둘째, 인지 간섭 억제 능력을 보는 과제를 수행할 때에는 왼쪽 섬의 활성이 더 컸다. 셋째, 반응 준비 경향의 이동 능력을 보는 과제를 수행할 때에는 두정엽의 활성이 더 컸다. 연구자들은 이러한 활성 증가의 원인으로 신경 회로망의 동원이 자폐증에서 비효율적으로 이루어지기 때문일 수 있다고 언급했다. 뿐만 아니라 그들은 구조적 뇌영상 연구도 함께 시행했는데, 자폐증이 있는 사람들의 전두엽 영역에서 회색질 밀도의 증가가 발견되었고 그 해부학적 위치가 기능적 뇌영상 연구 결과 활성이 증가했던 부위와 일치했다.

이 연구 외에도 자폐증의 실행 기능 결손을 보고한 기능적 뇌영상 연구들(Greene et al., 2008; Just et al., 2007)에서는 주로 반응 억제(Kana et al., 2007; Schmitz et al., 2006), 반응 준비 경향의 이동(Schmitz et al., 2006), 그리고 작업기억(Luna et al., 2002; Silk et al., 2006)에 대한 결과들이 보고되어 왔다. 그러나 실행 기능의 결손이 다른 질환과 구분되는 자폐증에 특이적인 양상이라고 보기는 어려울 듯하다. 또한 이것이 자폐증에서 나타나는 제한적·반복적·상동적 양식의 행동, 관심, 활동과 관련이 있는지에 대해서도 연구가 더 필요하다.

참 고 문 헌

Agnew ZK, Bhakoo KK, and Puri BK. The human mirror system: a motor resonance theory of mind-reading. *Brain Res Rev* 2007;54:286-293.

Allison T, Puce A, and McCarthy G. Social perception from visual cues: role of the STS region. *Trends Cogn Sci* 2000;4:267-278.

Baron-Cohen S, Leslie AM, and Frith U. Does the autistic child have a "theory of mind"? *Cognition* 1985;21:37-46.

Baron-Cohen S, Tager-Flusberg H, and Cohen DJ. *Understanding other minds: perspectives from autism*. Oxford; New York: Oxford University Press, 1993.

Belin P, Zatorre RJ, Lafaille P, Ahad P, and Pike B. Voice-selective areas in human auditory cortex. *Nature* 2000;403:309-312.

Berthoz S, Armony JL, Blair RJ, and Dolan RJ. An fMRI study of intentional and unintentional (embarrassing) violations of social norms. *Brain* 2002;125:1696-1708.

Blair RJ. Responding to the emotions of others: dissociating forms of empathy through the study of typical and psychiatric populations. *Conscious Cogn* 2005;14:698–718.

Boddaert N, Belin P, Chabane N, Poline JB, Barthelemy C, Mouren-Simeoni MC, et al. Perception of complex sounds: abnormal pattern of cortical activation in autism. *Am J Psychiatry* 2003;160:2057–2060.

Boddaert N, Chabane N, Belin P, Bourgeois M, Royer V, Barthelemy C, et al. Perception of complex sounds in autism: abnormal auditory cortical processing in children. *Am J Psychiatry* 2004;161:2117–2120.

Bottini G, Corcoran R, Sterzi R, Paulesu E, Schenone P, Scarpa P, et al. The role of the right hemisphere in the interpretation of figurative aspects of language. A positron emission tomography activation study. *Brain* 1994;117(Pt 6):1241–1253.

Brunet E, Sarfati Y, Hardy-Bayle MC, and Decety J. A PET investigation of the attribution of intentions with a nonverbal task. *Neuroimage* 2000;11:157–166.

Buccino G and Amore M. Mirror neurons and the understanding of behavioural symptoms in psychiatric disorders. *Curr Opin Psychiatry* 2008;21:281–285.

Buccino G, Binkofski F, Fink GR, Fadiga L, Fogassi L, Gallese V, et al. Action observation activates premotor and parietal areas in a somatotopic manner: an fMRI study. *Eur J Neurosci* 2001;13:400–404.

Campbell R, MacSweeney M, Surguladze S, Calvert G, McGuire P, Suckling J, et al. Cortical substrates for the perception of face actions: an fMRI study of the specificity of activation for seen speech and for meaningless lower-face acts (gurning). *Brain Res Cogn Brain Res* 2001;12:233–243.

Caplan D, Alpert N, and Waters G. Effects of syntactic structure and propositional number on patterns of regional cerebral blood flow. *J Cogn Neurosci* 1998;10:541–552.

Carr L, Iacoboni M, Dubeau MC, Mazziotta JC, and Lenzi GL. Neural mechanisms of empathy in humans: a relay from neural systems for imitation to limbic areas. *Proc Natl Acad Sci USA* 2003;100:5497–5502.

Castelli F, Frith C, Happe F, and Frith U. Autism, Asperger syndrome and brain mechanisms for the attribution of mental states to animated shapes. *Brain* 2002;125:1839–1849.

Castelli F, Happe F, Frith U, and Frith C. Movement and mind: a functional imaging study of perception and interpretation of complex intentional movement patterns. *Neuroimage* 2000;12:314-325.

Chao LL, Haxby JV, and Martin A. Attribute-based neural substrates in temporal cortex for perceiving and knowing about objects. *Nat Neurosci* 1999;2:913-919.

Chiron C, Leboyer M, Leon F, Jambaque I, Nuttin C, and Syrota A. SPECT of the brain in childhood autism: evidence for a lack of normal hemispheric asymmetry. *Dev Med Child Neurol* 1995;37:849-860.

Corbetta M, Kincade JM, Ollinger JM, McAvoy MP, and Shulman GL. Voluntary orienting is dissociated from target detection in human posterior parietal cortex. *Nat Neurosci* 2000;3:292-297.

Dalton KM, Nacewicz BM, Johnstone T, Schaefer HS, Gernsbacher MA, Goldsmith HH, et al. Gaze fixation and the neural circuitry of face processing in autism. *Nat Neurosci* 2005;8:519-526.

Dapretto M, Davies MS, Pfeifer JH, Scott AA, Sigman M, Bookheimer SY, et al. Understanding emotions in others: mirror neuron dysfunction in children with autism spectrum disorders. *Nat Neurosci* 2006;9:28-30.

di Pellegrino G, Fadiga L, Fogassi L, Gallese V, and Rizzolatti G. Understanding motor events: a neurophysiological study. *Exp Brain Res* 1992;91:176-180.

Downar J, Crawley AP, Mikulis DJ, and Davis KD. A multimodal cortical network for the detection of changes in the sensory environment. *Nat Neurosci* 2000;3:277-283.

Ferstl EC and von Cramon DY. What does the frontomedian cortex contribute to language processing: coherence or theory of mind? *Neuroimage* 2002;17:1599-1612.

Fiez JA. Phonology, semantics, and the role of the left inferior prefrontal cortex. *Hum Brain Mapp* 1997;5:79-83.

Fink GR, Markowitsch HJ, Reinkemeier M, Bruckbauer T, Kessler J, and Heiss WD. Cerebral representation of one's own past: neural networks involved in autobiographical memory. *J Neurosci* 1996;16:4275-4282.

Fletcher PC, Happe F, Frith U, Baker SC, Dolan RJ, Frackowiak RS, et al. Other minds in the brain: a functional imaging study of "theory of mind" in story comprehension. *Cognition* 1995;57:109-128.

Friederici AD, Meyer M, and von Cramon DY. Auditory language comprehension: an event-related fMRI study on the processing of syntactic and lexical information.

Brain Lang 2000;74:289-300.

Frith U. *Autism: explaining the enigma*. Oxford, UK; Cambridge, MA, USA: Basil Blackwell, 1989.

Frith U, and Frith CD. Development and neurophysiology of mentalizing. *Philos Trans R Soc Lond B Biol Sci* 2003;358:459-473.

Frith U, Morton J, and Leslie AM. The cognitive basis of a biological disorder: autism. *Trends Neurosci* 1991;14:433-438.

Gabrieli JD, Poldrack RA, and Desmond JE. The role of left prefrontal cortex in language and memory. *Proc Natl Acad Sci USA* 1998;95:906-913.

Gallagher HL, Happe F, Brunswick N, Fletcher PC, Frith U, and Frith CD. Reading the mind in cartoons and stories: an fMRI study of 'theory of mind' in verbal and nonverbal tasks. *Neuropsychologia* 2000;38:11-21.

Gallese V. Before and below 'theory of mind': embodied simulation and the neural correlates of social cognition. *Philos Trans R Soc Lond B Biol Sci* 2007;362:659-669.

Gallese V, Fadiga L, Fogassi L, and Rizzolatti G. Action recognition in the premotor cortex. *Brain* 1996;119(Pt 2):593-609.

Gervais H, Belin P, Boddaert N, Leboyer M, Coez A, Sfaello I, et al. Abnormal cortical voice processing in autism. *Nat Neurosci* 2004;7:801-802.

Goel V, Grafman J, Sadato N, and Hallett M. Modeling other minds. *Neuroreport* 1995;6:1741-1746.

Grafton ST, Arbib MA, Fadiga L, and Rizzolatti G. Localization of grasp representations in humans by positron emission tomography, 2. Observation compared with imagination. *Exp Brain Res* 1996;112:103-111.

Greene CM, Braet W, Johnson KA, and Bellgrove MA. Imaging the genetics of executive function. *Biol Psychol* 2008;79:30-42.

Greene JD, Sommerville RB, Nystrom LE, Darley JM, and Cohen JD. An fMRI investigation of emotional engagement in moral judgment. *Science* 2001;293:2105-2108.

Grezes J, Armony JL, Rowe J, and Passingham RE. Activations related to "mirror" and "canonical" neurones in the human brain: an fMRI study. *Neuroimage* 2003;18:928-937.

Hadjikhani N, Joseph RM, Snyder J, Chabris CF, Clark J, Steele S, et al. Activation of the fusiform gyrus when individuals with autism spectrum disorder view faces. *Neuroimage* 2004;22:1141-1150.

Hall GB, Szechtman H, and Nahmias C. Enhanced salience and emotion recognition in Autism: a PET study. *Am J Psychiatry* 2003;160:1439-1441.

Howard D, Patterson K, Wise R, Brown WD, Friston K, Weiller C, et al. The cortical localization of the lexicons. Positron emission tomography evidence. *Brain* 1992;115(Pt 6):1769-1782.

Hubl D, Bolte S, Feineis-Matthews S, Lanfermann H, Federspiel A, Strik W, et al. Functional imbalance of visual pathways indicates alternative face processing strategies in autism. *Neurology* 2003;61:1232-1237.

Iacoboni M, Molnar-Szakacs I, Gallese V, Buccino G, Mazziotta JC, and Rizzolatti G. Grasping the intentions of others with one's own mirror neuron system. *PLoS Biol* 2005;3:e79.

Iacoboni M, Woods RP, Brass M, Bekkering H, Mazziotta JC, and Rizzolatti G. Cortical mechanisms of human imitation. *Science* 1999;286:2526-2528.

Jellema T, Baker CI, Wicker B, and Perrett DI. Neural representation for the perception of the intentionality of actions. *Brain Cogn* 2000;44:280-302.

Just MA, Cherkassky VL, Keller TA, Kana RK, and Minshew NJ. Functional and anatomical cortical underconnectivity in autism: evidence from an FMRI study of an executive function task and corpus callosum morphometry. *Cereb Cortex* 2007;17:951-961.

Just MA, Cherkassky VL, Keller TA, and Minshew NJ. Cortical activation and synchronization during sentence comprehension in high-functioning autism: evidence of underconnectivity. *Brain* 2004a;127:1811-1821.

Just MA, Newman SD, Keller TA, McEleney A, and Carpenter PA. Imagery in sentence comprehension: an fMRI study. *Neuroimage* 2004b;21:112-124.

Kana RK, Keller TA, Cherkassky VL, Minshew NJ, and Just MA. Sentence comprehension in autism: thinking in pictures with decreased functional connectivity. *Brain* 2006;129:2484-2493.

Kana RK, Keller TA, Minshew NJ, and Just MA. Inhibitory control in high-functioning autism: decreased activation and underconnectivity in inhibition networks. *Biol Psychiatry* 2007;62:198-206.

Keysers C and Gazzola V. Towards a unifying neural theory of social cognition. *Prog*

Brain Res 2006;156:379-401.

Klin A, Jones W, Schultz R, Volkmar F, and Cohen D. Visual fixation patterns during viewing of naturalistic social situations as predictors of social competence in individuals with autism. *Arch Gen Psychiatry* 2002;59:809-816.

Koshino H, Carpenter PA, Minshew NJ, Cherkassky VL, Keller TA, and Just MA. Functional connectivity in an fMRI working memory task in high-functioning autism. *Neuroimage* 2005;24:810-821.

Luna B, Minshew NJ, Garver KE, Lazar NA, Thulborn KR, Eddy WF, et al. Neocortical system abnormalities in autism: an fMRI study of spatial working memory. *Neurology* 2002;59:834-840.

Maguire EA and Mummery CJ. Differential modulation of a common memory retrieval network revealed by positron emission tomography. *Hippocampus* 1999;9:54-61.

Maguire EA, Mummery CJ, and Buchel C. Patterns of hippocampal-cortical interaction dissociate temporal lobe memory subsystems. *Hippocampus* 2000;10:475-482.

Maquet P, Schwartz S, Passingham R, and Frith C. Sleep-related consolidation of a visuomotor skill: brain mechanisms as assessed by functional magnetic resonance imaging. *J Neurosci* 2003;23:1432-1440.

Maratos EJ, Dolan RJ, Morris JS, Henson RN, and Rugg MD. Neural activity associated with episodic memory for emotional context. *Neuropsychologia* 2001;39:910-920.

Muller RA, Behen ME, Rothermel RD, Chugani DC, Muzik O, Mangner TJ, et al. Brain mapping of language and auditory perception in high-functioning autistic adults: a PET study. *J Autism Dev Disord* 1999;29:19-31.

Nakamura K, Kawashima R, Sato N, Nakamura A, Sugiura M, Kato T, et al. Functional delineation of the human occipito-temporal areas related to face and scene processing. A PET study. *Brain* 2000;123(Pt 9):1903-1912.

Nakamura K, Kawashima R, Sugiura M, Kato T, Nakamura A, Hatano K, et al. Neural substrates for recognition of familiar voices: a PET study. *Neuropsychologia* 2001;39:1047-1054.

Noppeney U and Price CJ. A PET study of stimulus—and task—induced semantic processing. *Neuroimage* 2002a;15:927-935.

Noppeney U and Price CJ. Retrieval of visual, auditory, and abstract semantics. *Neuroimage* 2002b;15:917-926.

Pelphrey KA, Morris JP, and McCarthy G. Neural basis of eye gaze processing deficits in autism. *Brain* 2005;128:1038-1048.

Petrovic P and Ingvar M. Imaging cognitive modulation of pain processing. *Pain* 2002;95:1-5.

Pfeifer JH, Iacoboni M, Mazziotta JC, and Dapretto M. Mirroring others' emotions relates to empathy and interpersonal competence in children. *Neuroimage* 2008;39:2076-2085.

Pierce K, Haist F, Sedaghat F, and Courchesne E. The brain response to personally familiar faces in autism: findings of fusiform activity and beyond. *Brain* 2004;127:2703-2716.

Pierce K, Muller RA, Ambrose J, Allen G, and Courchesne E. Face processing occurs outside the fusiform 'face area' in autism: evidence from functional MRI. *Brain* 2001;124:2059-2073.

Piggot J, Kwon H, Mobbs D, Blasey C, Lotspeich L, Menon V, et al. Emotional attribution in high-functioning individuals with autistic spectrum disorder: a functional imaging study. *J Am Acad Child Adolesc Psychiatry* 2004;43:473-480.

Puce A, Allison T, Bentin S, Gore JC, and McCarthy G. Temporal cortex activation in humans viewing eye and mouth movements. *J Neurosci* 1998;18:2188-2199.

Puce A and Perrett D. Electrophysiology and brain imaging of biological motion. *Philos Trans R Soc Lond B Biol Sci* 2003;358:435-445.

Rizzolatti G and Craighero L. The mirror-neuron system. *Annu Rev Neurosci* 2004;27:169-192.

Rizzolatti G, Fadiga L, Gallese V, and Fogassi L. Premotor cortex and the recognition of motor actions. *Brain Res Cogn Brain Res* 1996a;3:131-141.

Rizzolatti G, Fadiga L, Matelli M, Bettinardi V, Paulesu E, Perani D, et al. Localization of grasp representations in humans by PET: 1. Observation versus execution. *Exp Brain Res* 1996b;111:246-252.

Schmitz N, Rubia K, Daly E, Smith A, Williams S, and Murphy DG. Neural correlates of executive function in autistic spectrum disorders. *Biol Psychiatry* 2006;59:7-16.

Schultz RT. Developmental deficits in social perception in autism: the role of the amygdala and fusiform face area. *Int J Dev Neurosci* 2005;23:125-141.

Schultz RT, Gauthier I, Klin A, Fulbright RK, Anderson AW, Volkmar F, et al. Abnormal ventral temporal cortical activity during face discrimination among individuals with autism and Asperger syndrome. *Arch Gen Psychiatry* 2000;57:331-340.

Schultz RT, Grelotti DJ, Klin A, Kleinman J, Van der Gaag C, Marois R, et al. The role of the fusiform face area in social cognition: implications for the pathobiology of autism. *Philos Trans R Soc Lond B Biol Sci* 2003;358:415-427.

Silk TJ, Rinehart N, Bradshaw JL, Tonge B, Egan G, O'Boyle MW, et al. Visuospatial processing and the function of prefrontal-parietal networks in autism spectrum disorders: a functional MRI study. *Am J Psychiatry* 2006;163:1440-1443.

Vandenberghe R, Price C, Wise R, Josephs O, and Frackowiak RS. Functional anatomy of a common semantic system for words and pictures. *Nature* 1996;383:254-256.

Verhoeven JS, De Cock P, Lagae L, and Sunaert S. Neuroimaging of autism. *Neuroradiology* 2009.

Vogeley K, Bussfeld P, Newen A, Herrmann S, Happe F, Falkai P, et al. Mind reading: neural mechanisms of theory of mind and self-perspective. *Neuroimage* 2001;14:170-181.

Volkmar FR. *Handbook of autism and pervasive developmental disorders*. Hoboken, NJ: John Wiley & Sons, 2005.

Volkmar FR. *Autism and pervasive developmental disorders*. Cambridge; New York: Cambridge University Press, 2007.

Wang AT, Dapretto M, Hariri AR, Sigman M, and Bookheimer SY. Neural correlates of facial affect processing in children and adolescents with autism spectrum disorder. *J Am Acad Child Adolesc Psychiatry* 2004;43:481-490.

Wicker B, Keysers C, Plailly J, Royet JP, Gallese V, and Rizzolatti G. Both of us disgusted in My insula: the common neural basis of seeing and feeling disgust. *Neuron* 2003;40:655-664.

Williams DL and Minshew NJ. Understanding autism and related disorders: what has imaging taught us? *Neuroimaging Clin N Am* 2007;17:495-509, ix.

Zysset S, Huber O, Ferstl E, and von Cramon DY. The anterior frontomedian cortex and evaluative judgment: an fMRI study. *Neuroimage* 2002;15:983-991.

Chapter 08

의학적 상태

1. 자폐장애 환자의 의학적 상태 검사

1) 신체적 검사 및 신경학적 검사

자폐장애 환아의 의학적 상태 검사는 신체적 · 신경학적 검사 및 실험실 검사로 이루어진다.

자폐장애 환아의 두위는 정상 발달 아동의 것보다 크다고 알려져 있다. 일부 연구에서는 두위가 클수록 지능이 높아 두위와 지능 사이의 관련성이 있다고 보고하기도 하였다. 이러한 큰 두위는 출생 시에 바로 차이를 보이기보다는 초기와 중기 아동기에 나타나는 경향이 있었다. 그러나 성인 자폐장애의 사후 (postmortem) 연구에서는 자폐장애 환자의 두위 크기가 정상인들의 것과 큰 차

이정현, 채종희, 조수철

이가 없다고 보고되기도 했다. 자폐장애 환아의 두위가 큰 현상은 흔히 받아들여지고 있는 사실이지만, 이것이 큰 두위가 단독으로 자폐장애의 진단 기준이 될 수 있다는 의미는 아니다. 또한 일부 연구에서는 소두증(microcephaly)도 자폐장애에서 비교적 높은 유병률을 보인다고 보고하고 있다. 따라서 두위가 큰 것은 자폐장애에서 많이 관찰되는 특징 정도로 규정해야 할 것이다.

감각운동 기능의 장애 역시 자폐장애에서 흔히 나타나는 문제다. 특히 지능이 낮을수록 감각운동 기능의 장애가 더 심하다. 감각 추구(sensory seeking), 구강 민감성(oral sensitivity) 등 감각에 대해 집착하고 과도한 반응을 보이는 식으로 정상 아동과 다른 행동 양상은 자폐장애에서 매우 흔하게 관찰된다. 물체의 감각에 집착하거나 감각 자극에 대해 이상한 반응을 보이는 경우들이 많다. 이러한 감각 처리 능력의 장애는 자폐장애에서 42~88%로 매우 흔하다. 운동 실조는 정상 지능을 가진 자폐장애에서 약 30%, 지능장애를 가진 자폐장애에서 75%로 보고되었다. 흔히 관찰되는 운동 상동증은 자폐장애 환아의 40%에서 발생하는 것으로 알려져 있고, 지능이 낮은 경우 60% 이상으로 발생률이 더 높아지는 것이 관찰되었다. 이는 정상 아동의 발생률인 13%보다 매우 높다고 할 수 있다. 또한 손이나 손가락의 매너리즘적 행동이나 특이한 자세를 취하는 행동 양상도 학령 전 자폐장애 환아의 37~95%에서 보고되고 있다.

2) 청력검사

발달장애 중 수용성 언어장애를 보이는 모든 아이는 정확한 청력검사를 받아야 한다. 청력검사는 감별 진단을 위해 조기에 시행되어야 하고, 행동 청력검사(behavioral audiometric measure), 중이 기능(middle ear function) 검사, 전기생리 검사(electrophysiologic procedure) 등 종합적인 검사가 필요하다. 만약 청력검사가 적절하게 시행되기 어렵다면 뇌간 자극 반응(brainstem-evoked response)검사를 시행해야 한다(Filipek et al., 1999).

3) 납 농도 검사

발달 지연이 있는 아동들 중 오랜 기간 동안 구강 운동기에 머물러 있는 경우 납 중독의 위험이 높아진다. 이 아동들은 이식증(pica)의 유병률이 높기 때문에 반복적으로 납에 노출되기 쉽다(Shannon & Graef, 1996). 몇몇 연구들에서 납과 관련된 신경학적 증상들이 자폐장애와 연관성을 보인다고 보고하였다. 따라서 발달 지연을 보이거나 자폐장애의 위험이 있는 모든 아이는 이식증이 사라질 때까지 주기적으로 납 농도를 확인할 필요가 있다.

4) 취약 X 증후군 핵형검사 및 DNA 분석

핵형검사를 위한 새로운 핵유전학 방법들이 대두되면서 취약 X 증후군을 가진 자폐장애 환아들의 진단적 평가에 많이 사용되고 있다. 사회 기능의 이상은 취약 X 증후군의 주요 증상중 하나로, 이 질환을 갖고 있는 환자의 약 30%에서 자폐 스펙트럼 장애가 진단되고, 역으로 자폐장애 남아의 약 78%에서 이 질환의 염색체 이상이 발견된다.

5) 대사장애 검사

소변, 혈액, 뇌척수액을 통해 자폐장애 환아에게 다양한 생화학적 검사를 시행할 수 있다. 일부 연구에서 자폐장애가 선천적 대사장애와 병발한다는 보고들이 있었으며, 심한 발달장애 환아에서 대사장애를 선별하는 것은 의미가 있다(Steffenburg, 1991). 그러나 실제 자폐장애에서 확실한 대사장애를 가지고 있는 경우는 5% 미만 정도로 적은 편이다. 대부분의 대사장애 검사는 아직 질병 연구를 위한 도구에 그치는 경우가 많다. 대사장애 검사는 무기력, 주기적 구토, 조기 경련, 정신지체 등이 있는 경우 정도에 유용할 수 있다.

그러나 최근 미토콘드리아 장애에 대한 연구가 활발히 진행되고 있어 향후 젖산(lactate), 피루브산염(pyruvate), 암모니아(ammonia), 카르니틴(free and total carnitine) 등이 선별검사로 유용하게 될 가능성이 있다.

6) 뇌파검사

발달 퇴행을 보이는 환아의 경우 뇌파검사는 3단계와 4단계 수면까지 시행하는 것이 좋다고 알려져 있다. 일부 신경학자들은 모든 자폐장애 환아에게 수면 뇌파를 시행할 것을 권고하고 있으며, 자폐장애 환아에서 측두엽의 이상 뇌파가 관찰되었다고 보고하였다. 그러나 이러한 측두엽 이상이 나중에 경련으로 발전하거나 항경련제의 치료가 필요한지는 아직 불명확하다.

7) 뇌영상학적 검사

Filipek 등(1999)은 많은 연구에서 자폐장애의 국소적 뇌병변의 유병률이 특별히 더 높지는 않다고 보고하였다. 일부 연구는 아스퍼거 장애에서 대뇌의 구조적 이상을 보고하기도 했지만, 자폐장애에서 이러한 이상이 더 많이 발생하는지는 불명확하다. 자폐장애에서 CT나 MRI를 포함한 뇌영상학적 검사는 아직 일반적으로 시행되지는 않고 있다.

2. 자폐장애의 의학적 증상과 증후

1) 청력장애

많은 부모가 처음 자폐장애 환아의 이상한 행동들을 묘사할 때, '마치 귀가 먹은 아이처럼' 행동한다고 말하곤 한다. 사실상 대부분의 자폐장애 환아들은 정상적인 청력을 갖고 있다. 그러나 일부 환아들에서 실제 청력 감소가 동반되거나 청력 감소에 의해 자폐장애처럼 보이는 경우도 있다. Rosenhall 등(1999)은 199명의 자폐장애 환아들의 청력검사를 시행하여 전체의 약 3.5%에서 심각한 양측 청력 감소나 난청이 있음을 보고하였다. 이 연구를 통해 자폐장애 환자의 청력장애(hearing loss)의 유병률이 일반 인구에 비해 더 높고 정신지체에서와 비슷한 유병률을 가진다는 사실을 알 수 있다. 반면에 청각 과민(hyperacusis)역시 자폐장애의 20%에서 동반되는 흔한 증상 중 하나다.

임상의는 자폐장애 환아들의 청력장애 가능성에 대해 항상 주의 깊은 관찰을요한다. 의심이 되는 자폐장애 환자의 경우 청력 기능을 평가하고 적절한 치료를 받을 수 있도록 도와주는 것이 필요하다.

2) 식이 습관과 위장관계 문제

오래전부터 자폐장애는 식이 습관과 음식 선호도에서 특이한 양상을 보인다고 기술되었다. 이러한 문제들은 한때 진단적으로 중요한 역할을 할 것이라고생각되기도 하였지만 이러한 특이한 식이 습관과 자폐장애의 연관성에 대해 아직 충분한 연구가 되어 있지는 않다. Ahearn 등(2001)은 30명의 자폐장애 환아들을 대상으로 Munk와 Repp(1994)이 개발한 식이 문제 평가 방법을 이용하여식이 습관을 평가하였다. 평가에 참여한 환아들의 반 이상은 부모와 함께 살고있었고, 나머지는 지역사회 기관에서 살고 있었다. 그들은 모두 같은 교육과 치료를 받고 있었다. 이 연구에서 자폐장애 환아들의 절반 이상이 식사를 잘 하지않으려고 했고, 그중 13%는 모든 음식을 거부하는 모습을 보이기도 했다. 그러나 이 연구는 정상 대조군이 없었기 때문에 결과에 대해 조심스러운 해석이 필요할 것이다.

Field 등(2003)은 '음식의 타입'에 따른 선택성이 자폐장애 환아에서 더 높다고 제안하였다. 이 연구에서는 음식을 거부하는 것이나 구강운동 기능의 문제는다른 발달장애 환아에 비해 오히려 적었다.

자폐장애 환아에서 위장관계 장애를 많이 호소한다는 것은 오래전부터 알려져 왔지만 최근에 와서야 주목을 받고 있다. Lightdale 등(2001)은 500명의 자폐장애 환아를 대상으로 한 연구에서 50% 정도의 환아들이 다양한 위장관계 증상을 호소한다고 보고하였다. Fombonne(2003)는 자폐장애 환자의 19%가 위장관계 증상을 호소하고 그중 9%가 변비가 있음을 보고하였다. Afzal 등(2003)은 자폐장애 환아가 정상 대조군에 비해 심한 변비가 많고, 50% 이상이 심한 직장 불편감을 호소하는 것으로 관찰하였다. 이 연구에서 변비는 우유 섭취와 관련이 있는 것으로 나타났다. 그러나 Manning-Courtney 등(2003)은 ADOS-G로 진단된 137명의 자폐장애 환아들이 위장관계 증상과 자폐장애의 관련성이 없다고 보고하기도 했다.

위장관계 증상과 자폐장애의 관련성에 대해 치료적으로 접근하고자 했던 보고들도 있었다. Sandler 등(2000)은 10명 중 8명의 자폐장애 환아들이 항생제인 반코마이신 투약 후에 사회적 관계, 눈 맞춤, 퇴행 행동 등 자폐 증상의 단기적인 호전을 보였다는 것을 보고하였다. Sandler는 이 연구를 통해 설사 등과 같은 장내 균 감염이 자폐장애 환자의 퇴행 행동과 관련 있을 것이라고 주장하였다. 그러나 이 연구는 대조군이 없었다는 한계가 있다. Finegold 등(2002)은 자폐장애에서 장내 미세균총이 대조군에 비해 더 많이 발견되었다고 보고하였다. 반면, Taylor 등(2002)과 Loening-Baucke(1998)의 연구에서는 자폐장애에서 위장관계 증상이 일반 인구에 비해서 뚜렷이 높거나 관련성이 있지 않다고 보고하였다.

Wakefield 등(1998)은 10명의 자폐장애 환자에서 위장관계 장애, 발달 퇴행, MMR 백신 간의 관련성을 처음 보고하여 많은 관심을 받기도 하였다. 이러한 관련성은 이후에 많은 연구에서 여러 번 보고되기도 하였다.

Horvath 등(1998)은 위장관계 증상을 호소하는 자폐장애 환자가 호르몬 세크리틴(secretin) 투여 후에 자폐 증상의 극적인 호전을 보였다고 하였으나, 이후의 연구에서는 효과가 없거나 더 악화되는 증례가 보고되기도 하였다.

3) 면역 기능

감염과 관련된 몇몇 자폐장애 증례들을 통해 자폐장애의 발병이 면역 기능 (immune factor)과 관련 있을 가능성이 제기되기도 했다. 그러나 현재까지 연구 결과가 일관되지 않고 상반되는 결과들이 많아 아직 그 관련성은 확실하지 않다.

4) 수면장애

25년 전부터 자폐장애 환자에서 수면 문제가 인지되기 시작하였다. 특히 수면-각성 주기(sleep-wake cycle)의 이상이 가장 많이 알려져 있다. 그동안의 연구들에서 대다수의 자폐장애 환아들이 수면장애(sleep disturbance)를 보이고 종종 매우 심한 장애를 보이는 것으로 나타났다. 흔히 극단적인 수면 잠복기(extreme sleep latencies), 긴 야간 각성 상태(lengthy nighttime awakening), 짧은 야간 수면 (shortened night sleep), 새벽에 일찍 깨기(early morning wakening) 등의 증상을 보인다.

또한 자폐장애 환아들은 정상 아동들보다 특이한 잠자리 규칙을 요구하는 모습이 많이 관찰된다. 예를 들면, 부모에게 자는 동안 자신을 잡고 있으라고 하거나 잠들 때까지 옆을 떠나지 못하게 하는 것 등이다. 모든 가족이 같은 시간에 침대에 들어야만 한다고 주장하거나 커튼을 같은 위치에 두도록 반복적으로 요구하여 그것이 만족되지 못하면 분노발작을 일으키는 경우도 많다. Patzold 등 (1998)의 연구에서 자폐장애 환아들은 항상 자신들의 잠자리 규칙을 따르도록 고집하였는데, 이는 부모들이 느끼는 스트레스와 유의한 연관이 있었다. 또한 Schreck 등(2004)은 수면의 질이나 양이 전반적인 자폐장애 증상 정도를 예측할 만큼 중요하다는 보고를 하였다.

Diomedi 등(1999)은 성인 자폐장애 환자와 정상 대조군의 수면다원검사를 통해 자폐장애에서 급속 안구운동(rapid eye movement: REM) 수면의 감소, 산재된 각성(interspersed wakefulness)의 증가, 각성 횟수 증가, 수면 효율(sleep efficiency)의 감소가 더 뚜렷하다는 것을 보고했다. Elia 등(2000)은 전체 수면 시간이 자폐장애 환자의 경우 유의하게 감소하였다고 보고하였으며, 이 연구에서는 근육 수축(muscle twitch)의 증가가 자폐장애의 심리학적 지표들과 관련성을 보이기도 하였다. Thirumalai 등(2002)은 11명의 자폐장애 환자의 절반 정도에서 REM 수면 행동이 관찰되었다고 보고하였다. 그러나 일부 특정한 수면장애는 치료 약물에 의한 영향일 가능성도 있으므로 향후 추가적인 연구가 더 필요할 것이다.

3. 자폐장애와 관련된 특이 질병이나 증후군

1) 결절성 경화증

결절성 경화증(tuberous sclerosis complex)은 6,000명당 1명꼴로 발병하며, 뇌와 피부, 신장, 눈, 심장, 폐 등 다양한 기관에 양성 종양과 성장하지 않는 병변 등을 특징으로 한다. 초기에 흔히 자외선 우드 조명(ultraviolet wood light)을 이용하여 탈색 반점(depigmented macules)을 발견하는 것으로 진단하게 된다. 그러나 안면 혈관종(facial angioma), 허리 부위의 샤그린 반(shagreen patches) 등은 후기 아동기나 초기 청소년기에 발견되기도 한다. 결절성 경화증은 대뇌 피질에도 영향을 준다. 대뇌 피질의 신경 및 신경절에 거대 이소 세포(giant heterotropic cell)와 같은 조직학적 이상이 나타나고 뇌영상학적 병변이 관찰되기도 한다. 결절성 경화증의 임상 표현형은 매우 다양하게 발현되어, 경한 피부 병변부터 심한 지능장애까지 그 심각도의 범위가 넓다.

결절성 경화증은 우성 유전 질환으로 염색체 9q34의 TSC1과 염색체 16q13.3의 TSC2의 두 유전자 중 하나에서 돌연변이로 인해 발생하는 것으로 알려져 있다. 두 유전자가 임상적으로 같은 표현형에 관여하는지에 대해서는 혼돈이 있지만, 일반적으로 TSC1과 TSC2는 같은 특징을 보이는 것으로 여겨져 왔다. 그러나 최근의 연구에서 TSC1은 85~90%에서 가족적 경향을 보이는 반면, TSC2는 70% 정도에서 가족력 없이 돌발적으로 발병하는 것으로 보고되었다. 또한 Lewis 등(2004)은 TSC2의 돌연변이가 TSC1에 비해 낮은 지능과 자폐장애의 더 큰 위험 인자임을 보고하였다. TSC2가 낮은 지능에 미치는 위험도는 TSC1에 비해서 2.44배 정도 더 높았다. 따라서 TSC1은 상대적으로 가족적인 경향과 경한 표현형을 보이고, TSC2는 낮은 지능과 돌발적 발병의 표현형을 보이는 것으로 생각되고 있다.

그러나 TSC1과 TSC2의 유전자형이 자폐장애에서 어떤 영향을 미치는지는 아직 분명하지 않다. Kanner가 자폐아동에 대한 기술을 하기 전에 이미 결절성 경화증 환자에서 상동증, 언어의 특이성, 사회성 결여 등이 기술된 바 있다. 현재 결절성 경화증은 자폐장애와 강력한 연관성이 있는 것으로 알려져 있다. 실제 결절성 경화증 환자의 17~65%에서 TSC와 자폐장애가 동반되어 있었다. 이는 지능 저하보다 더 자주 관찰되었고, 자폐장애는 경련성 질환과 동반되는 경우가 많았다. 자폐장애에서 결절성 경화증 환자의 유병률은 0.4~4%였고, 경련성 질환이 동반될 경우 8~14%까지 증가하였다.

2) 취약 X 증후군

취약 X 증후군(fragile X syndrome)은 다운 증후군 다음으로 지능 저하의 가장 흔한 유전적 원인으로 알려져 있다. 취약 X 증후군은 거대 고환증, 귀 돌출, 중등도 이상의 정신지체를 동반하고, 대부분 FMR1 유전자 내의 사이토신(C)과 구아닌(G)의 불안정한 증폭으로 발생하는 것으로 알려져 있다. 유병률은 남아의 경우 1만 명당 2.4명, 여아의 경우 1만 명당 1.6명 정도로 보고되고 있으며, 보인자(premutation carrier)의 경우 남녀 각각 12.3명, 38.6명 정도로 알려져 있다.

취약 X 증후군은 다양한 신경심리학적 결함과 관련되어 있는 것으로 알려져 있다. Loesch 등(2003)의 보고에 따르면 취약 X 증후군 환자는 FMRP 결함이 인지 기능 및 수행 기능과 관련성이 있었다. 또한 Hagerman 등(2001)의 연구에서는 취약 X 증후군의 보인자에서도 단기기억 저하 등 인지 기능의 결함이 관찰되었다.

취약 X 증후군과 자폐장애의 관련성에 관한 초기 연구들은 주로 남아들을 대상으로 하였는데, 그들은 눈 맞춤을 잘 하지 못하였으며 언어 발달 지연, 보속증, 반향어, 자해 행동, 운동 상동증을 보였다. 자폐장애에서 취약 X 증후군의 유병률은 0~16% 정도였고, 반면에 취약 X 증후군을 가진 환자들에서 자폐장애 유병률은 5~60%로 더 높았다. 그중 정신지체를 보이는 취약 X 증후군 환자들이 자폐장애를 보이는 경우는 16~20% 정도였다. 자폐장애가 없는 취약 X 증후군 환아들은 다른 발달력이 정상 아동과 비슷했던 것에 반해, 자폐장애가 있는 취약 X 증후군 환자들은 발달 지연이 많이 관찰되었다. 이는 FMRP 유전자보다 자폐장애가 발달 지연과의 관련성이 더 크다는 것으로 생각할 수 있다.

그러나 취약 X 증후군이 자폐장애와 인과론적인 관계가 있거나 연관성이 있는지에 대해서는 아직 논란이 계속되고 있다. 취약 X 증후군에서 정신지체의 유병률이 높기 때문에 자폐장애가 많이 보고된다고 주장하는 사람들도 있기 때문이다.

3) 다운 증후군

다운 증후군(Down syndrome)은 지능 저하의 가장 흔한 유전적 원인으로 알려져 있다. 800명 중 1명 정도에서 발병하는데, 최근 산전 진단이 발달하면서 유병률은 출산아 1,000명당 1명 정도로 감소하고 있다.

1887년에 Down이 다운 증후군을 기술할 때 이 환자들이 특이한 행동들을 보이면서 자폐장애와 비슷한 증상을 보이는 것을 언급한 바 있다. 다운 증후군에서 자폐장애의 유병률은 0~16.7% 정도로 보고되고 있다. 자폐장애의 이환율이 많을 것이라는 일반적인 생각과 달리, 대규모 연구에서는 1~2% 정도로 비교적 낮은 유병률을 보고하기도 했다. Howlin 등(1995)은 다운 증후군 아동에서 자폐장애의 가능성을 주의 깊게 평가하는 것이 매우 중요하다고 강조하였다. 다운 증후군이 없는 자폐장애 환아들이 일반적으로 학령 전에 진단되는 데 반해, 다운 증후군 환아들은 7세에서 성인기까지의 늦은 시기에 진단되는 경향을 보였다. 그 이유에 대해서는 명확히 밝혀지지 않았지만, 다운 증후군에서 많이 보이는 지능지체 등의 문제로 진단이 미루어지는 가능성이 있다. 다운 증후군을 가진 환아들은 일반적으로 밝고 명랑하며 외향적이고 사교적인 성격을 가지고 있으며, 일부 아이들은 다소 산만하고 다루기 어려운 성격을 보이기도 한다. 그러나 자폐장애가 동반되면 다른 다운 증후군 아이들과 매우 다르게 보이는데, 사회성 저하, 반향어, 의사소통의 발달 지연, 상동 행동 등 특이한 행동 때문에 조금만 눈여겨 보면 차이를 알 수 있다.

자폐장애는 다운 증후군에서 흔하게 발병하는 것은 아니지만, 이 환아들에서 자폐장애가 병발되어 있을 가능성은 항상 염두에 두어야 한다. 다운 증후군에서 다른 정신과적 질환의 이환율은 높지 않으나, 일부 다운 증후군에서는 자폐장애 외에도 집중력 저하, 과활동성, 불안 등이 관찰되기도 한다.

4) 윌리엄스 증후군

윌리엄스 증후군(Williams-Beuren syndrome)은 2만 명 중에 1명 정도에서 발생하는 매우 드문 질환으로 40여 년 전에 처음 기술되기 시작하였다. 염색체 7q11.23(엘라스틴 관련 유전자)의 미세 결손이 원인이다. 윌리엄스 증후군 환자들은 독특한 인지 기능 양상(distinctive cognitive profile), 청각 과민(hyperacusis), 대동맥판막협착증(supravalvular aortic stenosis), 고칼슘혈증(hypercalcemia), 꼬마요정 같은 얼굴(elfin-like face) 등의 증상을 특징으로 한다. 윌리엄스 증후군 환자에서 불안, 집착, 과도한 감정 표현, 관심 끌기, 대인관계의 어려움, 수면장애 등 정신과 질환의 발병률은 같은 지능의 대조군에 비해 2배 정도로 높다. 그러나 윌리엄스 증후군과 자폐장애의 관련성에 관한 연구는 아직 충분하지 않고, 공존 질환을 보인 몇 개의 증례로 소개되는 정도로 알려져 있다.

윌리엄스 증후군 환자는 자폐장애 환자와 비교하여 인지 기능의 하부 영역에 따라 장애 정도가 다르게 나타나는 것으로 알려져 있다. 이 환자들은 조기에 유의한 언어 지연이 있음에도 불구하고 상대적으로 표현성 언어와 고위 구문과 의미를 이해하고 이야기를 만들어 내는 것과 같은 언어학적인 기능이 상대적으로 유지되는 편이다. 반면에 비언어적 · 지각적 기술은 전형적으로 매우 취약하다. 그리고 주로 시공간적 해석에 어려움을 겪는 이 환아들은 일부를 전체로 통합하는 것을 어려워한다. 그러나 한편으로는 특수한 시공간적 기술은 잘 보존되는 경우도 있다. 윌리엄스 증후군 환자는 뛰어난 얼굴 인식 기능을 보이는 경우가 종종 보고되었는데, 그들이 일반적인 얼굴 인식 과정과 다른 인지적 해석을 사용하는 것으로 나타났다. 윌리엄스 증후군 환자들은 표면적으로 사회성 기술에 문제가 없는 것처럼 보이지만, 합동 주시에서 중요한 역할을 하는 삼자 상호작용(triadic interaction: child-interlocutor-object)을 시작하고 반응하는 데 장애가 있다는 보고도 있다(Williams et al., 2001). 이는 양자 상호작용(diadic interaction: face to face)에는 능숙함을 보이는 것에 비해 큰 차이를 보인다. Tager-Flusberg와 Sullivan(2000)은 이 환자들이 거짓 믿음의 이해(false-belief understanding)와 같은 사회적 인지 기능에 장애가 있는 반면, 다른 사람의 표정을 이해하고 구분하는 사회적 지각은 잘 수행하는 것을 관찰하였다. 이러한 연구들은 윌리엄스 증후군이 자폐 스펙트럼 장애와 공유하는 특성이 있을 가능성을 시사하며, 향후 더 많은 연구가 기대되고 있다.

5) 동종쌍동원체 염색체 15q 증후군

일부 자폐장애에서 proximal long arm of 15q11-q13(IDIC 15)를 포함하는 염색체중복증후군(chromosome duplication syndrome)이 발견되었는데, 이는 프래더-윌리/안젤만 결정부위(PWACR)와 관련된 위치로 모계 유전된다고 알려져 있다. PWACR의 중복의 유병률은 결손과 비슷한 정도이지만, 중복증후군의 표현형이 알려진 것은 불과 8~10년 전의 일이다.

이 증후군은 자폐장애와의 관련성이 비교적 빈번하게 보고되고 있는 유전질환 중 하나로 1~4%의 자폐장애 환자에서 발견된다. 인지 기능에 있어서는 심각한 정신지체부터 정상 비언어 기능까지 다양한 임상 표현형을 보인다. Rineer 등(1998)은 29명의 동종쌍동원체 염색체 15q 증후군(isodicentric chromosome 15q syndrome) 환자들 중 20명이 GARS를 통한 자폐장애 진단에 부합했는데, 그들은 일반 자폐장애군에 비해 사회성 기능은 더 좋은 것으로 나타났다. Filipek 등(2003)은 동종쌍동원체 염색체 15q 증후군을 가진 2명의 자폐장애 환아에서 미토콘드리아 기능장애가 관찰되어 PWACR 내의 미토콘드리아 기능에 관여하는 유전자가 자폐장애의 후보 유전자가 될 수 있는 가능성을 시사하였다. 일부 연구에서는 FISH(fluorescent in situ hybridization) 분석을 통해 15q의 중복이 관찰된 자폐장애 증례에서 고해상 핵형(high-resolution karyotype)을 관찰하기도 하였다. Longo 등은 2004년에 63명의 레트 증후군 중 3명에서 MECP2 결손뿐 아니라 동존쌍중심(isodicentric) 15q11-q14 중복을 관찰하였다. 이는 IDIC 15가 자폐 스펙트럼 장애와 관련된 유전자일 가능성을 시사한다.

6) 안젤만/프래더-윌리 증후군

안젤만/프래더-윌리 증후군(Angelman/Prader-Willi syndrome)은 프래더-윌리/안젤만 결정부위(PWACR)에서 결손 또는 한부모이체성(uniparental disomy: UPD)의 결과로 발생한다. 행복한 꼭두각시 증후군(happy puppet syndrome)이라고도 불리는 안젤만 증후군은 심한 운동 및 지능 저하, 운동 실조, 근력 저하, 간질, 말 없음, 특이하게 행복해 보이는 얼굴 등을 특징으로 한다.

안젤만 증후군은 유비퀴틴 의존 단백분해 경로(ubiquitin-dependent proteolytic pathway)의 유전적 질환이다. 1996년 Kyllerman이 처음으로 4명의 안젤만 증후군에서 자폐장애 진단에 부합하는 증례를 보고하였다. 안젤만 증후군이 심각한 지능 저하 때문에 자폐장애로 과도하게 진단되는 경향도 있다. 또한 Williams 등(2001)은 자폐장애 환아들이 소아과에서 안젤만 증후군으로 잘못 진단되는 경우에 대해 보고하기도 했다.

프래더-윌리 증후군은 비만, 근력 저하, 지능 저하, 저신장, 저성선자극 호르몬 성선저하증, 작은 손과 발 등의 임상 양상을 보인다. 주로 부계 쪽 각인 유전자 소핵 리보핵산단백질 폴리펩티드 N(small nuclear ribonucleoprotein polypeptide N: SNRPN)의 한부모이체성(UPD) 혹은 결손의 결과로 나타난다. Veltman 등(2004)은 PWACR의 결손에 비해 모계 UPD와 관련된 프래더-윌리 증후군에서 자폐 스펙트럼 장애가 더 빈번하게 발생하는 것을 관찰하였다.

7) 디조지 증후군

1981년 처음 기술된 디조지 증후군(DiGeorge Syndrome, velocardiofacial syndrome: CATCH22)은 입천장 갈림증, 심장 기형, 전형적인 얼굴(관모양의 코, 좁은 안검렬, 뒤로 처진 턱), 학습장애, 지능 저하, 소두증, 저신장, 뇌혈관 기형 등을 보인다. 염색체 22q11.2의 미세 결손이 원인으로 알려져 있다. 디조지 증후군(2001)은 50% 이상에서 정신과적 질환이 동반되어 정신과 질환과 관련성이 높다고 여겨진다. Gothelf와 Lombroso(2001)는 청소년기에 16~25% 정도 정신증을 나타내는 것을 보고하였다. 실제 디조지 증후군에서 정신분열병의 유병률은 일반 인구의 25배나 높다. 또한 40% 정도에서 주의력결핍장애, 33%에서 강박장애를 보이고, 절반 이상에서 지능장애를 보인다.

가장 흔한 행동 표현형은 비언어적 학습장애다. 전반적으로 조기 언어 지연이 있음에도 언어성 지능은 비언어성 지능에 비해 상대적으로 높고, 비언어적 학습장애를 주로 보인다. 시공간 기억에 장애가 뚜렷하여 대부분 수학에서 학습장애를 보인다. 디조지 증후군 환자의 30% 정도는 자폐장애를 보였고, 50% 정도는 자폐적 특성을 보였다. 또한 이 환자의 50% 이상은 지능장애를 보였다.

8) 뫼비우스 증후군

뫼비우스 증후군(Möbius syndrome)은 염색체 13q12.2-q13의 이상으로 뇌간의 발육 부전과 관련된 양쪽 또는 한쪽 안면 신경의 선천적 마비를 보이며, 다른 뇌신경의 이상이 동반되기도 한다. 뫼비우스 증후군은 유전적 질환으로 알려져 있지만, 미소프로스톨(misoprostol)과 같은 약물이 태반을 통해 노출되었을 때 발병하기도 한다.

뫼비우스 증후군과 자폐장애의 동반 이환율에 관한 몇 개의 증례 보고가 있었다. 뿐만 아니라 자폐장애의 진단 기준에는 부합하지 않더라도 의사소통이나 사회적 상호작용의 어려움, 부적응적인 행동 등 자폐적 행동을 보이는 경우가 보고되기도 하였다. 약 40%의 뫼비우스 증후군 환자들이 자폐적 행동을 보인다고 한다. 또한 안면 표정의 표현이 부족한 자폐장애 환아가 후에 안면 신경핵의 신경이 없다는 것이 밝혀져 뫼비우스 증후군으로 진단되었던 증례도 보고된 바 있다. Johansson 등(2001)의 보고에서는 뫼비우스 증후군 환아들의 40%가 ADI-R로 자폐 스펙트럼 장애의 진단에 부합했으며, 그중 1/3 정도는 지능장애가 동반되어 있었다. Bandim 등(2003)은 CARS를 이용하여 뫼비우스 증후군 환아들의 1/3 정도에서 자폐장애를 진단하였다. 그들의 평균 CARS 점수는 40.4로 증상이 심하였다.

9) 페닐케톤뇨증

많은 사람이 자폐장애가 페닐케톤뇨증(phenylketouria)과 같은 출생 시 대사장애와 관련이 있는 것으로 생각하였다. Bliumina 등(1975)은 페닐케톤뇨증 환자의 절반 정도가 자폐증적 행동을 보인다고 보고하였다. 이 외에도 Lowe 등을 비롯한 여러 연구자들이 자폐장애 환자의 2~5%가 치료되지 않은 페닐케톤뇨증을 동반하는 것으로 보고하였다. 반면, 일부 연구에서는 자폐장애 환자의 대사장애에 대한 검사가 정상 아동의 경우에 비해 특별한 이상 소견이 없다고 보고하기도 하였다. Lowe 등(1980)은 식이 요법 후에 페닐케톤뇨증 환자들의 자폐증적 증상이 호전되었다고 주장했다. 그러나 Filipek 등의 관찰에 의하면 페닐케톤뇨증을 치료하고 혈중 페닐알라닌의 농도가 정상으로 회복된 환아들이 여전히 아스퍼거 증후군의 진단 기준에 부합한다며 반박하였다. Baieli 등(2003)은 페닐케톤뇨증 환자들의 35명 중 2명이 ADI-R과 CARS를 사용하였을 때 자폐장애의 진단에 부합하였다고 보고하였다. 그러나 이 연구에서 페닐케톤뇨증이 없거나 이미 치료된 환아는 자폐장애의 진단에 부합하는 증례가 없었다. Rutter 등(1994)은 실제로 치료받지 않은 페닐케톤뇨증 환자들이 거의 없기 때문에 이 병이 자폐장애의 원인이 될 가능성도 매우 적다고 하였다.

10) 선천성 실명

선천성 실명(congenital blindness) 환자의 30%가 자폐증적 행동 이상을 보이는 것으로 보고되고 있다. Ek 등(1998)의 연구에 의하면 미숙아 망막증(retinopathy of prematurity)에서 자폐증적 행동과 정신지체를 동시에 보이는 환아가 56%나 있었다. 반면, 유전적인 망막장애에서는 자폐증적 행동을 보이는 환아가 14%에 불과했다. Msall 등(2004)의 연구에서는 생후 5~8세의 미숙아 망막증 환아의 23%가 간질, 39%는 뇌성마비, 44%는 학습장애를 보였다. 또한 양쪽 눈의 실명이나 증상의 정도가 심한 실명에서 다른 경우보다 더 높은 자폐적 행동의 유병률을 보였다.

Cass 등(1944)은 600명의 선천성 실명 환자들을 관찰하였는데, 단지 17%만이 다른 발달이나 정신과적 장애가 없이 16개월까지 성장하였고, 이 환자들의 31%는 생후 16~27개월 사이에 발달 퇴행을 보였다. 이러한 퇴행 경향은 단순한 안구 요인에 의한 실명보다 뇌신경계, 시신경, 망막 등이 원인인 경우에 유의하게 높았다. 이것은 중추적 병태생리가 실명 환자의 발달 퇴행과 관련되어 있음을 시사한다. Brown 등(1997)은 선천성 실명 환아에서 자폐장애가 진단되지 않은 경우에도 정상 대조군보다 자폐적 성향을 더 많이 보인다고 보고했다.

그러나 사실상 기존의 ADOS나 ADI 같은 진단 도구들은 참조적 주시 (referential eye gaze), 사회적 목적 주시(eye gaze for social purposes), 서술적 지시(protodeclarative pointing), 상징 놀이(symbolic play)와 같이 눈이 보이는 아이들을 대상으로 사용하도록 만들어져 있어서 실명 환아들의 자폐장애를 진단하기에 어려움이 있다.

11) 선천성 난청

청력장애는 일반 인구 1만 명당 11~12명 정도로 진단되며 최근 점차 유병률이 증가하고 있다. 청력장애와 자폐장애의 동반 유병률은 생각보다 더 높다. Jure 등(1991)은 청각장애와 자폐장애로 진단받은 46명의 환아들을 조사하였다. 이때 이 환아들의 20% 정도는 정상에 가까운 비언어적 인지 기능을 보였지만, 20% 정도는 심한 지능장애에 해당되었다. 자폐적 행동의 심각도는 청력 손상 정도보다는 개인의 인지 기능 장애 정도에 비례하였다. 실제 청력장애가 있는 환자에서 자폐장애 증상의 심각도는 일반적인 자폐장애군과 큰 차이가 없는 것으로 보고되고 있다.

그러나 청력장애가 있는 환자들의 경우 자폐장애의 진단이 일반적으로 매우 늦어지는 것으로 보고되고 있다. 청력장애를 진단받은 환자의 22%에서 4년 이상이 지난 후에 자폐장애 진단을 받는 것으로 보고되었다. 진단이 늦춰지기 때문에 적절한 치료적 도움을 받지 못하는 경우가 많다. Roper 등(2003)은 일반적으로 생후 1년 정도에 청력장애를 진단받지만 그들의 자폐장애는 15세가 될 때까지 진단받지 못하는 경향이 있음을 보고하였다. 사실상 부모들이 평균 7개월 정도에 자녀의 자폐장애를 의심함에도 불구하고, 청력장애 환자에서 자폐장애의 진단은 매우 늦다. 청력장애에서 자폐장애의 진단이 늦어지는 경우뿐 아니라 자폐장애 환자에서 청력장애의 진단이 늦어지는 경우도 많으므로 이에 대한 적절한 관심과 평가가 필요하다.

12) 태아 항경련제/발프로산 증후군

산모가 발프로산(valproic acid)에 노출되었을 때 태아에서 태아 발프로에이트 증후군(fetal valproate synodrome)'이 발병하는 것에 대해 오래전부터 기술되어 왔지만, 1988년에 Ardinger가 이 증후군에서 다양한 선천성 기형과 발달 지연 이 있음을 명확히 하였다.

이 증후군은 뇌안면, 심혈관, 성기, 손, 호흡기의 선천적 장애, 뇌수막척수탈출 증 등의 증상을 보인다. 특히 90% 정도에서 발달 지연을 보이고, 일부 연구에서 는 자폐장애를 보인다는 보고들도 있다. Chritianson 등(1994)은 태아 발프로에 이트 증후군의 형제 짝짓기 연구를 하였다. 이 연구에서 발프로에이트의 용량이 자폐적 증상의 발현과 관련 있을 가능성을 제시하였다. Moore 등(2000)은 57명 의 태아 항경련제 증후군(fetal anticonvulsant synodrome) 환자들에서 4명의 자폐 장애, 2명의 아스퍼거 증후군 등의 증례를 보고하였다.

13) 코넬리아 디란지 증후군

2003년에 김세주 등은 자폐장애와 정신지체를 보이는 코넬리아 디란지 (Cornelia de Lange) 증후군 사례를 보고하였다. 그들의 인용에 따르면, 이 증후 군의 유병률은 약 1만 명당 1명으로 대부분이 중등도 이상의 인지·언어·사회 성 발달의 저하를 보인다고 한다. 또한 환자의 50% 이상이 눈 맞춤의 결핍이나 모방, 비언어적 의사소통의 결여를 비롯해 사회적 상호작용의 어려움을 보이고, 4세 이상 환아의 33%는 한두 단어 수준의 언어만을 구사할 수 있는 등 심각한 언어 발달 지체가 동반되고, 상동 행동, 과잉 활동, 자해 행동 등이 동반되기도 한다. 전통적인 증후군의 경우에는 성장 지연, 손과 발의 기형, 다모증과 더불어 얼굴 모습이 특징적이어서 헤어 라인이 낮고, 눈썹은 그린 듯이 짙은 아치 모양 이며 속눈썹이 길고, 코와 입술 사이의 간격은 다소 길며, 코가 들려 있고 코끝 이 세모 모양이고, 입꼬리는 아래를 향하고, 치아 간격은 넓다. 그러나 중증부터 경미한 환자군까지 표현 양식은 다양하다고 한다. 그 밖에 안과적 문제, 청력의 문제, 경련성 질환을 비롯해서 비뇨기계, 소화기계, 호흡기계, 심장 및 순환기계 등 여러 신체기관들이 이상을 보이는데, 한 연구에서는 환자의 53%가 ICD-10의 자폐장애에 부합하였다고 한다.

참 고 문 헌

김세주, 최낙경, 송정은. 정신지체와 자폐장애를 보이는 Cornelia De Lange 증후군 1예. 소아청소년정신의학 2003;14:123-127.

Afzal N, Murch S, Thirrupathy K, Berger L, Fagbemi A, and Heuschkel R. Constipation with acquired megarectum in children with autism. *Pediatrics* 2003;112:939-942.

Ahearn WH, Castine T, Nault K, and Green G. An assessment of food acceptance in children with autism or pervasive developmental disorder—not otherwise specified. *J Autism Dev Disord* 2001;31:505-511.

Ardinger HH, Atkin JF, Blackston RD, Elsas LJ, Clarren SK, Livingstone S, Flannery DB, Pellock JM, Harrod MJ, Lammer EJ, et al. Verification of the fetal valproate syndrome phenotype. *Am J Med Genet* 1988;29(1):171-185.

Baieli S, Pavone L, Meli C, Fiumara A, and Coleman M. Autism and phenylketonuria. *J Autism Dev Disord* 2003;33(2):201-204.

Bandim JM, Ventura LO, Miller MT, Almeida HC, and Costa AE. Autism and Mobius sequence: an exploratory study of children in northeastern Brazil. *Arq Neuropsiquiatr* 2003;61:181-185.

Bliumina MG, Vtorova VG, Grinio LP, Uberiia EI, and Ovchinnikova VM. *Genetika* 1975;11(8):147-153.

Brown R, Hobson RP, Lee A, and Stevenson J. Are there "autistic-like" features in congenitally blind children? *J child Psychol Psychiatry.* 1997;38:693-703.

Cass HD, Sonksen PM, and McConachie HR. *Arch Dis Child* 1994;70(3):192-196.

Christianson AL, Chesler N, and Kromberg JG. Fetal valproate syndrome: clinical and neuro-developmental features in two sibling pairs. *Dev Med Child Neurol* 1994;36:361-369.

Diomedi M, Curatolo P, Scalise A, Placidi F, Caretto F, and Gigli GL. Sleep abnormalities in mentally retarded autistic subjects: Down's syndrome with mental retardation and normal subjects. *Brain Dev* 1999;21:548-553.

Ek U, Fernell E, Jacobson L, and Gillberg C. *Dev Med Child Neurol* 1998;40(5):297-301.

Elia M, Ferri R, Musumeci SA, Del Gracco S, Bottitta M, Scuderi C, et al. Sleep in subjects with autistic disorder: a neurophysiological and psychological study. *Brain Dev* 2000;22:88-92.

Field D, Garland M, and Williams K. Correlates of specific childhood feeding problems. *J Paediatr Child Health* 2003;39(4):299-304.

Filipek PA, Accardo PJ, Baranek GT, Cook EH, Jr., Dawson G, Gordon B, et al. The screening and diagnosis of autistic spectrum disorders. *J Autism Dev Disord* 1999;29:439-484.

Filipek PA, Juranek J, Smith M, Mays LZ, Ramos ER, Bocian M, et al. Mitochondrial dysfunction in autistic patients with 15q inverted duplication. *Ann Neurol* 2003;53:801-804.

Finegold SM, Molitoris D, Song Y, Liu C, Vaisanen ML, Bolte E, et al. Gastrointestinal microflora studies in late-onset autism. *Clin Infect Dis* 2002;35:S6-S16.

Fombonne E. Epidemiological surveys of autism and other pervasive developmental disorders: an update. *J Autism Dev Disord* 2003;33:365-382.

Gothelf D and Lombroso PJ. Genetics of childhood disorders: XXV. Velocardiofacial syndrome. *J Am Acad Child Adolesc Psychiatry* 2001;40:489-491.

Hagerman RJ, Leehey M, Heinrichs W, Tassone F, Wilson R, Hills J, et al. Intention tremor, parkinsonism, and generalized brain atrophy in male carriers of fragile X. *Neurology* 2001;57:127-130.

Horvath K, Stefanatos G, Sokolski KN, Wachtel R, Nabors L, and Tildon JT. Improved social and language skills after secretin administration in patients with autistic spectrum disorders. *J Assoc Acad Minor Phys* 1998;9:9-15.

Howlin P, Wing L, and Gould J. The recognition of autism in children with Down syndrome-implications for intervention and some speculations about pathology. *Dev Med Child Neurol* 1995;37(5):406-414.

Johansson M, Wentz E, Fernell E, Stromland K, Miller MT, and Gillberg C. Autistic spectrum disorders in Mobius sequence: a comprehensive study of 25 individuals. *Dev Med Child Neurol* 2001;43:338-345.

Jure R, Rapin I, and Tuchwan RF. Hearing-impaired autistic children. *Dev Med Child Neurol* 1993;33:1062-1072.

Kyllerman M. Practical information on Angelman syndrome. *Lakartidningen* 1996;93(18):1710.

Lewis JC, Thomas HV, Murphy KC, and Sampson JR. Genotype and psychological phenotype in tuberous sclerosis. *J Med Genet* 2004;41:203-207.

Lightdale JR, Hayer C, Duer A, Lind-White C, Jenkins S, Siegel B, et al. Effects of intravenous secretin on language and behavior of children with autism and gastrointestinal symptoms: a single-blinded, open-label pilot study. *Pediatrics* 2001;108:E90.

Loening-Baucke V. Constipation in children. *N Engl J Med* 1998;339:1155-1156.

Loesch DZ, Huggins RM, Bui QM, Taylor AK, Pratt C, Epstein J, et al. Effect of fragile X status categories and FMRP deficits on cognitive profiles estimated by robust pedigree analysis. *Am J Med Genet A* 2003;122A:13-23.

Longo I, Russo L, Meloni I, Ricci I, Ariani F, Pescucci C, Giordano CT, Canitano R, Hayek G, Zappella M, Neri G, Renieri A, and Gurrieri F. Three Rett patients with both MECP2 mutation and 15q11-13 rearrangements. *Eur J Hum Genet* 2004;12(8):682-685.

Lowe TL, Tanaka K, Seashore MR, Young JG, and Cohen DJ. Detection of phenylketonuria in autistic and psychotic children. *JAMA* 1980;243(2):126-128.

Manning-Courtney P, Brown J, Molloy CA, Reinhold J, Murray D, Sorensen-Burnworth R, Messerschmidt T, and Kent B. Diagnosis and treatment of autism spectrum disorders. *Curr Probl Pediatr Adolesc Health Care* 2003;33(9):283-304.

Moore SJ, Turnpenny P, Quinn A, Glover S, Lloyd DJ, Montgomery T, et al. A clinical study of 57 children with fetal anticonvulsant syndromes. *J Med Genet* 2000;37:489-497.

Msall ME, Phelps DL, Hardy RJ, Dobson V, Quinn GE, Summers CG, et al. Educational and social competencies at 8 years in children with threshold retinopathy of prematurity in the CRYO-ROP multicenter study. *Pediatrics* 2004;113:790-799.

Munk DD and Repp AC. Behavioral assessment of feeding problems of individuals with severe disabilities. *J Appl Behav Anal* 1994;27:241-250.

Patzold LM, Richdale AL, and Tonge BJ. An investigation into sleep characteristics of children with autism and Asperger's Disorder. *J Paediatr Child Health* 1998;34:528–533.

Rineer S, Finucane B, and Simon EW. Autistic symptoms among children and young adults with isodicentric chromosome 15. *Am J Med Genet* 1998;81:428–433.

Roper L, Arnold P, and Monteiro B. Co-occurrence of autism and deafness: diagnostic considerations. *Autism* 2003;7:245–253.

Rosenhall U, Nordin V, Sandström M, Ahlsén G, and Gillberg C. Autism and hearing loss. *J Autism Dev Disord* 1999;29(5):349–357.

Rutter M, Bailey A, Bolton P, and Le Couteur A. Autism and known medical conditions: myth and substance. *J Child Psychol Psychiatry* 1994;35:311–322.

Sandler RH, Finegold SM, Bolte ER, Buchanan CP, Maxwell AP, Vaisanen ML, et al. Short-term benefit from oral vancomycin treatment of regressive-onset autism. *J Child Neurol* 2000;15:429–435.

Shannon M and Graef JW. Lead intoxication in children with pervasive developmental disorders. *J Toxicol Clin Toxicol* 1996;34(2):177–181.

Schreck KA, Mulick JA, and Smith AF. Sleep problems as possible predictors of intensified symptoms of autism. *Res Dev Disabil* 2004;25:57–66.

Steffenburg S. Neuropsychiatric assessment of children with autism: a population-based study. *Dev Med Child Neurol* 1991;33:495–511.

Tager-Flusberg H and Sullivan K. A componential view of theory of mind: evidence from Williams syndrome. *Cognition* 2000;76:59–90.

Taylor B, Miller E, Lingam R, Andrews N, Simmons A, and Stowe J. Measles, mumps, and rubella vaccination and bowel problems or developmental regression in children with autism: population study. *BMJ* 2002;324:393–396.

Thirumalai SS, Shubin RA, and Robinson R. Rapid eye movement sleep behavior disorder in children with autism. *J Child Neurol* 2002;17:173–178.

Veltman MW, Thompson RJ, Roberts SE, Thomas NS, Whittington J, and Bolton PF. Prader-Willi syndrome—a study comparing deletion and uniparental disomy cases with reference to autism spectrum disorders. *Eur Child Adolesc Psychiatry* 2004;13:42–50.

Wakefield AJ, Murch SH, Anthony A, Linnell J, Casson DM, Malik M, et al. Ileal-lymphoid-nodular hyperplasia, non-specific colitis, and pervasive developmental disorder in children. *Lancet* 1998;351:637-641.

Williams CA, Lossie A, and Driscoll D. Angelman syndrome: mimicking conditions and phenotypes. *Am J Med Genet* 2001;101:59-64.

Chapter 09

평가: 선별 및 진단

1. 자폐장애의 진단

미국신경학회(American Academy of Neurology)의 「임상 권고안: 자폐증의 선별과 진단(Practice Parameter: Screening and Diagnosis of Autism)」(2000)에 따르면 진단 과정은 크게 두 단계로 나뉜다. 첫 번째 단계에서는 방문하는 모든 아동을 대상으로 발달 선별검사(Ages and Stages Questionnaire: ASQ; BRIGANCE; Child Development Inventories: CDI; Parents' Evaluations of Developmental Status: PEDS)를 실시한다. 12개월에 옹알이(babbling)나 제스처가 없거나, 16개월에 한 단어의 언어가 없거나, 24개월에 두 단어의 자발적인 구가 없거나, 어떤 연령에서든지 언어나 사회적 기술의 부족이 의심되거나 하는 경우에는 추가적인 발달 평가를 하도록 한다. 자폐장애 특이적인 선별검사나 청력 평가나 납 농

신서연, 김효진, 유희정, 조수철

도 등 관련 검사를 받게 된다. 이 단계를 통해 비전형적인 발달과 자폐의 위험을 가진 아동들을 알 수 있다. 두 번째 단계에서는 경험 있는 임상가의 병력 청취 및 임상적·신경학적 평가를 통해 자폐장애의 진단과 평가를 한다. 필요한 경우에는 유전학적 검사, 대사성 검사, 뇌파검사 등을 통해 자폐장애와 다른 발달장애를 감별한다.

자폐장애의 진단은 시간이 걸리고 복잡한 과정이 필요한 작업으로, 직접 관찰, 부모가 제공하는 과거력 및 발달력, 다른 전문가의 평가와 원인 질환 및 동반 질환에 대한 의학적 검사를 바탕으로 종합적인 임상적 판단에 근거하여 이루어진다. 또한 한 번에 진단을 내리는 것이 아니라 여러 번의 기회에 걸쳐 직접적으로 관찰하거나 비디오 등 여러 평가 방법을 이용하여 서로 다른 상황에서 관찰하는 등 아동을 대표할 수 있는 평가 과정을 통해 최대한 자세한 정보를 얻어야 한다.

1) 다학제적 팀 평가

자폐장애의 평가에는 여러 전문가들이 참여하게 된다. 소아청소년 정신과 의사 이외 임상심리사, 언어병리학자, 작업치료사와 물리치료사, 소아청소년과 의사, 신경과 의사를 비롯한 여러 전문가들 간 상호 협력이 필요하다. 이때 소아청소년 정신과 의사는 환아와 가족을 위해 이 과정에서 통합적인 역할을 담당할 수 있어야 한다.

2) 다차원적 평가

자폐장애의 평가에는 환아의 문제점, 문제 행동이 미치는 영향뿐만 아니라 강점과 기능 및 사회문화적 영역도 포함되어야 한다. 평가되어야 하는 기능에는 지적 기능과 의사소통 능력, 행동 양상 및 아동의 적응 기능이 포함된다. 이런 평가 결과는 진단과 더불어 향후 환아가 어떤 치료를 어떻게 받는 것이 효율적인지, 이 치료로 예후가 어떨 것인지 등 종합적인 치료 계획의 토대가 될 수 있다.

2. 임상적 평가

1) 병력, 과거력 및 발달력

부모의 주된 걱정거리 및 평가하고자 하는 이유에 대해 주의를 기울여야 한다. 이것이 평가의 시작점이자 향후 치료의 첫 번째 초점이 될 뿐만 아니라 부모로 하여금 자신들의 정보가 중요하다는 것을 전달하고 향후 상호 협력적인 치료 관계에도 도움을 줄 수 있기 때문이다. 현재의 문제 양상과 시작 시점에 관한 질문을 하는 것이 유용하고, 부모가 기억하기 어려워하면 특정한 시점, 잘 기억나는 시점, 친숙한 사건을 이용하는 것이 도움이 된다. 가령, 첫돌이나 첫 번째 설날, 둘째 아이가 태어났을 때를 회상해 보는 것이나 당시 사진이나 비디오 등이 도움이 되기도 한다. 문제 행동뿐 아니라 당시의 언어 발달, 놀이 및 사회적 기술에 대해서도 정보를 얻는 것이 필요하다.

부모가 제공하는 과거력에는 환아의 태생기, 신생아기, 발달 지표를 포함한 초기 발달력, 발달 초기의 이상, 과거 질병력 및 치료력, 가족력 등 종합적인 정보들이 포함된다. 대부분의 부모는 정상 발달보다 늦었던 것은 잘 기억하는데, 역시 연령보다는 친숙한 사건을 이용하는 것이 유리하고 언어 발달, 놀이 및 사회성 측면에 관심을 기울여 알아보아야 한다. 이때는 발달 과정에 따라 양상이 변화하는 것에 대해서도 고려해야 한다. 발달 단계에서 상대적으로 늦게 나타나는 증상이 어린 환아에서 뚜렷하지 않아 진단이 내려지지 않을 수도 있고, 최근 새로 시작된 양상은 다른 질환이 병발했음을 시사할 수도 있다.

2) 정신 상태 검사

자폐장애의 평가에서는 사회적 상호작용, 의사소통 및 상상 놀이, 제한된 관심 범위와 유별난 행동의 관련된 세 영역에 중점을 두어 관찰한다. 병력에서 다뤄진 영역들을 가능하면 직접 평가해야 하므로, 이를 위해서는 다양한 상황, 즉 학교, 가정에서 부모 또는 교사의 보고 및 진찰실에서의 관찰을 통해 평가하는 것이 바람직하다. 구조화된 상황에서의 관찰이 도움이 되기도 한다. 과제 지향적인 상황에서의 관찰은 환아의 수행 능력을 좀 더 자세히 알고 치료 프로그램을 계획하는 데 도움이 된다. 진료실은 사회성을 지향한 덜 구조적인 상황으로 위의 세 가지 영역에 대해 관찰한다. 또한 진료실에서의 환아의 모습이 평소와 얼마나 유사한지 부모에게 물어보고, 환아가 자극에 민감하면 외부 자극을 최소화한 상태에서 평가하도록 한다. 환아의 나이와 발달 단계에 따라 상황은 다소 변형할 수 있다.

3. 자폐장애 평가 항목

〈표 9-1〉은 자폐장애를 평가하는 데 중요한 항목들로, 자폐장애 진단 시 널리 쓰이는 면담 도구인 자폐증 진단면담 개정판(Autism Diagnostic Interview-Revised: ADI-R)을 토대로 살펴본 것이다.

표 9-1	**자폐증 진단 면담 개정판**

A. 주고받는 사회적 상호작용의 질적 이상

A1: 사회적 상호작용을 조절하는 비언어적 행동의 사용 실패

- 직접적 응시
- 의사소통을 위해 사용되는 얼굴 표정의 범위
- 합동 주시에 대한 반응
- 합동 주시를 자발적으로 유도하기

- 사회적 미소 짓기

A2: 또래관계 발달의 실패

- 또래 친구와 상상의 놀이하기
- 다른 아이들의 접근에 대한 반응
- 우정

- 또래에게 관심을 갖는 것
- 또래들과의 단체 놀이

A3: 즐거움을 공유하는 능력의 결여

- 관심 보이기와 끌기
- 즐거움을 남들과 나누려고 추구함

- 나눌 것을 제의하기

A4: 사회정서적 상호 교환성의 결여

- 의사소통을 위해 다른 사람의 신체를 사용함
- 위로해 주기
- 부적절한 얼굴 표정

- 사회적 소통 시작의 성질
- 사회적 반응의 적합성

B. 의사소통의 질적 이상

B1: 구어의 결여 또는 지연, 그리고 제스처를 통해 보상하는 것의 실패

- 언어의 전반적 수준
- 끄덕이기

- 흥미를 나타내는 가리킴
- 관습적/도구적 제스처

B4: 다양하고 자발적인 가장 놀이 또는 사회적 모방 놀이의 결여

- 행동의 자발적인 모방
- 모방적인 사회적 놀이

- 상상적인 놀이

B2(V): (발화가 가능한 대상자에서) 대화의 상호 교환을 시작하거나 유지하는 것의 상대적 실패

- 사교적인 언어 표현/잡담

- 상호 교환적 대화

B3(V): (발화가 가능한 대상자에서) 상동적이거나, 반복적이거나, 개인 특유적인 말

- 상동화된 발어와 지연된 반향어
- 대명사의 반전
- 조음/발음

- 부적절한 질문이나 언급
- 신어조작증/개인 특유의 언어
- 억양/크기/리듬/속도

C. 행동의 제한적 · 반복적 · 상동적 패턴

C1: 포위된 듯한 몰두 또는 관심의 한정된 패턴

- 유별난 집착
- 한정된 관심거리

C2: 비기능적인 일상 또는 의식에 대해 드러나는 강박적 집착

- 언어적 의식
- 강박 행동/의식

C3: 상동적 또는 반복적인 운동성 매너리즘

- 손과 손가락의 매너리즘(반복적 행동)
- 다른 복잡한 매너리즘(반복적 행동) 혹은 상동화된 신체 움직임

C4: 사물의 부분 또는 재료의 비기능적 요소에 대한 몰두

- 사물의 반복적 사용 혹은 사물의 부분에 대한 관심
- 감각에 대한 유별난 관심

기타 이상 행동

- 자해
- 보호자와 가족 구성원에 대한 공격성
- 보호자와 가족 구성원이 아닌 사람에 대한 공격성
- 과호흡
- 기절/경련/기억 상실
- 대상자 자신의 일상이나 개인적 환경의 소소한 변화에 대한 어려움
- 환경의 사소한 변화에 대한 저항
- 특정 감각 자극에 대하여 비정상적이고 개인 특유의 부정적 반응 보이기

잠재적 능력과 강점

- 특별한 독립된 기술들(시공간 능력, 기억 능력, 읽기 능력, 음악적 능력, 그리기 능력, 계산 능력)
- 아동에게 동기를 유발하는 행동
- 유머와 자신에 대한 통찰 능력
- 이상 행동이 잠재적으로 적응적이고 발달적으로 이해 가능한 범위인 경우(예: 반향어가 상호작용을 지속시키는 데 사용될 수도 있음)

4. 자폐장애의 진단 기준

앞서 언급한 항목들에 따라 환아를 평가한 후 진단을 내리게 되는데, DSM-IV-TR에서는 다음과 같이 기술하고 있다.

표 9-2　자폐장애의 DSM-IV-TR 진단 기준

1. A, B, C 항목 중 최소한 6개(또는 그 이상)가 있고 A에서 최소 2개, 그리고 B와 C에서 각각 1개가 있다.

A. 사회적 상호교류의 질적인 장애로 다음 중 최소 2개가 나타난다.

a) 사회적 상호작용에 필요한 다양한 비언어적 행동, 가령 눈을 맞추며 쳐다보기, 얼굴 표정, 몸짓 및 제스처 사용에 현저한 지장이 있다.

b) 발달 수준에 적합한 또래관계를 형성하지 못한다.

c) 자발적으로 다른 사람과 즐거움, 관심 또는 성취감을 공유하고 싶어 하는 점이 부족하다. (예: 관심 있는 물건을 타인에게 보여 주거나 가져오거나 지적하는 점이 부족하다.)

d) 사회적 또는 정서적 상호교류가 부족하다.

B. 의사소통의 질적인 장애로 다음 중 최소 1개가 나타난다.

a) 구어 발달이 지연되거나 또는 전적으로 부족하다. (제스처 또는 몸짓 같은 다른 형태의 의사소통 방식으로 보충하려고 하지 않는다.)

b) 언어가 적절한 사람의 경우에도 대화를 시작하거나 지속하는 데 현저한 지장이 있다.

c) 반복적이고 상동적인 언어 혹은 개인에게 특유한(idiosyncratic) 언어

d) 발달 수준에 적절한 가상 놀이나 사회적 흉내내기 놀이가 부족하다.

C. 행동, 관심 및 활동이 한정되고 반복적이고 상동적인 양상이 다음 중 최소 1개로 나타난다.

a) 1개 또는 그 이상의 상동적이고 한정된 관심에 몰두하는데, 그 강도나 집중 정도가 비정상적이다.

b) 비기능적이고 틀에 박힌 특정 행동이나 관습에 강박적으로 집착한다.

c) 상동적이고 반복적인 운동 매너리즘(예: 손 또는 손가락을 흔들거나 비꼬기, 복잡한 전신의 움직임)

d) 물건의 어떤 부분에 지속적으로 집착한다.

2. 다음 중 최소한 한 분야에서 지연되거나 또는 비정상 기능을 하며, 이것이 3세 이전에 발병되었다.

1) 사회적 상호교류

2) 사회적 의사소통에서 사용되는 언어

3) 상징적 또는 상상 놀이

3. 본 장애는 레트 장애 또는 소아기 붕괴성 장애로 인한 것이 아니다.

5. 자폐장애의 선별검사

1) 1차 선별검사

1차 선별검사(level 1 screening)는 일반 인구를 대상으로 하는 것으로, 간단하고 쉽게 사용할 수 있는 특징이 있다. 주로 양육자의 설문 형식이 많아서 낮은 빈도의 행동에 대해서 좀 더 정확히 평가할 수 있다. 민감도(sensitivity)에 좀 더 초점을 맞춘 선별검사 방법이다.

(1) 비특이적 선별검사

전반적 발달 영역을 평가하는 도구로는 덴버 발달판별검사 개정판(Denver Devel-opmental Screening Test-Revised), 덴버 판별 전 발달설문지 개정판(Revised Denver Pre-Screening Developmental Questionnaire), 한국형 영유아 발달검사 등이 있다.

사회성 및 의사소통 발달에 초점을 맞춘 선별 도구로는 의사소통 및 상징 행동 척도 발달 프로파일(Communication and Symbolic Behavior Scales Developmental Profile: CSBS-DP), 기질 및 비전형 행동 판별척도(Temperament and Atypical Behavior Scale Screener: TABS Screener) 등이 있다.

(2) 자폐장애 특이적 선별검사

• 걸음마기 자폐아동 평가척도

걸음마기 자폐아동 평가 체크리스트(Checklist for Autism in Toddlers: CHAT; Baron-Cohen et al., 1992; Baird et al., 2000)는 18개월 이상의 아동을 대상으로 한 대규모 연구에서 표준화되었고 한국어판도 사용 가능하다. 이 척도는 아동이 또래들에게 관심이 있는지, 까꿍 놀이나 숨바꼭질 놀이와 같은 상호 교환적인 놀이를 즐기는지, 초보적인 가장 놀이를 할 수 있는지, 관심을 표시하기 위한 가리키기를 할 수 있는지, 부모님에게 물건을 보여 주기 위해 가져오는지, 눈 맞춤이나 합동 주시가 적절한지 등을 평가한다. 평가자는 어느 정도 훈련이 필요하다. 이 도구는 이후에 PDD-NOS, 아스퍼거 증후군 또는 비전형 자폐증으로 진단받게 되는 아동들에서 보이는 경미한 증상에 대한 민감도가 낮은 편이다.

• 걸음마기 자폐아동 체크리스트 개선형

걸음마기 자폐아동 체크리스트 개선형(Modified Checklist for Autism in Toddlers: M-CHAT; Robins et al., 2001)은 24개월 이상 아동을 대상으로 하는 선별검사로, CHAT에서 좀 더 확대된 보호자 보고 형식이다. CHAT에서 평가하는 9개 보호자 보고 항목, CHAT에서 관찰로 평가되는 행동들에 대한 항목, 반복 행동 등 CHAT에서 평가되지 않는 자폐 증상들에 대한 항목으로 이루어져 있다.

• 전반적 발달장애 판별척도 1단계

전반적 발달장애 판별척도 1단계(Pervasive Developmental Disorders Screening Test-Stage 1: PDDST-Stage 1; Siegel, 1996)는 6세 이하 아동을 대상으로 하는 보호자 설문 형식의 선별검사다. 비언어적 의사소통, 언어, 기질, 놀이, 사회적 상호관계 등의 영역에서 아동의 초기 행동들에 대해 초점을 맞추고 있다. 일차 진료환경에서 자폐장애를 감별하기 위한 추가적인 검사가 필요한 아동을 선별하기 위해 사용된다.

2) 2차 선별검사

2차 선별검사(level 2 screening)는 발달장애가 의심되는 아동들을 대상으로 시행하는 선별검사로, 훈련받은 전문가가 평가하고 특이도(specificity)에 좀 더 초점을 맞춘 선별검사 방법이다.

(1) 어린 아동을 위한 선별검사

• 전반적 발달장애 판별척도: 2단계

전반적 발달장애 판별척도 2단계(Pervasive Developmental Disorders Screening Test-Stage 2: PDDST-Stage 2; Siegel, 1996, 1998; Siegel & Hayer, 1999)는 6세 이하 아동을 대상으로 시행하는 도구로, 보호자의 보고 형식으로 이루어져 있다. 전반적인 발달 문제를 가진 아동들과 자폐장애 아동을 감별하는 데 사용된다.

• 2세 자폐아동 판별척도

2세 자폐아동 판별척도(Screening Tool for Autism in Two-year-olds: STAT; Stone & Ousley, 1997; Stone et al., 1997, 2000)는 24~36개월 아동을 대상으로 개발된 상호적인 평가 도구로, 훈련된 전문가에 의해서 평가된다. 놀이를 바탕으로 하는 내용의 12개 항목으로 이루어져 있고, 놀이 기술, 의사소통 기술, 모방 기술 등에 대해 평가한다. 각 항목은 기준에 따라 통과, 실패로 채점된다. 검사는 20분 정도 소요된다.

(2) 연령 비특이적 선별검사

• 자폐증 행동 체크리스트

자폐증 행동 체크리스트(Autism Behavior Checklist: ABC; Krug et al., 1980a, 1980b)는 18개월 이상 아동을 대상으로 하는 검사로, 어느 정도 훈련받은 전문가에 의해 평가되며, 한국어판이 사용되고 있다. 57개의 항목으로 이루어져 있고, 감각 행동, 사회적 관계, 반복 행동, 언어와 의사소통 기술, 사회성 및 적응 기술 등의 5개 영역에서의 자폐증 증상과 행동을 평가하는 행동 평정척도다. 검사는 대략 10~20분 정도 소요되고, 각 항목은 1~4점으로 채점되며, 총점이 높을수록 자폐 증상의 정도가 높음을 의미한다. 총점 67점 이상인 경우 자폐장애의 가능성이 높고, 53점 이하인 경우 자폐장애의 가능성이 낮다고 평가된다. 53~67점인 경우에는 추가적인 평가가 필요하다. 우리나라에서는 조수철과 신민섭

(1989)에 의하여 신뢰도 및 타당도 검증이 이루어진 바 있다.

• 소아기 자폐증 평가척도

소아기 자폐증 평가척도(Childhood Autism Rating Scale: CARS; Schopler et al., 1988)는 자폐장애 관련 행동을 평가하기 위해 임상에서 가장 많이 사용되고 가장 잘 연구된 도구로서, 김태련과 박랑규(1996)에 의한 한국어판도 사용 가능하다. 신민섭과 김융희(1998)가 한국형 자폐증 평정척도(K-CARS)의 신뢰도와 타당도 를 검증하기도 하였으며, 자폐장애 진단을 위한 분할점(cut-off score)을 28점으 로 산출한 바 있다. 대상 연령은 제한되지 않으며, 직접 관찰, 보호자의 보고, 의료 기록 점검 등의 다양한 정보를 통해 평가한다. 평가자는 비디오테이프나 간단한 워크숍 등의 훈련을 받은 후 검사를 시행할 수 있다.

CARS는 DSM-III-R 진단체계를 바탕으로 이루어진 검사로 DSM-IV, ICD-10 등 현재 사용되는 진단 분류체계와 일치하지 않는 면이 있으며 자폐증을 과잉 평가할 수 있다. 행동 평정척도는 사람과의 관계, 모방, 정서 반응, 신체 사용, 물체 사용, 변화에 대한 적응, 시각 반응, 청각 반응, 미각/후각/촉각 반응 및 사용, 두려움 또는 신경 과민, 언어적 의사소통, 비언어적 의사소통, 활동 수준, 지적 반응의 수준과 항상성, 일반적 인상의 15개 항목으로 이루어져 있다. 각 항목은 1점부터 4점까지 4단계로 채점되는데, 행동이 적절한 경우는 1점, 심각하게 부적절할 경우는 4점이다. 총점이 30점 이상일 때 자폐증으로 평가하고, 30~36.5점은 경도 또는 중등도 자폐증, 37~60점은 중증 자폐증으로 평가한다.

• 길리엄 자폐증 평가척도

길리엄 자폐증 평가척도(Gilliam Autism Rating Scale: GARS; Gilliam, 1995)는 3~22세를 대상으로 하는 검사로, 그보다 어린 환아에서의 유용성은 명확하지 않다. 평가자가 약간의 훈련을 받은 후 평가를 시행할 수 있다. 자폐장애의 선별과 치료 목표 설정, 처치에 대한 반응 등을 평가하는 데 이용될 수 있으며, 검사는 5~10분 정도 소요된다. DSM-IV의 자폐장애 특성에 바탕을 둔 56개의 항목으로 이루어져 있고 조기 발달, 상동 행동, 의사소통 기술, 사회적 상호관계의 4개 하위 척도로 나누어져 있다. 점수가 90점 이상일 경우에 자폐장애의 가능성이 높다고 생각되며, 70점 이하일 경우에는 자폐장애 가능성이 낮다고 평가한다.

• 사회적 의사소통 평가 설문지

사회적 의사소통 평가 설문지(Social Communication Questionnaire: SCQ; Berument et al., 1999)는 4세 이상 소아를 대상으로 하는 보호자 보고 형식의 설문지로, 한국어판이 사용 가능하다. ADI-R 알고리듬을 바탕으로 구성된 40개의 항목을 통해 사회적 상호관계, 언어 및 의사소통, 반복적·상동적 행동 등을 평가한다. 검사는 15분 정도 소요된다. 이 검사 도구의 독특한 특징은 발달학적 민감도로서 6세 이상과 6세 이하의 소아에서 서로 다른 검사를 시행하고, 언어 발달을 고려하여 총점을 채점한다는 것이다.

6. 자폐장애의 진단 도구

1) 초기 경험적으로 발달한 평정척도 및 설문

자폐장애를 평가하기 위해 처음으로 널리 사용된 도구는 림랜드의 행동장애 아동 진단척도(Rimland Diagnostic Form for Behavior-Disturbed Children: Form-E1)로 자폐장애의 체계적인 진단평가에 중요한 기여를 하였다. 장애, 행동 그리고 기술 스케줄(Handicaps, Behavior and Skills schedule)은 처음으로 보호자와의 반구조화된 면담으로 이루어진 도구다. 그러나 진단 도구가 아니어서 다른 평가, 진단 도구와 함께 사용되어 왔다. 행동관찰척도(Behavior Observation Scale)는 아동을 관찰하는 환경의 중요성에 초점을 맞춘 첫 번째 척도다.

2) 자폐장애의 주요 장애를 평가하는 도구

(1) 사회반응척도

사회반응척도(Social Responsiveness Scale: SRS; Constantino, 2002)는 4~18세 아동을 대상으로 하는 보호자 또는 학교 선생님에 의한 설문 조사다. 검사는 15~20분 정도 소요된다. 의사소통, 사회적 상호작용, 반복적·상동적 행동 및 관심 등의 내용을 포함하는 65개의 항목으로 이루어져 있고 증상의 빈도를 측정하여 0~3점까지 채점한다. DSM-IV 진단을 바탕으로 구성되었고, ADI-R 알고리듬과 SRS 점수가 강한 상관관계를 나타낸다. 특이한 행동을 포함하여 사회적 상호관계의 어려움 정도를 평가하는 데 가장 적합하다.

(2) 전반적 발달장애 평가척도

전반적 발달장애 평가척도(Pervasive Developmental Disorders Rating Scale: PDDRS; Eaves, 1990; Eaves & Hooper, 1987)는 각성, 감정, 인지의 세 가지 하위 척도로 이루어져 있고 총 51개의 항목으로 구성되어 있다. 각 항목은 1점부터 5점까지 채점하며 DSM-III 진단을 바탕으로 이루어져 있다. 평가자는 약간의 훈련을 받은 후 평가를 시행할 수 있다.

(3) 소아용 사회행동평가 설문지

소아용 사회행동평가 설문지(Children's Social Behavior Questionnaire: CSBQ; Luteijn et al., 2000)는 4~18세 아동을 대상으로 시행되는 검사로, 보호자에 의해 평가가 이루어진다. 최근 2개월간의 행동에 초점을 맞춘 96개의 항목으로 이루어져 있고 각각은 0~2점으로 평가한다. CBCL과 ABC의 평가 결과와 강한 상관관계가 있다.

3) 진단적 면담

(1) 자폐증 진단면담 개정판

자폐증 진단면담 개정판(Autism Diagnostic Interview-Revised: ADI-R; Lord et al., 1994)은 보호자를 대상으로 하는 반구조화된 면담 도구로, 아동의 발달력에 대한 상세한 정보를 얻고 행동 양상을 평정하는 데 도움을 준다. 여러 나라에서 자폐장애 진단의 gold standard로 사용되고 있으며, Yoo(2007)에 의한 한국어판이 사용되고 있다. 평가자는 훈련 워크숍이나 비디오테이프 도구 등을 이용한 훈련과 임상 경험 후에 평가를 시행할 수 있다. 검사는 2시간 정도 소요되며 ICD-10과 DSM-IV 진단 기준을 바탕으로 이루어져 있다. 사회적 상호작용, 의사소통, 제한적 · 반복적 행동의 세 가지 하위 척도로 구성된 93개의 항목으로 이루어져 있다. 언어 발달이 이루어진 아동과 그렇지 않은 아동에서 별도의 알고리듬을 가지고 있다. 특히 이 도구는 아동이 만 4~5세였을 때, 즉 학령 전기의 발달 양상이 전반적 발달장애의 진단 알고리듬에서 중요한 역할을 차지한다는 점을 강조하고 있으며, 당시의 발달을 집중적으로 탐색하도록 하고 있다.

(2) 사회적 및 의사소통 장애 평가를 위한 진단면담

사회적 및 의사소통 장애 평가를 위한 진단면담(The Diagnostic Interview for Social and Communication Disorder, DISCO; Wing et al., 2002)은 표준화된 반구조화 면담 도구로, 장애, 행동 그리고 기술 스케줄(HBS)에 바탕을 두고 있다. 자폐장애와 연관된 행동에 대한 정보를 얻고 임상가가 환아의 발달 정도를 평가하는 데 도움을 주는 등의 임상적인 목적으로 이용된다. 면담과 직접적인 관찰로 정보를 얻고 훈련된 평가자에 의해 이루어진다. 각 항목은 자폐장애와 관련된 행동 증상(사회적 상호관계, 의사소통, 상상, 반복 행동 등)과 발달 정도를 평가하고, 자폐장애에 비특이적인 행동(감각 자극에 대한 일반적이지 않은 반응, 주의집중의 어려움, 활동 정도, 행동 문제, 다른 정신과적 문제 등)도 평가한다.

4) 직접 관찰을 통한 척도

(1) 자폐증 진단관찰 스케줄

자폐증 진단관찰 스케줄(Autism Diagnostic Observation Schedule: ADOS; Lord et al., 1999; Lord et al., 2000)은 자폐장애 및 다른 전반적 발달장애가 의심되는 환자에서 의사소통, 사회적 상호작용, 놀이 또는 사물의 상상적 사용을 관찰하는 반구조화되고 표준화된 프로토콜을 제공하는 면담 도구다. 다양한 발달 수준과 생활 연령에서 자폐장애를 진단하는 데 중요하다고 여겨져 온 행동을 관찰할 수 있는 기준 활동들로 구성되어 자폐장애와 관련된 사회적 상호작용, 의사소통, 기타 행동을 객관적으로 관찰할 수 있게 돕는 관찰 도구다. 검사는 30~45분 정도 소요되며 훈련을 받고 경험이 있는 전문가에 의해 평가된다. 4개의 모듈로 이루어져 있으며, 모듈 1은 말을 못하거나 한 단어 의사소통이 가능한 환아에게 시행하고, 모듈 2는 언어는 사용하지만 유창한 자발 언어는 힘든 환아에게 시행하고, 모듈 3은 유창한 언어가 가능한 환아에게 시행한다. 그리고 모듈 4는 기능이 좋은 청소년이나 성인에게 시행한다. 30개월 이하의 아주 어린 소아는 자폐장애가 좀 더 많이 진단되는 경향이 있고 청소년이나 성인은 적게 진단되는 경향이 있다.

(2) 정신교육 프로파일 개정판

정신교육 프로파일 개정판(The Psychoeducational Profile-Revised: PEP-R; Schopler et al., 1990)은 전통적인 지능검사를 보완한 발달검사 도구로서, 발달 척도(모방, 지각, 대근육 운동, 소근육 운동, 눈-손 협응, 동작성 인지, 언어적 인지)와 행동 척도(대인관계 및 감정, 놀이 및 사물에 대한 관심, 감각 반응, 언어)로 구성된다. 아동의 현재 기능별 발달 수준을 평가하고 특이한 학습 패턴에 대한 정보를 제공함으로써 개별화된 치료 프로그램을 개발할 수 있게 한다. 경험 있는 전문가에 의해 평가된다.

(3) 청소년 및 성인용 정신교육 프로파일

청소년 및 성인용 정신교육 프로파일(Adolescent and Adult Psychoeducational Profile: AAPEP; Mesibov et al., 1989)은 정신교육 프로파일의 확장판으로, 12세 이상의 중등도에서 중도의 정신지체 아동을 대상으로 한다. 직접 관찰 척도와 집, 학교 또는 직장에서의 면담 척도 등 3개의 개별 척도로 이루어져 있고, 직업 기술, 독립적 기능, 취미, 직업적 행동, 기능적 의사소통, 대인관계 행동의 여섯 가지 기능적 측면을 평가한다. 독립생활에 필요한 기술을 평가하는 데 초점이 맞춰져 있어, 기술 개발이나 개입 등의 목표 영역을 찾는 데 이용할 수 있다.

5) 관련 진단적 · 행동적 평가 도구

(1) 의사소통 및 상징 행동척도 발달 프로파일

의사소통 및 상징 행동척도 발달 프로파일(The Communication and Symbolic Behavior Scales Developmental Profile: CSBS-DP; Wetherby & Prizant, 2002)은 6~24개월의 소아를 대상으로 의사소통과 상징 능력을 평가하는 표준화된 도구다. 언어 및 발달 지연 환아를 선별할 수 있고 자폐장애에 특이적이지 않다.

(2) 소아용 의사소통 체크리스트

소아용 의사소통 체크리스트(The Children's Communication Checklist, CCC; Bishop, 1998)는 언어 기능이 저하된 경우에 실제적인 어려움을 평가할 수 있는 도구로 언어의 실용적인 측면을 평가하는 5개 하위 척도로 이루어져 있다. 학교 선생님이나 언어치료사 등의 전문가에 의해 평가된다.

6) 아스퍼거 증후군 평가 도구

(1) 아스퍼거 증후군 및 고기능 자폐증 진단면담

아스퍼거 진단면담(The Asperger's Syndrome and High-Functioning Autism

Diagnostic Interview: ASDI; Gillberg et al., 2001)은 구조화된 면담 도구로, 언어가 유창한 자폐증이나 아스퍼거 증후군에 특이적인 진단 도구다. Gillberg의 아스퍼거 증후군 진단 기준을 바탕으로 하고 20개의 항목으로 구성되어 있다.

(2) 아스퍼거 증후군 오스트레일리아 평가척도

아스퍼거 증후군 오스트레일리아 평가척도(The Australian Scale for Asperger's Syndrome: ASAS; Attwood, 1997)는 『아스퍼거 증후군: 아스퍼거 증후군을 지닌 환자, 배우자, 전문가, 부모를 위한 지침서(Asperger's Syndrome: A Guide for Parents, Professionals, People with Asperger's Syndrome and Their Partners)』라는 책과 인터넷 사이트를 통해 쉽게 접근할 수 있어서 교육기관이나 보호자들에 의해 널리 사용되고 있다. 사회적/감정적 어려움, 인지 능력의 저하, 의사소통 능력의 저하, 특이적 관심거리, 어색한 운동 기능의 5개 영역을 평가하는 19개의 항목으로 이루어져 있다.

7. 자폐장애의 감별 진단

자폐장애는 전반적 발달장애 내에 있는 다른 장애들 및 전반적 발달장애 이외의 장애들과 각각 감별해야 하는데, 우선 감별 진단을 위해 단계적으로 평가하는 것이 필요하다.

- 지능 수준을 결정한다.
- 언어 발달 수준을 결정한다.
- 환아의 행동이 실제 연령, 정신 연령, 언어 연령에 적합한지를 고려한다.
- 만약 적합하지 않다면 사회적 상호작용, 언어, 놀이, 다른 행동들을 고려하여 정신과적 진단을 생각한다.
- 어떤 의학적 문제와 연관이 있는지 알아본다.
- 특정 정신사회적 요소들의 유무를 고려한다.

1) 전반적 발달장애 이외 장애와의 감별

(1) 소아기 정신분열병

자폐장애는 좀 더 이른 나이에 발병하고, 좀 더 심한 사회적 · 의사소통적 장애가 있으며, 연관된 발달의 이상이 있다. 반면, 정신분열병은 5세 이전 발병은 드물고, 뚜렷한 망상이나 환청을 동반하게 된다.

(2) 정신지체

자폐아동의 상당수가 정신지체를 가지고 있고, 정신지체 환아의 일부는 자폐 진단에 필요한 증상의 일부를 가질 수 있어 감별하기가 어렵다. 이때는 전반적 인지 기능에 비추어 사회적 상호작용과 의사소통 양상이 어떠한지 감별하는 것이 도움이 된다. 정신지체 환아들은 자신들의 정신 연령에 맞는 사람들과 관계를 맺고 의사소통을 하는 양상을 보인다.

(3) 의사소통장애

표현성 언어장애나 수용성 언어장애 등 발달성 언어장애와도 감별이 필요하다. 이는 특히 학령 전기 아동의 경우 어렵다. 이런 경우 정식으로 언어검사를 시행하여 평가해야 한다. 하지만 관심 있는 사물 가리키기와 관습적 제스처의 사용에서 자폐아동과 언어장애 아동이 구별되는 양상을 보인다.

(4) 감각기관의 장애

청각장애나 시각장애의 경우 인지 기능에 비해 사회적 상호작용의 양상이 어떠한지를 살피는 것이 도움이 된다. 이때 청력검사나 시력검사를 통한 정확한 평가가 필요하다.

(5) 강박장애

자폐장애에 비해 강박장애는 더 늦게 발병하고, 의사소통이나 사회성, 기타 발달장애를 잘 동반하지 않으며, 자아 이조적인(ego-dystonic) 양상을 보인다. 반면, 자폐장애는 이른 나이에 발병하여 사회적 상호작용 및 언어장애가 주된 장애로 더 심하게 나타나고, 행동의 반복적 양상이 자아 동조적인(ego-syntonic) 양상을 보인다.

(6) 불안장애

자폐장애는 증상이 일찍 시작해서 특징적인 초기 발달의 지연이 있고, 뚜렷한 사회성·의사소통 장애를 보인다. 하지만 불안장애는 사회성과 의사소통의 장애를 보이지 않고, 오히려 사회적 통찰이 더 잘 발달해 있다.

(7) 정서 박탈

환경적 요소로 인해 발달에 문제를 보일 수 있는데, 반응성 애착장애가 이에 속한다. 이런 경우 긍정적인 환경의 자극에 의해 빠르고 지속적인 발달을 보이

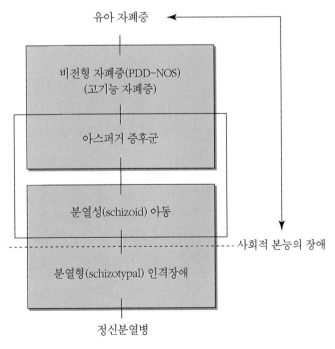

[그림 9-1] 사회적 본능 결손 장애 모식도

출처: 이영식, 조인희(1994).

게 된다.

2) 전반적 발달장애 내에서의 감별

자폐장애의 경우 정상 발달 시기가 없는 것이 전형적이지만 정상 발달 후 퇴행이 일어나는 경우가 있다. 이런 경우에는 란다우-클레프너 증후군(Landau-Kleffner syndrome)의 간질을 동반한 후천성 실어증(acquired aphasia with epilepsy), 레트 장애, 소아기 붕괴성 장애, 소아기 발병 정신분열병, 퇴행성 중추신경 장애의 가능성을 고려해야 한다.

(1) 레트 장애

주로 여아에서 생후 5개월까지 정상 발달을 보이다가 두부 발달의 저하, 목적이 있는 운동 소실, 정신 운동성 지체 등이 나타난다. 학령 전기에 특이한 상동적 손 운동, 언어 및 사회 기능의 장애로 자폐장애와 혼동을 보이게 된다. 점차 심각한 정신지체, 간질, 운동 기능, 특히 호흡 기능의 문제가 두드러지고, 척추 측만증이 심해져서 움직이기가 힘들어지게 된다.

(2) 소아기 붕괴성 장애

최소 2년간의 정상 발달 후 표현성 혹은 수용성 언어, 사회적 기술, 배설, 놀이, 운동 기술 영역에서 현저한 퇴행을 보이는데, 사회성, 언어 소통, 행동 이상 중 최소 두 영역 이상의 기능 소실을 동반한다.

(3) 아스퍼거 장애

사회적 상호교류의 장애와 제한된 관심 범위 및 상동적 행동 양상을 보이지만, 언어 및 인지 기능의 지연은 보이지 않는다. 따라서 상대적으로 덜 심해 보이고 늦게 발견되는 경향이 있다. 국내 연구(양윤란, 신민섭, 1998)에서는 아스퍼거 장애(13명)와 비전형 자폐장애(14명) 아동의 인지 기능과 시각-운동 협응 능력을 알아보기 위해 아동용 웩슬러 지능검사(K-WISC)와 벤더-게슈탈트 검사 (BGT)의 수행을 비교하였다. 그 결과, 아스퍼거 장애는 언어성 지능과 동작성 지능이 차이를 보이지 않은 반면, 비전형 자폐장애는 동작성 지능이 언어성 지능에 비해 유의미하게 더 높았다. 또한 아스퍼거 장애는 상대적으로 상식과 이해 소검사에서 더 우수한 수행을 보였고, 토막 짜기에서는 더 낮은 점수를 받았으며, 시각-운동 협응에 더 어려움이 있었다. 이를 통해 저자들은 아스퍼거 장애의 경우 언어 및 학습 능력이, 비전형 자폐장애의 경우는 시공간 기능 및 시각-운동 협응 능력이 상대적으로 더 우수하며, 따라서 K-WISC와 BGT가 두 장애를 감별하는 데 유용할 수 있다고 제안하였다.

(4) 달리 분류되지 않은 전반적 발달장애

사회적 상호작용, 의사소통, 상동증적 행동 패턴 등에서 심각한 문제가 있다 하더라도 발병 연령이 늦거나 비전형적 증상을 보이거나 증상의 정도가 낮은 등 전반적 발달장애의 명백한 기준을 다 충족시키지 못하는 경우다. 대체로 자폐장애보다 좋은 예후를 보이는 것으로 생각된다.

참 고 문 헌

김태련, 박랑규. 아동기 자폐증 평정척도. 서울: 특수교육, 1996.

신민섭, 김융희. 한국형 아동기 자폐증 평정척도의 표준화 연구: 신뢰도, 타당도 및 진단분할점 산출. 한국심리학회지:임상 1998;17(1):1-15.

양윤란, 신민섭. 아스퍼거장애와 비전형 자폐장애 아동의 KEDI-WISC와 BGT 수행의 비교. 소아청소년정신의학 1998;9:165-173.

이영식, 조인희. Asperger씨 증후군-자폐증, 분열성 인격장애와의 연계성. 소아청소년정신의학 1994;5:41-53.

조수철, 신민섭. 유아자폐증의 정신병리에 대한 객관적 평가. 신경정신의학 1989;28:1055-1063.

American Academy of Neurology. Practice parameter: screening and diagnosis of autism. *Neurology* 2000;55(4):468-479.

Attwood T. *Asperger's syndrome: A guide for parents and professionals.* London: Jessica Kingsley, 1997.

Baird G, Charman T, Baron-Cohen S, Cox A, Swettenham J, Wheelwright S, and Drew A. A screening instrument for autism at 18 months of age: A 6-year follow-up study. *J Am Acad Child Adolesc Psychiatry* 2000;39(6):694-702.

Baron-Cohen S, Allen J, and Gillberg C. Can autism be detected at 18 months? The needle, the haystack, and the CHAT. *Br J Psychiatry* 1992;161:839-843.

Berument SK, Rutter M, Lord C, Pickles A, and Bailey A. Autism screening questionnaire: Diagnostic validity. *Br J Psychiatry* 1999;175:444-451.

Bishop DV. Development of the Children's Communication Checklist (CCC): A method for assessing qualitative aspects of communicative impairment in children. *J Child Psychol Psychiatry* 1998;39(6):879-891.

Constantino J. *The social responsiveness scale.* Los Angeles: Western Psychological Services, 2002.

Eaves RC. The factor structure of autistic behavior. Paper presented at the annual Alabama Conference on Autism, Birmingham, 1990.

Eaves RC and Hooper J. A factor analysis of psychotic behavior. *J Spec Educ* 1987;21(4):122-132.

Gillberg C, Gillberg C, Rastam M, and Wentz E. The Asperger Syndrome (and high-functioning autism) Diagnostic Interview (ASDI): A preliminary study of a new structured clinical interview. *Autism* 2001;5(1):57-66.

Gilliam JE. *Gilliam Autism Rating Scale.* Austin, TX: PRO-ED, 1995.

Krug DA, Arick JR, and Almond PJ. *Autism screening instrument for educational planning.* Austin, TX: ProEd, 1980a.

Krug DA, Arick JR, and Almond PJ. Behavior checklist for identifying severely handicapped individuals with high levels of autistic behavior. *J Child Psychol Psychiatry* 1980b;21:221-229.

Lord C, Risi S, Lambrecht L, Cook EH, Jr., Leventhal BL, DiLavore PC, Pickles A, and Rutter M. The Autism Diagnostic Observation Schedule-Generic: A standard measure of social and communication deficits associated with the spectrum of autism. *J Autism Dev Disord* 2000;30(3):205-223.

Lord C, Rutter ML, DiLavore PC, and Risi S. *Autism Diagnostic Observation Schedule-WPS*. Los Angeles: Western Psychological Services, 1999.

Lord C, Rutter M, and Le Couteur A. The Autism Diagnostic Interview-Revised: A revised version of a diagnostic interview for caregivers of individuals with possible pervasive developmental disorders. *J Autism Dev Disord* 1994;24:659-685.

Luteijn E, Luteijn F, Jackson S, Volkmar F, and Minderaa R. The Children's Social Behavior Questionnaire for milder variants of PDD problems: Evaluation of the psychometric characteristics. *J Autism Dev Disord* 2000;30(4):317-330.

Mesibov GB, Schopler E, and Caison W. The Adolescent and Adult Psychoeducational Profile: Assessment of adolescents and adults with severe developmental handicaps. *J Autism Dev Disord*. 1989;19(1):33-40.

Robins DL, Fein D, Barton ML, and Green JA. The Modified Checklist for Autism in Toddlers: an initial study investigating the early detection of autism and pervasive developmental disorders. *J Autism Dev Disord* 2001;31(2):131-144.

Schopler E, Reichler RJ, Bashford A, Lansing MD, and Marcus LM. *Psychoeducational Profile-Revised*. Austin, TX: ProEd, 1990.

Schopler E, Reichler RJ, Renner BR. *The Childhood Autism Rating Scale*. Los Angeles: Western Psychological Services, 1988.

Siegel B. *Pervasive Developmental Disorders Screening Test*. Unpublished manuscript, University of California at San Francisco, 1996.

Siegel B. *Early screening and diagnosis in autistic spectrum disorders: The Pervasive Developmental Disorders Screening Test (PDDST)*. Paper presented at the NIH State of the Science in Autism: Screening and Diagnosis Working Conference, Bethesda, MD, 1998.

Siegel B, and Hayer C. *Detection of autism in the 2nd and 3rd year: The Pervasive Developmental Disorders Screening Test (PDDST)*. Poster presented at the biennial meeting for the Society for Research in Child Development, Albuquerque, NM, 1999.

Stone WL, Coonrod EE, and Ousley OY. Screening Tool for Autism in Two-Year-Olds (STAT): Development and preliminary data. *J Autism Dev Disord* 2000;30:607-612.

Stone WL and Ousley OY. *STAT Manual: Screening Tool for Autism in Two-Year-*

Olds. Unpublished manuscript, Vanderbilt University, Nashville, TN, 1997.

Stone WL, Ousley OY, Yoder PJ, Hogan KL, and Hepburn SL. Nonverbal communication in 2-and 3-year-old children with autism. *J Autism Dev Disorder* 1997;27:677-696.

Wetherby A and Prizant B. *Communication and Symbolic Behavior Scales developmental profile*. Baltimore: Paul H. Books, 2002.

Wing L, Leekam SR, Libby SJ, Gould J, and Larcombe M. The Diagnostic Interview for Social and Communication Disorders: Background, inter-rater reliability and clinical use. *J Child Psychol Psychiatry* 2002;43:307-325.

Yoo HJ. *Korean version of Autism Diagnostic Interview-Revised*. Seoul: Hakjisa, 2007.

Chapter 10

신경심리 검사

1. 서 론

　이 장에서는 현재까지 알려진 자폐장애의 핵심 증상과 이를 측정하는 신경심리 검사 및 그 결과를 살펴봄으로써 자폐장애 증상에 대한 이해를 도모하기로 한다.

　자폐와 관련된 수많은 연구를 통해 '마음이론' '실행 기능' '중앙 응집성' '언어의 장애(혹은 문제)'가 자폐장애를 설명하는 핵심적 증상이라는 데 의견이 모아진 것 같다. 이러한 핵심 증상을 먼저 이해해야 이후 신경심리 검사가 무엇을 어떻게 측정할 것인지에 대한 힌트를 얻을 수 있을 것이다. 왜냐하면 신경심리 검사의 목표는 특정 질환에서의 일차적 결손(primary deficit)을 찾아내고 확립하는 것이기 때문이다. 여기서 일차적 결손이라고 하면 보편적이면서 변별성

박혜연, 김다정, 신민섭, 조수철

이 있어야 하고 질환의 원인과 관련된 것이어야 한다.

2. 일차적 결손

1) 사회 인지 능력의 결함

자폐장애의 대표적인 특징으로는 사회 인지 능력의 결함이 있다. '사회 인지'는 사회적 정보를 지각하고 해석하며 처리하는 것과 관련된 인지 영역으로, 마음이론, 사회적 지각, 귀인 양식을 포함하는 사회적 행동과 관련되어 있다 (Ostrom, 1984). 최근까지 진행되어 온 연구에 따르면 고기능 자폐나 아스퍼거 증후군 환자에게서 일반 인지 능력은 크게 지체되지 않으나 공통적으로 심각한 사회적 기능 손상을 보인다는 결과가 보고되어 왔다(Happe, 1999). 자폐아동들은 타인의 행동 이면에 있는 목적이나 의도를 이해하는 데 어려움이 있다고 알려져 있는데 이를 설명하는 두 가지 가설이 널리 알려져 있다. 흔히 마음이론으로 알려져 있는 '추정(mentalising)이론' (Frith & Frith, 2003) 및 거울이론의 발견에 기반을 둔 '깨어진 거울(broken mirror)이론' (Iacoboni & Dapretto, 2006; Ramachandran & Oberman, 2006; Williams et al., 2001)이 대표적인 가설이다.

(1) 마음이론의 결함

마음이론(theory of mind)은 자신과 타인의 신념, 소망에 대해 추론하는 능력을 지칭한다. 이 능력은 개인의 행동 및 타인과의 상호작용에 특히 영향을 주는데, 정상 아동에서는 아동기 초반에 급격히 발달하지만 자폐아동에서는 마음이론의 발달 정도가 상당히 느리다(Frith & Frith, 2003). 마음이론을 측정하는 도구는 크게 1차, 2차 도구로 나뉜다. 1차 도구는 사람들이 동일한 상황에서도 다른 생각을 할 수 있다는 것을 이해하는지 측정하는 것이다. 정상 아동들은 4세가 되면 이러한 능력을 갖춘다고 한다. 2차 도구는 타인이 제3자에 대해 어떻게 생각하는지 알 수 있는가를 측정하는 도구다. 대부분의 자폐아동은 1차 마음이론 능력에 손상을 보이며, 더 많은 수가 2차 능력의 결함을 보인다고 알려져 있다 (Baron-Cohen, 1989). 또한 자폐아동은 상황으로 인해 발생한 타인의 정서를 판단할 수는 있지만, 타인의 믿음을 고려하여 그의 정서를 예측하는 능력은 상당히 떨어진다고 보고된다(Baron-Cohen, 1991). 마음이론 능력의 측정을 위해 가장 흔히 사용되는 과제는 샐리-앤 과제(Sally-Anne test)와 거짓 믿음 과제(false belief task)다. 김도연과 한소희(2005)가 두 과제를 고기능 자폐아동과 정상 아동에게 시행했을 때 고기능 자폐아동들은 일반 정상 아동들에 비해 두 과제 모두에서 저조한 수행을 보였다. 흥미로운 사실은 과제에 성공한 고기능 자폐아동들은 실패한 고기능 자폐아동들에 비해 실행 기능 검사 점수가 유의미하게 높았다는 점이다. 이 연구 결과는 실행 기능과 마음이론 간에 유의미한 관련이 있음을 시사한다(신민섭 외, 2001). 최근 Pellicano(2007)가 실행 기능과 마음이론 능력 간의 관계를 측정한 연구에서도 둘 간의 관계를 엿볼 수 있는데, 이 연구는 실행 기능과 마음이론 능력이 동시에 결함이 있음을 보여 주었다. 놀라운 사실은 실행 기능에 결함이 있는데 마음이론 능력이 온전한 자폐장애군은 하나도 없었다는 사실이다. 이는 실행 기능 자체가 사회적 상호작용 가운데 마음이론을 발달시키는 데 중요한 역할을 함을 시사한다.

(2) 깨어진 거울

마음이론에 기반한 가설은 자폐아동들이 다른 사람의 정신 상태를 이해하거나 실제 나타나는 것과 분리해 생각할 수 있는 능력에 문제가 있다는 것인 반면, 깨어진 거울 가설은 자폐가 행동이나 감정을 인지·재인하는 기능이 떨어져 있다는 것이다. 이는 자신이나 타인의 행동에 반응할 때 관여하는 거울이론에 기반한 가설이다. 특히 자폐아동들은 모방 행동이나 과제 수행 시 정상 아동과 차이를 보이는데, 이런 모방 행동의 결핍과 자신과 타인의 행동을 연결시키는 능력의 저하 때문에 타인의 의도나 감정, 사회적 맥락을 이해하는 능력이 제대로 발달하지 못하고 결국 사회적 인지 능력 저하로 이어진다(Iacoboni & Dapretto,

2006; Ramachandran & Oberman, 2006; Williams, 2001). 마음이론이 상징적·추상적 인지 능력 같은 고위 인지 기능에 문제가 생겼다고 보는 반면, 깨어진 거울 이론은 모방 같은 기본·하위 기능의 문제가 전체적인 문제를 야기한다고 보는 데 차이가 있다.

(3) 얼굴 인식 능력의 결함

자폐아동들의 신경심리학적 특징 중 널리 보고되어 있는 것 중 하나가 얼굴 인식(facial recognition) 능력의 결함이다. 자폐아동은 얼굴 인식 및 표정 지각에 어려움을 보이며, 사람들과 관련된 의미 있는 특성들을 제대로 표상하지 못한다고 알려져 있다. 자폐아동들은 친숙한 얼굴이든 친숙하지 않은 얼굴이든 얼굴을 인식하는 데 있어 정상 아동들과 차이를 보이는데(Boucher et al., 1998), 특히 낯선 얼굴을 형상화하는 데 더 어려움을 겪는 것으로 알려져 있다(Pierce et al., 2004). Williams 등(2005)의 연구에 따르면 그들은 기억 능력에도 차이가 있다. 즉, 단어 기억 능력은 양호하나 얼굴의 즉각/지연 회상 능력은 손상된 것으로 나타난 결과가 보고되었다.

사회적 인지 능력을 평가하기 위한 도구로 얼굴 과제가 고안되기도 했다. 예를 들면, 정서를 지각하는 능력을 평가하기 위해 두 얼굴 사진을 제시하고 두 표정이 같은지 다른지를 변별(discrimination)하는 과제인 얼굴 표정 구분 과제(facial affect discrimination task), 얼굴 사진을 제시하고 어떤 표정인지 찾아내는 얼굴 표정 인식 과제(facial affect identification task) 등이 있다. 이후에는 소리나 영상 등의 자극을 통해서 정서나 사회적 상황을 인식하도록 고안된 과제들도 사용되고 있다. 또 이전부터 시행해 오던 심리 평가 중 소검사나 일부 항목을 통해 사회 인지 능력을 평가하거나 추정하는 방법도 있다. 예를 들어, 웩슬러 지능검사에서 '이해' '빠진 곳 찾기' '차례 맞추기'는 관습적인 사회적 상식과 실제 상황을 파악하고 예측하는 능력을 측정하는 항목이라고 볼 수 있다. 집-나무-사람 그림(House-Tree-Person Drawing) 검사 같은 투사 그림 검사에서도 사회성, 사회적 대처 기술과 관련된 검사 징후(sign)들이 존재한다. 예를 들어, 집 그림에서의 창문이나 문, 나무 그림에서의 가지, 사람 그림에서의 이목구비나 눈, 손, 팔 등은 사회적 소통 및 대인관계와 관계 있는 표상으로 볼 수 있다고 한다. 잘 알려진 투사검사인 로르샤흐 잉크반점 검사(Rorschach Ink Blot Test)에서도 몇 가지 지표들이 대인관계적 특성, 사회 인지와 관련되어 있을 수 있다고 알려져 있다.

2) 실행 기능 손상

실행 기능(executive function)은 계획, 작업기억, 행동 억제, 인지체계의 변경, 인지적 유연성, 그리고 행동을 산출하고 감독하는 것을 포함하는 광범위한 능력을 포괄하는 개념이다(Rabbitt, 1997; Stuss & Knight, 2002). 실행 기능은 특히 전두엽의 기능과 연결해 설명할 수 있다. 따라서 실행 기능의 어려움은 전두엽(전전두엽) 손상과 신경발달학적 장애(자폐장애, 주의력결핍 과잉행동장애, 강박장애, 뚜렛 증후군, 정신분열병 등)를 갖고 있는 환자군에서 특히 문제가 되고 있다(Ozonoff & Jensen, 1999). Turner(1997)는 자폐장애군에서 관찰되는 반복적이고 상동증적인 행동 패턴을 행동 억제의 실패 및 생성 능력의 손상으로 설명하였다.

상술한 대로, 실행 기능은 각기 특수성이 있는 다양한 능력의 조합이기 때문에 실행 기능 평가는 실행 기능을 구성하는 세부 항목으로 나누어 이루어지고 있다. 다음은 각 세부 능력과 그에 따른 검사를 소개한 것이다.

(1) 계획 능력의 결함

계획 능력(planning)이란 행동을 계획하고, 지속적으로 감독하고, 재평가하는 일련의 과정을 지칭한다. 계획 능력을 평가하는 대표적인 검사인 런던 탑(Tower of London, Tower of Hanoi) 과제에서는 자폐장애를 가지고 있는 아동, 청소년, 성인 모두 수행이 저조했다(Hughes, 1996). 흥미로운 사실은 성공적인 수행과 비언어적 지능 간에 정적 상관이 관찰되었다는 것이다. 이는 모든 자폐장애군이 계획 능력에 있어 비슷한 수준의 결함을 보이는 것은 아님을 의미한다. 다른 연구(Mackinlay et al., 2006)에서는 고기능 자폐 및 아스퍼거 아동이 복잡한 다중 작업 과제(multitask) 수행 시 통제 집단보다 계획의 정교함이 떨어지며, 덜 효율적인 방법으로 수행하는 결과를 보였는데, 이는 전두엽 손상을 입은 성인 환자와 유사한 결과였다. 또한 과제 간 전환에 대처하는 능력도 상대적으로 저조하였다. 한편, Ruble과 Scott(2002)이 정신 연령이 동일한 자폐아동과 다운 증후군 아동을 대상으로 생활 장면에서 목표에 부합하는 행동(goal-directed behavior)의 양상을 평가한 연구에서는 자폐아동이 다운 증후군 아동보다 목표에 부적합한 행동들을 더 많이 보였고, 적합한 행동을 보이더라도 유지되는 시간이 짧았다. 이는 정신지체보다는 어떤 인지적 결함에 기인된 결과로 보이며, 자폐장애의 실행기능 결함을 지지하는 것이다.

(2) 인지적 융통성의 결함

인지적 융통성(cognitive flexibility)이란 환경적 변화에 따라 자신의 행동을 조절하고 변화시키는 능력으로, 자폐장애의 보속성, 상동증적 행동은 인지적 융통성의 결함으로 설명될 수 있다(Hill & Frith, 2003). 인지적 융통성 혹은 반응 준비 경향의 이동(set shifting) 능력을 측정하는 대표적인 검사인 Wisconsin Card Sorting Test(WCST) 및 이와 유사한 과제에서 자폐장애군은 정상 대조군보다 상황의 변화나 실험자의 피드백에 따라 사고와 행동을 변화시키는 데 어려움을 보였다. 이러한 수행 저조는 기타 신경발달학적 장애를 갖고 있는 다른 군에 비해 심각한 수준이었다(Shu et al., 2001). Hughes 등(1994)은 차원 내 변경 및 차원 간 변경이 요구되는 과제에서 자폐아동 및 청소년들은 연령과 학습 결함의 정도 및 언어적/비언어적 지능을 맞춘 대조군에 비해 융통성이 낮은 것으로 평가하였다. 김도연과 한소희(2005)의 연구에서는 자폐아동이 정상 아동에 비해 과제 수행 시 보속 반응이 많았다는 결과를 제시하였다.

(3) 억제 능력의 결함

여기서 말하는 억제(inhibition)란 목표 달성을 위해 행동적 과정이나 욕구, 충동을 의식적으로나 무의식적으로 억누르는 능력을 말한다. 억제 능력의 평가 도구로 잘 알려진 스트룹 검사(stroop test; Stroop, 1935)/Go-NoGo 검사(우세 반응을 억제해야 하는 과제)에서 자폐장애군은 손상을 보이지 않았다. 이러한 결과에 대해 Russell 등(1999)은 실행 검사 규칙이 자폐장애에 적용되어 비일관적인 결과가 나오는 것이라고 설명했다. 구체적으로 자폐장애군은 과제의 규칙을 언어의 형태로 받아들이는 것이 아니라는 가설을 지지하였고, 이로 인해 억제 기능 검사 결과가 일관적으로 도출되지 않는 것이라고 설명했다. 다른 과제를 사용한 연구에서는 자극에 선행하는 음조를 제시하여 즉시 각성을 유도하고, 이에 따라 반응 시간 감소 및 오류율 증가를 통해 억제 반응을 측정하였다. 그 결과, 고기능 자폐아동은 즉시 각성을 덜 억압하여 정상 통제 집단보다 오류율이 더 높을 것이라고 예상했으나, 실제로는 고기능 자폐 집단이 통제 집단에 비해 뛰어난 수행을 보였다. 이는 고기능 자폐아동이 각성 조절 결함이나 반응 억제 결함을 가지지 않았다는 것을 지지하는 결과다. 또 다른 연구에서는 주의력결핍 과잉행동장애, 고기능 자폐, 뚜렛 장애, 정상 집단의 작업기억 및 억제 능력을 비교한 결과, 억제 처리 과정은 주의력결핍 과잉행동장애에서 더 빈약했고 자폐 집단은 작업기억의 결함을 보였다(Verté et al., 2005). 이러한 결과는 반응 억제가 자폐의 반복적 행동 패턴과 같은 증상보다 빈약한 언어 기술 및 부주의와 관련되어 있다는 것을 보여 준다. 신민섭과 박혜근(2001)의 연구에서는 평균 IQ가 54인 자폐아동과 평균 IQ가 52인 MR, 정상 아동을 대상으로 실행 기능 검사 수행을 비교하였다. 그 결과, 저기능 자폐아동들이 억제적인 통제, 작업기억 및 인지체계의 전환에 유의미한 어려움을 보였으며, 이러한 실행 기능의 결함이 새로운 행동 계획 창출 결함 및 반복적·상동적 행동에 기여할 수 있다고 보고하였다.

(4) 작업기억의 결함

일단 언어 능력에 대해 잠깐 언급하면, 언어와 의사소통의 결함 역시 자폐장애의 핵심적인 특징이며, 지능이 높은 고기능 자폐에서도 나타난다는 연구 결과들이 보고되어 있다. 고기능 자폐 집단이 통제 집단에 비해 표현성 문법과 은유적인 언어 능력이 저조한 것으로 나타났다는 보고가 있었다(Landa & Goldberg, 2005). Harrison과 Oakland(2006)의 연구에서 오른손잡이 성인 자폐장애 환자와 연령, 우세 손잡이, 언어성 지능을 짝지은 통제 집단을 대상으로 fMRI를 이용하여 뇌의 활성화를 관찰한 결과, 자폐장애 환자는 언어 자극의 의미적인 측면을 처리하는 데 어려움을 보이며 언어적 처리에 관련되는 두뇌의 회로망이 정상과는 다를 가능성이 시사된다고 보고되었다.

반면, 언어적 작업기억에 관한 연구들에서는 결과가 비일관적이게 사용된 과제에 따라 다를 수 있다. 단어가 아니라 숫자, 알파벳을 과제로 사용한 언어적 작업기억에서는 민감도가 떨어져 결함이 없게 나올 가능성이 있다고 알려져 있다.

대체로는 자폐장애에서 비언어적/공간적 작업기억의 손상이 동반되는 것으로 알려져 있고 자기 자신과 관련된 일화기억에서도 선택적 결함이 있다는 결과들이 있었다. Salmond 등(2005)이 8~18세 고기능 자폐 스펙트럼 집단(아스퍼거=11, 고기능 자폐=3, FSIQ=102)과 통제 집단(n=18, FSIQ=104)의 기억 기능을 비교한 연구에서는 자폐 집단이 단어 재인 및 의미 기억은 상대적으로 온전하였으나 일화기억에서 선택적인 결함을 보였다. Goldberg 등(2005)은 8~12세 범위의 고기능 자폐아동(n=17, FSIQ=96.5), 주의력결핍 과잉행동장애 아동(n=21, FSIQ=113.8), 통제 집단(n=32, FSIQ=112.6)을 대상으로 반응 억제, 문제 해결, 주의 전환, 비언어적 작업기억 능력을 평가하였다. 그 결과, 주의력결핍 과잉행동장애와 고기능 자폐장애 집단 모두에서 공간적 작업기억이 손상되어 있으나, 고기능 자폐 집단에서 더 심각한 것으로 나타났다.

3) 약한 중앙 응집

일반적으로 대부분의 사람은 외부 환경을 볼 때 전체적인 특성을 파악하고 그 의미를 해석하려고 한다(Frith, 1989). 하지만 자폐아동들은 전체를 이해하기보다 부분에 집중하는 성향을 보여서 전체적 상황을 파악하지 못한다. 이러한 특성은 읽기에 있어 맥락을 이해하지 못하게 하기도 하며 시각적 착각(visual illusion)에 빠지지 않게 하기도 한다(Happe, 1996). 대표적인 과제로 게슈탈트 원리(폐쇄성(closure), 유사성(similarity), 근접성(proximity))를 이용한 자극, 위계성 문자자극(hierarchical letter stimuli), 숨은 그림찾기 검사(embedded figure test), 시각적 착각 등이 있다. 하지만 약한 중앙 응집(weak central coherence) 특성은 특정 과제에서 부분과 세부적인 측면에 더 집중하게 함으로써 장점이 될 수도 있다. 따라서 일각에서는 이러한 특성이 인지적 결함이 아닌 자폐장애군의 인지적 스타일(cognitive style)이라고 보기도 한다(Happe, 1999; Happe et al., 2001).

3. 발달 평가

자폐장애 아동이 보이는 발달 궤도는 비전형적이고 일정치 않은 경우가 많다. 증후군의 발현 양상의 차이뿐 아니라 특정 영역에서의 발달 속도 비균질성, 불규칙성도 흔해서 여러 영역의 기능 발달 정도를 평가하는 데는 세심한 주의가 필요하다. 따라서 이렇게 복합적인 발달 형태를 보이는 자폐아동의 발달 평가를 위해서는 다양한 방법을 통한 접근이 필요하고, 기능 정도를 정확히 평가할 뿐 아니라 진단적 고려와 향후 교육 계획까지 통합적으로 포함해야 한다.

현재 널리 사용되고 있는 다면적 발달평가 모델(multi-domain developmental assessment model)에 따르면 전형적으로 다음과 같은 영역들이 자폐아동의 평가에 중요하다. 비언어성 인지 기능(시공간적 인지 기능, 기억력, 분리 개별화 기술 등), 운동 능력(대/소근육 운동), 언어 인지 및 의사소통(수용언어 및 표현언어 기술), 적응 능력(일상생활 기능), 대인·사회 기술(사회성, 감정 조절) 등(Gilliam, 1995)이 주요한 평가 영역이다.

발달 평가의 목표는 아동의 영역별 능력 수행 정도를 평가하고 이해하는 것이다. 따라서 평가자는 진단에 필요한 정보뿐 아니라 특정 영역에서 아동이 가진 장단점까지 파악할 필요가 있다(Paul et al., 2004).

1) 발달력

아동의 의학적 과거력 및 발달력, 증상의 시작과 경과, 현재의 증상과 발달, 치료에 영향을 줄 수 있는 가족 요인 등에 대한 임상적 면담은 기본이 된다. 부모를 비롯한 주 양육자, 의학 전문가 등과의 면담을 통해 정보를 모으게 되며 가족 구조나 임신, 출산, 주산기, 외상의 병력 및 신경학적·유전학적 문제 여부, 감각 문제 등이 포함되어야 한다. 가족력 및 특이 약물, 중금속 물질 등에 노출된 적이 있는지 등의 환경적인 요인에 대한 정보도 필요하다.

부모가 주목할 만한 문제가 처음 발생했을 때의 연령 및 상황뿐 아니라 그 이전 시기에도 연령에 맞는 발달 과업 수행이 이루어졌는지 여부도 중요하다. 보통은 발달 과정 중에 속도가 둔화된다든지, 더 이상의 발달 진행이 되지 않거나 습득한 기술을 잃고 퇴행하면서 부모가 문제를 인식하게 되는 경우가 많다. 최근 결과에 따르면 거의 90%의 자폐장애 부모들이 아이가 두 돌일 무렵 처음으로 어떤 문제가 있다는 것을 인지하게 되었다고 한다(Chawarska et al., 2008). 후에 상세불명의 전반적 발달 장애(PDD-NOS)로 진단된 아동들의 경우 첫돌 전에 부모들이 걱정을 시작하는 경우는 드물었으나, 나중에 자폐장애로 진단된 아동들의 경우에는 약 30%의 부모들이 첫돌 무렵 혹은 그 이전에 아이들에게 문제가 있다고 느꼈다고 한다. 자폐장애 아동의 부모들 중 25~30%는 아이들이 생후 18~24개월 사이에 이미 습득한 기술이 퇴행되었던 것으로 보고했다. 실제 어떤 발달 시기에 언어 능력이나 사회적 관심의 퇴행이 있다고 해도 더 이전 단계에서 이미 발달지체가 진행되고 있을 가능성을 배제할 수 없기 때문에 이런 '퇴행 전' 시기의 발달 상황에 대한 평가도 필요하다.

자폐장애 유아를 둔 부모는 처음에 아이가 제한된 언어 반응을 보이고 말이 늦으며 사회적 관심이 제한되어 있는 것을 걱정하며 문제를 인식하기 시작하는 경우가 많다. 다른 문제들도 다양하게 나타날 수 있는데, 나중에 자폐증으로 진단되는 아이들의 경우에는 상세불명의 전반적 발달 장애로 진단된 아동들에 비해 운동 발달 지체나 이상한 감각에 대한 흥미를 보이는 빈도가 높다. 반면, 상세불명의 전반적 발달 장애의 경우에는 식사, 수면, 전반적 활동 등을 포함하는 조절 능력과 관련된 문제가 두드러지는 경우가 더 흔한 것으로 보고되었다 (Chawarska et al., 2007).

아이의 능력과 어려움, 증상에 대해 부모가 어떻게 인지하고 어떻게 생각하는지 평가하는 것도 중요하다. 이런 부모의 인식 및 태도가 이후 상황을 어떻게 극복할지, 치료에 대한 순응도 등과 밀접하게 관련되어 있기 때문이다(Levy, 2003). 더불어 가족이 포함되어 있는 지역사회의 사회적 연계, 지지체계 등에 대한 정보도 향후 아이의 치료 계획을 수립하는 데 필수적인 요소다.

2) 발달 평가

보통은 부모 보고식의 발달 평가로 이루어진 선별검사를 통해 발달 평가를 시작한다. 잘 알려진 평가 도구로 연령 및 발달단계 설문지 제2판(Ages and Stages Questionnaires: ASQ-2nd ed.; Bricker & Squires, 1999), 브리건스 선별검사 (Brigance Screens; Brigance, 1986; Glascoe, 1996), 소아 발달 목록(the Child Development Inventories: CDIs; Ireton, 1992; Ireton & Glascoe, 1995) 등이 사용되고 있다.

진단 목적뿐 아니라 치료 계획 수립을 위해서 좀 더 구체적인 감별 진단적 접근이 필요하고, 이를 위해서는 단순히 부모 보고를 통한 정보만으로는 제한점이 있다. 표준화된 방법으로 아이의 행동을 유도하고 이를 관찰해서 얻은 보다 정교하고 체계화된 정보가 필요하다. 덜 구조화된 환경, 즉 집에서 부모에게 관찰되는 아이의 행동은 구조화된 환경에서 드러나는 증상과 차이가 있을 수 있다는 점도 고려되어야 한다. 발달 평가의 목적은 단순히 아이가 기대되는 발달 과제를 얼마나 습득했는지 평가하는 데 그치는 게 아니라 아이의 문제 해결 전략, 즉 수행에 영향을 줄 수 있는 주의집중, 동기, 인지적인 요소들을 설명할 수 있어야 한다. 가장 널리 쓰이고 있는 발달 지표로는 베일리 유아·걸음마기 발달척도 제3판(Bayley Scales of Infant and Toddler Development, Third edition: Bayley-Ⅲ; Bayley, 2006)과 물렌 조기학습척도(Mullen Scales of Early Learning: Mullen Scales; Mullen, 1995)가 있다. 이 두 가지 척도는 수행에 근거한 척도로 직접적인 상호작용 및 목표 활동 영역에서 아이의 발달 정도를 평가한다.

베일리 Ⅲ는 생후 1~42개월의 유아를 평가하도록 고안되었고 인지적·언어적·운동적·사회-정서적·적응적 행동의 5개 영역의 척도로 구성되어 있다. 인지 영역에 대한 평가에는 정보 처리 능력, 습관, 기억, 처리 속도, 새로운 것에 대한 선호도, 문제 해결, 수 개념 등에 대한 내용이 포함되어 있다. 언어 영역은 수용성, 표현성의 소과제로 세분화되어 있는데, 수용성 언어는 구문이나 요청 등의 소리 자극을 얼마나 잘 이해하고 적절히 반응하는가를 평가하고, 표현성 언어 능력은 소리나 어휘를 따라 하기 및 발성, 말하기 능력을 평가한다. 운동 영역은 소근육, 대근육 운동 하위 척도로 나누어져 있고 아이의 동작, 감각 통합, 인지 운동 통합, 포착 및 이동 능력을 평가한다. 인지, 언어, 운동 능력의 세 영역의 평가는 아동을 직접 평가하도록 구성되어 있다. 그리고 나머지 두 영역인 사회-정서 및 적응 행동 영역의 평가는 부모에 대한 설문으로 평가한다.

사회-정서 척도는 생후부터 42개월까지 자기조절 및 정서 표현 등을 포함한 사회-정서 발달의 여러 단계를 정의한 사회-정서 성장표(Social-Emotional Growth Chart; Greenspan, 2004)에 근거해 만들어졌다. 적응 행동 평가는 주변 상황에 대해 요구되는 여러 가지 일상적인, 실용적인 기술의 습득을 평가하기 위한 것으로 적응 행동 평가 시스템(Adaptive Behavior Assessment System, Second edition: ABAS-Ⅱ; Harrison Oakland, 2003)을 참고해 구성되었다. 여기에는 식사나 옷 입기 등의 자조 기술 및 또래 놀이 등 타인과의 상호작용 능력이 포함된다.

물런 척도는 생후부터 68개월까지 연령의 유소아 인지 기능을 여러 영역에서 평가하도록 고안되었는데 크게 4개 하위 척도를 통해 인지 기능을 평가하게 된다. 시각 반응, 수용성 언어, 표현성 언어, 소근육 운동의 4개 하위 척도와 더불어 생후 33개월까지의 대근육 운동 능력을 평가하는 척도들이 같이 포함되어 있다. 시각 반응 영역에서는 비언어성 시각 구분, 개별화, 시각 기억력 등이 포함되어 있는데, 언어의 역할을 최소화해서 배제할 수 있도록 지침을 구성하였다. 소근육 척도는 시각-운동 계획과 조절을 측정할 수 있고 물체의 조작 및 모방 행동 능력 등도 포함되어 있다. 수용성 언어 척도는 아동의 청각적 이해와 기억력을 강조한 척도로, 소리 자극에 대한 전반적인 반응성을 평가하게 된다. 이에는 언어 개념 이해나 이름에 대한 반응, 비언어적 소리 자극에 대한 반응과 의사소통 제스처에 대한 이해 등이 포함되어 있다. 표현성 언어 척도는 아이의 자발적인 언어 사용을 평가하도록 되어 있다. 이에는 발성하고 단어 등을 말하는 것, 이름 붙이기, 숫자와 구절을 되풀이하거나 실제 대화나 대답하기 등이 포함되어 있다.

3) 적응 기술

적응 기술은 일상 상황에서 정상적으로 기능하기 위해 필요한 일련의 개념적 · 사회적 · 실용적 기술들을 의미한다. 보통 연령과 관련이 있고 주변 상황 및 사람들과 비교해 기대되는 기대 행동 또는 평균 행동을 뜻한다. 유아 또는 초기 소아 시기에는 적절히 수용성 · 표현성 언어를 사용하는 것, 다른 사람들과의 상호작용 능력, 사회적 추론과 사회적 이해 능력이 시작되는 것, 옷 입기 및 씻기 등의 기본적 자조 능력, 간단한 집안일에 동참하기 등의 적응 행동 기술이 통상적으로 기대되는 수준이다. 자폐장애에서는 인지 기능 수준과 이런 기술들을 실생활에 적용하는 능력 사이에 차이가 있을 수 있으므로 적응 기능의 평가가 필수적이다.

많이 사용되는 적응 행동 평가 도구로는 바인랜드 적응 행동척도 제2판(Vineland Adaptive Behavior Scales, 2nd ed.: Vineland-II; Sparrow et al., 2005)이 있다. 이 도구는 출생 후부터 90세까지의 연령을 평가할 수 있으며 누가 평가하느냐에 따라 네 가지 양식이 있다. 연구 조사용, 양육자용 평가 양식에는 의사소통, 일상생활 기술, 사회화, 운동 기능의 4개 적응 행동 영역에 대한 11개 소도구가 있다.

4) 평가의 실제

사회적 관심과 동기, 주의력, 비언어적 의사소통이나 모방의 결핍 등의 특징들 때문에 표준화된 검사를 자폐아동에게 실시하는 것은 쉽지 않은 일이다 (Akshoomoff et al., 2006). 따라서 자폐아동을 평가하기 위해서는 전반적인 발달과정에 대한 충분한 지식뿐 아니라 아동의 주의집중과 동기를 고취시킬 수 있는 전략적 방법에 대해서도 잘 알고 있어야 한다. 자폐아동들은 얼굴이나 말, 제스처 등의 사회적 자극을 잘 인지하지 못하는 특징이 있고, 이로 인해 새로운 사회적 기술을 배우거나 익히는 것에도 장애가 있다. 또 개인적으로 관심을 보이는 물건에도 큰 차이가 있어 검사 중에 지속적인 주의력을 유지하기가 어렵다. 어떤 항목들은 시행 자체가 어려울 수도 있다. 이렇게 여러 가지 장해 요인들이 있지만 자폐아동들에게서 표준화된 평가는 꼭 필요할 뿐더러, 평가 과정 중에 드러난 각 아동들의 검사 장해 요인들이 오히려 궁극적으로는 진단과 치료 계획 수립에 핵심적인 정보가 되는 경우도 있다. 각 아동들의 특징을 고려하기 위해 검사 시작 전에 부모와 면담을 하거나 직접 관찰함으로써 아이가 어떤 것에 관심을 보이고 비교적 집중하는지 알아보는 것도 좋은 방법이다. 비구조화된 관찰을 통해서 아이가 스스로 자극을 하면서 혼자 노는 행동이 있는지, 상동 행동이 있는지 관찰할 수 있고, 주변 환경에 대해 어떤 식으로 반응하는 경향이 있는지 관찰할 수 있다. 부모는 아이의 집중력과 검사 참여도를 고취시키기 위해 어떤 강화 방법을 쓰면 좋을지 알고 있는 경우가 많다. 그러므로 부모와의 사전 면담에서 도움을 받을 수 있다. 통상적으로 강화 방법으로 쓸 수 있는 미소 짓기나 칭찬하기가 자폐아동들에게는 효과가 없는 경우가 많으므로 다른 강화 방법들도 고려해야 한다. 좋아하는 장난감을 이용한다거나 좋아하는 동작을 반복하도록 허락해 줄 수도 있고 간식을 이용할 수도 있다. 간혹 아이가 과제 수행을 마치는 것을 거부하는 경우도 있는데, 이런 수행 거부가 더 저조한 인지 능력 및 기술을 반영할 수 있다는 결과들도 있다(Mantynen et al., 2001).

4. 자폐장애에서의 인지 기능 평가

현재 국내에서도 많은 인지 기능 평가 도구들이 한글화되었고 국내 환경에 맞게 표준화 · 객관화되어 사용되고 있다.

1) 지능 평가

(1) 한국판 유아용 웩슬러 지능검사(K-WPPSI)

만 3세부터 7세 3개월까지의 아동을 대상으로 하며, 전체 지능 및 동작성 지능과 언어성 지능으로 나뉘어 결과가 산출된다.

(2) 한국판 아동용 웩슬러 지능검사(KEDI-WISC)

5세부터 15세 11개월까지의 아동을 대상으로 하며, 12개의 소검사로 구성되어 있다. 2개의 추가 검사(숫자 외우기와 미로 소검사)를 실시할 수 있다. 결과는 언어성 지능, 동작성 지능, 전체 지능으로 산출된다.

(3) 한국판 아동용 웩슬러 지능검사 개정판(K-WISC-III)

6세부터 16세 11개월까지의 아동을 대상으로 한다. 4개의 추가적인 지표—언어 이해력(verbal comprehension), 개념 형성(perceptual organization), 주의집중(freedom from distractibility), 정신운동 속도(psychomotor speed) 지표—의 점수 측정이 가능하다. 검사 도구가 컬러로 구성되어 있어 아동들의 흥미 유발 및 주의집중에 용이하며, 동작성 소검사를 먼저 실시하도록 구성되어 있다.

(4) 한국판 아동용 카우프만 검사(K-ABC), 그림지능검사(PTI)

K-ABC는 2세 6개월부터 12세 6개월까지의 아동들을 대상으로 지능을 평가하는 표준화된 검사 도구로, 순차처리(sequential processing), 동시처리(simultaneoys

processing), 습득도(achievement), 인지처리(mental processing)의 4가지 척도 점
수로 구성되며, 여기에 추가로 비언어성 척도(nonverbal scale)를 할 수 있다.

그 밖에 PTI 검사도 한국판으로 표준화되어 있다. PTI는 그림으로 된 사지선
다형의 지능검사로 4~7세에 평가 가능하다. 시간 제한이 없으며 어휘, 수계산,
지각적 조직 능력, 기억, 추리력을 측정하는 6개 소검사로 이루어져 있다. 아동
이 말 또는 손가락이나 눈짓으로 대답이 가능해서 자폐증, 뇌성마비 등 언어나
동작에 장애를 지니는 아동에게도 사용 가능하다.

(5) 라이터 국제 수행평가척도(LIPS-R)

라이터 국제 수행평가척도(Leiter International Performance Scale-Revised:
LIPS-R)는 비언어적 지능검사로 문화적인 영향을 비교적 받지 않는 것으로 알려
져 있다. 의사소통장애, 청각장애, 뇌 손상 및 인지 발달이 부진한 아동 등에도
사용 가능하며, 대상 연령은 2세~20세 11개월이다. 시각 및 추론 영역(10개 하
위 검사)과 주의 및 기억 영역(10개 하위 검사)으로 나누어져 있고, 평가 시간은
90분 정도 소요된다. 평가자, 부모, 아동 및 교사가 평가하는 행동 관찰에 대한
평가척도도 함께 포함되어 있다. 우리나라에서는 조수철과 신민섭(2010)에 의해
신뢰도 및 타당도 검증이 이루어졌다.

2) 발달 평가

심리교육 프로파일 개정판(Psycho-Educational Profile: PEP-R)은 자폐아동이
나 의사소통장애 아동의 기술 및 행동 양상을 평가하는 도구다. 구체적인 발달장
애 영역을 객관적으로 평가하고, 개별화된 치료교육 프로그램을 계획하기 위해
개발되었다. 1세 이후 아동을 대상으로 하고 사회성, 의사소통, 비언어적 인지
기술 등에 대한 발달 평가도 포함되어 있다. 45~90분 정도가 소요되며, DA
(developmental age, 발달 연령)와, DQ(developmental quotient, 발달지수)로 결과
가 제시된다.

5. 자폐장애에서의 적응 기능 평가

사회성숙도 검사(Social Maturity Scale: SMS)는 사회성 영역에 대한 사회적 성숙을 평가하는 도구로 전 연령을 대상으로 한다(0~30세 사용). 주 양육자와의 개별 면담 및 아동에 대한 관찰을 통해 평가하도록 되어 있으며 다음 6개 영역 117문항으로 구성되어 있다.

① 자조 기술(self-help): 일반적 자조 능력, 식사 자조 능력, 옷 입고 벗기 및 청결 자조 능력
② 이동(locomotion)
③ 작업(occupation): 단순 놀이에서부터 고도의 전문성을 요하는 작업에 이르는 다양한 능력
④ 의사소통(communication): 동작, 음성, 문자 등을 매체로 한 수용과 표현
⑤ 자기 관리(self-direction): 책임감 있고 분별 있는 행동에 관한 항목. 독립성과 책임감
⑥ 사회화(socialization): 사회화 활동, 사회적 책임, 현실적 사고 등

검사 결과로 사회 연령과 사회지수가 산출된다. 사회 연령(SA)은 총점을 이용해 사회 연령 환산표에서 구하고, 사회지수(SQ)는 사회 연령(SA)/생활 연령(CA)×100의 공식으로 구한다.

6. 자폐장애에서의 신경심리 평가

통상적으로 평가하는 지능, 적응 행동 능력, 성취도 이외에 추가적으로 더 고위 인지 기능이나 정신운동 속도 등의 기능을 평가하기 위해 신경심리 평가를

시행할 수 있다. 신경심리 평가는 특정 영역의 인지 기능이나 학습 능력에 문제가 있을 때 유용한 것으로 다음과 같은 기능을 평가할 수 있다.

- 감각 인지 기능(sensory perceptual functions)
- 편측성 및 정신운동 속도(laterality & psychomotor functions related to speed & visual-motor integration)
- 특정 언어 학습, 언어적 기억력, 시각적 기억력(specific language learning, verbal, visual memory, concept formation)
- 주의집중력(attention)
- 실행 기능, 작업기억, 계획 능력, 전략 수립(executive function, working memory, forward planning, strategy generation)
- 주의 전환 능력(mental shifting)

7. 최근 신경심리 검사의 이슈

1) 새로운 검사 도구

앞서 살펴본 것처럼, 실행 기능의 세부 기능에 대한 연구에서는 다소 비일관적인 결과가 도출되었다. 연구마다 피험자 특성이 다르거나 연령이 다르거나 환경이 다른 점 등 비일관적인 연구 결과의 이유를 하나로 짚어서 설명하기는 어렵다. 하지만 최근 이러한 결과의 비일관성의 한계를 극복하고자 하는 시도가 이루어지고 있다. 대표적인 시도로 새로운 검사 도구의 개발 및 그 신뢰도와 타당도 확보를 들 수 있다. Hill과 Bird(2006)는 헤일링 검사(Hayling test; Burgess, 1997), BADS(Behavioral Assessment of the Dysexecutive Syndrome)라는 상대적으로 최근에 개발된 도구를 사용하여 실행 기능을 평가한 후 그 결과를 기존의 도구들(변형된 카드분류검사: Modified Card Sorting Test: MCST, 스트룹 검사:

stroop test, 선로잇기검사: trail making test)과 비교하였다. 연구 결과, 고전적인 도구들(MCST, 스트룹 검사)은 실험 집단인 아스퍼거 성인군과 통제군인 정상 성인군 간에 유의미한 차이를 발견하지 못했으나, 헤일링 검사와 BADS 결과 아스퍼거 군과 정상군의 수행 간에 유의미한 차이를 발견하였다. 이 연구에서 아스퍼거 군은 정상 성인군보다 수행 능력이 저조하였다. 주목할 만한 사실은 선로잇기검사(A, B)에서 두 그룹 간의 차이가 나왔다는 것이다. 또한 헤일링 검사는 자폐 스펙트럼 장애군의 억제 반응을 측정하는 데 유용한 도구라는 것이 밝혀졌다. 상술한 바와 같이, 자폐장애군의 억제 능력은 가장 논란이 많은 능력 가운데 하나였다.

2) 뇌영상 연구와의 결합

최근의 연구는 뇌영상(neuroimaging)과 결합하여 인지 능력 혹은 결함의 기저에 있는 뇌 구조와 기능을 평가한다. 이는 자폐장애의 행동학적인 측면과 생물학적인 측면의 상관을 관찰한다는 점에서 자폐장애를 심층적으로 이해할 수 있는 창을 제공해 준다고 할 수 있겠다. 한 예로 Just 등(2007)은 실행 기능과 그 기저에 있는 뇌 내 연결도(connectivity)를 fMRI를 이용하여 측정하였다. 연구 결과, 자폐장애군과 정상군 간의 하노이 탑(Tower of Hanoi)의 전반적인 수행 능력에는 차이가 없었다. 하지만 자폐장애군의 전두엽과 두정엽의 BOLD 신호 활성화 일치율은 정상군에 비해 낮게 나왔다. 이 연구 결과는 자폐장애에서 실행 능력의 기저에 있는 생물학적 기반에 대한 증거를 제시한다는 점에서 의미를 찾을 수 있을 것이다.

3) 자연주의적인(naturalistic) 검사환경 제공

마지막으로 다룰 한 가지 이슈는 지금까지의 검사 자극과 환경이 인위적이라는 비판에 따라 검사 자극 및 환경을 실제적이고 사회적인 상호작용 맥락을 고려해서 만들려 한 것이다. 대표적인 검사로 사회인지 평가를 위한 영화(Movie for the Assessment of Social Cognition: MASC)를 들 수 있다. 이 연구에서는 피험자에게 15분 동안 실제 사람들의 상호작용(저녁 식사 파티)이 담긴 비디오를 보여 준 다음 객관식으로 특정 인물이 어떤 감정을 갖고 있는지 물었다. 예를 들어, '그녀는 어떤 기분을 느꼈는가?'의 질문에 '① 그녀의 머리 모양은 별로 좋아 보이지 않는다. ② 그녀는 그의 칭찬에 기뻤다. ③ 그녀는 그의 심한 장난에 몹시 화가 났다. ④ 그녀는 다소 놀랐지만 기분이 좋았다.'와 같은 보기를 주고 피험자가 선택하게 하는 방식이다. Dziobek 등(2006)은 이런 영화를 이용한 연구를 통해 아스퍼거 군에서 타인의 감정을 추론하는 능력이 정상 대조군에 비해 현저히 떨어짐을 보고하였다.

8. 결 론

신경심리 검사를 통해 기존에 알려졌던 결함을 평가하면서 장애에 대한 이해의 폭을 넓힐 수 있는 것 같다. 하지만 제시된 다양한 연구 결과들에서 보듯이 연구, 피험자의 특성, 검사 도구에 따라 연구 결과가 일관적이지 않았다. 이러한 사실로 신경심리 검사의 변별력과 타당도를 문제 삼기보다 좋은 연구 설계와 생애에 걸친 장기 추적 연구, 그리고 신경해부학적 상관물(neuroanatomical correlates) 연구가 더해진다면 장애에 대한 구체적이고 심도 있는 이해에 이를 수 있을 것이다. 또한 IQ가 다양한 신경심리 검사와 정적 상관(South et al., 2007)이 있다는 사실이 있고, 장기 추적 연구에서 IQ가 자폐 증상에 있어 장기적 잠재 요인이라는 점을 고려하면 IQ를 고려하거나 IQ를 층화(stratification)하여 기능을 평가하는 연구가 필요할 것이다.

참 고 문 헌

김도연, 한소희. 고기능 자폐아동의 실행 기능과 마음이론에 관한 특성 연구. 유아특수교육연구 2005;5:25-45.

신민섭, 박혜근, 홍강의. 자폐 장애의 실행 기능 결함에 대한 신경심리학적 연구. 신경정신의학 2001;41:1059-1068.

조수철, 신민섭. 라이터 국제 수행평가척도. 한국어판. 서울: 학지사, 2010.

Akshoomoff N, Corsello C, and Schmidt H. The Role of the Autism Diagnostic Observation Schedule in the Assessment of Autism Spectrum Disorders in School and Community Settings. *Calif School Psychol* 2006;11:7-19.

Baron-Cohen S. The autistic child's theory of mind: a case of specific developmental delay. *J Child Psychol Psychiatry* 1989;30:285-297.

Baron-Cohen S. The development of a theory of mind in autism: deviance and delay? *Psychiatr Clin North Am* 1991;14:33-51.

Bayley N. *Bayley scales of infant and toddler development*-Third edition. San Antonio, TX: Harcourt Assessment, Inc, 2006.

Boucher J, Lewis V, and Collis G, Familiar face and voice matching and recognition in children with autism. *J Child Psychol Psychiatry* 1998;39:171-181.

Bricker D and Squires J. *Ages & Stages Questionnaires (ASQ): A Parent-Completed, Child-Monitoring System*. Baltimore, MD: Paul H. Brookes Publishing, 1999.

Brigance A. *The BRIGANCE screens*. N. Billerica, MA: Curriculum Associates, 1986.

Burgess PW and Shallice T. *The Hayling and Brixton tests*. Bury St. Edmunds, UK: Thames Valley Test Company, 1997.

Chawarska K, Klin A, and Volkmar FR. *Autism spectrum disorders in infants and toddlers: diagnosis, assessment, and treatment*. New York: Guilford Press, 2008.

Chawarska K, Paul R, Klin A, Hannigen S, Dichtel LE, and Volkmar F. Parental recognition of developmental problems in toddlers with autism spectrum disorders. *J Autism Dev Disord* 2007;37(1):62-72.

Dziobek I, Fleck S, Kalbe E, Rogers K, Hassenstab J, Brand M, Kessler J, Woike JK, Wolf OT, Convit A. *J Autism Dev Disord* 2006 Jul;36(5):623-636.

Frith U. A new look at language and communication in autism. *Br J Disord Commun* 1989;24:123-150.

Frith U, and Frith CD. Development and neurophysiology of mentalizing. *Philos Trans R Soc Lond B Biol Sci* 2003;358:459-473.

Gilliam JE. *Gilliam Autism Rating Scale*. Austin, TX: Pro-E, 1995.

Glascoe FP. Can the Brigance screens detect children who are gifted and academically talented? *Roeper Review* 1996;19:20-24.

Goldberg MC, Mostofsky SH, Cutting LE, Mahone EM, Astor BC, Denckla MB, and Landa RJ. Subtle executive impairment in children with autism and children with ADHD. *J Autism Dev Disord* 2005;35(3):279-293.

Greenspan S. *The Greenspan Social Emotional Growth Chart: A Screening Questionnaire for Infants and Young Children*. Harcourt Assessment, PsychCorp, 2004.

Happe F. Autism: cognitive deficit or cognitive style? *Trends Cogn Sci* 1999;3:216-222.

Happe F, Briskman J, and Frith U. Exploring the cognitive phenotype of autism: weak "central coherence" in parents and siblings of children with autism: I. Experimental tests. *J Child Psychol Psychiatry* 2001;42:299-307.

Happe FG. Studying weak central coherence at low levels: children with autism do not succumb to visual illusions. A research note. *J Child Psychol Psychiatry* 1996;37:873-877.

Harris GJ, Chabris CF, Clark J, Urban T, Aharon I, Steele S, McGrath L, Condouris K, and Tager-Flusberg H. Brain activation during semantic processing in autism spectrum disorders via functional magnetic resonance imaging. *Brain Cogn* 2006;61(1):54-68.

Harrison PL and Oakland T. *Adaptive Behavior Assessment System*-Second edition. San Antonio, TX: The Psychological Corporation, 2003.

Hill EL and Bird CM. Executive processes in Asperger syndrome: patterns of performance in a multiple case series. *Neuropsychologia* 2006;44:2822-2835.

Hill EL and Frith U. Understanding autism: insights from mind and brain. *Philos Trans R Soc Lond B Biol Sci* 2003;358:281-289.

Hughes C. Brief report: planning problems in autism at the level of motor control. *J Autism Dev Disord* 1996;26:99-107.

Hughes C, Russell J, and Robbins TW. Evidence for executive dysfunction in autism.

Neuropsychologia 1994;32:477-492.

Iacoboni M and Dapretto M. The mirror neuron system and the consequences of its dysfunction. *Nat Rev Neurosci* 2006;7:942-951.

Ireton H. *Child Development Inventories*. Minneapolis, MN: Behavior Science Systems, 1992.

Ireton H and Glascoe FP. Assessing children's development using parents' reports. The Child Development Inventory. *Clin Pediatr* 1995;34:248-255.

Just MA, Cherkassky VL, Keller TA, Kana RK, and Minshew NJ. Functional and anatomical cortical underconnectivity in autism: evidence from an FMRI study of an executive function task and corpus callosum morphometry. *Cereb Cortex* 2007;17:951-961.

Landa RJ and Goldberg MC. Language, social, and executive functions in high functioning autism: a continuum of performance. *J Autism Dev Disord* 2005;35(5):557-573.

Levy SE and Hyman SL. Use of complementary and alternative treatments for children with autistic spectrum disorders is increasing. *Pediatr Ann* 2003;32(10):685-691.

Mantynen H, Poikkeus AM, Ahonen T, Aro T, and Korkman M. Clinical significance of test refusal among young children. *Child Neuropsychol* 2001;7(4):241-250.

Mackinlay R, Charman T, and Karmiloff-Smith A. High functioning children with autism spectrum disorder: a novel test of multitasking. *Brain Cogn* 2006;61:14-24.

Mullen EM. *Mullen Scales of Early Learning* (AGS ed.). Circle Pines, MN: American Guidance Service Inc, 1995.

Ostrom TM. The sovereignty of social cognition. *Hand book of Social Cognition, Vol. I.* Wyer RF. Skrull TK (eds). Hillsdale. New Jersey: Lawrence Erlbaum Associates, 1984.

Ozonoff S and Jensen J. Brief report: specific executive function profiles in three neurodevelopmental disorders. *J Autism Dev Disord* 1999;29:171-177.

Paul R, Miles S, Cicchetti D, Sparrow S, Klin A, Volkmar F, Coflin M, and Booker S. Adaptive behavior in autism and Pervasive Developmental Disorder-Not Otherwise Specified: microanalysis of scores on the Vineland Adaptive Behavior Scales. *J Autism Dev Disord* 2004;34(2):223-228.

Pellicano E. Links between theory of mind and executive function in young children with autism: clues to developmental primacy. *Dev Psychol* 2007;43:974-990.

Pierce K, Haist F, Sedaghat F, and Courschense E. The brain response to personally familiar faces in autism: findings of fusiform activity and beyond. *Brain* 2004;127:2703–2716.

Rabbit P. Introduction: Methodologies and models in the study of executive function. *Methodology of frontal and executive functions*. Rabbit P (ed). East Sussex, UK: Psychology Press, 1997.

Ramachandran VS and Oberman LM. Broken mirrors: a theory of autism. *Sci Am* 2006;295(5):62–69.

Ruble LA and Scott MM. Executive functions and the natural habitat behaviors of children with autism. *Autism* 2002;6(4):365–381.

Russell J, Jarrold C, and Hood B. Two intact executive capacities in children with autism: implications for the core executive dysfunctions in the disorder. *J Autism Dev Disord* 1999;29:103–112.

Salmond CH, Ashburner J, Connelly A, Friston KJ, Gadian DG, and Vargha-Khadem F. The role of the medial temporal lobe in autistic spectrum disorders. *Eur J Neurosci* 2005;22(3):764–772.

Shu BC, Lung FW, Tien AY, and Chen BC. Executive function deficits in non-retarded autistic children. *Autism* 2001;5:165–174.

South M, Ozohoff S, McMahon WM. The relationship between executive functioning, central coherence, and repetitive behaviors in the high-functioning autism spectrum. *Autism* 2007;11:437–451.

Sparrow SS, Cicchetti DV, and Balla DA. *Vineland-II Adaptive Behavior Scales: Survey Forms Manual*. Circle Pines, MN: AGS Publishing, 2005.

Stuss DT and Knight R. *Principles of frontal lobe function*. New York: Oxford University Press, 2002.

Turner M. Towards an executive dysfunction account of repetitive behavior in autism. *Autism as an executive disorder*. Russell J. (ed). New York: Oxford University Press, 1997.

Verté S, Geurts HM, Roeyers H, Oosterlaan J, and Sergeant JA. Executive functioning in children with autism and Tourette syndrome. *Dev Psychopathol* 2005;17:415–445.

Williams DL, Goldstein G, Carpenter PA, and Minshew NJ. Verbal and spatial working memory in autism. *J Autism Dev Disord* 2005;35(6):747–756.

Williams JH, Whiten A, Suddendorf T, and Perrett DI. Imitation, mirror neurons and autism. *Neurosci Biobehav Rev* 2001;25(4):287–295.

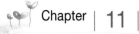

Chapter | 11 |

약물치료

1. 약물치료의 원칙

　전반적 발달장애(PDD)는 소아기에 발생하는 만성적인 신경생물학적 이상 현상이다. 그중 자폐 스펙트럼 장애는 일반적으로 DSM-IV 진단 기준에서 자폐장애, 아스퍼거 장애, 달리 분류되지 않는 전반적 발달장애(PDD-NOS)를 포함한다. 일반적으로 약물치료 외에도 다양한 방면에서의 개입이 필요하다. 대개의 경우 치료의 시작은 행동 요법과 교육적인 방법이며, 재활의학적인 다양한 방법(작업 요법, 언어치료 등)이 포함된다. 하지만 많은 경우 자폐 스펙트럼 장애를 가진 아동들은 사회적인 관계나 신체적인 건강을 저해할 뿐 아니라 앞서 기술한 다양한 치료 기법을 적용하는 데 방해가 되는 행동 증상들을 보이곤 한다. 이런 증상은 공격성, 짜증, 산만함, 기분장애 등이다. 이 경우 증상을 경감시키고 효

손지훈, 김재원, 조수철

과적인 비약물치료가 가능하도록 약물치료를 많이 하게 된다. 많은 경우에는 자폐증 환아의 1/3까지에서 정신과적 약물을 사용한다는 보고가 있으며, 일부는 약물 사용의 근거가 확립되어 있지만 근거가 확립되어 있지 않은 경우도 종종 볼 수 있다. 여기에서는 주로 근거가 확립되어 있거나 약물 사용에 관한 일반적인 합의가 있는 경우를 중심으로 기술하겠다.

물론 이런 증상들이 자폐장애의 핵심 증상과는 거리가 멀며, 약물 사용 역시 부수적인 증상들을 조절하는 데 주로 목적을 두고 있다. 자폐의 핵심 증상인 사회성 장애, 언어장애 등에 대한 약물치료의 역할은 아직까지 제한적인 수준이지만, 현재 몇 가지 시험적으로 연구되고 있는 약물에 대해서 간략하게 기술하겠다.

1) 약물치료의 원칙

자폐 스펙트럼 장애를 가진 소아·청소년의 45%가량, 그리고 성인의 75%가량이 정신과적 약물을 사용하는 것으로 알려져 있다(Langworthy-Lam et al., 2002; Tsakanikos et al., 2006). 약물 사용의 위험 요인은 연령의 증가, 적응 기술 및 사회적 기술의 부족, 높은 수준의 문제 행동 등으로 알려져 있다(Witwer & Lecavalier, 2005).

아직 근거 중심적인 약물치료의 합의를 만들기에는 근거가 부족한 편이다. 하지만 최근 이중 맹검, 위약 대조군 임상 시험이 증가하고 있어 점차 약물치료의 근거를 갖춰 가는 중이다. 현재 미국에서 자폐 스펙트럼 장애에 가장 흔하게 사용되는 약물의 종류는 선택적 세로토닌 재흡수 차단제(selective serotonin reuptake inhibitors: SSRIs), 비정형 항정신병 약물(atypical antipsychotics), 정신자극제(stimulants), 알파 2 아드레날린 작용 항고혈압 약물(alpha 2-adrenergic agonist antihypertensive agents) 등으로 알려져 있다(Posey et al., 2006a).

아직 자폐장애의 핵심 증상에 사용되는 약물은 없다. 따라서 주로 약물치료는 상기한 대로 부수적인 행동 문제에 대해 이루어진다. 즉, 공존 정신질환을 치료하는 것을 목적으로 하거나, 특정 목표 증상에 대해 일반적으로 사용되는 약물을 선택해 사용하게 된다. 하지만 자폐 스펙트럼에서 정신과적 공존 질환의 증상은 일반 인구와는 다른 양상을 보이기 때문에 진단 기준의 변경이나 유연한 적용이 요구되는 경우도 있다. 참고로 국내 보고에 따르면 전반적 발달장애 환아 209명(1~11세)을 대상으로 한 조사에서 그들이 비정상적 집착, 강박증, 자해 행동, 상동증, 수면 문제, 기묘한 반응 등의 동반 증상을 높은 빈도로 보이며, 동반 비율의 순서는 비정상적 집착, 상동증, 주의집중 부족, 부적절한 정서 등의 순이었다고 한다(조성진 외, 1999). 다른 연구에서는 최근 5년 안에 입원하였던 전반적 발달장애 소아·청소년 57명 중 13명(23.8%)이 주의력결핍 과잉행동장애, 2명(3.5%)이 틱장애, 3명(5.3%)이 정신증이 있었다. 그리고 15명(53.6%)은 지능이 70 이하였으며, 뇌파검사를 시행하였던 52명 중 11명(21.2%)은 이상 소견이 발견되었다(박태원 외, 1998).

(1) 약물치료의 목표

앞서 소개한 것처럼, 약물치료는 자폐의 핵심 증상보다는 공격성 및 자해 행동(aggression & self-injurious behavior), 반복 행동(repetitive behavior), 수면장애(sleep disturbance), 공존 정신과적 문제(comorbid psychiatric problem), 과활동성(hyperactivity), 부주의(inattention) 등 환자와 가족을 힘들게 하고 비약물적 치료를 방해하는 증상을 목표로 한다. 또한 증상에 대해 적절히 사용할 수 있는 약물이 있는 증상이 약물치료의 목표가 된다.

(2) 약물치료의 결정

약물은 현재 보이는 행동적인 문제가 다른 의학적 상태에 기인하거나 환경의 조정으로 쉽게 해결되지 않을 경우 사용하게 된다. 중이염, 외이도염(otitis externa), 인두염, 부비동염(sinusitis), 치성 농양(dental abscess), 변비, 비뇨기 감염(UTI), 골절, 두통, 식도염, 위염, 대장염, 알레르기 비염 같은 내외과적인 문제가 쉽게 행동적인 문제를 악화시키곤 한다. 특히 행동의 변화가 갑작스럽게 나타나거나 악화되는 경우 내외과적인 문제를 확인하는 것이 필요하다. 이런 경우 정신과적 약물 사용 없이 기저 질환을 치료하는 것만으로 행동 문제가 완화될 수 있다. 경우에 따라 수면 무호흡증 같은 문제가 수면 문제를 필두로 행동 증상을 악화시키는 경우 체중 감량, CPAP, 편도 절제술 등의 치료가 필요할 수도 있다. 청소년기에 들어간 여성 환자에게서 주기적인 행동 악화가 관찰되는 경우 생리 주기와 연관이 있는 것은 아닌지 확인이 필요하다. 특정 음식에 대한 선택성도 문제가 될 수 있는데, 대개 단백질 칼로리 영양실조(protein-calorie malnutrition)까지 연관되는 경우는 많지 않지만 철, 아연 등 미량 원소의 부족이 문제가 될 수 있으며, 이에 따라 이식증(pica) 같은 행동 문제에 연관되는 수가 있으니 관찰이 필요하다.

또한 환경이나 가족 내의 역동이 환자의 부수적인 행동 문제를 만드는 경우를 왕왕 볼 수 있다. 특히 부모나 선생님 등이 환아의 문제 행동을 부지불식간에 강화시키는 경우도 있다. 또한 환아의 능력에 비추어 과도한 기대 역시 문제 행동을 유발하는 경우가 있다. 이런 경우의 문제 행동에는 약물 사용보다 부모나 선생님에 대한 교육이나 정신치료, 주변 환경의 조정 등이 우선시될 것이다.

(3) 약물치료에 필요한 단계

약물치료가 결정되었으면 보호자(그리고 가능하면 환자)에게 약물 사용의 이유와 가능한 부작용에 대해 설명을 하고 동의(informed consent)를 받아야 한다. 그리고 목표가 되는 행동 문제나 신체적 문제에 대한 기초 정보를 수집하고, 충분히 치료에 반응하지 않을 경우의 대안에 대해 살펴보아야 한다.

약물치료 중에도 약물의 효과에 대해 계속 점검해 보아야 하며, 보호자, 선생님, 각종 요법 치료자들로부터도 정보를 얻는 것이 필요하다. 또한 검증되어 있고 치료 효과와 부작용에 민감한 척도를 사용해 변화를 관찰하는 것도 필요하다. 일반적으로 사용되는 척도에는 전반적 임상 인상척도(Clinical Global Impression Scale), 이상행동 체크리스트(Aberrant Behavior Checklist), 니송거 소아 행동 측정양식(Nisonger Child Behavior Rating Form) 등이 있다.

2) 약물치료와 신경전달물질

일반적인 정신과 약물은 신경전달물질에 작용한다. 여기에서는 간략히 자폐증과 신경전달물질의 역할에 대해 기술하겠다.

(1) 세로토닌

자폐증에서 가장 많이 연관 지어 생각하는 신경전달물질 중 하나다. 혈중 세로토닌 과다증(hypersetonemia), 혈소판에서의 세로토닌 증가 등이 일관되게 보고되는 소견이다. 또한 SSRI, 세로토닌-도파민 길항제(serotonin-dopamine antagonist) 등의 약물이 자폐장애에 효과가 있다고 보고되고 있어 세로토닌과의 관련성을 생각하게 한다. 이 관련성은 세로토닌이 면역 조절 물질(immunomodulator)의 성질을 갖고 있기 때문일 수도 있고, 자폐증에서 합성이 증대되거나 재흡수에 이상이 있을 가능성도 있으며, 수용성 매개통제(receptor mediated control)의 특이성이 가정되고 있다. 또한 1q31의 염색체 이상이 언어장애와 동시에 5HT2A 수용체 유전인자(HTR2A) 이상을 보인다는 점에서 자폐증과 세로토닌계 이상 간의 관계가 강력히 시사되고 있다.

(2) 도파민

도파민은 집중, 동기, 계획 등의 능력과 연관이 있으며 도파민계의 이상은 공격성과 짜증으로 연결되는 경우가 많다. 다른 경우와 마찬가지로, 자폐증에서도 중변연계(mesolimbic) D2의 차단은 공격성의 감소로 이어진다. 또한 최근 사용되는 비정형 항정신병 약물은 전전두 도파민 활성을 증가시키는 장점 때문에 더욱 기대되고 있다.

(3) 노르에피네프린

일부 자폐 환아에서 노르에피네프린의 증가가 발견되고 있으며, 자폐증의 핵심 증상에 대해서는 아니지만 정신 자극제, 클로니딘(clonidine) 등이 효과적으로 사용된다는 점에서 자폐증에서의 노르에피네프린계의 이상이 가정되고 있다. 또한 비정형 항정신병 약물 중 리스페리돈(risperidone), 클로자핀(clozapine), 쿠에티아핀(quetiapine) 등은 알파 1, 알파 2 수용체 길항작용(alpha 1 and alpha 2 receptor antagonism)을 하기도 한다.

2. 약물치료 각론

1) 핵심 증상에 대한 약물치료

(1) 상동 행동 증상

자폐증의 세 가지 핵심 증상은 사회적 상호작용의 질적 장애, 의사소통의 질적 장애, 그리고 제한적·반복적·상동적 양상의 행동이다. 이 중 마지막인 상동적·반복적 행동의 경우 어느 정도 약물치료 효과가 확립되어 있다. 특히 강박 증상과의 유사성 때문에 세로토닌과 관련된 약물들에서 연구가 활발히 진행되고 있다.

• 클로미프라민

비선택적인 삼환계 항우울제의 일종으로 노르에피네프린, 도파민, 세로토닌 등 다양한 신경전달물질에 작용한다. 1993년 Gordon 등이 10주간 23명에 대해 진행한 이중 맹검(double blind) 교차(crossover) 연구에서 클로미프라민(clomipramine)이 상대적으로 노르에피네프린에 특이적인 약물인 데시프라민(desipramine)이나 위약보다 반복 행동에 효과적임을 입증했다. 하지만 지연, 빈맥, 대발작(N=1) 등의 부작용 역시 보고되었다. 2001년 Remington 등은 7주간의 이중 맹검 연구 결과 26명의 환자(평균 연령 16.3세)에게서 할로페리돌(haloperidol)과 클로미프라민이 강박 행동, 짜증 등을 줄이는 데 비슷한 효과를 보였으나, 클로미프라민은 부작용이나 효과 부족으로 연구 탈락의 경우가 많았음을 보고했다.

• SSRI

대표적인 약물인 플루옥세틴(fluoxetine)과 플루복사민(fluvoxamine)에서 이중 맹검 연구가 진행되어 있음은 물론 다양한 약제에서 개방형 연구들이 진행되었다. 전반적으로 강박 행동, 짜증, 우울감, 공격성, 불안감뿐 아니라 사회적 관계와 언어에서까지 호전이 보고되고 있다. 특히 어린 아동보다 사춘기 이후 환자에게 더 효과적이고 부작용도 적게 나타난다. 이는 SSRI의 효과가 어느 정도 용량과 관련 있기 때문일 수도 있으나, 세로토닌 신경전달 체계의 발달학적 문제와도 연관 있다는 주장이 있다.

플루옥세틴은 1990년대 초반부터 여러 번의 개방 표지(open label) 연구가 진행되었다. 이런 연구들에서는 전반적인 기능의 호전(Cook et al., 1992); 언어, 인지 기능, 사회성, 정서에서의 상당한 긍정적 효과(DeLong et al., 1998); 짜증, 상동 행동, 부적절한 언어의 감소(Fatemi et al., 1998) 등 상당히 희망적인 결과를 보였다. 하지만 최근의 이중 맹검 연구에서는 상동 행동과 불안 증상의 감소에만 효과적인 것으로 나오고 있다. 2001년 시행된 Buchsbaum 등의 이중 맹검 연구는 16주간 위약 대조군을 이용하여 교차 형식으로 진행되었다. 당시 50%(3/6)가 CGI-I 점수의 호전을 보였으며, 특히 상동 행동과 불안 감소에 효과적이었다. 2005년 Hollander 등은 6~16세의 환자 39명을 대상으로 8주간 위약 대조군, 교차 이중 맹검 연구를 진행하였다. 그 결과, 상동 행동의 감소에는 도움이 되지만 사회성이나 언어의 호전은 발견되지 않았다. 다만 위약과 플루옥세틴 사이에 부작용의 차이도 없었는데, 아마 용량이 적어서(평균 9.9±4.4mg/d) 이런 결과가 나왔던 것으로 생각된다.

플루복사민에 대해서도 몇 차례 개방 표지 연구와 이중 맹검 연구가 있었다. 개방 표지 연구에서 전반적으로 좋지 않은 결과가 있었음에도 상대적으로 큰 규모의 표본을 이용해 아동을 대상으로 2회, 성인을 대상으로 1회의 이중 맹검 연구가 있었다. 2000년 McDougle 등은 평균 9.5세의 34명을 대상으로 12주 이중 맹검 연구를 시행하였다. 그 결과, 위약에 비해 유의한 증상의 호전을 보이지 않았으며, 78%에서 크고 작은 부작용이 나타났다. Sugie 등도 2005년에 19명을 대상으로 12주 이중 맹검 연구를 시행하였는데, 28%만이 CGI-I에서 호전을 보였으며, 역시 높은 빈도의 부작용을 호소하였다. 소아에서의 이런 부정적인 결과에 비해 성인군에서는 다른 결과 보고가 있었다. 1996년 McDougle 등이 성인 자폐증 환자 30명에 대해 진행한 이중 맹검 연구에서는 53%가 CGI-I에서 호전하였으며, 강박 행동과 공격성의 감소가 보였고 부작용도 경미한 수준이었다. 전반적으로 플루복사민은 큰 규모의 표본에 대해 연구가 있었고, 부정적인 결과를 보였으나 성인군과 소아군에서 반응 차이가 있는 것으로 생각된다.

서트랄린(sertraline)에 대해서는 몇몇 개방 표지 연구만 진행되었다. 1996년 Hellings 등은 42명의 성인 자폐증 환자의 57%가 강박 행동과 공격성의 감소를 보였으며, 아스퍼거 장애보다는 자폐장애와 PDD-NOS가 긍정적인 결과를 보였다고 한다. 부작용 역시 경미한 수준이었다고 한다. 1998년 McDougle 등 역시 개방 표지 연구에서 9명 중 8명이 CGI-I에서 호전을 보였음을 보고하였다. 파록세틴(paroxetine)과 시탈로프람(citalopram)에 대해서는 몇 건의 증례 보고와 하나씩의 개방 표지 연구에서 긍정적인 반응이 보고되었다. 하지만 그 효과가 있음을 입증하기엔 근거가 부족한 상태다(Davanzo et al., 1998; Namerow et al., 2003; Owley et al., 2005).

• 디발프로엑스 나트륨

2006년에 8주간의 소규모(N = 12) 이중 맹검 연구가 있었다(Hollander et al., 2006). 여기서 환자군은 위약에 비해 C-YBOCS상 반복 행동의 유의한 호전을 보였으며 상당히 큰 효과 크기(d = 1.616)를 보고하여 다른 항경련제도 도움이 될 가능성을 제기하였다. 참고로 국내에서는 홍강의 등(1991)이 이중 맹검 위약 대조군 실험을 통해 자폐증의 임상 증상 완화에 대한 카바마제핀(carbamazepine)의 효과를 연구하였다. 그 결과, 카바마제핀 치료군이 위약군보다 자폐증 행동 체크리스트 전체 점수에서 완화 정도가 유의하게 큰 소견을 보였다. 다만 자폐 증상 중 어떤 부분의 완화를 가져오는지 세분화된 영역별 검증에서는 차이가 입증되지 못하였다.

• 항정신병 약물

항정신병 약물 역시 반복 행동에 대해 어느 정도 연구가 되어 있다. 특히 리스페리돈(risperidone)은 2005년 자폐증 약물연구 공동기관(Research Units on Pediatric Psychopharmacology Autism Network: RUPPAN) 연구 자료의 재분석에서 C-YBOCS상 위약보다 강박 행동의 호전에 도움이 되는 것이 입증되었지만, 사회적 기능과 언어 기능에서는 특별한 차이가 없는 것으로 보고되었다(McDougle et al., 2005). 올란자핀(olanzapine), 쿠에티아핀(quetiapine) 역시 다른 연구의 보조 분석으로 C-YBOCS를 이용하여 반복 행동에 대한 효과를 검토한 적이 있지만 부정적인 결과였다.

(2) 사회성 기능의 손상

현재까지 사회 기능 향상에 도움이 되는 것으로 입증된 약물은 없다. 하지만 최근 글루타메이트(glutamate) 신경 전달과 관련하여 사회성 기능의 향상과 연관이 있을 가능성에 대해 연구가 진행 중이다. 1988년 Kornhuber 등은 생후 2년째에 글루타메이트 활성이 최고조에 달함을 보고했다. 그런데 이 시기가 보통 자폐 증상이 나타나기 시작하는 시기이며, 아마 글루타메이트의 흥분세포 독성(excitotoxicity)이 정상적인 가지치기 과정과 연관될 것으로 생각된다. 그런데 이 시기의 글루타메이트 과활성은 신경세포의 성장과 신경 회로망 연결에 이상을 초래할 가능성이 있다(Bittigau & Iconomidou, 1997). 이런 바탕에서 사회성을 포함한 자폐의 핵심 증상에 대해 흥분세포 독성을 억제하는 약물이 연구되고 있다.

라모트리진(lamotrigine)은 전압감응성 나트륨 통로(voltage-sensitive Na channels) 억제를 통해 신경 세포막을 안정화하는 약물로, 글루타메이트를 포함한 신경전달물질 방출을 조절하는 것으로 알려져 있다(Coulter, 1997). 1994년 Uvebrant와 Bauziene이 난치성 간질 환자 45명에 대해 라모트리진 사용을 연구하던 중 예상 외로 사회성, 각성, 활동 수준, 반복 행동 등이 좋아지는 것을 발견했다. 그러나 2001년 Belsito 등은 4주간 14명을 대상으로 이중 맹검 연구를 시행했는데, 다양한 결과 항목 중 라모트리진에 의해 호전되는 영역을 발견하지 못했다.

아만타딘(amantadine)은 비경쟁 N-메틸-D-아스파테이트(NMDA) 글루타메이트 수용체 길항제로 2001년 King 등에 의하여 39명의 환자를 대상으로 연구가 있었다. 이 연구에서 임상가가 평가한 과활동성, 부적절한 발화 항목에서 호전을 보였으나 CGI에서는 근소한 차이로 통계적인 유의성을 보이지 못했다.

사이클로세린(cycloserine)은 NMDA 수용체의 글리신부위에 부분적 효현제(partial agonist)로 작용하는데, 결핵에 걸린 아이들의 치료에 사용되던 약물이다. 아동에서 20mg/kg/d까지는 수개월간 지속적으로 치료해도 큰 부작용 없이 사용되며, 정신분열병의 음성 증상에 효과가 있다는 보고가 몇 차례 있었다. Posey 등(2004a)은 12명을 대상으로 단일 맹검으로 예비 연구를 수행하였고, 2주 간격으로 용량을 증가시켰다. 용량에 따라 0~40% 정도에서 ABC 사회적 위축 하위 척도에서 유의한 호전을 보였다. 최근에 좀 더 큰 표본에 대한 이중 맹검 연구가 진행 중인 것이 알려져 있다.

테트라하이드로바이오프테린(Tetrahydrobiopterin)은 카테콜아민(catecholamine)과 세로토닌 합성의 효소 보인자(enzymatic cofactor)로서 TPH(tryptophan hydroxylase), PAH(phenylalanine hydroxylase), TH(tyrosine hydroxylase), NOS(nitric oxide synthase) 등에 작용하여 세로토닌, 도파민, 노르에피네프린, 멜라토닌, 산화 질소(nitric oxide)의 방출을 강화하는 것으로 알려져 있다. 2007년 페닐케톤뇨증(PKU)의 치료에 FDA 승인을 받았는데, 2005년 자폐증에 대해서도 Danfors 등에 의하여 소규모(N=12) 이중 맹검 연구가 진행되었다. 즉각적인 긍정적 효과가 보고되지는 않았지만, 사후 분석에서 사회적 능력에 있어 유의한 증상 호전이 있음이 보고되어 추가적인 연구가 필요해 보인다.

항정신병 약물의 경우 반복 행동에서처럼 RUPAAN 연구의 2차 분석으로 사회성과 의사소통 능력을 검증한 보고가 있다. 바인랜드 적응행동 스케일의 의사소통, 사회화 항목에서 유의한 호전을 보였다는 보고였는데(Williams et al., 2006), 아직 항정신병 약물에서 사회적 기능을 주된 목표로 수행된 연구가 없는 실정이기는 하다.

2) 핵심적이지 않은 여러 증상에 대한 약물치료

(1) 과활동성과 부주의

이러한 증상이 전반적 발달장애의 경과 중에만 나타난다면 주의력결핍 과잉행동장애(ADHD)를 따로 진단할 수 없게 되어 있다. 하지만 이는 종종 자폐장애에서 상당한 장애를 야기할 뿐 아니라 다양한 비약물적 접근의 효용성을 제한하기 때문에 관심의 초점이 되는 증상이다. 그래서 최근 ADHD에 사용되는 약물을 자폐증에 사용하는 연구가 상당히 진행되었지만, 전반적으로 ADHD에서 만큼의 효과는 기대하기 어려우며 부작용의 양상도 다르다는 것이 관찰되고 있다.

• 정신 자극제

오히려 초기 연구들에서는 효과를 관찰하지 못했지만, 최근의 이중 맹검 연구에서는 좀 더 긍정적인 효과가 보고되고 있다. 전반적인 정신 자극제의 부작용으로는 식욕 감퇴, 성장 지연, 수면장애, 틱장애의 악화, 복부 불편감, 혈압 상승, 심박수 상승, 불안감과 반복 행동의 증가 등이 있다.

메틸페니데이트(methylphenidate)의 경우 전반적인 결론은 자폐장애가 있으면 ADHD만 진단된 경우보다 효과가 적으며 부작용도 흔하게 나타난다는 것이다. 그러나 다른 약물도 비슷한 양상을 보일지는 추가적인 연구가 필요하다(Greenhill et al., 2001).

1995년 Quintana 등은 10명의 소아(7~11세)를 대상으로 메틸페니데이트에 대한 이중 맹검 연구를 수행하였다. 과활동성과 짜증이 감소하는 것은 확인되었지만 전반적인 치료 효과는 크지 않은 수준이었다. 2000년에 수행된 Handen의 연구 역시 비슷한 결과였다. 5~11세 사이의 13명을 대상으로 한 3주간의 이중 맹검 연구에서 코너스 과잉운동 색인(Conners' Hyperactivity Index)에서 62%의 반응률을 보였으나, 사회적 위축과 짜증 등 부작용이 흔하게 나타났다.

2005년 RUPPAN은 NIMH의 기금으로 전반적 발달장애에서의 메틸페니데이트 사용에 대한 대규모 연구를 진행하였다. 5~15세 72명을 대상으로 4주간 이중 맹검 위약 대조군 교차 연구를 시행한 후 8주간 개방형으로 추적 연구를 시행하였다. 이 중 ABC 과활동성 하위 척도에서 49%가 반응을 보여 위약보다 우월한 효과를 입증하였다. 하지만 18%가 부작용으로 약을 중단해야 했다. 가장 흔한 중단 원인은 짜증의 증가였다. 또한 과활동성, 충동성이 부주의보다 큰 호전을 보였다.

하지만 다른 자극제는 일관되지 않은 결과들이 보고되고 있다. Stigler 등 (2004a)은 한 개 이상의 자극제를 사용한 195명의 차트 리뷰 결과를 보고하였다. 이 중 둘 이상의 자극제를 사용한 경우는 61명으로 11~25%의 반응률을 보였다. 약물의 종류나 IQ 등은 결과에 영향을 미치지 않았지만 아스퍼거 장애 환아가 다른 진단명보다 좋은 결과를 보였다. 하지만 전체의 58%에서 부작용이 보고되어 확실히 부작용이 많은 것을 관찰할 수 있었다. 이는 69% 가까이 호전을 보이고 1.4%만이 부작용 때문에 중단된 비자폐 ADHD 아동의 경우보다 좋지 않은 결과였다.

- 알파 2 아드레날린 효현제

두 번의 이중 맹검 위약 대조군 연구에서 클로니딘(clonidine)은 과잉각성 증상을 줄이는 데 어느 정도의 효과가 입증되었으며, 구안파신(guanfacine) 역시 개방형 연구와 차트 리뷰에서 효과가 있을 것으로 생각되는 결과가 있었다.

1992년 Jaselskis 등은 8명을 대상으로 한 6주간의 이중 맹검 연구에서 0.15~0.2mg/day의 클로니딘이 과활동성, 과민성, 상동증, 부적절한 발화, 반항적 행동 등에서 보호자와 선생님의 보고상 호전을 보였으나 임상가의 측정상으로는 변화가 없었다. 그 후 중단 과정 연구에서는 수개월 내 4/6가 재발하는 양상이 보고되었다. 1992년 Fankhauser 등은 9명을 대상으로 한 경피 클로니딘의 4주 이중 맹검 연구에서 과활동성과 불안의 호전을 보고하였다.

구안파신은 클로니딘보다 긴 반감기를 가진 알파 2 아드레날린 효현제 투여

횟수가 적고 반동성 고혈압(rebound hypertension)의 위험성이 적은 장점을 갖고 있다. Posey 등은 2004년 80명에 대한 11개월 후향적 연구에서 CGI-I로 24%의 대상이 호전을 보였다고 보고하였다(Posey et al., 2004b). Scahill 등(2006)은 2006년 8주간의 개방형 연구에서 메틸페니데이트에 반응이 없는 25명의 환아에서 ABC 과활동성 하위 척도상 48%가 호전을 보여 통계적으로 위약에 비해 우월한 결과를 보고하였다(효과 크기＝0.83). 일반적인 부작용은 진정, 짜증, 수면장애, 변비 등이었다.

- 아토목세틴

아토목세틴(atomoxetine)은 선택적 노르에피네프린 재흡수 차단제(selective norepinephrine reuptake inhibitor)로 자폐증에 대해서도 작은 규모의 이중 맹검 위약 대조군 연구가 수행된 것이 있다. Posey 등은 2006년 아토목세틴에 대한 8주 과정의 개방형 연구에서 약을 사용한 적이 없는 16명의 전반적 발달장애 환아(7.7±2.2세)의 75%가 CGI-I상 호전이 있었다는 보고를 하였다. 전반적으로 부작용은 심한 수준은 아니었으며 평균 0.8kg의 체중 감소가 보고되었다(Posey et al., 2006b). Troost(2006)는 2006년 10주간의 개방형 연구에서 12명의 6~14세 전반적 발달장애 환아에게 아토목세틴을 투여했다. 그 결과, 전반적으로 증상의 감소가 발견되었으나 12명 중 5명이 부작용 때문에 약물을 중단하였다. Arnold 등(2006)의 2006년 이중 맹검 위약 대조군 교차 연구에서는 16명의 환아(9.3±2.9세)가 치료 배정당 6주 과정으로 관찰되었다. ABC 과활동성 하위 척도에서 유의한 증상의 감소(효과 크기＝0.9)가 관찰되었다. 56%가 아토목세틴에 반응하였으며, 위약에서는 25%가 반응을 보였다. 부작용 때문에 중단한 경우는 1/16이었다.

- TCA

아미트립틸린(amitriptyline), 데시프라민(desipramine), 이미프라민(imipramine), 노르트립틸린(nortriptyline) 등이 ADHD에서 시도된 적은 있으나

부작용 문제로 매우 제한적이며, 자폐아동에게는 잘 사용하지 않는 것으로 알려져 있다. 1993년 클로미프라민과 데시프라민을 이중 맹검으로 비교한 연구에서는 클로미프라민의 우월함이 입증되었다(Gordon et al., 1993).

• 기타 항우울제

벤라팍신(venlafaxine)은 두 번의 pilot 연구에서 부주의와 과활동성에 긍정적인 효과가 있음이 보고되었다(Carminati et al., 2006; Hollander et al., 2000). 부프로피온(bupropion)은 ADHD에서 효과는 입증되어 있지만 아직 전반적 발달장애에서는 연구된 적이 없다.

알츠하이머병(Alzheimer' s disease)에 사용되는 약물들도 전반적 발달장애에서 고려되고 있다. 도네페질(donepezil)은 2006년 8명을 대상으로 한 차트 리뷰에서 전반적인 증상의 완화가 보고되었으며 부작용도 크게 보고되지 않았다(Doyle et al., 2006). 국내에서도 21명의 자폐 스펙트럼 장애 환자들을 대상으로 12주간 도네페질을 투여한 결과 표현성 및 수용성 언어 기능이 모두 향상되었다는 보고가 있었다(장원석 외, 2006). 갈란타민(galantamine)의 경우는 13명을 대상으로 한 개방형 연구가 있었는데, 산만함, 공격성 등의 유의한 감소가 있었으며 일반적으로 큰 부작용이 발생하지는 않았다(Nicolson et al., 2006). 메만틴(memantine)은 14명을 대상으로 한 개방형 연구에서 기억력과 수행 기능의 호전이 있음이 보고된 적 있다(Owley et al., 2006).

(2) 과민성과 공격성, 자해 행동

항정신병 약물은 전반적 발달장애에서 공격적 행동과 자해 행동에 가장 효과적으로 사용되는 약물이다. 리스페리돈은 자폐증과 관련된 공격성과 짜증에 대해 FDA 공인을 받은 약물이다. 기분 안정제 등도 임상적으로 사용되고 있지만, 현재까지 임상 연구의 결과는 전반적으로 부정적인 편이다.

• 할로페리돌

1984년 40명의 자폐아동을 대상으로 이중 맹검 연구가 시행되었다(Anderson et al., 1984). 평균 1.11mg/day의 용량에서 부적응 행동이 상당히 감소됨이 관찰되었다. 적정 용량 내에서는 큰 부작용이 없었으나 용량이 늘어나면 진정, 짜증, 급성 근긴장 곤란증(acute dystonia) 등 부작용이 많이 나타났다. 그러나 분노발작, 공격성, 위축, 상동 행동 등에서는 호전이 있었으며 사회적 관계에서도 호전이 있었다. 비슷한 시기에 시행된 다른 이중 맹검 연구에서도(Campbell et al., 1982) 33명의 환아를 대상으로 거의 유사한 결과가 보고되었다. 1997년 할로페리돌에 대한 15년 추적 연구 결과가 발표되었는데(Campbell et al., 1997), 추적된 118명의 자폐 환자 중 1/3에서 운동 이상증(dyskinesia)이 나타났다. 이 환자들이 복용한 평균 용량은 1.75mg/day이었다. 전반적으로 할로페리돌(1~2mg/day)은 소아 환자에서 효과적이나, EPS의 우려 때문에 치료 저항적인 환자의 경우 외에는 많이 사용되지 않는 것으로 보인다.

• 비정형 항정신병 약물

추체외로 증후군(extrapyramidal syndrome: EPS)과 지연성 운동 이상증(tardive dyskinesia: TD)이 적을 것으로 생각되기 때문에 전반적 발달장애에서 상당히 기대를 모으며 연구가 진행되고 있다. 특히 리스페리돈의 단기 효과는 2개의 대형 이중 맹검 연구에서 입증되었으며, 2개의 이중 맹검형 중단 과정을 포함한 개방형 연구의 결과는 장기 효과도 있을 것으로 기대하고 있다. 일반적으로 전반적 발달장애 환자에서 있을 수 있는 비정형 항정신병 약물의 부작용은 식욕 증가, 체중 증가, 인슐린 저항성, 입마름, 변비, 배뇨 곤란, 졸림, 경련 발작(seizures), 이상지질혈증(dyslipidemia), 고프로락틴혈증(hyperprolactinemia), EPS, TD, 항정신병 약물 악성 증후군(neuroleptic malignant syndrome: NMS), QTc 지연, 혈액학적 이상(hematologic abnormalities) 등이다.

리스페리돈에 대해서는 상당히 큰 규모의 이중 맹검 연구가 이루어져 있으며 성인군과 소아군 모두에서 연구가 이루어져 전반적으로 안전하며 공격적 행동에 효과적으로 사용될 수 있음이 입증되었다. 하지만 장기 치료 효과에 대한 연구가 추가적으로 더 이루어져야 한다. 1998년 McDougle 등은 성인 환자 31명을 대상으로 한 12주간의 이중 맹검 연구에서 공격성, 불안, 짜증, 우울감, 상동행동을 감소시키는 데 위약보다 통계적으로 유의하게 좋은 효과를 보였다. 또한 리스페리돈 사용군에서는 53%가 반응군으로 분류되었으나 위약군에서는 반응군이 전혀 없었다. 평균 용량은 2.3mg이었으며 일시적인 졸림만이 흔하게 나타나는 부작용이었다. 이어서 2002년에 5~17세 환자 101명을 대상으로 8주간 이중 맹검 위약 대조군 연구가 이루어졌다(McCracken et al., 2002). CGI-S와 ABC 과민성 하위 척도로 평가했을 때 리스페리돈 복용군은 69%에서, 위약군은 12%에서 반응을 보여 유의한 차이가 있었다. 체중 증가, 피로, 졸림, 침 흘림 등의 부작용이 있었지만 부작용으로 인한 연구 탈락은 보고되지 않았다.

2005년에 이 연구를 16주간 개방 표지 연구로 연장한 후 다시 연장 기간 끝에서 맹검으로 무선화하여 약물 중단을 시도한 결과가 보고되었다. 63명이 연장기간 동안 투약을 유지했는데, 8%가 약 부작용이나 효과 부족으로 중단하게 되었다. 총 24주간 체중 증가는 약 5.4kg이었다. 이 중 38명이 다시 맹검 중단(blind discontinuation)에 참여하였다. 절반은 계속 리스페리돈을 유지하고 절반은 위약으로 변경되었다. 위약 변경이 이루어진 경우 34일 내에 63%에서 문제행동이 재발하였으나, 리스페리돈 복용이 유지된 경우 13%만이 54일 내에 재발하는 것이 관찰되었다. Shea 등(2004) 역시 2004년에 79명의 환자를 대상으로 8주간의 이중 맹검 위약 대조군 연구를 시행하였다. 그 결과, 평균 용량 1.17mg/day에서 리스페리돈 사용 환자는 ABC 과민성 하위 척도에서 64%의 점수 호전을 보였으나 위약 쪽은 31%의 점수 호전을 보였다. CGI-I로 평가하는 경우에도 리스페리돈 군의 54%에서 반응이 있었음에 비해 위약군에서는 18%에서 반응이 있었다. 리스페리돈과 위약 간에 EPS의 빈도 차이도 관찰되지 않았다. Luby 등(2006)은 좀 더 어린 나이 환자군(2~5세)에서 이중 맹검 연구를 시행해 역시 유의한 결과를 얻었다.

클로자핀에 대해서는 3건의 증례 보고가 있다. 평균 200mg/day의 용량에서 과활동성, 공격성, 사회적 측면의 호전이 보고되었다. 하지만 혈액학적 위험과 간질발작 역치가 낮아질 위험 때문에 실제로 임상적 사용은 제한되어 있다. 실제 빈도가 어떤지 자폐증 환아에서 연구가 이루어지지는 않았다.

올란자핀에 대해서는 몇 개의 개방형 연구와 한 번의 소규모 이중 맹검 연구가 이루어져 있다. 대개 긍정적인 결과가 보고되었으며, 적은 EPS를 나타내는 것으로 보인다. 하지만 체중 증가의 문제가 두드러진다. 2001년 Malone 등은 12명의 자폐 환아를 대상으로 6주간 올란자핀과 할로페리돌 비교 연구를 시행했다. 치료 반응률은 올란자핀이 85% 대 50%로 높았지만 더 높은 체중 증가와 연관되었다. 2006년 시행된 소규모의 8주 이중 맹검 연구에서도 올란자핀은 위약에 비해 높은 반응률(50% 대 20%)을 보였으며, 역시 체중 증가의 문제가 지적되었다.

쿠에티아핀은 아직 2중 맹검 위약 대조군 연구는 없으며 몇 가지 개방형 연구가 이루어졌다. 전반적인 치료 반응이 좋지 않으며 부작용의 빈도가 높았다. 1999년 Martin의 16주 개방 연구에서는 6명의 치료군 중 2명(33%)만이 반응군이었다. 2004년 Corson 등의 차트 리뷰 연구에서는 20명의 환자 중 40%만이 반응군이었고 15%는 부작용 때문에 약물을 중단한 것으로 보고되었다.

지프라시돈(ziprasidone)의 경우 몇몇 개방형 연구에서 긍정적인 결과를 보이고 있다. McDougle 등은 2002년 6주간의 개방형 연구 결과, 12명 중 6명이 CGI에서 반응군으로 보인다고 하였으며, 일시적인 졸림 외에는 큰 부작용이 없고 심혈관계 문제도 발생하지 않는다고 하였다. 하지만 추가적인 연구가 필요할 것으로 보인다.

아리피프라졸(aripiprazole)의 경우 Stigler 등(2004b)이 12주간의 개방형 연구의 결과를 보고하였다. 평균 12.2세의 아스퍼거 장애와 PDD-NOS 환자에서 CGI-I로 측정했을 때 높은 반응률이 보고되었다. EPS는 보고되지 않았지만 40% 정도에서 약간의 졸림이 보고되었고, 체중 증가 혹은 감소 반응 모두가 보고되었다.

• 비정형 항정신병 약물과 연관된 체중 증가

정신분열병을 가지고 있는 성인뿐 아니라 PDD 환아에서도 비정형 항정신병 약물과 연관되는 체중 증가가 관찰된다. 체중 증가는 성인뿐 아니라 소아나 청소년에서도 다양한 합병증과 관련되어 주의가 필요하다.

일반적으로 행동적인 접근이 우선시되는데, 체중의 면밀한 관찰 및 운동과 식이 조절을 포함한 생활 습관 조정이 우선이지만 쉽지 않은 경우가 많다. 최근 메트포르민(metformin)이 항정신병 약물이 유발하는 체중 증가와 당 조절기능 장애를 막아 준다는 일부 보고가 나오고 있다(Klein et al., 2006). 항정신병 약물로 체중이 증가한 10~17세의 환아 39명을 대상으로 한 이중 맹검 연구에서 메트포르민이 위약에 비해 체중 안정에 도움이 된다는 보고가 있다.

• 항경련제

다른 정신과 영역의 질환에서처럼 항경련제는 자폐장애에서도 기분 조절제로 사용되고 있다. 이는 또한 자폐장애에 경련성 질환이 잘 동반되기 때문에 이점을 가지고 있다.

토피라메이트(topiramate)는 한 차트 리뷰 연구에서 짜증, 과활동성, 주의 산만 등에 대해 보조적으로 사용되어 효과가 있다고 보고되었다(Hardan et al., 2004). 항정신병 약물에 의한 체중 증가를 감소시켜 줄 가능성이 있기 때문에 유용성이 있을 수 있어 추가적인 연구가 필요할 것으로 생각된다.

발프로산(valproic acid)/디발프로엑스 나트륨(divalproex sodium)의 경우 몇몇 개방형 연구에서 반복 행동, 공격성, 기분 불안정에 효과가 있음이 보고되고 있다. 그러나 2005년 보고된 이중 맹검 연구(Hellings et al., 2005)에서는 위약에 비해 유의한 치료 효과를 입증하지 못했다. 연구 후 반응이 있던 환자가 약을 중단하는 과정에서 공격 행동의 재발이 있는 경우가 상당히 보고되어서 추가적인 연구가 진행될 필요성이 있다.

베타 차단제(beta blocker) 역시 공격 행동의 조절에 사용되는 약물로, 1987년 자폐장애가 있는 성인 8명에 대해 개방형 연구가 시행되었다. 이 연구에서 공격성의 감소와 사회성의 향상이 보고되었으나, 추가로 진행되는 연구는 없는 상태다(Ratey et al., 1987).

부스피론(buspirone)에 대해 2건의 증례 보고와 하나의 개방형 연구가 있었다. 연구 결과, 불안 증상, 짜증 등에 효과가 있으며 심하지 않은 부작용이 보고되었다(Buitelaar et al., 1998).

(3) 우울 기분과 불안

자폐장애에서 우울 증상을 평가하기는 쉽지 않다. 사회적 위축, 과민성, 슬픔이나 울음발작(crying spells), 에너지 감소, 식욕 부진, 체중 감소, 수면장애 등이 주로 나타나는데, 보통은 우울장애가 없이도 이와 같은 증상이 있을 수 있기 때문이다. 그렇기에 우울 증상의 평가는 평소의 상태에 비해 변화가 있는지에 따라 이루어지게 된다. 몇몇 약물에 대해 긍정적인 결과가 보고된 개방형 연구가 있지만 아직 그 근거는 미약한 상태다. 경험적으로 SSRIs(플루옥세틴(fluoxetine), 플루복사민(fluvoxamine), 시탈로프램(citalopram), 에스시탈로프램(escitalopram), 파라옥세틴(paroxetine), 셔트랄린(sertraline)), 미르타자핀(mirtazapine) 등이 사용되고 있다.

또한 자폐장애에서 범불안장애(generalized anxiety disorder: GAD)와 유사한 불안 증상이 나타날 수 있는데, 이로 인해 행동 문제가 악화되는 경우가 종종 있다. 우울 증상이나 마찬가지로 일부 개방형 연구 결과가 보고되고 있지만 아직 약물 효과에 대한 근거는 부족한 상태다. 주로 SSRIs, 부스피론, 미르타자핀 등이 경험적으로 사용되고 있다.

(4) 수면장애

수면장애 역시 매우 흔하며, 가족의 어려움뿐 아니라 환아의 낮 시간의 기능 상태와 삶의 질에 영향을 준다. 종종 수면장애는 폐쇄성 수면 무호흡증(obstructive sleep apnea: OSA), 위식도 역류질환(gastroesophageal reflux disease: GERD) 등의 원인이 밝혀지지 않는 경우도 있지만, 특별한 원인을 찾기 어려운 경우도 많다. 아직 자폐증의 수면 문제에 대한 약물치료에 대해서는 충분히 연구되지 않았다. 대부분 증례 보고, 임상적 경험, 개방형 연구 등에 근거하고 있다. 많은 약물이 사용되고 있지만 잘 통제된 연구는 부족한 형편이다.

주로 사용되는 약물은 항히스타민제(diphenhydramine, hydroxyzine), 알파 2 효현제(alpha 2 agonist), 벤조디아제핀(benzodiazepine), 클로랄 하이드레트(chloral hydrate), 트라조돈(trazodone), 새로운 비벤조디아제핀계 수면제(zolpidem, zaleplon), 미르타자핀 등이다.

• 멜라토닌

자폐장애에서 멜라토닌계의 장애가 있다는 일부 근거를 바탕으로 몇 번의 개방형 연구가 진행되었다. 2003년 Smits 등은 25명의 자폐 환자를 대상으로 통제방출(controlled-release)제형의 멜라토닌에 대한 개방형 연구를 진행하였는데, 수면장애의 개선뿐 아니라 1~2년 후 추적 조사에서도 효과가 유지되는 등 희망적인 결과를 얻었다. 또한 멜라토닌 수용체에 대한 높은 친화력(affinity)을 보이는 라멜테온(ramelteon)의 수면 개선 효과에 대한 증례 보고가 있었다.

(5) 간질발작

자폐아동에서 간질발작 치료는 간질발작이 없는 경우와 같은 원칙하에 이루어진다. 자폐아동에서 간질발작의 비율이 높긴 하지만 증상이 없는 경우에도 뇌파 선별검사의 필요성에 대해서는 근거가 없는 상태다. 하지만 임상적으로 간질발작을 보일 수 있다는 점을 명심하고 주의를 기울일 필요는 있다.

드물지 않게 자폐장애 환아에서 뇌파상 간질파형 이상(epileptiform abnor-malities)이 발견된다. 연구자에 따라 10~20%가 보고되고 있는데, 퇴행의 병력이 있는 환아에서 좀 더 흔하게 관찰되는 것으로 알려져 있다. 이런 무증상 발작(subclinical seizure)이 언어, 인지 기능, 행동 등에 영향을 주는지는 아직 명확하지 않으며, 치료의 필요성에 대해서도 마땅히 근거가 없는 상태다.

3) 가능한 새로운 약물치료

(1) 세로토닌 수용체 길항(Serotonin receptor antagonism)

앞서 기술했듯이 자폐장애의 경우 소변에서의 세로토닌 농도와 혈소판에서의 농도가 높게 나온다. 물론 혈장에서의 세로토닌 농도는 뇌에서의 농도를 반영하지는 않지만, 신경-장 그물(neuroenteric plexus)을 통해 위장관으로부터 영향을 끼칠 수 있다. 그런 맥락에서 2004년 할로페리돌과 시프로헵타딘(cyproheptadine)을 같이 사용하는 경우 할로페리돌과 위약을 같이 사용하는 경우보다 유의한 증상의 호전을 보인다는 이중 맹검 연구(Akhondzadeh et al., 2004)가 있었다. 이에 앞으로 추가적인 연구가 요구된다.

(2) 항산화제

자폐장애에서 혈장에서의 S-아데노실메티오닌(SAMe) 농도가 떨어져 있으며 S-아데노실호모시스테인(S-adenosylhomocysteine)의 비율 감소가 보고되고 있어, 자폐장애에서 유리기(free radical)가 과잉 생산되는 가능성이 지적되고 있다. SAMe 보충제(supplements) 등이 시도되고 있지만 긍정적인 보고는 없는 상태다(James et al., 2006).

(3) 비만 세포 활성화 억제제

비만 세포(mast cell)는 CRF의 영향을 받으며 장-혈-뇌 장벽의 투과성(permeability)에 영향을 줄 수 있다는 점에서 치료제의 가능한 목표로 생각되고 있다(Bachelet & Levi-Schaffer, 2007; Theoharides, 2008). 비만 세포는 FcgRIIb라는 억제성 수용체로 활동을 차단할 수 있으며, 비만 세포 분비를 차단하는 물질이 이미 다른 질환에서 치료제로 사용되고 있기도 하다(Theoharides et al., 1999). 이런 맥락에서 콘드로이틴(chondroitin), 크로몰린(cromolyn)도 고려되고 있으며, 비만 세포로부터 히스타민, IL-6, IL-8, TNF-a 등을 차단하는 쿠에세르틴(quercetin)이나 다른 황색물질(flavonoids)도 치료제로 고려되고 있다(Middleton et al., 2000). CRF 수용체 길항제 역시 치료제로 사용할 수 있는 후보로 고려되고 있다.

③. 결론

1) 이중 맹검 임상 시험

현재까지 자폐증의 핵심 증상군 모두에 작용하는 약물은 밝혀진 바 없다. 특히 언어장애 문제에서는 효과가 있다고 알려진 약물치료가 거의 없으며, 사회적 기능장애에서도 일부 연구가 진행된 적은 있지만 전반적으로 부정적인 상황이다. 하지만 상동/반복 행동의 경우 이중 맹검 연구에서 플루옥세틴, 플루복사민, 클로미프라민이 효과를 입증받은 바 있다.

핵심 증상 외의 경우, 과잉 행동에서는 메틸페니데이트, 클로니딘, 아토목세틴이 이중 맹검에서 근거를 지지받고 있으며, 과민성/공격성에서는 할로페리돌, 리스페리돈이 이중 맹검을 통해 근거를 확보한 상태다. 기분장애와 불안 증상에 대해서는 아직 이중 맹검 임상 시험을 통해 근거를 확보한 약물이 없는 상태다.

2) 앞으로 필요한 연구의 방향

지금까지 대부분의 연구는 다른 정신과적 질환으로부터 유추한 약물들에 집중되고 있다. 하지만 다른 질환에서와 자폐장애에서의 약물의 작용이나 부작용은 상당히 다를 수 있다는 점이 계속 강조되고 있다. 또한 지금까지의 연구는 한 개의 증상군에 대한 한 가지 약의 작용에 주로 집중되어 왔다. 하지만 모든 증상에 효과가 있는 단일 약제는 적어도 지금으로선 나올 것 같지 않은 상황이며, 현실적으로 다양한 병합 요법이 사용되고 있다. 이런 병합 요법의 실제 효과와 문제점, 그리고 약물과 비약물치료의 병합에 대한 표준화된 효과 연구가 요구되는 상황이다.

참 고 문 헌

박태원, 표경식, 반건호, 홍강의. 입원한 전반적 발달장애 소아청소년의 임상특성. 소아청소년정신의학 1998;9:237-246.

장원석, 홍성도, 신석호. 자폐 스펙트럼 장애 아동의 언어 능력에 미치는 도네페질의 효과. 신경정신의학 2006;45:64-68.

조성진, 곽영숙, 강경미. 전반적 발달장애 아동들의 공존질환 및 동반증상에 대한 연구. 소아청소년정신의학 1999;10:64-75.

홍강의, 최진숙, 신민섭, 황용승, 안윤옥. 자폐증 아동에 있어서 Carbamazepine의 치료효과 평가. 소아청소년정신의학 1991;2:87-96.

Akhondzadeh S, Erfani S, Mohammadi MR, Tehrani-Doost M, Amini H, Gudarzi SS, et al. Cyproheptadine in the treatment of autistic disorder: a double-blind placebo-controlled trial. *J Clin Pharm Ther* 2004;29:145-150.

Anderson LT, Campbell M, Grega DM, Perry R, Small AM, and Green WH. Haloperidol in the treatment of infantile autism: effects on learning and behavioral symptoms. *Am J Psychiatry* 1984;141:1195-1202.

Arnold LE, Aman MG, Cook AM, Witwer AN, Hall KL, Thompson S, et al. Atomoxetine for hyperactivity in autism spectrum disorders: placebo-controlled crossover pilot trial. *J Am Acad Child Adolesc Psychiatry* 2006;45(10):1196-1205.

Bachelet I and Levi-Schaffer F. Mast cells as effector cells: a co-stimulating question. *Trends Immunol* 2007;28:360-365.

Belsito KM, Law PA, Kirk KS, Landa RJ, and Zimmerman AW. Lamotrigine therapy for autistic disorder: a randomized, double-blind, placebo-controlled trial. *J Autism Dev Disord* 2001;31:175-181.

Bittigau P and Iconomidou C. Glutamate in neurologic diseases. *J Child Neurol*

1997;12:471-485.

Buchsbaum MS, Hollander E, Haznedar MM, Tang C, Spiegel-Cohen J, Wei TC, et al. Effect of fluoxetine on regional cerebral metabolism in autistic spectrum disorders: a pilot study. *Int J Neuropsychopharmacol* 2001;4:119-125.

Buitelaar JK, van der Gaag RJ, and van der Hoeven J. Buspirone in the management of anxiety and irritability in children with pervasive developmental disorders: results of an open-label study. *J Clin Psychiatry* 1998;59:56-59.

Campbell M, Anderson LT, Small AM, Perry R, Green WH, and Caplan R. The effects of haloperidol on learning and behavior in autistic children. *J Autism Dev Disord* 1982;12:167-175.

Campbell M, Armenteros JL, Malone RP, Adams PB, Eisenberg ZW, and Overall JE. Neuroleptic-related dyskinesias in autistic children: a prospective, longitudinal study. *J Am Acad Child Adolesc Psychiatry* 1997;36:835-843.

Carminati GG, Deriaz N, and Bertschy G. Low-dose venlafaxine in three adolescents and young adults with autistic disorder improves self-injurious behavior and attention deficit/hyperactivity disorders (ADHD)-like symptoms. *Prog Neuropsychopharmacol Biol Psychiatry* 2006;30:312-315.

Cook EH, Jr., Rowlett R, Jaselskis C, and Leventhal BL. Fluoxetine treatment of children and adults with autistic disorder and mental retardation. *J Am Acad Child Adolesc Psychiatry* 1992;31:739-745.

Corson AH, Barkenbus JE, Posey DJ, Stigler KA, and McDougle CJ. A retrospective analysis of quetiapine in the treatment of pervasive developmental disorders. *J Clin Psychiatry* 2004;65:1531-1536.

Coulter DA. Antiepileptic drug cellular mechanisms of action: where does lamotrigine fit in? *J Child Neurol* 1997;12 Suppl 1:S2-9.

Danfors T, von Knorring AL, Hartvig P, Langstrom B, Moulder R, Stromberg B, et al. Tetrahydrobiopterin in the treatment of children with autistic disorder: a double-blind placebo-controlled crossover study. *J Clin Psychopharmacol* 2005;25:485-489.

Davanzo PA, Belin TR, Widawski MH, and King BH. Paroxetine treatment of aggression and self-injury in persons with mental retardation. *Am J Ment Retard* 1998;102:427-437.

DeLong GR, Teague LA, and McSwain Kamran M. Effects of fluoxetine treatment in young children with idiopathic autism. *Dev Med Child Neurol* 1998;40(8):551-562.

Doyle RL, Frazier J, Spencer TJ, Geller D, Biederman J, and Wilens T. Donepezil in the treatment of ADHD-like symptoms in youths with pervasive developmental disorder: a case series. *J Atten Disord* 2006;9:543-549.

Fankhauser MP, Karumanchi VC, German ML, Yates A, and Karumanchi SD. A double-blind, placebo-controlled study of the efficacy of transdermal clonidine in autism. *J Clin Psychiatry* 1992;53:77-82.

Fatemi SH, Realmuto GM, Khan L, and Thuras P. Fluoxetine in treatment of adolescent patients with autism: a longitudinal open trial. *J Autism Dev Disord* 1998;28(4):303-307.

Gordon CT, State RC, Nelson JE, Hamburger SD, and Rapoport JL. A double-blind comparison of clomipramine, desipramine, and placebo in the treatment of autistic disorder. *Arch Gen Psychiatry* 1993;50:441-447.

Greenhill LL, Pliszka S, Dulcan MK, Bernet W, Arnold V, Beitchman J, et al. Summary of the practice parameter for the use of stimulant medications in the treatment of children, adolescents, and adults. *J Am Acad Child Adolesc Psychiatry* 2001;40:1352-1355.

Handen BL, Johnson CR, and Lubetsky M. Efficacy of methylphenidate among children with autism and symptoms of attention-deficit hyperactivity disorder. *J Autism Dev Disord* 2000;30:245-255.

Hardan AY, Jou RJ, and Handen BL. A retrospective assessment of topiramate in children and adolescents with pervasive developmental disorders. *J Child Adolesc Psychopharmacol* 2004;14:426-432.

Hellings JA, Kelley LA, Gabrielli WF, Kilgore E, and Shah P. Sertraline response in adults with mental retardation and autistic disorder. *J Clin Psychiatry* 1996;57:333-336.

Hellings JA, Weckbaugh M, Nickel EJ, Cain SE, Zarcone JR, Reese RM, et al. A double-blind, placebo-controlled study of valproate for aggression in youth with pervasive developmental disorders. *J Child Adolesc Psychophramacol* 2005;15(4):682-692.

Hollander E, Kaplan A, Cartwright C, and Reichman D. Venlafaxine in children, adolescents, and young adults with autism spectrum disorders: an open retrospective clinical report. *J Child Neurol* 2000;15(2):132-135.

Hollander E, Phillips A, Chaplin W, Zagursky K, Novotny S, Wasserman S, et al. A placebo controlled crossover trial of liquid fluoxetine on repetitive behaviors in childhood and adolescent autism. *Neuropsychopharmacology* 2005;30:582-589.

Hollander E, Soorya L, Wasserman S, Esposito K, Chaplin W, and Anagnostou E. Divalproex sodium vs. placebo in the treatment of repetitive behaviours in autism spectrum disorder. *Int J Neuropsychopharmacol* 2006;9:209-213.

James SJ, Melnyk S, Jernigan S, Cleves MA, Halsted CH, Wong DH, et al. Metabolic endophenotype and related genotypes are associated with oxidative stress in children with autism. *Am J Med Genet B Neuropsychiatr Genet* 2006;141B:947-956.

Jaselskis CA, Cook EH, Jr., Fletcher KE, and Leventhal BL. Clonidine treatment of hyperactive and impulsive children with autistic disorder. *J Clin Psychopharmacol* 1992;12:322-327.

King BH, Wright DM, Handen BL, Sikich L, Zimmerman AW, McMahon W, et al. Double-blind, placebo-controlled study of amantadine hydrochloride in the treatment of children with autistic disorder. *J Am Acad Child Adolesc Psychiatry* 2001;40:658-665.

Klein DJ, Cottingham EM, Sorter M, Barton BA, and Morrison JA. A randomized, double-blind, placebo-controlled trial of metformin treatment of weight gain associated with initiation of atypical antipsychotic therapy in children and adolescents. *Am J Psychiatry* 2006;163:2072-2079.

Kornhuber J, Retz W, Riederer P, Heinsen H, and Fritze J. Effect of antemortem and postmortem factors on [3H]glutamate binding in the human brain. *Neurosci Lett* 1988;93(2-3):312-317.

Langworthy-Lam KS, Aman MG, and Van Bourgondien ME. Prevalence and patterns of use of psychoactive medicines in individuals with autism in the Autism Society of North Carolina. *J Child Adolesc Psychopharmacol* 2002;12:311-321.

Luby J, et al. Risperidone in preschool children with autistic spectrum disorders: an investigation of safety and efficacy. *J Child and Adolescent Psychopharmacology* 2006;16(5):575-587.

Malone RP, Cater J, Sheikh RM, Choudhury MS, and Delaney MA. Olanzapine versus haloperidol in children with autistic disorder: an open pilot study. *J Am Acad Child Adolesc Psychiatry* 2001;40:887-894.

Marcia L. Buck, Kristi N, Hofer, Michelle W, McCarthy. A prospective open trial of guanfacine in children with pervasive devolopmental disorders. *J child Adolesc psychohavmacol* 2006;16:589-598.

Martin A, Koenig K, Scahill L, and Bregman J. Open-label quetiapine in the treatment of children and adolescents with autistic disorder. *J Child Adolesc Psychopharmacol* 1999;9(2):99-107.

McCracken JT, McGough J, Shah B, Cronin P, Hong D, Aman MG, et al. Risperidone in children with autism and serious behavioral problems. *N Engl J Med* 2002;347:314-321.

McDougle CJ, Holmes JP, Carlson DC, Pelton GH, Cohen DJ, and Price LH. A double-blind, placebo-controlled study of risperidone in adults with autistic disorder and other pervasive developmental disorders. *Arch Gen Psychiatry* 1998;55:633-641.

McDougle CJ, Kem DL, and Posey DJ. Case series: use of ziprasidone for maladaptive symptoms in youths with autism. *J Am Acad Child Adolesc Psychiatry* 2002;41(8):921-927.

McDougle CJ, Kresch LE, and Posey DJ. Repetitive thoughts and behavior in pervasive developmental disorders: treatment with serotonin reuptake inhibitors. *J Autism Dev Disord* 2000;30:427-435.

McDougle CJ, Naylor ST, Cohen DJ, Volkmar FR, Heninger GR, and Price LH. A double-blind, placebo-controlled study of fluvoxamine in adults with autistic disorder. *Arch Gen Psychiatry* 1996;53:1001-1008.

McDougle CJ, Scahill L, Aman MG, McCracken JT, Tierney E, Davies M, et al. Risperidone for the core symptom domains of autism: results from the study by the autism network of the research units on pediatric psychopharmacology. *Am J Psychiatry* 2005;162:1142-1148.

Middleton E, Jr., Kandaswami C, and Theoharides TC. The effects of plant flavonoids on mammalian cells: implications for inflammation, heart disease, and cancer. *Pharmacol Rev* 2000;52:673-751.

Namerow LB, Thomas P, Bostic JQ, Prince J, and Monuteaux MC. Use of citalopram in pervasive developmental disorders. *J Dev Behav Pediatr* 2003;24:104-108.

Nicolson R, Craven-Thuss B, and Smith J. A prospective, open-label trial of galantamine in autistic disorder. *J Child Adolesc Psychopharmacol* 2006;16:621-629.

Owley T, Salt J, Guter S, Grieve A, Walton L, Ayuyao N, et al. A prospective, open-label trial of memantine in the treatment of cognitive, behavioral, and memory dysfunction in pervasive developmental disorders. *J Child Adolesc Psychopharmacol* 2006;16:517-524.

Owley T, Walton L, Salt J, Guter SJ, Jr., Winnega M, Leventhal BL, et al. An open-label trial of escitalopram in pervasive developmental disorders. *J Am Acad Child Adolesc Psychiatry* 2005;44:343-348.

Posey DJ, Erickson CA, Stigler KA, and McDougle CJ. The use of selective serotonin reuptake inhibitors in autism and related disorders. *J Child Adolesc Psychopharmacol* 2006a;16:181-186.

Posey DJ, Kem DL, Swiezy NB, Sweeten TL, Wiegand RE, and McDougle CJ. A pilot study of D-cycloserine in subjects with autistic disorder. *Am J Psychiatry* 2004a;161:2115-2117.

Posey DJ, Puntney JI, Sasher TM, Kem DL, and McDougle CJ. Guanfacine treatment of hyperactivity and inattention in pervasive developmental disorders: a retrospective analysis of 80 cases. *J Child Adolesc Psychopharmacol* 2004b;14:233-241.

Posey DJ, Wiegand RE, Wilkerson J, Maynard M, Stigler KA, and McDougle CJ. Open-label atomoxetine for attention-deficit/hyperactivity disorder symptoms associated with high-functioning pervasive developmental disorders. *J Child Adolesc Psychopharmacol* 2006b;16(5):599-610.

Posey DJ, Wiegand RE, Wilkerson J, Maynard M, Stigler KA, and McDougle CJ. Atomoxefine of attention-deficit/hyperactivity disorder symptoms in dhildren with pervasive developmental disorders: a pilot stydy. *J Child Adolesc Psychopharmacol* 2006;16:611-619.

Quintana H, Birmaher B, Stedge D, Lennon S, Freed J, Bridge J, et al. Use of methylphenidate in the treatment of children with autistic disorder. *J Autism Dev Disord* 1995;25:283-294.

Ratey JJ, Bemporad J, Sorgi P, Bick P, Polakoff S, O'Driscoll G, et al. Open trial effects of beta-blockers on speech and social behaviors in 8 autistic adults. *J Autism De Disord* 1987;17:439-443.

Remington G, Sloman L, Konstantareas M, Parker K, and Gow R. Clomipramine versus haloperidol in the treatment of autistic disorder: a double-blind, placebo-controlled, crossover study. *J Clin Psychopharmacol* 2001;21(4):440-444.

Research Units on Pediatric Psychopharmacology Autism Network (RUPPAN). Risperidone treatment of autistic disorder: longer-term benefits and blinded discontinuation after 6 months. *Am J Psychiatry* 2005;162:1361-1369.

Scahill L, Aman MG, McDougle CJ, McCracken JT, Tierney E, et al. A Prospective Open Trial of Guanfacine in Children with Pervasive Developmental Disorders. *J Child and Adolescent Psychopharmacology* 2006;16(5):589-598.

Shea S, et al. Risperidone in the treatment of disruptive behavioral symptoms in children with autistic and other pervasive developmental disorders. *Pediatrics* 2004;114(5):634-641.

Smits MG, van Stel HF, van der Heijden K, Meijer AM, Coenen AM, and Kerkhof GA. Melatonin improves health status and sleep in children with idiopathic chronic sleep-onset insomnia: a randomized placebo-controlled trial. *J Am Acad Child Adolesc Psychiatry* 2003;42:1286-1293.

Stigler KA, Desmond LA, Posey DJ, Wiegand RE, and McDougle CJ. A naturalistic retrospective analysis of psychostimulants in pervasive developmental disorders. *J Child Adolesc Psychopharmacol* 2004a;14:49-56.

Stigler KA, Posey DJ, and McDougle CJ. Aripiprazole for maladaptive behavior in pervasive developmental disorders. *J Child Adolesc Psychopharmacol* 2004b;14:455-463.

Sugie Y, Sugie H, Fukuda T, Ito M, Sasada Y, Nakabayashi M, et al. Clinical efficacy of fluvoxamine and functional polymorphism in a serotonin transporter gene on childhood autism. *J Autism Dev Disord* 2005;35:377-385.

Theoharides TC, Doyle R, Francis K, Conti P, and Kalogeromitros D. Novel therapeutic targets for autism. *Trends Pharmacol Sci* 2008;29:375-382.

Theoharides TC, Letourneau R, Patra P, Hesse L, Pang X, Boucher W, et al. Stress-induced rat intestinal mast cell intragranular activation and inhibitory effect of sulfated proteoglycans. *Dig Dis Sci* 1999;44:87S-93S.

Troost P, et al. Atomoxetine for attention-deficit/hyperactivity disorder symptoms in children with pervasive developmental disorders: a pilot study. *J Child and Adolescent Psychopharmacology* 2006;611-619.

Tsakanikos E, Bouras N, Sturmey P, and Holt G. Psychiatric co-morbidity and gender differences in intellectual disability. *J Intellect Disabil Res* 2006;50:582-587.

Uvebrant P and Bauziene R. Intractable epilepsy in children. The efficacy of lamotrigine treatment, including non-seizure-related benefits. *Neuropediatrics* 1994;25:284-289.

Williams SK, Scahill L, Vitiello B, Aman MG, Arnold LE, and McDougle CJ, et al. Risperidone and adaptive behavior in children with autism. *J Am Acad Child Adolesc Psychiatry* 2006;45(4):431-439.

Witwer A and Lecavalier L. Treatment incidence and patterns in children and adolescents with autism spectrum disorders. *J Child Adolesc Psychopharmacol* 2005;15:671-681.

Chapter 12

행동적 접근

1. 서론

1960년대 중반까지 애착 형성의 어려움과 정서적 박탈이 자폐아를 초래할 수 있으며 따뜻한 애정이 이런 아이들을 치료하는 데 무엇보다 중요하다는 정신역동적(psychodynamic) 치료이론이 적극적으로 지지되었다. 그러나 이는 그리 좋은 치료 효과를 보이지 못하였다(Koegel et al., 2008). 그로 인해 지난 50년간 새로운 중재 기법으로서 눈에 띄는 발전을 보인 분야 중 하나가 행동 중재(behavioral intervention)다(Harris, 2007). 행동 중재는 동물 연구를 통해 적절한 행동을 보였을 때는 그 행동을 강화(reinforcement)시키고, 부적절한 행동을 보였을 때는 그 행동을 억압(suppression)시켜서 원하는 정상 행동을 자주 하도록 유도하는 학습의 기본 원리를 이용한 접근법이다(Bregman et al., 2005). 응용행동 분석

정위훈, 신민섭, 조수철

(applied behavior analysis: ABA)은 사회환경인 실생활에서 학습의 행동이론을 적용한 방법을 일컫는다(홍준표, 2009; Schreibman & Ingersoll, 2005). 이 같은 응용행동 분석은 인간의 행동을 설명하는 행동 원리와 체계적인 행동 관찰 및 평가 측정, 그리고 행동 변화에 따른 또 다른 중재를 결정하기 위한 평가를 포함하고 있다. 행동적 접근은 자폐 장애 자체를 치료한다기보다는 그들의 삶과 주변 환경을 개선시키는 데 매우 효과적이며 이에 목표를 두고 있다.

현재는 자폐아를 중재하는 데 있어 학습의 원리를 기반으로 하는 행동치료 기법이 많이 이용되고 있으나 1960년대 이전까지 자폐아들은 학습을 할 수 없다는 믿음이 일반적이었다. Ferster와 DeMyer(1961)는 조작적 학습 기법(operant learning techniques)을 체계화하여 적용한다면 자폐아도 학습할 수 있다는 것을 제안한 초창기 멤버다. Lovaas와 동료들(Lovaas, 1977; Lovaas et al., 1965, 1966, 1973)은 자폐아의 다양한 행동 문제를 해결하기 위한 포괄적이고 체계화된 행동 중재 접근 방식을 최초로 개발하였다. 이 기법을 이용하여 자폐아에서 자해, 공격 행동, 분노발작 같은 부적절한 행동이 감소되고 언어, 사회적 놀이, 학습 능력이 상당히 증가되었다는 연구들이 보고되었다(Ospina et al., 2008). 다시 말하면, 행동 중재 전략은 자폐아가 보이는 이상 행동을 정밀히 분석하여 어떤 환경적 요소가 그들의 이상 행동을 유발하는지 알아내고 사전에 이런 행동을 예방하며 강화훈련을 통해 적절한 행동을 할 수 있도록 하는 전략이다. 이런 행동적 접근을 이용하여 자폐아에서 가장 취약한 사회적 상호작용, 의사소통의 장애 및 행동적 반응에 있어 좋은 효과가 있다는 연구 결과들이 지속적으로 발표되고 있다. 우리나라에서도 1970년대 초부터 학습부진아, 정신지체아, 정서장애아 등을 대상으로 행동수정 연구가 시범적으로 진행되기 시작하였고 1994년에는 한국자폐학회가 설립되어 자폐아에 대한 이해와 행동적 치료 및 기타 여러 중재 기법에 있어 점진적인 발전을 이룩하였다.

이 장에서는 자폐아를 위한 행동적 중재에 주로 사용되는 기법과 그간 발표된 주요 성과에 관한 문헌을 고찰하고, 향후 연구의 방향 및 우리나라 상황에 필요한 제언을 하고자 한다.

2. 행동치료의 주요 기법

　행동 중재 프로그램이 성공적인 효과를 얻기 위해서는 행동에 대한 정확한 관찰이 매우 중요하다. 빈도 기록이나 시간 간격별 기록 등 다양한 직접 관찰 방법들이 행동 중재에 사용되고 있으나, 행동이 일어난 전후 상황 요인 간의 관계를 분석하고 그 관계를 밝혀 주는 기능 분석(functional analysis)은 응용행동 분석에 있어 가장 유용하면서도 중심이 되는 관찰 기법이다(Baer et al., 1968; Wolery et al., 1998). 기능 분석은 자폐아의 행동 양상을 이해하며 유관 행동들의 연결고리 양상을 파악하고 검증하는 데 있어 도움을 준다. 이 같은 행동 기능 분석을 위해서는 특정 목표 행동에 대해서 선행 사건(Antecedents)과 행동(Behaviors) 그리고 후속 사건(Consequences)을 적는 ABC 기능 분석 기록지를 작성하게 된다. 이 기록지를 이용하여 문제 행동을 유발시킨 선행 요인과 발생된 행동을 강화·유지시키는 후속 결과(후속 사건) 등을 체계적이고 조직적으로 파악하여 행동을 변화시킬 중재 전략을 설정하고 행동 변화를 예측한다. 행동적 접근법은 비행동적 접근법과 달리 이처럼 데이터의 수집과 분석에 있어 객관적이며 타당한 측정이 요구된다. 아동들이 보이는 수많은 행동을 객관적으로 측정한다는 것은 어려운 일이다. 하지만 아동들의 문제 행동은 대개 관심받고자 하는 노력(attention-seeking), 과제로부터의 도피(escape), 가시적 보상(tangible rewards), 감각 자극(sensory stimulation)이라는 네 가지 범주 내에서 일어나므로 이를 파악한다면 좀 더 수월하게 분석할 수 있을 것이다. 치료 전략이 수립되고 치료가 진행되면 치료 결과를 분석하고 전문 기관뿐 아니라 가정에서도 중재가 일반화될 수 있도록 장애아의 가족 구성원을 교육시키는 과정이 요구된다. 특별히 자폐아의 행동적 중재에 있어서는 자폐아동들이 시행착오나 오류의 빈도를 줄여 욕구 좌절을 최소화하는 무오류 학습 전략이 중요하다. 또한 강력한 동기부여를 위한 정적 강화가 요구되며 아동에 따른 적절한 강화물(예: 장난감, 거울, 호루라기, 초콜릿, 콜라 등)을 선택하는 것이 중요하다(Fouse & Wheeler, 2006).

일반적으로 새로운 행동을 가르치거나 문제 행동을 관리하는 데 많이 사용되는 기법으로는 행동 연쇄(chaining), 행동 조성(shaping), 촉구법(prompting), 용암법(fading), 과잉 교정(overcorrection), 혐오 요법(aversion therapy), 홍수법(flooding), 소거(extinction) 등이 있다. 간단히 몇 가지 기법을 소개하자면, 우선 행동 연쇄란 목표 행동을 세분화하여 앞 또는 뒤에서부터 하나씩 연결하여 점차 행동을 목표 행동까지 행할 수 있도록 강화시켜 주는 방법이다. 전진형과 후진형이 있으며 후진형이 더 많이 사용되고 있다. 예를 들면, 장애 아동들이 다 흐트러져 있는 퍼즐 맞추기를 하는 것은 어렵다. 그러므로 처음에는 다 맞추어진 퍼즐에서 단 한 조각만을 빼서 맞추도록 하고, 이후에는 두 개, 세 개, 네 개와 같이 하나씩 목표 행동으로 나아가도록 하는 것이다. 행동 조성은 목표 행동에 대해 시발점에서 도달점까지 접근의 단계를 정하고 도달점에 가까운 행동을 할 때마다 이를 강화시켜 주는 방법이다. 촉구법은 올바른 학습 반응을 유도하기 위해 교사나 주변인이 도움을 제공해 주는 것이다. 이 같은 도움으로는 구두 설명, 힌트, 시범 등이 있다. 용암법은 앞서 이야기한 촉구를 점차 제거하는 방법이다. 그리고 과잉 교정이란 부적절한 행동을 할 경우 적절한 행동을 반복시키는 방법이다.

대부분의 행동적 중재 전략들은 조작적 조건화(operant conditioning)의 원리에 기초하지만, 일부 임상적 상황에서 사용되는 행동 전략들은 고전적 조건화(classical conditioning) 이론을 이용하기도 한다(Bregman et al., 2005). 또한 일부 행동 중재 기법들은 고전적 조건화와 조작적 조건화 이론을 통합하여 사용하기도 한다. 일부 연구들은 공포적 불안을 지닌 자폐아에게 조작적 조건화 전략인 모델링과 강화와 함께 고전적 조건화 전략인 이완훈련을 통한 둔감화(desensitization)을 사용하기도 한다(Love et al., 1990).

앞서 이야기했듯이 응용행동 분석(ABA)은 문제 행동에 영향을 미치는 환경 요인을 분석·진단하여 환경 요인을 체계적으로 조절해 문제 행동을 감소·제거하는 중재 기법이다. 응용행동 분석을 통한 행동 중재는 크게 선행 사건 중재(antecedent interventions)와 후속 결과 중심의 중재(consequence-based interventions)로 나눌 수 있다.

1) 사건 중심의 행동 중재

(1) 선행 사건 중재

행동 중재 전략의 경우에 결과 행동을 변화시키기보다는 부적절한 행동이 발생하기 이전의 선행 사건을 수정함으로써 문제 행동이 일어나는 것을 막는 접근법에 관심이 늘어나고 있다(Reeve & Carr, 2000). 선행 사건 중재는 목표 행동이 발생하기 전의 선행 사건을 중재하는 접근법이다. 선행 사건 중재는 크게 목표 행동으로부터 시간상 상대적으로 멀리 있는 선행 사건을 중재하는 전략(remote antecedent interventions, 또는 ecological or setting event interventions)과 상대적으로 목표 행동 바로 전에 일어나는 사건을 중재하는 전략(immediate antecedents interventions)으로 나눌 수 있다(Bregman et al., 2005). 선행 사건 중재를 통한 효과를 얻기 위해서는 무엇보다도 선행 사건에 대한 적절한 기능적 분석이 중요하다. 아동이 보이는 울거나 떼쓰기 같은 공통된 행동의 목적은 저마다 다르며, 각목적에 따라 선행 사건 또한 차이를 보일 것이다.

(2) 후속 결과 중심의 중재

후속 결과 중심의 중재는 문제 행동이 발생한 후 곧 시행되는 행동 절차를 통한 중재를 의미한다. 사실 가장 효과적인 행동 중재 전략은 선행 사건 중재와 후속 결과 중심의 중재가 통합된 전략일 것이다.

• 간섭과 방향 재지정(interruption and redirection)

목표 행동에 대한 물리적 간섭과 또 다른 활동을 향한 방향 재지정 역시 자폐아의 행동치료를 위해 사용되는 접근법 중 하나다. 감각 소거(sensory extinction)는 반복되는 특정 행동에 대한 피드백을 제거하는 간섭 중 하나다. 예를 들어, 머리로 책상을 받을 때 나는 '쿵쿵' 소리가 재미나 자주 머리를 받는 아동이 있다면, 만족감을 얻는 것을 간섭하는 방법으로 책상에 스펀지를 깔아 소리가 나지 않도록 한다면 문제 행동이 제거될 수 있다.

• 강화물에 기초한 중재(reinforcement-based interventions)

강화물(reinforcer)은 특정 행동의 발생 빈도를 높이거나 유지하도록 하는 결과 자극이다. 일반적으로 강화물은 어떤 행동을 증가시키는 특정 행동에 뒤따르는 상황이나 사건이다. 행동 중재의 목표는 강화물을 이용하여 적절한 행동을 증가시키고 부적절한 행동을 감소시키는 것이다. 강화물의 종류에 따라 다양한 중재 전략이 있으며 이들은 다음과 같다.

표 12-1   강화물의 종류에 따라 다양한 중재 전략

다른 행동 차별 강화(differential reinforcement of other behavior: DRO)

문제 행동이 아닌 다른 행동을 강화시키는 방법이다. 다양한 차별 강화 전략 중 가장 연구가 많이 된 접근법이며 문제 행동에 대한 효과가 알려져 있다(LaVigna & Donnellan, 1986). DRO 프로그램을 통해 효과를 얻기 위해서는 적절한 강화물의 선택과 적절한 강화물들 간의 간격이 요구된다. 예를 들면, 1초마다 떼를 쓰는 아이에게 2초 동안 떼를 쓰지 않으면 강화물을 제공하고 이후에는 3초 동안, 그리고 5초 동안 떼를 쓰지 않으면 강화물을 주는 식으로 그 간격을 늘려 가는 것이다. 그러나 DRO 프로그램은 특정 대안적 행동 반응을 가르치지 않으므로 목표 행동이 아닌 다른 모든 행동이 강화될 우려가 있다.

상반 행동 차별 강화(differential reinforcement of incompatible behavior: DRI)

DRI는 목표 문제 행동에 상반되는 행동을 강화시키는 방법이다. 예를 들면, 짜증내는 것과 웃는 것은 상반되는 행동으로 함께 이루어질 수 없다. 이같이 상반되는 바람직한 행동을 할 때 그 행동을 강화시켜 줌으로써 부적절한 행동의 빈도를 줄여 준다.

대안 행동 차별 강화(differential reinforcement of alternative behavior: DRAlt or DRA)

DRA는 DRI의 한 버전으로 앞서 이야기한 것처럼 목표 문제 행동에 대해 상반되는 긍정적인 대안 행동을 강화시켜 주는 방법이다. 그러나 항상 상반된 행동에 대해서만 강화시켜 주기보다 더 바람직한 어떤 행동에 대해서 강화시켜 주는 것이다. DRO나 DRI와 마찬가지로, DRA 역시 적절한 강화물들 간의 간격이 중요하다.

저율 차별 강화(differential reinforcement of low rates of responding: DRL)

DRL은 문제 행동이 일정 기간 동안 일정 횟수 이상 일어나지 않을 때에만 강화물을 제공하는 방법이다. 즉, 앞서 이야기했던 것처럼 1초, 3초, 5초, 8초식으로 문제 행동의 발생 빈도를 점차 줄여 주는 방법이다. 그러나 높은 반응은 줄어드는 반면 낮은 빈도는 유지될 수 있다. 그러므로 DRL은 문제 행동이 높은 빈도로 일어날 경우 문제시되지만 적당한 비율로 발생할 경우에는 올바른 행동에 대해 적용하는 것이 좋다.

• 소거 절차(extinction procedures)

특정 행동이 일어나는 것을 줄이기 위해서 이전에 강화된 행동에 대해서 강화를 중단함으로써 발생 빈도를 줄이는 방법이다.

• 비수반 강화(noncontingent reinforcement: NCR)

문제 행동과 상관없이 강화물을 제공함으로써 문제 행동을 약화시키는 방법이다. 문제 행동이 유지되는 이유는 아동들이 문제 행동이 강화물을 제공해 준다고 여기기 때문이다. 그러므로 문제 행동과 무관하게 정기적으로 또는 임의로 강화물이 제공된다면 아동은 문제 행동을 하지 않아도 강화물을 얻을 수 있어 구태여 문제 행동을 할 필요가 없게 된다.

• 처벌 절차(punishment procedures)

처벌이란 특정 행동의 빈도를 줄이기 위한 후속 결과 자극을 의미한다. 일부 처벌 절차는 자폐아에게 해를 끼치는 등 윤리적인 문제로 인해 최근 그 사용이 줄어들고 있다. 또한 어떤 사람에게는 처벌인 자극이 다른 사람에게는 도리어 강화물이 될 수 있으므로 각 개인에게 알맞은 처벌 자극의 선택이 중요하다.

• 자극 변화 절차(stimulus change procedure)

자극 변화 절차는 특정 문제 행동에 대해 선행 사건이나 후속 결과 행동과는 관련이 없는 새롭고 익숙하지 않은 자극을 제시해 주는 접근법이다(Carr et al., 1990). 이 접근법은 문제 행동의 감소를 이끌어 낼 수 있으나 영구적인 변화를 주지 못한다. 다만 자극 변화 절차를 통하여 잠시 동안 문제 행동을 감소시키며 이를 통해 자폐아동에게 대안적인 기술을 습득시키고 강화시켜 줄 기회를 제공해 준다.

2) 행동치료 과정에서의 주요 기법

(1) 구조적 행동 중재

포괄적인 구조적 행동 중재(structured behavioral interventions)인 Lovaas의 불연속 시행훈련(discrete trial training: DTT)은 조작적 학습 원리를 응용한 방법으로서 최근에 더욱 정교화되어 자폐아의 조기 중재에 널리 이용되고 있다. DTT 프로그램은 다음과 같은 몇 가지 특성을 지닌다(Schreibman & Ingersoll, 2005). 첫째, 학습환경이 매우 구조적이다. 둘째, 목표 행동을 일련의 불연속 하위 기술들(discrete subskills), 즉 행동을 작은 단계들로 나누어 개별화하여 가르친다. 셋째, 가르칠 에피소드와 사물(material)을 성인이 선택한다. 넷째, 목표 반응을 생성하는 것은 외현적으로 촉진된다. 다섯째, 강화물은 목표 반응과 관련이 없다. 여섯째, 아이가 올바른 반응을 보였을 때에만 강화물이 주어진다. DTT는 다양한 행동에 있어 개선을 보이는 프로그램으로 신뢰를 받고 있다(Lovaas et al., 1966). 이는 현재도 자주 인용되고 있는 1987년 Lovaas가 발표한 연구 결과의 영향이 크다. 그는 이 연구를 통해 2년간 주 40시간의 집중적인 조기치료, 교육을 받은 미취학 아동의 47%가 정상적인 지능지수와 교육 능력에 도달했다고 발표하였다. 미국에서는 DTT 프로그램을 이용하는 자폐아들이 늘어나고 있지만, 우리나라에는 아직도 DTT 프로그램이 사용되고 있지 않다. 이는 이 같은 치료를 지속적으로 받기 위해서는 경제적 여건 및 교육, 의료환경이 고루 갖추어져야 하기 때문이다. 전문가를 통한 프로그램을 이용할 수 없지만, 부모가 직접 전문가로부터 체계적인 교육을 받아 장애 자녀를 보살핀다면 충분히 좋은 효과를 기대해 볼 수 있을 것이다.

(2) 자연주의적 행동 중재

자연주의적 행동 중재(naturalistic behavioral interventions) 기법은 구조적 행동 중재의 결점을 보완한 치료 접근법이다. 다시 말해, 자연적 행동 중재는 구조적 행동 중재의 구조화된 성인 중심의 환경을 자연적인 아동 중심의 학습환경으로 수정·보완한 방법이다(Schreibman & Ingersoll, 2005). 최초의 자연적 행동치료는 장애를 지닌 미취학 아동에게 언어적 반응을 훈련시키기 위해서 Hart와 Risley(1968)가 설계한 이후 여러 기법이 개발 및 정교화되었다. 자연적 행동 중재 프로그램들은 다음과 같은 특성을 지닌다. 첫째, 학습환경이 구조적 행동 중재보다 자연적이고 느슨하게 구조화되어 있다. 둘째, 교습은 아이와 성인 간의 상호작용으로 일어난다. 셋째, 가르칠 에피소드와 사물은 아이가 먼저 관심을 보이는 것으로 한다. 넷째, 목표 행동을 생성하는 것은 구조적 행동 중재와 마찬가지로 외현적으로 촉진된다. 다섯째, 아이의 반응과 강화물 간에 직접적인 관련성이 있다. 여섯째, 아이들이 반응을 시도하는 것으로도 강화물이 주어진다. 자연적 행동 중재 기법은 구조적 행동 중재 기법에 비해 더욱 자발적인 기술의 습득과 일반화(generalization)를 초래할 수 있다(Charlop-Christy & Carpenter, 2000; Delprato, 2001). 또한 장애 아동과 그 부모 모두가 즐길 수 있으며 가족들 간의 긍정적인 상호관계를 이끌어 낼 수 있다(Koegel et al., 1996). 자연적 행동 중재 기법의 예는 다음과 같다.

표 12-2   자연적 행동 중재 기법의 예
우발 언어 교수(incidental teaching)
아동의 자연적인 언어를 유도하기 위한 방법이다. 아동이 특정 아이템이나 활동을 요구하도록 환경을 구성해 둔 상태에서 아동의 요구를 기다리고 있다가, 아동이 요구를 시작하면 교사는 아동의 언어를 정교화하기 위해 질문을 제시하고 반응할 시간을 제공해 준다(Hart & Risley, 1968).
반응 요구-모델 방법(mand-model procedure)
일대일 언어훈련에서 학급으로의 일반화를 위해 개발된 방법이다. 먼저 요구를 쉽게 시작하지 못하는 아동에게 사용된다. 교사는 아동의 관심사를 관찰하여 관심의 초점을 결정하고 요구를 제시한 후 짧은 반응 시간을 제공한다. 아동이 올바르게 반응하면 칭찬을 하고, 올바른 반응을 보이지 않는다면 교사가 시범을 보이고 반응 시간을 제공한다(Rogers-Warren & Warren, 1980).
시간 지연법(time delay procedure)
아동의 언어적 반응을 유도하기 위해 비언어적인 시간적 지연을 이용하는 접근법이다. 만일 15초 내에 아동이 반응을 보이지 않는다면 반응 요구-모델 방법을 이용하여 적합한 모델을 보여 준다(Halle et al., 1979).

환경중심 언어 중재(milieu teaching)

이 접근법은 기능적인 의사소통을 자연스럽게 유도할 수 있도록 일상의 여러 의사소통의 예를 사용하는 자연적 언어 중재 전략이다. 앞의 세 가지 기법의 많은 특징이 통합되어 있다(Alpert, 1992).

연쇄 행동 중단하기(interrupted behavioral chain procedure)

의사소통을 시작하기가 어려운 아동들이나 의사소통에 대한 동기가 매우 부족한 아동에게 사용된다. 아동이 시작한 활동에 대해서 교사는 일상의 연속적인 행동의 다음 단계를 완성하지 못하도록 막는 대신에 반응 요구-모델 방법 또는 시간 지연법을 사용하여 활동의 다음 단계를 시행할 수 있도록 지도한다. 이 절차는 환경중심 언어 중재와는 달리 교사의 지시는 아동이 활동을 시작하기 전이 아닌 활동을 시작한 후 제시된다(Hunt & Goetz, 1988).

중심축 반응훈련(pivotal response training: PRT)

다양한 목표 행동에 영향을 미치는 중심 영역에 교육적 기법을 적용한 기법으로 아동의 동기화에 초점을 두고 동기를 증진시키기 위한 것이다. 즉, 아동이 흥미를 느끼지 못하는 행동이 의미를 지닌 행동으로 변하는 것을 경험하게 함으로써 아동의 놀이 행동을 자연스럽게 변화시키는 접근법이다(Koegel et al., 1987). 위에 기술했던 접근법들이 아동이 관심 있어 하는 아이템이나 활동을 이용하여 아동의 언어적·비언어적 의사소통 능력을 향상시키는 데 중점을 두었다면, PRT는 상징적이고 사회적인 놀이(김애리사, 김영태, 1999; Stahmer, 1995), 그리고 합동 주시(Whalen & Schreibman, 2003) 등의 기술을 가르치기 위해 적용된다.

(3) 보완·대체 의사소통

구어의 발달이 잘 이루어지지 않은 자폐아들에게 의사소통 전략을 가르치는 것은 쉬운 일이 아니다. 심각하게 손상된 의사소통 능력을 향상시키기 위해서 이용되는 전략 중 하나가 보완·대체 의사소통(augmentative and alternative communication: AAC) 전략이다. 여기서 '보완적(augmentative)'이란 것은 의사소통을 하는 데 있어 언어적인 발성이 아닌 다른 보완적인 방법들, 예를 들어 그림책이나 기타 도구를 사용한다는 뜻이다. 그리고 '대체적(alternative)'이란 구어를 대신하는 대체적인 의사소통 방법이라는 의미다. 보완·대체 의사소통 접근법에는 다음과 같은 것들이 있다.

표 12-3	보완 · 대체 의사소통 접근법

수화(sign language)

상징적인 언어로서 모방 능력이 요구된다. 그러므로 많은 비언어적인 아동들이 수화를 습득하는 데 어려움을 보인다. 또한 대부분의 사람이 수화에 익숙하지 못하므로 수화를 배우지 않은 공동체에서 수화로 의사소통을 하지 못한다(Carr et al., 1978).

그림 또는 아이콘 체계(picture or iconic systems)

언어적이거나 상징적인 언어를 습득하는 데 어려움을 보이는 아동을 위하여 사용된다. 이 기법은 수화보다 습득하기 쉬우며 이 체계를 배우지 않은 사람도 쉽게 인지할 수 있도록 되어 있다. 그러므로 많은 장애아가 이 기법을 습득하여 성공적인 의사소통을 할 수 있다(Reichle & Brown, 1986).

그림교환 의사소통체계(Picture Exchange Communication System: PECS)

비언어적인 장애아들에게 가장 널리 사용되고 있는 기법이다. 미국 델라웨어 자폐증 프로그램이라는 기관에서 개발하여 델라웨어 주와 뉴저지 주 및 미주 지역에서 수많은 긍정적인 결과를 보이는 연구가 활발히 이루어지고 있다. PECS는 아동이 원하는 것을 얻기 위해 실제로 해당 그림언어를 교환하는 방식으로 상호 간의 의사소통을 하도록 되어 있다. 아동은 자신이 선호하는 사물을 취하기 위해 손을 뻗는 행동을 먼저 시작하게 된다. 이같이 아동이 먼저 상호작용을 유발하는 것과 그림을 교환하여 원하는 것을 얻게 되는 것을 학습하는 것은 자발적인 의사소통에 대한 동기부여에 도움이 된다(Bondy & Frost, 1998). 최근 연구에서는 PECS 기법을 습득한 아동들에서 음성언어(vocal speech)의 증가를 이끌어 낼 수 있다는 보고가 발표되었다(Charlop-Christy et al., 2002).

(4) 자기 관리 및 기술 습득

자폐아들에게 필요한 기술 중 하나는 독립적인 자기 관리 능력이다. 여러 치료 기법들을 통하여 자폐아들에게 여러 기술을 습득시켜 줄 수 있으나, 항상 기술을 습득하거나 유지하는 데 있어 교사가 함께 있어 주어야 한다. 자기 관리 (self-management)는 일상의 여러 기능들을 유지하는 데 있어 교사의 도움을 최소화하도록 하는 접근법이다. 이를 위해서는 자기 행동에 대해서 자기 평가 (self-evaluation)하고 자기 감시(self-monitoring)하는 것이 필요하며, 또한 올바른 행동에 대해서는 자신에게 강화물을 제공함으로써 그 행동을 유지하도록 하는 능력이 요구된다. 자기 관리를 위해서 장애아는 적절한 행동이 무엇이며 부적절한 행동이 무엇인지를 습득해 나가야 하며, 적절한 행동에 대해서는 점증적인 강화를 받도록 계획해야 한다.

기술 습득(skill acquisition)은 종종 선행 사건 중재와 후속 결과 중심의 중재를 통합하여 사용한다. 일반적으로 자폐아를 위한 기술 습득에는 언어와 의사소통 기술, 자기 관리 기술, 사회 기술 등이 포함된다. 기능적인 언어 능력과 의사소통 기술은 행동 중재 기법에서 급속도로 성장하고 있는 분야 중 하나다. 대개는 행동 조성, 강화, 소거 등이 체계적으로 사용된다. 기능적 의사소통 훈련(functional communication training: FCT)은 자폐아의 사회적 의사소통 결함과 관련된 문제 행동에 대해서 대체 행동을 가르치는 중재 접근법이다. 일반적으로 문제 행동은 앞서 이야기한 것처럼 강화물을 얻기 위해 행하게 된다. 그러므로 교사는 먼저 문제 행동을 지속시키는 강화물이 무엇인가를 확인하여야 한다. 그리고 그 강화물을 얻기 위해 문제 행동을 하는 대신 다른 의사소통 방법을 가르치는 것이다. 예를 들면, 공부하기 싫은 아이들은 떼를 쓰는 경우가 있는데, 이 경우 떼를 쓰는 행동 대신에 적절한 제스처를 이용하여 자신의 의사를 표현하도록 하는 것이다.

또한 자폐아동에게 매우 필요한 부분이 바로 사회적 능력이다. 사회 기술 훈련 방법 중 한 가지는 동기를 개선시켜 주는 중심축 반응훈련(pivotal response training: PRT)이다(Koegel et al., 1987).

(5) 화상 수업

최근 자폐아의 행동치료를 위한 화상 수업(video instruction) 전략이 주목을 받고 있다. 자폐아들은 시각 자극에 의존하는 치료에 있어 좋은 효과를 보이기 때문이다. 일반적으로 아동이 비디오를 보는 것을 즐거워하므로 화상 수업은 아동의 동기를 증가시켜 준다. 또한 비디오를 여러 번 반복해서 보여 줄 수 있으므로 반복 학습의 효과가 있으며, 비디오를 시청하는 동안 아동에 대한 교사의 특별한 중재가 요구되지 않는 이점이 있다. 화상 수업 접근법 중 한 가지는 화상 모델링(video modeling)이다. 화상 모델링에서는 예견되거나 반복되는 행동을 보여 줌으로써 아동들이 새로운 행동을 학습하게 된다(Charlop et al., 1983). 이 기법을 이용해 대화적 음성(conversational speech), 언어적 반응, 물건 구입 기술(purchasing skills), 일상생활 기술 등에 효과를 보았다는 연구 결과들이 있다. 뿐만 아니라 어휘, 정서적 이해, 속성 획득(attribute acquisition), 놀이 행동의 종류와 길이 등이 증가를 보였다(Schreibman & Ingersoll, 2005; Schwandt et al., 2002). 그러나 화상 수업은 일상적인 사회적 환경이 아닌 비디오를 통한 학습이므로 일상적인 환경에서 모든 아동이 좋은 효과를 보이지는 않는다. 그러므로 화상 수업을 사용할 경우 화상 수업의 효과와는 상관없이 일상적인 사회적 환경에서 교사의 지도가 병행되어야 하겠다.

3. 행동치료 기법의 향후 방향 및 도전

동물 연구를 통해 밝혀진 학습 원리를 인간의 행동치료에 적용한 지 반세기가 흘렀다. 그동안 장애아를 위한 행동치료적 중재 기법은 더욱 정교화되었으며 그 효과에 대한 많은 연구 결과들이 발표되었다. 그러나 현재 우리가 사용하고 있는 행동적 중재 전략들이 이전의 기법들에서 많이 달라진 것은 아니다. 단지 좀 더 정련되고 정교화되었을 뿐이다. 여기에서는 행동치료 기법의 향후 방향과 치료 기법에 대한 도전은 무엇인지 논의하고자 한다.

1) 치료 획득의 일반화 및 유지

자폐아를 위한 행동치료뿐만 아니라 여러 중재 기법들이 해결해야 할 도전 중 하나는 환경과 시간에 제한을 받지 않는 치료 획득의 일반화(generalization of treatment gains)다(Lovaas et al., 1973). 자연적 행동 중재 기법의 사용 및 가족이 행동 중재를 제공할 수 있도록 가족 구성원을 교육하는 방법으로 일반화를 증진시킬 수 있다(McGee et al., 1985). 그럼에도 일반화의 문제는 자폐증의 치료에 있어 주요 장벽으로 남아 있다.

2) 치료의 개별화

치료의 개별화(individualization)의 중요성은 오래전부터 인식되어 왔다. 장애아마다 부족한 부분이 다르며 또한 가장 좋은 효과를 보이는 행동 중재 기법도 다르므로 각 아동에게 알맞은 개별화교육계획(individualized education plan: IEP)이 필요하다. 이 같은 인식에도 불구하고 각 아동에게 알맞은 개별화교육계획을 짜는 일은 쉽지 않다. 치료 효과의 차이는 장애아 자체의 원인으로 인해서도 나타나지만 장애아와 장애아의 가족들, 그리고 중재 프로그램 교사 상호 간의 관계에 의해서도 유발될 수 있기 때문이다.

아동의 특성을 파악하는 것은 치료의 개별화를 위해서 가장 우선시되는 작업이다. 이전 연구에서 특정 아동들은 PRT에 좋은 효과를 보인 반면, 나머지 아동들은 효과를 보이지 않았다(Schreibman & Ingersoll, 2005; Schreibman et al., 2001). 효과를 보이지 않은 아이들에게는 다른 행동 중재 전략이 적용되어야 할 것이다. 이 같은 연구들을 통해 특정 행동 중재 기법에 효과를 보이는 아동들의 특성을 파악한다면 앞으로 행동 중재가 필요한 아동들에게 그들의 특성에 맞는 행동 중재 전략을 적용함으로써 빠른 효과를 기대할 수 있을 것이다. 아동 특성의 파악과 더불어 아동의 부모 및 가족의 특성 또한 고려되어야 한다. 예를 들면, 문화, 결혼 여부, 장애 자녀에 대한 부모의 태도, 부모의 나이, 교육 수준, 사회경제적 여건, 장애 자녀에 대한 부모의 스트레스 정도 등 장애아 가족의 특성은 치료 효과와 연관이 있다. 자신의 자녀에 대해서 반응적이고 교육적인 부모들은 그렇지 않는 부모들에 비해서 환경중심 언어 중재(milieu teaching) 기법을 사용하는 데 있어 효과를 보인다(Yoder & Warren, 1998). 치료 개별화에서는 가족 구성원뿐만 아니라 치료 중재자의 능력 또한 중요한 요소다. 교사는 다양한 행동 중재 기법을 숙지하고 있어야 함은 물론, 각 아동에게 맞는 행동 중재 전략을 실제로 적용할 수 있는 능력을 갖추고 있어야만 한다.

3) 훈련의 통합

학습이론을 통한 행동 중재 전략이 자폐아의 다양한 기술 습득과 행동 수정을 가져오지만 매우 복잡한 자폐 증상의 모든 행동에 효과를 보이는 것은 아니다. 그러므로 학습이론과 함께 다양한 이론이 자폐아의 행동 수정에 통합 적용되어야 한다. 예를 들면, 전형적인 아동들의 언어 습득 능력에 대한 발달학적인 연구 결과를 바탕으로 발달심리학은 의사소통을 향상시키기 위해 사용되는 자연적 행동 중재 전략에 많은 영향을 주었다. 강화된 환경중심 언어 중재(enhanced milieu teaching; Hemmeter & Kaiser, 1994), 전언어기 환경중심 언어 중재 (prelinguistic milieu teaching: PMT; Warren et al., 1993), 상호적 모방훈련 (reciprocal imitation training: RIT; Ingersoll, 2003), 합동 주시(joint attention), 상징적 놀이(symbolic play), 마음이론(theory of mind: ToM) 등은 자연적 행동 중재 기법에 발달학적인 이론을 통합한 접근법들이다. 한 단계의 행동이 학습되기 위해서는 발달학적으로 그 하위 수준 또는 그 이전 단계의 행동이 먼저 학습되어야 한다는 원리가 여러 행동 중재 전략에 이용되고 있다. Ingersoll(2003)은 언어, 놀이, 합동 주시 능력을 향상시키기에 앞서 상호 모방을 훈련시킴으로써 이후 발달학적인 능력에 향상을 보임을 발견하였다. 국내에서는 자폐아동의 다수가 애착의 문제를 보이고 초기 모-아 애착관계가 사회적 발달의 기초라는 점에서 홍강의와 임숙빈이 자폐아동을 위한 애착 증진 프로그램의 틀을 제시한 바있다. 2000년에는 서울대학교 병원의 애착 증진 프로그램에 참여하는 자폐아동과 어머니 7쌍, 참여하지 않는 자폐아동과 어머니 4쌍을 대상으로 6개월 동안변화를 비교 분석하였다. 그 결과, 참여군은 비참여군에 비해 근접성, 상호성, 정감성 등의 애착 행동의 변화가 유의하게 컸다(임숙빈 외, 2000). 이후 2006년에는 그간의 애착 증진 프로그램 관련 연구들을 개관한 논문이 발표되기도 했다 (임숙빈 외, 2006; 홍강의 외, 2006).

향후 행동 중재 기법은 발달학적 이론과 함께 급속도로 성장하고 있는 뇌과학의 연구 결과들과 통합이 요구된다. 최근 뇌영상 기술의 눈부신 발전으로 인간의 행동뿐 아니라 마음을 관장하는 뇌의 기전이 하나둘 밝혀지고 있다. 최근 자폐아에 대한 뇌과학 연구들은 자폐아의 취약한 인지 능력, 예를 들면 얼굴 처리나 생물학적 움직임에 대한 처리, 또는 마음이론과 같은 사회적 인지 기능에 대한 연구를 진행하고 있으며, 이와 같은 손상이 뇌의 특정 영역에 의해서 나타남을 보고하고 있다. 앞으로 신경인지과학과 행동치료의 결과의 통합은 자폐아를 위한 효과적인 중재 전략 개발에 공헌할 것이다.

행동 중재 접근법과 함께 교육적 중재는 최근에 많이 통합 사용되고 있는 전략 중 하나다. 예를 들면, 자폐 및 관련 의사소통 장애를 가진 아동의 치료와 교육이라고 번역되는 1966년 Eric Schopler에 의해 채플힐에 있는 노스캐롤라이나 대학교에 건립된 TEACCH(Treatment and Education of Autistic and related Communication-handicapped CHildren; http://www.teacch.com/)는 자폐아동 및 그 가족이 자폐 증상에 대처할 수 있도록 조정된 훈련 및 서비스를 제공한다. TEACCH는 노스캐롤라이나에서 협회를 운영하고 미국과 영국에서 두루 프로그램을 운영하고 있다. 교육적 중재 기법에 대한 논의는 다음 장에서 더 자세히 이루어질 것이다.

4) 서비스 제공자들 간의 통합

자폐아를 위한 행동 중재는 여러 환경과 여러 사람을 통해서 이루어진다. 즉, 자폐아를 위한 행동 중재는 전문 기관, 가정 그리고 학교에서 지속된다. 따라서 각 환경마다 중재자가 바뀌게 되므로 중재자 간의 통합된 지도가 필요하다. 가정과 학교에서의 중재 통합이 결여된 경우 자폐아가 의사소통을 획득할 기회를 놓칠 수 있다. 치료에 있어 가족 구성원의 참여가 중요시되고 있으며 부모의 참여가 장애 자녀에게 다양한 기술을 증진시키는 데 좋은 효과를 보인다고 알려져 있다(Hemmeter & Kaiser, 1994). 게다가 부모교육은 임상적인 환경에서의 치료보다 더욱 장기적인 개선을 유지한다(Koegel et al., 1982). 장애아의 형제나 또래 집단 역시 중재에 좋은 효과를 보인다. 2세 이상의 아동들은 행동 중재에 또래 집단과 함께 참여할 수 있다. 형제나 또래 집단의 참여를 통한 행동 중재는 자폐아들의 사회적 상호작용과 언어 능력 그리고 합동 주시를 증가시킬 수 있다고 보고되었다.

5) 서비스의 지속성

아동기, 청소년기, 성인기에 있는 자폐아를 대상으로 한 연구들은 조기 행동 중재가 일반적으로 장기적인 좋은 효과를 산출한다고 보고하며 조기 중재의 중요성을 강조한다. 그러나 자폐아들은 이전에 습득한 행동들을 스스로 지속적으로 유지하기는 어려우며 성인이 되어서도 지속적인 중재가 필요하다(박혜진, 2009).

6) 보급

학습이론이 인간의 행동 수정에 적용된 이래, 앞서 이야기한 것처럼 다양한 행동 중재 기법들이 발달되고 있다. 그러나 아직도 대부분의 장애 가족은 이전의 방법들만을 적용하고 있거나 새로운 중재 기법을 알지 못한다. 이는 대부분의 새로운 중재 기법들이 일반인들에게 생소한 과학적 문헌에 발표되기 때문이다. 그러므로 새로운 접근법들을 보급하기 위해 다양한 대중 매체를 통한 홍보가 필요하다. 아직도 대부분의 장애아 가족은 Lovaas(1987)가 DTT 기법을 사용하여 47%의 개선을 보였던 연구 결과에만 매료되어 있으며, 자연적 행동 중재 기법이나 자기 관리 또는 화상 수업과 같은 새로운 접근법을 사용하는 데 있어 그 효과를 의심하고 있다.

4. 결 론

자폐아에 대한 지식의 축적과 함께 그들의 행동을 개선시키기 위한 행동 중재 기법 또한 지난 반세기에 걸쳐 정교화되었고, 다양한 문헌적 이론들과 통합되어 새로운 기법들이 개발되어 적용되고 있다. 그러나 아직도 대부분의 새로운 행동 중재 기법은 임상적 상황(clinical setting)에서만 이용되고 있으며 자폐아를 둔 가정에 소개되지 못하고 있다. 행동 중재에 있어 좋은 효과를 얻기 위해서는 전문 기관뿐 아니라 가정과 학교에서도 일치되어 지속적인 중재의 진행이 요구된다. 이를 위해서는 중재자 간의 통합과 함께 가족 구성원과 또래 집단의 참여를 통한 일반화가 필요하다. 또한 앞으로 다양한 행동 중재 기법들 간의 통합과 함께 장애아를 위한 치료의 개별화를 통하여 빠른 개선을 이끌 수 있을 것이다.

참 고 문 헌

김애리사, 김영태. 중심축 반응 훈련(Pivotal Response Training)을 이용한 사회극놀이 훈련이 자폐아동의 놀이행동에 미치는 영향. 자폐성장애연구 1999;1:119-137.

박혜진. 자폐아동을 위한 응용행동 분석 서비스의 적절성: 미국 장애인 교육법(IDEA)을 중심으로. 자폐성장애연구 2009;9:57-77.

임숙빈, 이소우, 홍강의. 자폐아동을 위한 모·아애착증진 프로그램의 효과. 소아청소년정신의학 2000;11:198-208.

임숙빈, 주세진, 홍강의. 자폐장애 아동을 위한 애착증진치료 프로그램의 효과. 소아청소년정신의학 2006;17:91-97.

홍강의, 주세진, 임숙빈. 자폐장애 아동을 위한 애착증진치료 프로그램의 개발. 소아청소년정신의학 2006;17:79-90.

홍준표. 응용행동분석. 학지사, 2009.

Alpert CL and Kaiser AP. Training parents as milieu language teachers. *J Early Intervention* 1992;16:31-52.

Baer DM, Wolf MM, and Risley TR. Some current dimensions of applied behavior analysis. *J Appl Behav Anal* 1968;1:91-97.

Bondy AS and Frost LA. The picture exchange communication system. *Semin Speech Lang* 1998;19:373-388; quiz 389;424.

Bregman JD, Zager D, and Gerdtz J. *Behavioral interventions.* Hoboken, NJ: John Wiley & Sons, 2005.

Carr EG, Binkoff JA, Kologinsky E, and Eddy M. Acquisition of sign language by autistic children, I: Expressive labelling. *J Appl Behav Anal* 1978;11:489-501.

Carr EG, Robinson S, and Palumbo LW. *The wrong issue: Aversive versus nonaversive treatment. The right issue: Functional versus nonfunctional treatment*, 1990.

Charlop-Christy MH and Carpenter M. Modified incidental teaching sessions: A procedure for parents to increase spontaneous speech in their children with autism. *J Pos Behav Interv* 2000;2:98-112.

Charlop-Christy MH, Carpenter M, Le L, LeBlanc LA, and Kellet K. Using the picture exchange communication system (PECS) with children with autism: assessment of PECS acquisition, speech, social-communicative behavior, and problem behavior. *J Appl Behav Anal* 2002;35:213-231.

Charlop MH, Schreibman L, and Tryon AS. Learning through observation: the effects of peer modeling on acquisition and generalization in autistic children. *J Abnorm Child Psychol* 1983;11:355-366.

Delprato DJ. Comparisons of discrete-trial and normalized behavioral language intervention for young children with autism. *J Autism Dev Disord* 2001;31:315-325.

Ferster CB and DeMyer MK. The development of performances in autistic children in an automatically controlled environment. *J Chronic Dis* 1961;13:312-345.

Fouse B and Wheeler M. 자폐아동을 위한 행동중재전략. 학지사, 2006.

Halle JW, Marshall AM, and Spradlin JE. Time delay: a technique to increase language use and facilitate generalization in retarded children. *J Appl Behav Anal* 1979;12:431-439.

Harris SL. *Behavioral and educational approaches to the pervasive developmental disorders.* Cambridge UK: Cambridge University Press, 2007.

Hart BM and Risley TR. Establishing use of descriptive adjectives in the spontaneous speech of disadvantaged preschool children. *J Appl Behav Anal* 1968;1:109-120.

Hemmeter ML and Kaiser AP. Enhanced milieu teaching: Effects of parent-implemented language intervention. *J Early Intervention* 1994;18:269-289.

Hunt P and Goetz L. Teaching spontaneous communication in natural settings through interrupted behavior chains. *Topics in Lang Disord* 1988;9:58-71.

Ingersoll B. Teaching children with autism to imitate using a naturalistic treatment approach: Effects on imitation, language, play, and social behaviors (Doctoral dissertation, University of California, 2003). *Dissertation Abstracts International* 2003;63:6120B.

Koegel LK, Koegel RL, Fredeen RM, and Gengoux GW. *Naturalistic Behavioral Approaches to Treatment*. New York: The Guilford Press, 2008.

Koegel RL, Bimbela A, and Schreibman L. Collateral effects of parent training on family interactions. *J Autism Dev Disord* 1996;26:347-359.

Koegel RL, O'Dell MC, and Koegel LK. A natural language teaching paradigm for nonverbal autistic children. *J Autism Dev Disord* 1987;17:187-200.

Koegel RL, Schreibman L, Britten KR, Burke JC, and O'Neill RE. *A comparison of parent training to direct clinic treatment*. Houston, TX: College Hill Press, 1982.

LaVigna GW and Donnellan AM. *Alternatives to punishment: Solving behavior problems with non-aversive strategies*. New York: Irvington, 1986.

Lovaas OI. *The autistic child: Language development through behavior modification*. New York: Irvington, 1977.

Lovaas OI. Behavioral treatment and normal educational and intellectual functioning in young autistic children. *J Consult Clin Psychol* 1987;55:3-9.

Lovaas OI, Baer DM, and Bijou SW. Experimental Procedures for Analyzing the Interaction of Symbolic Social Stimuli and Children's Behavior. *Child Dev* 1965;36:237-247.

Lovaas OI, Berberich JP, Perloff BF, and Schaeffer B. Acquisition of imitative speech by schizophrenic children. *Science* 1966;151:705-707.

Lovaas OI, Koegel R, Simmons JQ, and Long JS. Some generalization and follow-up measures on autistic children in behavior therapy. *J Appl Behav Anal* 1973;6:131-165.

Love SR, Matson JL, and West D. Mothers as effective therapists for autistic children's phobias. *J Appl Behav Anal* 1990;23:379-385.

McGee GG, Krantz PJ, and McClannahan LE. The facilitative effects of incidental teaching on preposition use by autistic children. *J Appl Behav Anal* 1985;18:17-31.

Ospina MB, Krebs Seida J, Clark B, Karkhaneh M, Hartling L, Tjosvold L, et al. Behavioural and developmental interventions for autism spectrum disorder: a clinical systematic review. *PLoS One* 2008;3:e3755.

Reeve CE and Carr EG. Prevention of severe behavior problems in children with developmental disorders. *J Pos Behav Interv* 2000;2:144-160.

Reichle J and Brown L. Teaching the use of a multipage direct selection communication board to an adult with autism. *J Assoc Pers Severe Handicap* 1986;11:68-73.

Rogers-Warren A and Warren SF. Mands for verbalization. *Behav Modif* 1980;4:361-382.

Schreibman L and Ingersoll B. *Behavioral interventions to promote learning in individuals with autism.* New York: Wiley, 2005.

Schreibman L, Stahmer AC, and Cestone V. Turning treatment nonresponders into treatment responders: Development of individualized treatment protocols for children with autism. Paper presented at the first annual meeting of the International Meeting for Autism Research, San Diego, CA, 2001.

Schwandt WL, Pieropan K, Glesne H, Lundahl A, Foley D, and Larsson EV. Using video modeling to teach generalized toy play. Paper presented at the annual meeting of the Association for Behavior Analysis, Toronto, Canada, 2002.

Stahmer AC. Teaching symbolic play skills to children with autism using pivotal response training. *J Autism Dev Disord* 1995;25:123-141.

Warren SF, Yoder PJ, Gazdag GE, Kim K, and Jones HA. Facilitating prelinguistic communication skills in young children with developmental delay. *J Speech Hear Res* 1993;36:83-97.

Whalen C and Schreibman L. Joint attention training for children with autism using behavior modification procedures. *J Child Psychol Psychiatry* 2003;44:456-468.

Wolery M, Bailey DB, and Sugai GMJ. *Effective teaching: Principles and procedures of applied behavior analysis with exceptional students.* Needham, MA: Allyn and Bacon, 1998.

Yoder PJ and Warren SF. Maternal responsivity predicts the prelinguistic communication intervention that facilitates generalized intentional communication. *J Speech Lang Hear Res* 1998;41:1207-1219.

Chapter 13

교육적 접근

1. 서 론

정상 발달 아동들은 대체로 언어나 눈 맞춤, 대인관계를 맺는 방법 등을 자연스럽게 터득하지만 자폐아동들은 발달이 제대로 이루어지지 않는다. 이러한 기술들을 인위적으로 하나씩 교육하면 어떨까 하는 생각에서 여러 가지 방법들이 발전하게 되었다. 자폐아동들에게 구체적이고 반복적으로 언어나 사회성 등을 교육할 경우, 자폐아동들의 언어 사용과 학업 수행, 일상생활 기술 등은 향상될 수 있다.

대표적으로 Lovaas 등은 1970년대부터 응용행동 분석(ABA)에 근거한 불연속 시도학습(DTT) 방법을 통해 집중적인 개입을 하였다. 발표한 연구 결과에 따르면, 거의 절반이 되는(47%) 아이들이 일반학급에서 성공적으로 1학년을 마쳤으

전유진, 정경미, 조수철

며, IQ도 평균에서 평균상 수준을 성취할 수 있었다(Lovaas, 1987). 이 연구 결과로 행동 원리에 근거한 교육적 접근에 대한 기대가 커지기 시작했다. 이후로 동일 원리에 근거하나 구체적으로는 다소 상이한 여러 가지 접근법들이 발전하게 되었다. 이 접근법의 상대적인 효과성에 대한 증거가 불충분하고, 새로운 방법들이 검증 없이 발표되기 때문에 치료진은 물론 환아의 보호자들에게 혼란을 줄 수 있다.

공통적인 의견은 개입의 대상이 환아의 핵심적인 결손과 밀접한 관련이 있어야 하며, 개입을 통해 단순히 기계적으로 기술을 습득하는 데 그치는 것이 아니라 환아 삶의 질에 직접적인 도움이 되어야 한다는 것이다. 그러므로 좋은 개입 방법이란 우선 환아의 기능적 결손에 대한 정확한 이해와 그 기능이 정상 발달에서는 어떻게 습득되는지에 대한 지식에 입각한 것이어야 한다. 또 환아 한 명 한 명을 대상으로 개별화되고(individualized), 포괄적인(comprehensive) 계획을 짜야 한다. 그리고 교육 결과의 일반화(generalization) 및 유지(maintenance)를 염두에 두고 성과를 정기적으로 점검해서 그에 따라 수정을 거듭해야 한다.

2. 교육 전략

가장 효과적이라고 밝혀진 행동주의적 교육 전략(instructional strategies)은 크게 세 가지로 나눌 수 있다.

1) 불연속 시도훈련

행동적 방법에서는 먼저 아이가 현재 가지고 있는 능력과 필요한 점들에 대한 포괄적인 평가를 하는데, 대개는 여러 상황에서 직접 아이를 관찰한다. 이후에 가르칠 내용을 선택하고, 작은 구성 요소들로 세부적으로 나누어 특정 순서대로 하나씩 가르치게 된다. 이를 불연속 시도훈련(discrete trial training: DTT)이라 한다. 하나의 기술을 배우면 그것을 이용하여 다음 기술을 익히게 된다. 하나의 기술은 하나의 불연속 시도에서 배우게 되는데, 보통은 4단계로 나뉜다. 먼저 특정하게 정해 놓은 신호(cue)나 자극(prompt)을 통해 목표 반응이 나오게 유도한다. 목표 반응을 보일 경우에는 즉시 강화하고, 다른 반응을 보일 경우에는 무시한다. 잠깐 멈추었다가 같은 시도를 반복할 수도 있고 다른 시도로 넘어갈 수도 있다. 환아가 반응을 정확하고 빠르게 할 수 있을 때까지 반복할 수 있고 객관적 자료수집을 통해 환아의 진도를 매번 평가하게 된다. 대개 이런 교육 방법은 적어도 초반부에는 교사와 학생의 비율이 일대일이 될 것을 권장하고 있다.

그 개념에서 알 수 있듯이, 기술들은 난이도에 따라 위계(hierarchy)를 이루게 되고, 기초적인 기술에서 조금씩 더 어려운 기술로 진행된다. 어떤 시도를 어떤 신호와 보상(reward)을 사용해서 가르칠 것인가는 아이에 따라 개별화되어야 효과적이다. 이 방법이 발전을 하면서 한편으로는 아이들이 좀 더 적극적인 역할을 하여 아이가 관심 있는 데서 배우게 하는 접근법이나 아이가 배운 기술을 일반화할 수 있는 다른 접근법이 필요하다는 의견도 대두되었다.

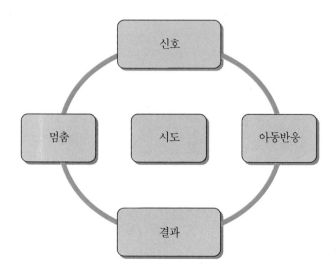

[그림 13-1] DTT의 4단계

2) 중심축 반응훈련

중심축 반응훈련(pivotal response training: PRT)은 DTT와 유사하게 구성이 되나 좀 더 기능적인 맥락(functional context)에서 환아의 일상생활에 좀 더 포함시켜 교육하는 방법이다. 환아가 중심이 되어 환아의 반응에서 자연스럽게 배울 수 있는 기회를 찾는 접근법이다. 교육환경을 환아가 관심을 가질 만한 물건 등으로 조성하여, 환아와 어울리는 와중에 환아가 관심을 갖는 물건이 있을 경우 그것을 부른다든가 도움을 얻어 가까이 가지고 온다든가 하는 등의 기술을 가르치는 것이다. PRT의 특징은 그 행동을 함으로써 자연스럽게 발생하는 결과가 강화의 효과를 가진다고 가정한다는 것이다. 즉, 환아로 하여금 좀 더 동기(motivation)를 갖게 하고 수동적이지 않은 적극적인 반응을 하게끔 하는 것이 목표다. 이러한 훈련은 모든 활동과 장소에서 할 수 있고, 언어와 같은 기술을 자발적으로 사용하게 하는 데 더 효과적이며, 환아의 부모가 기본적인 원리를 터득하면 집에서도 적용할 수 있다.

예) 아이가 비눗방울을 갖고 놀고 싶어 하는 것 같은 상황
- "비누." "방울, 방울." "불기." "비눗방울 불고 싶어요."라고 이야기할 때 갖고 놀게 해 주기
- 비눗방울이 있는 곳으로 선생님을 끌고 가거나 손가락질을 할 때 갖고 놀게 해 주기
- 의사표현을 제대로 하지 못할 때 선생님이 더 가깝게 가져오거나 기다려 줌으로써 행동을 촉진시키기

3) 기능적 절차 가르치기

기능적 절차(functional routine)를 가르치는 것은 위의 두 가지 방법으로 익힌 기술을 실제 사회적인 맥락에서 사용할 수 있게 하는 것이다. 환아의 일상생활

에서 일어날 수 있는 일을 일련의 단순한 여러 행동으로 구성하여 환경에서 자연스럽게 발생하는 신호에 반응할 수 있게 하는 것이 목표다. 여러 가지 절차들을 생각할 수 있는데 화장실에 가는 것, 간식을 먹으러 가는 것, 식당에 가서 밥을 먹는 것 등을 생각할 수 있다. 특히 자폐아동들은 장소나 해야 하는 일이 변하는 것에 취약한데, 시각적 카드(visual card)를 통해 다음에는 어떤 활동을 하게 되는지 등을 미리 알게 하는 것이 도움이 될 수 있다.

예) 변화를 위한 신호 → 다음 활동을 가리키는 카드 확인 → 새로운 활동을 하기 위해 지정된 다음 장소로 가기 → 새로운 활동을 시작하기

3. 교육 내용

자폐아동들에게 필요한 교육 내용은 자폐증의 임상 양상과 연관 지어 생각하면 된다. 크게 의사소통–언어와 관련된 기술, 학령기 이전에 필요한 기술, 놀이 기술, 사회성 기술, 기능적 절차와 관련된 내용으로 나눌 수 있다.

1) 의사소통 기술

Lovaas 등은 말을 하나도 하지 않는 환아들을 대상으로 말을 하게 하는 것을 연구해 왔다. 초기 연구들에서는 인위적인 상황에서 명사, 전치사 등과 같은 특정한 문법 형태를 가르치는 행동 요법이 사용되었고, 점차 자연스러운 상황에서 쓰이는 기능적인 언어를 가르치는 것으로 관심이 옮겨 갔다. 전반적 발달 장애 환아들은 새로운 기술을 배우는 것도 다른 아이들에 비해 느리지만, 배운 기술을 응용하는 것에도 어려움을 많이 보인다. 그래서 기능적인 기술을 가르칠 때에도 일반화를 촉진시키는 방법으로 가르칠 필요성이 있는 것이다.

최근까지도 어떻게 하면 자발적이면서도 기능적인 언어를 가르칠 수 있을지

에 대해 많은 사람이 연구를 해 왔다. Sundberg와 Partington(1998)의 연구를 바탕으로, 언어를 가르칠 때는 흔한 물건의 이름을 가르치는 것보다 환아가 원하는 것을 요구할 수 있는 언어부터 가르치는 것이 더 효과적이라고 생각하게 되었다. 환아가 관찰상 어떤 물건이나 행동을 원한다고 보일 때 욕구를 충족할 수 있는 언어를 가르치고 사용할 수 있게 한다면, 환아는 언어를 배울 뿐만 아니라 그것을 통해 자신이 원하는 것을 할 수 있다는 성취감을 맛보게 된다. 이것은 긍정적인 강화가 되어 언어를 배우는 동기가 된다.

이를 응용하여 많은 기관에서 아이들의 환경에 그들이 호기심을 가질 만한 물건들을 배치해서 관심을 가지게끔 하고, 이러한 환아의 관심을 이용하여 자연스러운 배움으로 유도하는 방법을 많이 사용하게 되었다.

언어에 대한 중재 방법은 크게 세 가지로 나눌 수 있다(⟨표 13-1⟩ 참조). 먼저 직접교수(didactic) 방법은 자극을 주고, 아이로부터 적절한 언어 반응을 이끌어 내고, 강화를 해 준다. 자연주의적(naturalistic) 방법은 좀 더 기능적이고 사회 상황에 적절한 언어를 사용할 수 있게 하며, 환아로 하여금 언어를 잘 사용할 수 있을 때의 만족감이나 성취감을 강화물로 이용하는 방법이다. 그리고 발달적-실용적(developmental-pragmatic) 방법은 언어 자체보다는 의사소통 측면을 더 강조함으로써 언어뿐만 아니라 비언어적인 의사소통 방법의 발달에도 초점을 맞추고 있다. 환아가 비언어적 의사소통을 시작하고 단어를 이야기하기 시작하면 초기 언어 단계(early language stage)로 넘어간다. 이때 목표가 되는 것은 좀 더 적절하게, 기능적으로 언어를 사용할 수 있게 해 주는 것이다. 화용론(pragmatics), 운율(prosody)의 문제를 다루고, 단어를 유연하게 사용하게 해 주고, 단어의 의미를 확장시키는 것 등이 내용에 포함된다. 이 외에 언어 기술뿐만 아니라 사회적 의사소통에 대한 중재도 병행되어야 한다.

직접교수법 중에 RMI에서는 환아가 할 수 있는 동작들(손뼉치기, 손가락으로 탁자 두드리기, 코 만지기 등)을 연이어 빠르게 반복함으로써 환아가 따라 하게 한다. 이후에 환아가 잘 따라 할 수 있게 되면 끝에 'bubble'과 같은 단순한 단어를 뒤에 붙여서 따라 하게 유도한다. 단어는 되도록이면 환아가 선호하는 물건

표 13-1	언어에 대한 중재 방법		
직접교수법 (didactic)	자연적 방법 (naturalistic)	발달-실용적 방법 (developmental-pragmatic)
불연속 시도훈련 (discrete trial)	환경적 교육 (milieu teaching)	아이중심 접근법 (child-centered approaches)
급속 운동 모방훈련 (rapid motor imitation: RMI)	구강근육 촉진법으로 구음훈련 (prompts for restructuring oral muscular phonetic targets: PROMPT)	관계 형성을 기반으로 한 개입법 (relationship development intervention: RDI)
응용행동 분석 (applied behavioral analysis: ABA)	최소 언어 접근 (minimal speech approach: MSA)	하넨법 (Hanen)
'나에게 언어를 가르쳐 주세요.' (Teach Me Language) 언어적 행동 (verbal behavior)		발달학적, 개별화, 관계기반 (developmental, individual-difference, relationship-based: DIR)

출처: Handbook of Autism and Pervasive Developmental Disorders. Fred R. Volkmar et al., 3rd ed. John Wiley and Sons (Two Volume Set)(2005).

으로 해서 그것을 따라 했을 때 보상으로 가지고 놀 수 있게 하는 것이 좋다. '나에게 언어를 가르쳐 주세요(Teach Me Language).'는 선생님이 이끌어서 연습을 반복하는 것이 주요 내용으로, 문법, 어법, 개념 등을 교육하는 방법이다. 언어 사용 전 단계에는 주로 의사소통을 위한 행동이나 단어를 시작하도록 하는 것에 초점을 맞추고, 이후의 초기 언어 단계에서는 언어 사용의 성숙도를 향상시키고 좀 더 효율적으로 사용할 수 있게 하는 것이 목표다.

자연적 방법에서 환경적 교육(Milieu teaching)은 언어를 가르치는 방법들이 환아의 자연스러운 환경에 녹아 들게 하는 데 더 초점을 맞춘 방법이며, 국내에서도 자폐증을 비롯해 여러 장애 영역에 대한 효과가 연구되어 왔다(김기옥, 2007). PROMPT는 자폐 환아들에서 실행증(apraxia)이 핵심 결손이라는 생각을 바탕으로 한 방법이다. 즉, 구강 자극을 통해 구음을 하게 하는 것이다. MSA는 훈련에 함께 참여하는 어른들이 2단어 이상의 언어는 삼가고, 아이들이 이야기하는 것을 길게 기다려 주며, 비언어적으로 격려하는 것을 주로 사용하는 방법이다. 즉, 환아로 하여금 덜 의존하게 하는 것이 초점이다.

발달-실용적 방법에서 하넨법(Hanen)은 부모와 선생으로 하여금 환아들에게 사회적 의사소통을 촉진시키게 하는 것에 초점을 맞춘 방법이다. RDI는 사회적 관계를 먼저 맺으면 환아가 의사소통할 수 있는 기술을 배우는 동기가 더 부여될 것이라고 보는 접근 방법이다.

2) 학령 전 기술

학교 가기 전에 익혀야 할 학령 전 기술(preacademic skill)들이 있다. 환아는 영역별로 발달 속도가 다를 수 있으므로 환아의 강점을 찾아서 약점을 보완하는 것이 좋다. 예를 들어, 시공간적 기술이 좋은 아이에게는 어떤 행동을 가르칠 때 시각적인 신호를 줌으로써 더 쉽게 익히게 할 수 있다. 강점을 이용하여 다른 기술을 배우기 수월하게 하는 것이 도움이 된다.

3) 놀이 기술

놀이 기술(play skill)은 또래와 관계를 맺는 수단으로서 중요한 교육 내용이다. 자폐아동들은 반응의 정도나 어떤 관계를 시작하는 정도가 낮고, 다른 아이들에게 주의를 덜 주며, 모방 행동을 잘 하지 않고, 상징 놀이를 하기보다는 반복적인 의미 없는 놀이를 하는 경우가 많다. 따라서 적절한 놀이 기술을 가르쳐 줌으로써 또래관계와 사회적 의사소통을 도모하는 것이 중요하다.

4) 사회적 의사소통 기술

사회적 의사소통 기술(social communication skill)은 다른 아이들의 의도를 이해하고, 합동 주시를 할 수 있고, 다른 사람들의 관점이나 기분을 이해하고, 상상이나 함축적인 의미를 이해하는 것을 뜻한다. 자폐아동들은 이 기술이 자연스럽게 발달되지 않으므로 직접적으로 교육해야 한다. 지능이 정상인 고기능 자폐증과 아스퍼거 장애 환아들은 만족스러운 대인관계 맺기를 어려워하는데, 사회적 의사소통을 충분히 할 수 있게 돕는 것은 장기 예후에도 중요하며 향후 발달을 증진하기 위해서도 중요하다.

5) 기능적 절차

기능적 절차(functional routine)는 환아가 해야 하는 일을 구성 요소로 나누고, 작은 단계별로 구성 기술들을 각각 가르치고, 그 일련의 행동들을 연속으로 연결시켜서 환아가 일상생활에서 할 수 있어야 하는 기술들을 가르치는 것이다. 그 내용으로는 물건을 사는 방법, 자판기를 쓰는 방법, 옷을 고르는 방법, 보행시 유의 사항, 버스 타는 방법 등이 있다.

지금까지 자폐 환아들에게 필요한 여러 가지 교육 내용에 대해서 살펴보았다. 동일한 교육 내용은 서로 다른 전략들과 함께 사용될 수 있다. 같은 영역에 서로 다른 접근 방법을 적용할 수도 있고, 환아의 진도에 따라서 일대일로 교육을 하다가 소그룹으로, 그리고 정규 교육과정으로 점점 환경을 바꿀 수도 있다. 이렇게 여러 가지 접근 방법을 쓰는 것은 일반화와 유지를 좀 더 용이하게 하기 위해서다. 예를 들어, 표현성 언어를 주로 PRT로 교육하고, DT를 포함시키기도 하며, 학령 전 기술은 DT로 주로 교육하되, PRT와 기능적 절차 훈련을 통해 범위를 확장시키고 일상생활에서 사용하게 할 수 있다.

4. 교육 모형

1) 집

대부분의 교육 프로그램은 집에서 행해지는 교육 모형으로, 대체로 가족들이 고용한 치료 팀이 교육을 하게 된다. 장점으로는 학령 전기 아이들은 집이 주된 공간이라는 점이며, 집에서 집중적으로 많은 시간 동안 훈련할 수 있고, 부모가 옆에서 보면서 치료진이 없는 시간에까지 이어서 일관되게 훈련을 이어 갈 수 있다는 점 등이 있다. 하지만 집이라는 제한된 상황 및 일반화와 유지의 측면에서는 제한이 있을 수 있다는 단점이 있다.

집에서 이루어지는 교육 모형의 대표적인 예로는 LA의 캘리포니아 대학교에서 진행된 Lovaas(2000)의 UCLA 자폐증 프로젝트(UCLA Young Autism Project)가 있다. 이는 Lovaas가 자폐아동들을 위해 개발한 행동치료 프로그램으로, 3세 이전의 조기 치료 및 주당 40시간의 집중적인 치료를 기반으로 가정에서 행해지는 교육적 접근이다. 응용 분석을 기본으로 행동수정 방법을 일대일로 학습하고, 주로 불연속 시도훈련 방법으로 접근한다. 학교에 갈 수 있기 전까지 교육 기간이 2~4년으로 긴 편이며, 지금까지의 연구 결과 중 가장 효과적이라고 알려진 치료 방법이다.

이외에 Santa Barbara의 캘리포니아 대학교에서 이루어지고 있는 중심축 반응훈련도 집을 기반으로 하는 교육 프로그램의 예다.

2) 센터

센터를 기반으로 하는 교육 모형은 이름 그대로 특수한 환경 내에서 교육을 받는 것이며, 최종적으로 아이들이 센터 내에서 정상 아이들과 어울릴 수 있도록 하거나 정규 교육과정 내로 들어갈 수 있게 하는 것이 목표다. 장점으로는 센터 내의 모든 사람이 다 치료에 포함되고 치료에 필요한 자원이 다 갖춰져 있어서 다른 곳으로 이동할 필요가 없다는 것이며, 학교에서와는 달리 환자를 맡는 교육자가 그만두더라도 인수인계가 확실히 된다는 안정적인 면이 있다. 또한 집을 기반으로 하는 교육적 접근에서는 부모의 역할이 중요한 반면, 센터를 기반으로 하는 교육적 접근은 환아의 부모가 맞벌이를 지속해야 하는 현실적인 상황에서 부모의 역할을 좀 덜어 주는 장점이 있다. 그렇지만 센터 밖의 상황, 집에서까지 기술이 유지되고 일반화되는 데는 부모의 역할이 중요하고, 집에서 교육하는 것을 부모가 계속 지켜보는 것이 아니기 때문에 센터 밖에서 얼마나 일관성 있게 교육이 이어지느냐는 부모가 얼마나 교육에 대한 열의가 있는지에 좌우된다는 단점이 있다.

실제 프로그램의 예로는, 더글라스 발달장애센터(Douglass Developmental Disabilities Center), 프린스턴 아동발달연구소(Princeton Child Development Institute), 발덴 조기소아기 프로그램(Walden Early Childhood Programs), 학습경험-학령전기아동과 부모를 위한 선택적 프로그램(Learning Experiences-An Alternative Program for Preschoolers and Their Parents: LEAP) 등이 있다. 이 중 LEAP에 대해서만 간략히 소개하자면, 1982년에 자폐 환아들을 전형적인 또래들과 통합한 미국에서의 첫 프로그램이다. ABA 접근법을 바탕으로 하고 있으며, 교과과정으로는 취학 전 학습반, 부모교육 시간 및 또래를 통한 사회적 기술 중재 등이 있다.

3) 학교

학교를 바탕으로 하는 프로그램은 정규 학교에 자폐 환아들을 위한 특수반이 있는 형태 또는 자폐 환아 소수가 보통반에 포함되는 형태가 있을 수 있다. 장점으로는 정규 교육과정에 대한 경험을 충분히 할 수 있고, 학교에서 하는 모든 일상생활과 사회적인 상호작용에 대한 기회를 가질 수 있다는 것이다. 반면에 학교 교사들이 자폐 환아들에 대한 이해가 있어야 하므로 교육이 필요하며, 교사들이 자폐 환아들의 사회적 상호작용을 어떻게 촉진시킬 수 있는지에 대한 지식이 있어야 한다. 그리고 부모에 대한 도움이 집, 센터를 기반으로 하는 교육 프로그램보다 취약하여 따로 자문이 필요하다는 단점이 있다.

실제 예로는 노스캐롤라이나 대학교의 자폐증과 이와 관련된 언어장애가 있는 아동들을 위한 치료 교육 프로그램(Treatment and Education of Autistic and Related Communication-Handicapped Children; TEACCH), 콜로라도 대학교의 덴버 모형(Denver Model at the University of Colorado)이 있다. TEACCH 프로그램의 목표인 환아가 성인이 되었을 때 독립적인 생활이 가능하게 하는 것을 돕기 위해 시각적 구조나 개별 스케줄 등을 이용하게 된다.

5. 중 · 고등학교에서의 특수한 문제

1) 감각의 차이

자폐 환아들은 감각체계가 달라서 주변에서 일어나는 일이나 사람들의 행동을 이해하는 방식이 다르다고 한다. 감각 수준이 너무 과하거나 너무 적어서 각성 수준을 잘 유지하지 못하는 경우가 있다. 감각 자극이 너무 많을 경우에는 자폐 환아들이 일시적인 '활동정지(shutdown)'를 경험하고, 주변에 소음이 많을 경우에는 걸러 내지 못해서 막상 귀를 기울여야 하는 소리에 집중하지 못하는 모습을 보이기도 한다. 과민성(hypersensitivity)도 보고되고 있는데, 후각이 너무 예민한 경우에는 상대방이 숨만 내쉬어도 뭘 먹었는지 알 수 있을 정도로 예민한 경우도 있다.

또한 한 종류의 감각에서 다른 종류의 감각으로 주의를 이동(attention shift)하기가 어려우며, 시각의 측면에서도 눈 맞춤이 어렵고, 중심 시각보다는 주변 시각에 의존하여 시공간을 다르게 인식하는 경향이 있다. 감각 과민성은 나이가 들면서 감소하는 경향이 있고, 교육환경을 조성할 때 자극의 정도를 적절한 수준으로 조정하는 것이 도움이 된다.

2) 감정, 스트레스 및 불안

자폐 환아들은 나이가 들면서 사회 상황에서 다른 사람들과 자신이 차이 나는 것을 인지하면서도 친구를 사귀는 데 반복해서 실패하는 것, 학년이 올라갈수록 더 추상적이고 복잡한 학업 수행을 요구받는 것 등으로 인해 불안과 우울의 비율이 정상 아이들보다 더 높다고 한다. 우울의 임상 양상은 비전형적일 수 있는데, 규칙적인 것에 더 매달리거나 또는 더 고립되려고 하거나 제한된 관심에 몰입하는 모습을 보일 수 있다.

특히 중 · 고등학교에까지 진학한 자폐 환아들은 대체로 정상 지능인 고기능 자폐증 또는 아스퍼거 장애 환아인 경우가 많다. 그들은 지적장애가 있는 환아들보다 주변의 기대가 훨씬 높으면서도 사회적인 상황에서 어떻게 해야 적절하게 행동하는 것인지 불확실하여 스트레스를 더 많이 받는다. 어떤 아이들은 지속적인 불안감, 과다각성(hyperarousal)을 경험하기도 한다.

이러한 불안감, 스트레스에 대해 어떻게 도움을 줄지 구체적인 방법을 미리 정하는 것이 좋다. 반복되는 일상생활 패턴에 변화가 있다면 미리 알려 주는 것이 좋고, 환아가 휴식을 취해야 할 때의 신호를 정해서 그 신호를 주면 어디서 휴식을 취할 것이며 어떻게 돌아올 것인지 등도 구체적으로 정해 놓는 것이 도움이 된다. 스트레스, 불안과 관련된 증상을 감소시키는 방법을 시각적인 정보로 주면 쉽게 이해할 수 있다.

예를 들어, '자극의 정도가 너무 많거나 잠시 휴식이 필요할 경우 손을 들어 휴식을 청한다. → 교실 밖 복도로 나간다. → 빈 교실 또는 지정된 사무실에서 쉰다. → 진정이 되고 다시 수업에 참여할 수 있을 것 같을 때 교실로 돌아온다. 등을 시각적 카드([그림 13-2] 참조) 같은 것으로 만들어 제공하는 것이 도움이 될 수 있다.

그 외에 환아가 학교에서 매일 일정한 시간에 짧게 만날 수 있는 도우미

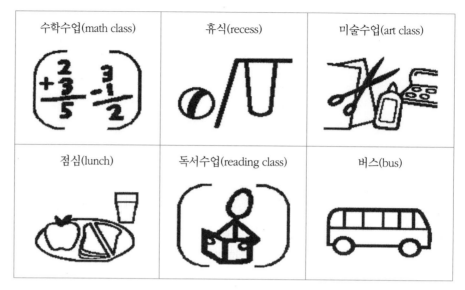

[그림 13-2] 조의 스케줄(시각적 스케줄의 예)

출처: http://mm012.k12.sd.us

(support person)가 지정되어 있는 것이 좋다. 자폐 환아들은 자신의 불안을 알아차리고 표현하는 것을 어려워하므로 스트레스를 받았을 때 자각하는 방법을 구체적으로 가르치고, 어떻게 휴식을 취하고 다시 안정을 되찾아 일상생활로 복귀할 수 있는지를 가르쳐야 한다. 운동이나 명상, 이완 요법 등이 도움이 될 수 있다.

3) 학업 성취

중·고등학교에서의 학업 성취에 대한 부분도 다뤄야 한다. 더 추상적이고 개방형인 질문들에 대한 문제 해결을 해야 하는데, 자폐 환아들은 한 번에 여러 가지 일을 하거나 우선 순위를 정해서 제한된 시간을 활용하는 것을 잘 하지 못한다. 따라서 시각적인 정보를 사용하는 것이 좋고, 과제를 수행할 때에도 명확하고 구체적으로 어떤 것부터 시작해야 하는지, 무엇을 얼마만큼 해야 하는지, 어떤 순서로 과제를 처리해야 하는지 등을 구체적으로 일러 주는 것이 좋다. 예를 들면, "숙제하세요."보다는 "수학교재 25~26쪽에 있는 5문제를 풀고, 이 책의

5~10쪽까지 읽으세요."가 더 낫다.

그 외에도 더 복잡하고 큰 공간에서 장소를 찾아가는 것을 힘들어할 수 있다. 시험을 칠 때는 조용한 장소에서 시간 제한 없이, 더 짧은 시간으로 나눠서 치르게 하는 것이 도움이 될 수 있고, 시험 형식을 그림 형식으로 볼 수 있게 하는 것도 도움이 될 수 있다.

4) 대인관계

자폐 환아는 초등학교 때보다 더 복잡하고 사회적인 규칙이 더 미묘해져서 어려움을 많이 겪게 되고, 다른 아이들과 공유하는 경험에 제한이 많이 따르게 된다. 시각 정보를 이용해서 사회적인 상황에 대한 정보를 제공하면 도움을 줄 수 있다. 예를 들어, 만화나 사회적 스토리(social story)를 통해서 사회적인 상황에서의 어려움을 다룰 수 있다.

A: 자폐아동
B: 정상아동

[그림 13-3] Comic Strip Conversation: Example

[그림 13-3]은 만화의 한 예를 보여 준다. A라는 자폐 환아가 있는데, B라는 아이가 속으로 'A가 같이 놀고 싶은지 물어봐야지.' 하고는 "야, 같이 놀래?" 라고 물어보는 상황이다. A는 "야." 라고 부르면서 반말을 쓴 것에 대해 자신을 무시한 것이라 생각하고 기분이 상해서 "나한테 반말 쓰지 마." 라고 이야기하고는 B를 발로 찼다. B는 영문을 모르고 맞으면서 '난 놀고 싶은지 물어본 것뿐인데.' 라고 속으로 생각한다. 이처럼 상대방의 의도를 잘 읽지 못하는 자폐 환아에게 실제로 있었던 사회적인 상황을 만화로 그려서 실제 주인공들의 생각을 보여 줌으로써 환아가 상대방의 의도에 대해 생각해 보도록 도움을 줄 수 있다.

6. 주류에 들어가기

갑자기 부적절하게 웃기도 하고, 눈 맞춤을 하지 않고 혼자 있으려고만 하며, 자신의 요구를 제대로 표현하지 못하고, 말을 따라 하기도 하며, 소리에 너무 과민하게 반응하거나 아무런 반응도 하지 않는 아이, 또는 겉으로 보기에 의미 없는 엉뚱한 행동을 반복하는 아이를 학교에서 만나고 같이 다니면 어떨까?

'포함(inclusion)' '통합(integration)' '주류(mainstream)' 라는 용어는 앞서 살펴본 여러 가지 교육 방법들이 개발되고, 도움을 받아 발전하는 환아들을 보면서 '정규 교육과정에 아이들을 참여시킬 수 있지 않을까?' 하는 의견들이 나오면서 쓰이기 시작하였다. 주류특수교육반(mainstreamed special education class)은 정규 학교에 자폐아동들이 소수로 함께 있는 것이며, 반면에 통합특수교육반(integrated special education class)은 정상적으로 발달하고 있는 또래 몇 명에 대부분은 자폐아동들로 구성된 학급을 의미한다. 이 두 형태 모두 자폐 환아들을 정규 교육과정에 포함시키려는 접근 방법이다.

정상적으로 발달하는 아이들을 교육함에 있어 또래가 서로 모델이 되고 서로에게 자극이 되듯이, 자폐아동들도 또래들을 통해 더 잘 배울 수 있지 않을까 하는 생각에서 또래 지지(peer support) 방법들이 발달하기 시작하였다. 정상 발달을 하고 있는 또래 아이들에게 자폐 환아들의 특징들에 대해 설명하고 어떻게 상호작용을 유도할 수 있는지를 가르쳤고, 또래 아이들로 하여금 사회 기술이나 언어 사용의 모델이 되게끔 하였다. 이러한 프로그램 중에는 또래교수 프로그램 이라고 하여 정상 아동과 자폐 환아가 함께 읽기 공부를 하는 것이 있다. 이러한 프로그램을 통해 환아 및 정상 아동 모두에서 읽기 유연성이 증가하고 정보를 적극적이고 주체적으로 습득하는 능력 및 상호작용의 빈도가 증가하였다는 연구 결과가 있다. 이 같은 맥락에서 국내에서도 통합교육의 일환인 '우정지원 프로그램'이 자폐아동과 일반 아동 모두에 끼치는 효과를 고찰한 연구가 있었다 (신경미, 2002). Peer buddy는 한 명의 친구(buddy)를 지정하여 자폐 환아와 함께 놀고 함께 있고 이야기하게 하는 방법이다.

여러 가지 포함(inclusion) 모형들이 있는데, 어느 정도 기본적인 기술을 갖춘 이후에 포함을 시도하는 그룹도 있고, 일찍부터 포함을 시도하는 그룹도 있다. 실제로 또래를 이용하는 것이 환아의 자발적인 언어 사용이나 사회 기술의 일반화, 유지에 도움이 되었으며, 참여한 정상 발달 또래들도 자기 반성(introspection) 능력과 다른 사람들을 배려하는 사회성이 향상되었다는 보고가 있다.

7. 결론

요약하자면, 교육적 접근을 통해 자폐 스펙트럼 장애 환아들은 자신의 의도나 느낌, 관심을 표현하는 방법을 배워서 다른 사람들과 상호작용을 하고 사회적인 의사소통 능력을 향상시킬 수 있다. 이 외에도 일상생활을 하는 데 필요한 기술에서 나아가 직업에 필요한 기능까지 익힐 수 있고, 정규 교육과정 내에 포함되어 적응할 수도 있다.

참 고 문 헌

곽영숙, 강경미, 이혜숙. 발달 장애 아동에게 시행된 주간 치료실 프로그램의 치료 결과에 대한 고찰. 소아청소년정신의학 2000;11:100-109.

김기옥. 통합 상황에서 실시한 강화된 환경중심 언어중재(Enhanced Milieu Teaching)가 자폐 유아의 자발화에 미치는 효과. 특수교육 2007;6:97-121.

신경미. 일반학교와의 교류교육을 통한 우정지원 프로그램 적용이 자폐아동과 일반아동 간의 친구관계기술 습득 및 태도 변화에 미치는 효과. 특수교육저널: 이론과 실천 2002;12:107-134.

정철호. 대구경북지역 일부 자폐장애 환자의 4~7년 후 추적 연구: 자폐장애의 증상 중심으로. 소아청소년정신의학 2000;11:186-197.

Lovaas OI. Behavioral treatment and normal educational and intellectual functioning in young autistic children. *Journal of Consulting and Clinical Psychology* 1987;55:3-9.

Lovaas OI. *Clarifying Comments on the UCLA Young Autism Project.* University of California, Los Angeles: Department of Psychology, 2000.

Sundberg ML and Partington JW. *Teaching language to children with autism or other developmental disabilities.* Danville, CA: Behavior Analysts, Inc, 1998.

자폐 관련 증거기반(evidence-based) 치료 정보 사이트

- 미국 국가정신보건기관 http://www.nimh.nih.gov/
- 뉴욕 주 http://www.health.state.ny.us/community/infants_children/early_intervention/autism/
- 메인 주 http://www.madsec.org/
- 워싱턴 주 http://www.doh.wa.gov/cfh/mch/Autism/

자폐 관련 서적

- 자폐아 조기치료 교육용 학습교재(정보인, 이상복, 홍강의 저. 특수교육, 1998)
- SOS 부모들을 위한 지침서(Lynn Clark 저, 홍성윤 외 역, 교육과학사, 1998)
- 자폐아동 치료교육 프로그램(LPDAC)(여문환, 공동체, 2008)
- 사랑하는 나의 아들아(만화책)(토베 케이코 저, 주정은 역, 자음과모음, 2003~2010)

- 나 좀 내버려 둬! (어린이를 위한 심리학 시리즈)(박현진, 돌베개어린이, 2006)
- 왜 나만 미워해! (어린이를 위한 심리학 시리즈)(박현진, 천둥거인, 2006)
- 사회적 기술 향상 프로그램(Ruth Weltmann Begun 저, 응용발달심리연구센터 역, 시그마프레스, 2002~2003)
- 잘 안 자는 우리 아이 다루기(Vincent Mark Durand 저, 정경미/조성은 역, 시그마프레스, 2009)
- Behavioral Interventions for Young Children with Autism: A Manual for Parents and Professionals(Paperback)(Catherine Maurice, Gina Green, and Stephen C. Luce, eds., 1996)
- Making a Difference: Behavioral Intervention for Autism(Paperback)(Catherine Maurice, Gina Green, and Richard Foxx, eds., 2001)
- Teaching Developmentally Disabled Children: The Me book(O. Ivar Lovaas, 1981)
- Teaching Individuals with Developmental Delays: Basic Intervention Techniques(O. Ivar Lovaas, 2002)
- A Work in Progress: Behavior Management Strategies & A Curriculum for Intensive Behavioral Treatment of Autism(Ron, Ph.D. Leaf, John McEachin, and Jaison D. Harsh, 1999)
- The ABA Program Companion: Organizing Quality Programs for Children with Autism and PDD(J. Tyler Fovel, 2002)
- Do-Watch-Listen-Say: Social and Communication Intervention for Children with Autism(Kathleen Ann Quill, 2000)
- Steps to Independence: Teaching Everyday Skills to Children with Special Needs(Bruce L. Baker and Alan J. Brightman, 2004)

자폐 치료 관련 비디오

- Behavioral Treatment of Autistic Children (1987)
  - 상영시간: 45분
  - 개발: the University of California-Los Angeles (UCLA) Young Autism Project
- Teaching Developmentally Disabled Children (1981)
  - 상영시간: 약 20분
  - 개발: Ivar Lovaas and Ron Leaf
- Autism and Applied Behavioral Analysis (2001)
  - 상영시간: 22분

  - 개발 · 제작: ABC News
• Different Journey: Program Treatments (1997)
  - 상영시간: 92분
  - 제작: the University of California-Los Angeles (UCLA)

Chapter 14

가족치료적 접근

1. 서 론

자폐장애가 단순한 정서적 장애가 아니라 생물학적 원인에 의한 신경 발달장애라는 인식이 확산되면서 지난 30년 동안 자폐장애 아동에 대한 가족적 접근에는 큰 변화가 있어 왔다(Coleman & Gillberg, 1985; Dykens & Volkmar, 1997). 현재는 자폐장애 아동의 부모들이 자폐장애의 원인이 되지 않고 오히려 자폐장애 아동에 대한 치료적 개입에 중요한 역할을 할 수 있다는 인식이 확산되고 있다(Lovaas, 1987; Marcus et al., 2005; Volkmar et al., 1999). 이러한 이유로 치료자는 보다 효과적이고 포괄적인 치료적 접근을 위해 자폐장애 아동의 가족들이 자폐장애에 대해 올바르게 이해하도록 교육하고 이를 기반으로 가족들이 적절한 시기에 효과적인 방식으로 치료에 참여할 수 있도록 도와야 한다. 뿐만 아니라 자

김은영, 박규리, 조수철

폐장애 아동과 생활하는 가족들이 직면하는, 다른 발달장애 아동의 가족들과는 다른 고유의 스트레스를 이해하여 정서적 지지를 제공하는 것이 필요하다. 자폐장애 아동이 적절한 교육을 받고 사회적 지지체계 안에서 생활할 수 있도록 다양한 사회적 서비스 및 지지 모임, 후원 단체에 대한 정보를 제공하고, 가족들이 발생할 수 있는 법적 문제에 효과적으로 대처할 수 있도록 도와야 한다.

2. 자폐장애 아동의 가족이 직면하는 스트레스

부모, 특히 어머니는 다른 발달장애나 정상 발달 아동의 부모들보다 더 많은 스트레스를 경험하고 우울증의 발생 위험이 더 높다고 보고된 바 있다(Hasting & Johnson, 2001; Olsson & Hwang, 2002; Seltzer et al., 2001; Tobing & Glenwick, 2002). 국내 연구에서도 자폐장애 아동의 어머니군이 정상 대조군에 비해 한국판 우울척도(K-BDI)에서 통계적으로 유의하게 높은 점수를 보인 바 있다(강경미 외, 1998). 발달장애, 행동장애, 다른 내과적 질환을 가진 아동의 가족도 비슷한 유형의 스트레스에 노출되지만, 자폐장애 아동의 가족은 자폐장애 고유의 특성을 반영하는 독특하고 더 광범위한 생활 영역에서 스트레스를 경험하게 된다.

1) 진단 과정에서의 혼란

자폐장애의 평가 및 진단 과정은 부모에게 큰 스트레스를 줄 수 있다. 처음에 부모들은 자신의 아이가 뭔가 잘못된 것이 있다는 막연한 걱정과 궁금증에 대해 답을 얻어 안도감을 느끼지만, 한편으로 아이가 심각한 발달장애를 가지고 있다는 진단이 내려지는 과정에서 불안감, 분노, 슬픔을 경험한다(Randall & Parker, 1999). 게다가 불확실하고 복잡한 평가 및 진단 과정 자체는 부모들의 감정적 반응을 더욱 증가시킬 수 있다. 평균적으로 자폐장애 아동의 부모들은 아이가 18개월쯤에 최초로 아이의 발달상에 이상이 있는 것 같다고 보고한다는 연구 결과가 있으나(Howlin & Moore, 1997), 자폐장애로 확진이 내려지기까지는 수개월에서 수년이 걸릴 수도 있다. 이 과정에서 상당수의 부모는 아이의 발달상의 문제는 걱정할 정도가 아니라는 대답을 듣거나 전문가들 사이에서 상반된 의견을 듣기도 하며, '사회성 및 언어 능력에서의 발달 지연' '자폐성 경향' 등의 모호한 용어의 진단명을 듣기도 한다. 자폐장애라고 정확한 진단이 내려졌을지라도 장애에 대한 명확한 설명과 치료의 필요성에 대해 듣지 못하는 경우가 많다. 진단이 불확실할수록 부모들은 만족감이 감소하고 더욱 큰 좌절감을 느낀다는 조사가 있었다(Howlin & Asgharian, 1999). 이렇듯 진단 과정상의 혼란은 자폐장애 아동이 필요한 시기에 적절한 치료적 개입을 받을 기회를 놓치게 할 수 있기 때문에, 아동에게 잠재적으로 악영향을 미칠 수 있을 뿐만 아니라 부모는 이러한 기회를 잃었다는 것에 대해 더 강한 분노, 죄책감, 슬픔을 경험할 수 있다.

2) 발달 경과의 다양성 및 불균형

자폐장애는 발달 경과나 여러 다양한 기능 영역에서의 발달 정도가 아동마다 매우 다르다. 초기에 발달이 느리게 이루어지다가 점차적으로 자폐증의 여러 특성이 드러나는 경과가 일반적이나, 초기에 정상 발달을 하다가 발달이 멈추거나 퇴행하는 경과를 보이는 경우도 있다(American Psychiatric Association, 2000). 또한 여러 기능 영역에서 불균등한 발달 패턴을 보이기도 한다. 전형적으로는 시공간 지각 능력 및 운동 능력은 정상적인 반면, 언어적 소통 능력 및 문제 해결 능력은 결핍되어 있다. 그러나 이러한 유형도 고기능 자폐증이나 아스퍼거 증후군의 아동에서는 전형적이지 않다고 알려져 있고 개인마다 다양한 양상을 보인다(Miller & Ozonoff, 2000). 이러한 점은 부모가 아동의 발달에 대한 적절한 기대와 미래에 어느 정도로 기능상의 발달을 이룰 것인지에 대한 예측을 하기 어렵게 하여 큰 혼란을 초래한다. 예컨대, 부모는 아동이 복잡한 퍼즐을 풀어내는 것을 정상 발달의 징후로 생각하지만, 수용성 언어 지연이나 모방 능력의 결핍은 간과

하기 쉽다. 또한 컴퓨터 등 복잡한 기계를 잘 다루지만 단순한 언어 지시는 따르지 못하는 것을 보고 이를 받아들이는 데 있어서 더 큰 좌절감을 경험할 수 있다.

3) '할 수 없다'와 '하지 않는다'의 딜레마

부모는 자폐장애 아동이 옷 입기, 먹기, 숙제하기 등 단순한 지시에 대해 적절한 반응과 행동을 하지 않을 때 아동이 이러한 행동을 수행할 능력이 없는 것인지, 능력은 있으나 말을 듣지 않는 것인지 명확하게 판단하지 못하고 혼란스러워할 수 있다. 자폐장애 아동들은 시간, 장소 및 사람에 따라 일관되지 않은 반응을 보이는 특성이 있기 때문이다. 예컨대, 부모 중 한쪽에 대해서는 식탁에 앉으라는 지시를 따르지만, 다른 쪽에 대해서는 반응하지 않을 수 있다. 부모가 자신의 아동이 반항적이라고 생각하게 된다면 훈육 방식이 더욱 대결 구도로 가기 쉽고 부정적인 양육환경이 강화될 수 있을 것이다(Dix, 1993). 이때 부모로 하여금 자폐장애 아동의 어떤 행동이 이해력이나 수행 능력의 부족으로부터 기인되고, 어떤 행동이 수행하기를 거부하는 데서 기인하는 것인지 인식하도록 도와줄 수 있는 적절한 치료적 개입이 필요하다.

4) 비전형적인 사회적 의사소통 방식

자폐장애를 특징짓는 요소 중 하나인 의사소통 능력의 부족은 가족에게 특히 더 심한 스트레스 요인이 될 수 있다. 비록 많은 자폐장애 아동들이 다른 정상 아동들과 비슷한 애착 행동(attachment behavior)을 보일 수 있으나, 한편으로는 아동들의 감정적·사회적 상호작용 능력의 결핍으로 인해 가족들이 아동으로부터 예상되는 적절한 언어적·사회적 피드백을 받지 못하고 있을 수도 있다. 예컨대, 부모는 감정 표현과 함께 적절한 말로써 아동과 소통하고자 하지만 아동은 이에 적절히 반응하지 않을 가능성이 많아 부모의 혼란과 불안이 더욱 증가한다.

의사소통 능력의 결핍은 형제관계에도 영향을 미친다. 자폐장애 아동의 형제들은 정상 발달 아동의 형제들과 비슷한 정도로 친밀감을 느끼지만 갈등을 느끼거나 다투는 정도는 더 낮다는 보고가 있다(Kaminsky & Dewey, 2001; McHale et al., 1986; Roeyers & Mycke, 1995). 다른 연구에서는 형제 간의 상호작용 자체가 적고, 자폐장애 아동의 형제인 정상 발달 아동은 자폐장애 아동에게 친밀감을 덜 느낀다는 것이 보고되었다(Dellve et al., 2000; Kaminsky & Dewey, 2001; Knott et al., 1995; Strain & Danko, 1995).

5) 정상적인 신체적 발달

대부분의 자폐장애 아동은 신체적인 외형상으로는 정상적으로 보이기 때문에 보통 평균적인 사회적 행동이나 의사소통을 하리라 기대하기 쉽다. 하지만 아동이 반대로 비정상적이고 특이한 행동을 하거나 퇴행적인 행동을 할 때 부모들은 더 큰 좌절감을 경험하게 된다.

6) 공공 장소에서의 행동 문제

가족들이 가장 흔하게 보고하는 스트레스 요인 중 두 가지는 공공 장소에서 통제가 되지 않는 아동들의 당황스러운 행동과 이로 인해 외출 등 가족의 일상적인 활동에 제한이 있다는 점이다(Gray, 1997, 2002; Koegel et al., 1992; Roeyers & Mycke, 1995). 길거리에서 분노발작을 한다든가 낯선 사람에게 무분별하게 다가가 큰 소리를 지르거나 적절치 않은 행동을 할 때, 부모들은 불안이 증가하는 것은 물론 장 보기, 목욕하기 등과 같은 기본적인 일상 활동 하나하나가 힘들어져 스트레스가 가중된다. 부모는 다른 사람들이 자신을 단순히 아이의 문제 행동을 잘 조절하지 못하는 부적절한 양육자로 간주할까 걱정하게 되고, 형제들은 또래들이 자신이나 자폐장애를 가진 형제를 놀릴까 걱정하게 된다. 이 때문에 몇몇 가족들은 사회로부터 고립되고 버림받은 듯한 느낌을 보고하기도 한다(Advi et al., 2000; Gray, 2002; Sharpley et al., 1997).

7) 포괄적 자폐 표현형

자폐증 환아의 형제에서 자폐장애의 발생률은 3~7%라고 보고된 바 있는데, 이는 일반 인구에서의 자폐증 발생률의 50~100배 정도가 된다(Yirmiya et al., 2001). 또한 자폐증 환아의 가족들은 사회성, 의사소통 능력, 인지 기능 등의 영역에서 자폐장애와 비슷하지만 더 약한 정도의 장애를 보이는 포괄적 자폐 표현형(broader autism phenotype)을 보일 위험도가 높다고 알려져 있다(MacLean et al., 1999; Piven, 1999). 이는 자폐장애 환아의 가족들이 환아뿐만 아니라 다른 가족 구성원들에 대해서도 자폐장애 혹은 자폐장애의 여러 특징들을 경험해야 하는 스트레스에 놓이게 된다는 것을 의미한다.

8) 치료자들과의 관계

자폐장애는 기능상의 여러 영역에 영향을 미치므로, 효과적인 치료를 위해서는 여러 전문가들 간에 협력이 이루어져야 한다. 집중 행동 분석 프로그램(intensive behavior analytic program)을 받는 환아의 부모에 대한 한 설문 조사에서는 환아가 평균 7개의 치료 프로그램에 참여하고 있다고 하였다(Smith et al., 2000). 그러므로 부모는 이들 치료자와의 효율적인 의사소통을 통해 환아의 상태와 치료 목표에 대한 치료자들 간의 의견 차이를 좁히는 역할을 해야 할 필요가 있다. 한편, 부모는 스스로가 환아의 치료자, 선생님, 사례관리 담당자, 직업재활 치료자 등 여러 영역에서의 치료자적인 역할을 수행할 것이 요구되기도 한다. 이러한 상황은 특히 환아의 치료를 위해 자신의 직업이나 미래의 계획을 포기하기가 쉬운 어머니에게 큰 스트레스를 주기 쉽다(Gray, 2002; Seltzer et al., 2001).

9) 효과가 증명되지 않은 새로운 치료법

환아들의 치료 과정에서 많은 좌절을 겪는 부모들은 신속하고 확실한 효과를 주장하는 새로운 치료법에 현혹되기 쉽다. 그러나 초기에 열광적인 지지와 관심을 받던 새로운 치료법도 수년이 지나 엄격한 방식으로 그 결과를 연구하였을 때 효과가 없다는 결론이 나는 경우가 많다(Volkmar & Cook, 1999). 특히 인터넷의 발달로 장기간의 연구에 의해 확실하게 증명되지 않은 수많은 치료법에 대한 부정확한 정보를 접하기 쉬워지면서, 부모들은 이들 치료법 중 무엇을 선택해야 할지 부가적인 스트레스를 경험하게 된다.

10) 경험적으로 효과가 있다고 알려진 치료법

1990년대 이후로 경험적으로 효과가 있다고 알려져 널리 이용되는 치료법 (empirically validated or supported therapies: EVTs, ESTs)을 명확하게 정리하여 어떠한 경우에 어떠한 치료법들이 효과가 있는지 혹은 환아의 특정한 상황에서 어떠한 치료법을 선택해야 하는지에 대한 선택을 도와줄 수 있는 지침서에 대한 요구가 증가하고 있다. 그러나 현재의 연구 수준으로는 어떤 치료법의 효과를 증명하기 힘든 경우가 많다. 예컨대, 주요 EST를 비교하기 위해 정교하게 설계된 대규모 연구는 없는 실정이다. 환아의 부모들은 합당한 근거 자체가 부족한 상태에서 수많은 EST 중 한 가지를 선택해야 하는 어려움에 처한다.

3. 가족적 접근의 원칙과 목표

20세기 후반부터 자폐장애 아동의 치료에 부모를 적극적으로 참여시키고, 가족의 결정을 최대한 존중하며, 가족-치료자 관계에서의 동등성을 강조하는 방향으로 변화가 이루어지고 있다. 실제 임상 연구를 통해 가족이 치료에 적극적으로 개입할 때 환아의 증상이 호전되는 것을 넘어서 더 큰 긍정적인 효과가 있다는 것이 알려져 왔다. 예컨대, 적극적으로 치료에 참여한 부모는 더 큰 자신감과 희망을 갖게 되고, 환아에 대한 치료 효과가 더 오랫동안 유지되며, 가족 내

정상적인 아이들에게도 긍정적인 영향을 미친다는 보고가 있었다(Dadds et al.,
1987; Eyberg et al., 1998; Humphreys et al., 1978; Koegel et al., 1996).

1) 목표

자폐장애 아동의 부적절한 행동을 감소시키고, 사회적으로 적합한 행동을 증
가시키며, 가족관계를 향상시키고, 이러한 과정에 가족 구성원들을 효과적으로
개입시키는 것이 기본적인 목표다. 그러나 자폐장애에 대한 정확한 이해, 자폐
장애 아동의 가족들이 직면하는 특징적인 스트레스, 특정 가족의 자원과 구체적
인 목표에 대한 개별화된 평가를 통해 더 구체적인 목표를 설정하는 것이 함께
이루어져야 한다.

2) 원칙

가족적 접근의 첫 번째 원칙은 치료에 대한 환아 가족의 관점이 무엇인지 알
아보고, 이를 치료 계획에 반영할 수 있도록 균형 있는 가족–치료자 관계를 형
성하는 것이다(Fine & Gardner, 1994). 두 번째, 환아와 부모의 관계를 상호작용
적 모델(transactional model)로서 설명해야 한다. 이는 환아와 부모의 행동 패턴
이 어느 한쪽의 원인에 의한 것이라기보다 상호작용에 의해 성립되고 유지된다
는 것이다(Greenspan & Wieder, 1998). 마지막으로 환아와 가족의 특성을 고려
하여 개별화된 치료 목표를 구체적으로 설정하는 것이 중요하다.

3) 접근 방식

자폐장애 환아의 가족적 접근에 합당한 여덟 가지 일반적인 접근 방법은 다음
과 같다. 부모교육, 공동 치료자로서의 부모, 행동적 접근, 관계 강화, 인지적 접
근, 정서적 지지, 서비스 및 시설을 통한 지지, 후원(advocacy training)인데, 보

통 이 중 여러 방법을 조합하여 사용하는 것이 일반적이다.

부모교육은 특히 초기 아동기에 중요하다. 이 시기에는 부모가 자폐장애에 대한 기본적인 이해를 바탕으로 환아의 향후 발달을 예측하고, 그것이 가족에게 미치는 영향이 무엇인지를 이해할 수 있도록 하는 것이 중요하다. '공동 치료자로서의 부모'는 환아의 치료자로서 기능할 수 있게끔 훈련받은 부모를 의미한다. 예컨대, 부모로 하여금 자연스러운 언어 습득, 구조화된 훈육, 일반적인 행동수정 전략 등을 집에서나 일상생활에서 수행할 수 있도록 훈련시키는 것이다. 이와 동시에 행동적 접근을 사용하는 경우가 많다. 가정을 기반으로 한 행동분석 모델(home based applied behavior analysis model)에서는 환아의 형제자매들이 행동수정 전략을 사용할 수 있도록 훈련시키기도 한다(Schreibman et al., 1983; Strain & Danko, 1995). 관계 강화 방법은 부모-환아 관계의 양상을 향상시키는 것이 그 목적이다(Greenspan & Wieder, 1998). Bitsika와 Sharpley(1999, 2000)는 정서적 지지의 중요성에 대해 강조했는데, 부모들은 지지 모임과 자폐장애 아동의 가족 및 부모로부터 특별한 스트레스 관리 기술을 교육받는 것에 대해 긍정적인 평가를 하였다고 보고하였다. 그들은 또한 부모에게 스트레스 감소 전략으로서 비합리적인 믿음을 없애는 방법을 교육하는 인지적인 접근에 대해서도 강조하였다. 마지막으로 서비스 및 시설을 통한 지지 및 후원이 있다. 자폐장애 아동의 발달 단계에 따라 그에 적합한 사회적 서비스 및 적절한 후원을 받는 것이 매우 중요한데, 이에 대해서는 뒷부분에서 자세히 기술하겠다.

4) 방법

자폐장애 아동의 가족과 함께하는 치료적 접근은 ① 클리닉 기반(Ozonoff & Cathcart, 1998), ② 가정 기반(Bibby et al., 2001), ③ 학교 기반, ④ 그룹 기반으로 진행될 수 있다.

먼저 클리닉을 기반으로 하는 경우는 부모가 클리닉에서 행동수정 요법이나 환아의 행동에 잘 대응하고 반응할 수 있는 방법을 배워 가정에서 실제로 적용할 수 있도록 한다. 환자의 행동 변화나 호전의 평가는 부모들의 보고에 의해 이루어진다. 대조적으로 가정을 기반으로 하는 접근은 치료자가 직접 가정을 방문하여 환아가 실제 생활하는 환경 안에서 부모에게 직접 시범을 보여 주고 교육을 하는 방식이다. 클리닉을 기반으로 하는 방식은 제한된 자원으로 짧은 시간에 효율적이고 집중적으로 부모교육을 진행할 수 있는 반면, 가정을 기반으로 하는 방식은 실제 가정환경에서 이루어지는 만큼 자폐장애 아동의 가족에 따라 개별화된 교육 및 실제 일상생활에서 바로 적용 가능한 치료 방법을 치료자가 직접 교육할 수 있다는 장점이 있다. 특정 방식이 더 우월하다는 증거는 없으며 상황에 따라 두 가지 방식을 유연하게 사용할 수 있다.

클리닉을 기반으로 하는 방식에서 클리닉을 학교 교실로 대체하는 것이 학교 기반 방식이다. 학교에서 부모에게 직접 여러 치료적 기법에 대해 교육하는 것뿐만 아니라 자폐장애 아동의 가족 구성원, 교사, 자폐장애 치료진 간의 의사소통을 명확하고 효율적으로 할 수 있다는 장점이 있다. 그룹 기반으로 하는 방식은 환아 가족들의 그룹 모임 내에서 강의 및 과제, 토론, 그리고 자폐장애 아동을 양육하는 데 있어 실제적인 도움이 되는 정보를 공유하는 과정으로 이루어진다. 부모뿐만 아니라 자폐장애 아동의 형제들을 위한 그룹도 서로의 경험과 실제적으로 유용한 정보를 공유하고 정서적 지지를 받는 데 중요한 역할을 한다. 그룹 기반 접근 방식은 경제적이고 효율적이고 비공식적인 지지체계를 만들 수 있다는 장점이 있으나 개별화된 치료적 접근이 부실할 수 있다는 단점이 있다.

4. 자폐장애와 가족 생애 주기

가족의 구조, 기능, 상호작용의 패턴도 시간에 따라 변화한다. 개인의 발달과 마찬가지로 가족도 생애 주기(family life cycle)에 따른 특별한 갈등 및 스트레스 요인, 발달 과제가 있다는 개념은 자폐장애 아동의 치료에 대한 가족적 접근의 이해에 유용한 틀을 제공할 수 있다(Gray, 2002). 자폐장애 아동의 아동기, 청소년기, 성인기 등 발달 과정에 따른 가족적 경험 및 특별한 치료적 쟁점에 대해 간단히 알아보도록 한다.

1) 초기 아동기

이 시기 동안에 부모들은 많은 스트레스에 노출되기 쉽다. 환아의 장애 정도가 모호하기 때문에 항상 불안을 느끼고, 환아의 불규칙한 수면과 과활동성으로 인해 피로감이 증가하며, 환아와의 효율적인 의사소통이 어렵다는 것이 스트레스를 가중시킨다. 환아는 정상 아동보다 위험한 행동을 하거나 특이한 식습관을 보일 수도 있다. 그래서 이 시기에 부모가 자폐장애에 대해 기본적으로 이해하고 초기 아동기에 보일 수 있는 특성과 행동 양상을 이해하는 것은 큰 도움이 된다. 이 시기에는 진단 및 조기 치료적 개입, 그 외의 보조적으로 이용 가능한 사회적 서비스가 중요한 이슈가 된다.

(1) 진단

조기 진단과 평가는 부모들이 자폐장애 아동의 부모가 되는 것이 무엇을 의미하는지에 대해 이해하도록 돕기 위한 첫 번째 과정이다. 치료자는 부모에게 자폐장애에 대한 기본적인 교육과 적절한 치료적 개입의 필요성과 이용 가능한 사회적 서비스에 대한 정보를 제공할 수 있다. 자폐장애의 원인, 경과, 예후에 영향을 미치는 요인 등에 대한 최신 지견과 자료를 명확하게 제시하여 이해하기 쉽도록 설명한다. 중요한 점은 자폐장애의 원인이 명확하게 제시된 것은 없으나, 장애가 부적절한 부모의 양육 방식이나 양육환경으로부터 기인한 것이 아니라는 것을 명확히 해야 한다는 것이다. 대다수의 부모는 자신의 아이가 자폐장애로 진단을 받은 경우 죄책감을 느끼게 된다. 환아의 문제를 더 빠른 시간에 발견하거나 더 이른 시기에 적극적으로 치료적 개입을 했어야 한다는 후회를 할 수도 있다. 대가족인 경우에는 아이를 방치했다거나 반대로 요구를 다 들어주어 버릇없이 키워 자폐장애가 발생했다는 생각을 할 수도 있다. 치료자는 진단에 대해 가족들과 효과적인 의사소통을 통해 가족들의 오해를 바로잡아 줄 필요가 있다. 또한 개별 가족들이 각 환아의 독특한 학습 패턴을 이해하여 향후 발달에 대한 적절한 예측을 할 수 있도록 도와야 한다. 자폐장애 아동은 여러 가지 기능 영역에서 불균형한 발달을 보이는데, 특히 고기능 자폐아동의 경우 언어 혹은 사회적 의사소통 능력에서는 현저한 저하를 보이는 데 비해 특정 영역에서는 정상 혹은 그 이상의 능력을 보이는 경우가 있다. 그래서 부모들이 기능의 장애를 일시적인 현상으로 보거나 동기 부족 등으로 보며 정상 발달의 가능성이 있다고 생각하기 쉽다. 이에 대해 부모들이 적절한 이해를 하도록 돕는 것이 향후 효과적이고 만족스러운 가족관계를 이루도록 하는 데 매우 중요하다. 또한 아이가 자폐장애를 가졌다는 진단이 개별 가족에게 미치는 정서적인 영향에 대해서도 주목해야 하며(Akerley, 1975), 각 가정의 재정 상태나 가족 유형, 형제 유무 등 환아에 대한 치료적 개입이 영향을 미칠 수 있는 여타의 요소에도 관심을 기울여야 한다. 마지막으로 치료진은 가족의 기대와 희망에 부정적인 영향을 미치지 않도록 주의해야 한다.

(2) 치료적 개입

진단 이후 가족과 치료자는 향후 치료에 대한 전체적이고 체계적인 계획을 세우게 된다. 특히 부모는 치료자의 도움하에 책임감을 가지고 중요한 선택 사항에서 결정을 내리거나 치료적 개입 과정에 적극적으로 참여해야 한다. 추가적인 의학적 검사 등에 대한 안내를 받고 시행 여부에 대해 판단하고, 만약 취학 전 자폐아동에 대한 서비스가 있다면 그에 대한 정보를 듣고 직접 방문한다거나 궁금한 점을 질문할 수 있는 기회가 제공되어야 한다. 부모들이 직접 환아의 문제 행동이나 기능을 향상시키기 위한 다양한 훈육 기법을 배우고 실제 적용할 수 있도록 교육하는 것 또한 중요하다. 자폐장애 아동의 부모들로 구성된 부모 지지 모임 등은 서로 정서적인 지지를 나누고, 실제적이고 세부적으로 필요한 양육 정보 등을 빠르고 효율적으로 제공받을 수 있는 좋은 기회다.

(3) 사회적 서비스

적절한 주간 서비스(day care services) 및 자폐장애 아동들에 특화된 의학적 검사나 취학 전 발달장애 아동을 위한 프로그램 등 이용 가능한 공공 서비스가 있는지 알아보아야 한다. 일반적인 유아원에 간다면 정상 아동과 자연스러운 환경에서 생활할 수 있는 장점이 있으나 치료자가 전문적이지 않고 자폐장애 아동에 대한 경험이 부족할 가능성이 있다는 단점이 있다. 발달장애 아동에 특화된 시설을 이용할 경우 개별화되고 전문적인 치료에 더 근접할 수 있으나 정상 발달 아동과 접촉할 기회를 잃고, 부모들은 아동이 전형적이고 정상적인 교육과정에서 벗어나게 되었다는 사실 자체에 불안감을 느낄 수 있다는 단점이 있다.

2) 중기 아동기

초등교육 시기에는 초기 아동기에 비해 환아의 행동 문제가 감소하고, 인지 기능이나 사회적 의사소통 능력이 초기 아동기보다 향상되는 경향이 있으며, 부모가 아이를 이해하고 아이의 행동에 대해 효과적으로 대응할 수 있게 되므로 스트레스가 더 감소할 수도 있다. 환아에 대한 부모의 현실적인 기대와 예측이 수월해지는 시기이기도 하다(Randall & Parker, 1999). 이 시기에는 교육체계, 아동의 일상생활 기술을 위한 훈련, 환아의 형제에 관련된 문제들이 주요 쟁점이 된다.

(1) 교육체계

대부분의 부모는 자폐장애 아동이 공공교육 체계, 즉 초등교육 체계에 진입했다는 사실에 다소 안도감을 느끼기도 하지만, 점차 아이가 친구들과 쉽게 어울릴 수 없고, 발달 및 인지 기능에서 정상 아동과의 격차가 점차 커지는 것을 깨닫고 큰 혼란과 불안감을 느낄 수 있다. 또한 공공교육 체계의 기본 목표는 교육이므로 자폐장애 아동이 취학 전에 개별화되고 세세하고 구체적인 여러 방식의 치료를 받을 수 있었던 것에 비해 프로그램이나 학교 선생님 등이 전문적이지 못하고, 자폐장애 아동을 위한 특화된 교육 프로그램 및 치료 프로그램이 부족하기 쉽다. 부모들은 이러한 점을 사전에 충분히 인지하고, 치료자의 적절한 조언과 안내하에 중요 의사결정 과정의 중심적인 역할을 해야 한다. 또한 학교 선생님이 치료자 및 교육자로서의 중요한 역할을 담당하게 되므로, 치료자는 학교 선생님과의 충분한 의사소통을 통해 환아의 상태 및 치료적 개입의 목표 등에 대해 치료자-부모-선생님의 관점의 차이를 좁혀 나가는 매개자 역할을 할 수 있다. 치료자는 학교 선생님에게 자폐장애에 대한 정보를 제공하고 행동수정 기법 등 환아를 다루는 기본적인 기법을 교육할 수 있으며, 정기적인 모임이나 회의를 통해 환아의 상태를 평가하는 것이 좋다. 자폐장애를 포함하는 발달장애 아동을 위한 특수학급이 있는 학교에서는 아동의 불균형한 발달 상태 및 기능장애를 고려하지 않고 일괄적인 프로그램을 제공하는 경우가 많은데, 이 경우 최대한 학교 선생님과의 협력을 통해 보다 각 아동의 특성에 맞는 개별화된 접근이 이루어지도록 노력해야 한다.

(2) 일상생활 기술

이 시기에 치료자는 가정 및 지역사회에서의 적응을 위한 자폐아동의 기능을 향상시키는 데 대해서도 관심을 기울여야 한다. 기초교육과 인지 기능 향상뿐만 아니라 옷 입기, 씻기, 정리하기 등 일상생활을 위해 필요한 기능 및 사회에서의 기본적인 의사소통 능력 및 적응적인 행동을 배우는 것은 향후 환아의 예후에 중요한 영향을 미친다. 부모들은 환아가 동료 그룹의 놀이나 종교 활동, 스포츠 활동 등에 참여하지 못하고 따돌림을 당하거나 배제될 때 좌절감을 느끼게 되는데, 이 경우 치료자는 부모와 협력하여 학교에 적절한 프로그램이나 교육과정을 개발하게 한다거나 다른 부모와 연계될 수 있도록 도와야 한다.

(3) 형제

자폐장애 아동이 초등교육에 진입할 정도의 시기에는 환아의 형제자매와 관련된 문제가 더욱 중요해진다. 자폐장애 아동은 성장할수록 비전형적인 행동 패턴이나 발달 지연이 더욱 두드러지게 된다. 이에 따라 환아의 형제자매들은 이해할 수 없는 행동을 하고 부모의 관심을 온통 빼앗아 가며 적절한 놀이 상대가 되어 주지 못하는 환아의 존재를 점차 자각하게 된다. 왜 자신의 형제자매에게 자폐장애가 발생했는지, 자신도 비슷한 문제를 갖고 있지는 않은지, 환아의 미래를 자신이 책임져야 하는지, 또래 아이들이 놀리거나 당황스럽게 할 때 어떻게 대처해야 하는지, 환아의 행동에 대해 어떻게 반응해야 하는지 등의 여러 문제에 대해 고민하기 시작한다. 부모는 정상 발달을 보이는 환아의 형제자매가 자폐장애에 대해 이해하고 있다고 과대 평가하는 경향이 있다(Glasberg, 2000). Williams 등(2002)은 가족의 재정적인 어려움, 가족의 낮은 결합력, 자폐장애에 대한 이해의 부족이라는 세 가지 요인이 자폐장애 아동의 형제자매가 적응 문제에 영향을 미친다고 보고하였다. 따라서 자폐장애 아동을 형제로 둔 정상 발달 아동과의 개방적인 논의와 의사소통, 사회적 지지 및 자폐장애의 이해를 증진시키기 위한 교육이 중요하다. 자폐장애 아동의 형제자매 자조 모임은 연구 결과가 명확히 입증되지는 않았으나 서로 지지를 제공하는 데 있어 긍정적인 역할을 한다고 알려져 있다.

3) 청소년기

자폐장애 아동이 있는 28개 가족을 10년 동안 장기 추적한 연구에 의하면, 청소년기에 가족의 심리적 안정감, 확대가족과의 관계, 아동의 공공 장소에서의 행동, 부모의 대처 능력 등은 시간이 지나면 향상되는 경향이 있는 반면, 50% 이상의 부모는 우울증 및 불안장애를 호소하였다. 이는 공격적이거나 강박 행동이 매우 심한 자폐아동이 있는 가족에게서 두드러졌다(Gray, 2002). 특히 이 시기에는 아동의 미래에 대한 부모의 걱정과 불안이 증가하며, 아동기에 보였던 부모의 열성적인 태도가 누그러지고, 치료에 대해 지칠 가능성이 많으므로 부모에 대한 지속적인 지지가 필요하다. 이 시기에 특히 행동 문제, 교육, 거주 시설에 대한 고려가 필요하다.

(1) 행동 문제 및 치료적 개입

청소년기에 신체적 변화에 의한 특징적인 합병증 및 행동 문제가 발생할 수 있다. 가장 두드러진 문제는 자폐장애 청소년들이 2차 성징을 겪으면서 성에 대한 관심과 욕구가 증가하고, 이를 부적절한 방식으로 표출한다는 것이다(Van Bourgondien et al., 1997). 공격성이 증가하거나 반항적인 행동을 할 수도 있다. 이 시기에 이루어지는 핵심적인 변화는 정상 청소년과 비슷하지만, 의사소통 능력 부족, 사회적 인지 능력 및 인지 기능 저하 등 장애가 동반된 자폐장애 청소년은 특히 2차 성징과 같은 신체적인 변화를 적응적인 방식으로 드러내지 못할 가능성이 많다. 치료자는 부모들에게 미리 자폐장애 청소년이 흔히 보이는 문제 행동이나 변화에 대해 충분히 교육하고, 약물 요법, 인지행동치료 및 이완 요법, 성 문제에 대한 상담 등 대처할 수 있는 방법을 논의해야 한다. 또한 부모를 위한 지지 모임도 서로 실제적인 정보를 공유하는 데 도움이 될 것이다. 뿐만 아니라 이 시기에는 성숙한 형제자매가 자폐장애가 있는 형제자매에 대한 책임감을 느끼고 역할에 대한 고민을 하기 시작하는 시기이므로 이를 위한 지지 모임은 도움이 될 것이다.

(2) 교육

이 시기에 교육의 초점은 기초 학교교육으로부터 기능적인 직업 관련 교육 등 보다 실질적인 분야가 되어야 한다. 치료자는 자폐장애 청소년의 미래에 대한 부모의 불안 등에 대해 관심을 갖고 청소년이 보다 적합한 교육 프로그램에 참여하고 직업 관련 교육을 받을 수 있도록 부모와 함께 노력해야 한다.

(3) 거주지

공격적인 행동, 자해 행동 등 행동 문제가 심할 때는 특수 거주 시설에서 거주하는 것을 고려해야 한다. 적절한 그룹홈이나 거주 시설이 없다면 이에 대해 지역사회와 논의해야 할 필요가 있다. 한편, 부모는 자녀를 가정이 아닌 다른 거주 시설에서 생활하게 한다는 것에 대해 죄책감을 느낄 수 있는데, 치료자는 이것이 자폐장애 청소년들이 보다 독립적인 삶을 살기 위한 자연스러운 과정이며 필수적인 단계라는 것을 알려 주어야 한다. 만약 이러한 완전한 거주 시설이 없다면 하루 중 정해진 시간 동안 이용할 수 있는 시설이나 방과 후 프로그램 등이 이용 가능한지 알아봐야 한다. 만약 사고가 발생하거나 위험한 문제 행동이 조절되지 않을 경우 응급한 상황에 이용할 수 있는 응급 서비스나 그 절차에 대해서도 설명해 주어야 한다.

4) 성인기

아동기에 비해 자폐장애 성인에 대한 문헌은 상대적으로 적으며, 주로 성과 연구나 부모의 개인적인 경험에 대한 서술, 고기능 자폐장애 성인의 자전적 서술이 주가 된다. 이 시기에는 행동 문제와 그에 대한 개입 및 거주 시설의 문제, 교육 및 고용의 문제가 중요한 이슈가 된다.

(1) 행동 문제

자폐장애 성인들의 부모를 대상으로 한 연구에서 성인기에는 자해 행동이나 사회적 고립 등 문제 행동이 더 증가한다는 보고가 있었다(Holmes & Carr, 1991; Seltzer et al., 2001). 자폐장애 성인의 형제들이 다운 증후군 환자의 형제들보다 사회적 활동이 더 적고 정서적인 친밀감을 더 적게 느낀다는 보고도 있었다. 치료자는 이러한 점에 대해 인지하고 적절한 치료적 개입을 할 수 있어야 한다. 또한 고기능 자폐장애 성인을 대상으로 한 상담, 사회 기술 훈련, 직업 재활 훈련을 할 수 있도록 돕는 것이 필요하다.

(2) 거주 시설

역사적으로 대부분의 자폐장애 성인들은 수동적으로 공공 시설에 수용(institutionalization)되어 왔다. 그러나 탈시설화의 움직임과 함께 자폐장애인의 거주와 직업에 대한 가정과 지역사회의 책임에 대한 논의가 활발해졌다. 부모와 치료자는 그룹홈, 어느 정도의 보조적인 도움이 있는 아파트 복합 시설 등 가능한 선택 사항들이 있는지에 대해 적극적으로 논의함으로써 자폐장애인들이 독립적인 삶을 살 기회를 가질 수 있도록 노력해야 한다.

(3) 교육

성인기에는 학교교육의 틀에서 벗어나는 시기로서 환자의 능력에 맞게 직업훈련, 고용, 대학교육 등 보다 생산적인 활동에 참여할 수 있도록 도와주어야 한다. 특히 고기능 자폐장애인에 대해서 적절한 대학교육 혹은 전문교육을 받을 수 있도록 안내하는 것뿐만 아니라 실제 학교생활에서 필요한 공중도덕이나 규칙들, 친구들과 생활하는 데 필요한 정보 등에 대한 실질적인 교육이 필요하다.

5. 결 론

이 장에서는 자폐장애 아동의 가족들이 겪는 스트레스와 이를 토대로 하여 자폐장애에 대한 치료적 개입에서의 가족적 접근이 갖는 의미와 목표, 방법에 대해 기술하였다. 또한 자폐장애 아동의 성장과 가족 생애 주기에 따라 변화하는 핵심적인 문제들에 대해 알아보고, 그에 대한 대응 방법 및 원칙을 알아보았다.

가장 기본적인 접근 방식은 가족 구성원들이 자폐장애에 대해 잘 이해하고 효과적으로 대응할 수 있도록 '교육' 하는 것이다. 또한 부모가 구조화된 환경에서 자폐장애 아동을 직접 훈육하고 적절한 행동치료적 기술들을 습득할 수 있도록 하여 '공동 치료자로서의 부모' 역할을 할 수 있도록 도와야 한다. 더불어 가족 생애 주기에 따라 가족 구성원들의 역할과 요구가 달라지므로 정서적 지지를 제공하고, 사회적 서비스나 프로그램, 후원을 효율적으로 사용할 수 있도록 안내해야 한다. 또한 가족에게 발생할 수 있는 다른 문제들(부모 간 불화, 가족 간 갈등, 경제적 어려움 등)에 대해서도 다룰 수 있어야 한다.

가족 생애 주기에 따라서 자폐장애 아동과 가족과 관련된 핵심적인 문제가 달라지므로 미리 인지하고 적극적으로 준비하고 대응할 수 있도록 해야 한다. 초기 아동기에는 조기 평가 및 진단과 개입, 처음 자폐장애 자녀의 존재에 대해 자각하는 부모의 슬픔, 분노 등에 대한 정서적 지지, 자폐장애에 대한 교육과 치료 기법에 대한 훈련이 중요하다. 중기 아동기에는 공동의 치료 목표하에 가정-학교 협력과 일상생활 기술이나 사회 적응적인 행동을 발달시키도록 하는 것이 중요하다. 청소년기와 성인기에는 자폐장애인들이 최대한 독립적인 생활을 할 수 있도록 돕고, 고등교육이나 직업 기술 훈련을 받을 수 있도록 도와야 한다.

참 고 문 헌

강경미, 곽영숙, 이수경. 자폐장애아 어머니의 우울 정도와 그들 자녀의 자폐증상 간의 상관관계. 소아청소년정신의학 1998;9:148-153.

Akerley MS. The invulnerable parent. *Journal of Autism and Childhood Schizophrenia* 1975;5:275-281.

American Psychiatric Association. *Diagnostic and statistical manual of mental disorders* (4th ed., test rev.). Washington DC, 2000.

Avdi E, Griffin C, and Brough S. Parents' constructions of professional knowledge, expertise and authority during assessment and diagnosis of their child for an autistic spectrum disorder. *British Journal of Medical Psychology* 2000;73:327-338.

Bibby P, Eikeseth S, Martin NT, Murford OC, and Reeves D. Progress and outcomes for children with autism receiving parent-managed intensive interventions. *Research in Developmental Disabilities* 2001;22:425-447.

Bitsika V and Sharpley C. An explanatory examination of the effects of support groups on the well-being of parents of children with autism: I. General counseling. *Journal of Applied Health Behavior* 1999;1:16-22.

Bitsika V and Sharpley C. Development and testing of the effects of support groups on the well-being of parents of children with autism: II. Specific stress management techniques. *Journal of Applied Health Behavior* 2000;2:8-15.

Coleman M and Gilberg C. *The biology of the autistic syndromes*. New York: Praeger, 1985.

Dadds MR, Sanders MR, and James JE. The generalization of the treatment effects in parent training with multidistressed patents. *Behavioral Psychotherapy* 1987;15:289-313.

Dellve L, Cernerud L, and Hallberg LRM. Harmonizing dilemmas: Siblings of children with DAMP and Asperger syndrome's experiences of coping with their life situations. *Scandinavian Journal of Caring Science* 2000;14:172-178.

Dix T. Attributing disposition to children: An interactional analysis of attribution and socialization. *Personality and Social Psychology Bulletin* 1993;19:633-643.

Dykens EM, and Volkmar FR. *Medical conditions associated with autism*. In: *Handbook of autism and pervasive developmental disorders*. Cohen DJ, Volkmar FR (eds), 2nd ed., pp. 388-407. New York: Wiley, 1997.

Eyberg SM, Edward D, Boggs SR, and Foote R. Maintaining the treatment effects of parent training: The role of booster sessions and other maintenance strategies. *Clinical Psychology* 1998;5:544-554.

Fine MJ and Gardner A. Collaborative consultation with families of children with special needs: Why bother? *Journal of Educational and Psychological Consultation* 1994;5:283-308.

Glasberg BA. The development of siblings' understanding of autism spectrum disorders. *Journal of Autism and Developmental Disorders* 2000;30:143-156.

Gray DE. High functioning autistic children and the construction of "normal family life". *Social Science and Medicine* 1997;44(8):1097-1106.

Gray DE. Ten years on: A longitudinal study of families of children with autism. *Journal of Intellectual and Developmental Disability* 2002;27:215-222.

Greenspan SI and Wieder S. *The child with special needs: Encouraging intellectual and emotional growth*. Reading, MA: Addison Wesley, 1998.

Hasting RP and Johnson E. Stress in UK families conducting home-based behavioral intervention for their young child with autism. *Journal of Autism and Developmental Disorders* 2001;31:327-336.

Holmes N and Carr J. The pattern of care in families of adults with a mental handicap: A comparison between families of autistic adults and Down syndrome adults.

Journal of Autism and Developmental Disorders 1991;21:187-196.

Howlin P and Asgharian A. The diagnosis of autism and Asperger syndrome: Findings from a survey of 770 families. *Developmental Medicine and Child Neurology* 1999;41:834-839.

Howlin P and Moore A. Diagnosis in autism: A survey of over 1200 patients in the UK. *Autism: International Journal of Research and Practice* 1997;1:135-162.

Humphreys L, Forehand R, McMahon R, and Roberts M. Parent behavioral training to modify child noncompliance: Effects on untreated siblings. *Journal of Behavior Therapy and Experimental Psychiatry* 1978;9:235-238.

Kaminsky L and Dewey D. Sibling relationships of child with autism. *Journal of Autism and Developmental Disorders* 2001;31:399-410.

Knott F, Lewis C, and Williams T. Sibling interaction of children with learning disabilities: A Comparison of autism and Down's syndrome. *Journal of Child Psychology and Psychiatry* 1995;6:965-976.

Koegel RL, Bimbela A, and Schreibman L. Collateral effects of parent training on family interactions. *Journal of Autism and Developmental Disorders* 1996;26:347-359.

Koegel RL, Schreibman L, Loos LM, Dirlich-Wilhelm H, Dunlap G, and Robbins FR. Consistent stress profiles in mothers of children with autism. *Journal of Autism and Developmental Disorders* 1992;22:205-216.

Lovaas OI. Behavioral treatment and normal education and intellectual functioning in young autistic children. *Journal of Consulting and Clinical Psychology* 1987;55:3-9.

MacLean JE, Szatmari P, and Jones MB. Familial factors influence level of functioning in pervasive developmental disorder. *Journal of American Academy of Child and Adolescent Psychiatry* 1999;38:746-753.

Marcus LM, Kunce LJ, and Schopler L. *Handbook of Autism and Pervasive Developmental Disorders,* 3rd ed., pp. 1055-1086. John Wiley and Sons, 2005.

McHale SM, Sloan J, and Simeonsson RJ. Sibling relationships of children with autistic, mentally retarded, and nonhandicapped brothers and sisters. *Journal of Autism and Developmental Disorders* 1986;16:399-413.

Miller JN and Ozonoff S. The external validity of Asperger Disorder: Lack of evidence from the domain of neuropsychiatry. *Journal of Abnormal Psychology* 2000;109:227-238.

Olsson MB and Hwang CP. Sense of coherence in parents of children with different developmental disabilities. *Journal of Intellectual Disability Research* 2002;46:548–559.

Ozonoff S and Cathcart K. Effectiveness of a home program intervention for young children with autism. *Journal of Autism and Developmental Disorders* 1998;28:25–32.

Piven J. Genetic liability for autism: The behavioral expression in relatives. *International Review of Psychiatry* 1999;11:299–308.

Randall P and Parker J. *Supporting the families of children of autism*. Chichester, England: Wiley 1999.

Roeyers H and Mycke K. Siblings of a child with autism, with mental retardation and with a normal development. *Child Care, Health and Development* 1995;21:305–319.

Schreibman L, O'Neill RE, and Koegel RL. Behavioral training for siblings of autistic children. *Journal of Applied Behavior Analysis* 1983;16:129–138.

Seltzer MM, Krauss MW, Orsmond GI, and Vestal C. Families of adolescents and adults with autism: Uncharted Territory. *International Review of Research in Mental Retardation* 2001;23:267–294.

Sharpley CF, Bitsika V, and Ephrimidis B. Influence of gender, parental health, and perceived expertise of assistance upon stress, anxiety, and depression among parents of children with autism. *Journal of Intellectual and Developmental Disability* 1997;22:19–28.

Smith T, Buch GA, and Gamby TE. Parent-directed, intensive early intervention for children with pervasive developmental disorder. *Research in Developmental Disabilities* 2000;21:297–309.

Strain PS and Danko CD. Caregivers' encouragement of positive interaction between preschoolers with autism and their siblings. *Journal of Emotional and Behavioral Disorders* 1995;3:2–12.

Tobing LE and Glenwick DS. Relation of the Childhood Autism Rating Scale-Parent version to diagnosis, stress and age. *Research in Developmental Disabilities* 2002;23:211–223.

Van Bourgondien ME, Reichle NC, and Palmer A. Sexual behavior in adults with autism. *Journal of Autism and Developmental Disorders* 1997;27:113–125.

Volkmar FR, Cook E, and Pomeroy J. Practice parameters for the assessment and treatment of children, adolescents and adults with autism and other pervasive developmental disorders. *Journal of the American Academy of Child and Adolescent Psychiatry* 1999;38:32S-54S.

Williams PD, Williams AR, Graff JC, Hanson S, Stanton A, and Hafeman C. Interrelationships among variables affecting well siblings and mothers in families children with a chronic illness or disability. *Journal of Behavioral Medicine* 2002;25:411-424.

Yirmiya N, Pilowsky T, Nemanov L, Arbelle S, Feinsilver T, Fried I, and Ebstein RP. Evidence for an association with the serotonin transporter promoter region polymorphism and autism. *American Journal of Medical Genetics (Neuropsychiatric Genetics)* 2001;105:381-386.

Chapter 15

기타 치료적 접근

1. 서 론

현재 자폐 스펙트럼 장애(ASD)의 표준적 치료로는 행동치료 및 교육적 접근, 약물치료 등이 있지만 실제로 상당수의 ASD 환아와 그 가족은 과학적 이론이나 근거가 부족하여 논란의 여지가 있는 치료를 받고 있다. 2003년 Levy 등의 보고에 따르면, ASD로 새로 진단받은 아동의 30%는 보완 · 대체의학(complementary and alternative medicine: CAM)적 치료를 받고 있으며, 9%는 오히려 잠재적으로 해가 되는 치료를 받고 있었다. 2006년 인터넷 설문 조사를 통해 시행된 연구에서도 ASD 환아를 둔 부모의 27%가 치료를 위해 특수 식이 요법(special diet)을 적용하고 있었고, 43%에서 비타민 보충 요법을 실시하고 있었다(Green et al., 2006).

변민수, 유한익, 조수철

이처럼 ASD 환아의 보호자들이 과학적 검증 절차를 거치지 않았거나 이론적·경험적 근거가 부족한 치료법에 많은 관심을 갖고, 또 여러 가지 치료법이 난무하는 이유로는 크게 네 가지를 들 수 있다. 일단 ASD라는 질환 자체가 아직까지 정확한 원인이 밝혀지지 않은 까닭에 원인에 대한 추측과 그에 기반한 치료법에 대한 논란 역시 가열되는 면이 있다. 또한 ASD라는 진단은 복합적인 행동 문제로 이루어진 증후군(syndrome)이기 때문에 각각의 증상 하나하나가 치료적 개입의 잠재적인 목표가 될 수 있다. 또한 여러 증상 각각에 초점을 맞춘 치료적 개입이 필요하다. 한편, 보호자들의 높은 기대치도 이에 일조한다고 볼 수 있다. 몇몇 사례의 경우에는 생후 얼마 동안은 정상적인 발달을 보이다가 ASD가 발병하기도 하고 ASD 아동들이 표면적으로 나타나는 신체적인 이상은 없는데다 일부 기능들은 또래에 맞게 발달하기도 하기 때문이다. 무엇보다도 ASD 아동들의 행동 문제가 심각하여 하루하루 일상생활에 어려움을 겪기 때문에 보호자들이 시급하게 여러 가지 치료법을 찾고 시도해 보게 된다(Chawarska et al., 2008).

근래에 근거중심 의학(evidence-based medicine: EBM)이 발달하면서 과학적 연구 결과의 수준에 따라 임상적 치료를 하려는 치료자의 입장과는 달리, ASD 환아의 가족들은 누군가가 새로운 치료법으로 임상적 호전이 있었다는 이야기를 하면 근거의 수준에 관계없이 새로운 치료법을 시도하고 싶어 한다. 특히 언론을 통해 과학적 근거가 없는 치료법들이 완치될 수 있다고 과대 광고되는 현실적 상황은 보호자들의 이러한 추세를 더욱 부추긴다. 따라서 정확한 정보에 기초한 임상적 결정을 내리기 위해서는 임상 전문가들 또한 기존의 표준적 치료 접근 외에 현실 상황에서 흔하게 접할 수 있는 새로운 치료적 접근 방법에는 어떠한 것들이 있는지 알고, 그 근거 수준이 어느 정도에 해당하는지 파악해야 할 것이다. 이 장에서는 앞서 소개된 행동적 접근, 교육, 가족치료, 약물치료 외에 ASD의 치료를 위한 다양한 접근법에 대해 소개하고, 치료적 효과의 과학적 검증과 관련하여 현재까지 진행된 연구 결과에 대해 알아보고자 한다.

2. 본론

행동치료, 교육, 약물치료 외에 제시되고 있는 수많은 ASD 치료법 모두 언급하기는 어려우니, 여기에서는 그중 흔하게 접할 수 있는 감각-운동 치료(sensory-motor therapies), 결속치료(bonding therapies), 그리고 기타 보완·대체의학적 접근(CAM intervention)에 대해 살펴보겠다.

1) 감각-운동 치료

ASD 아동들에게 사회적 상호 교류 및 의사소통의 장애 외에도 자주 나타나는 특징 중의 하나는 행동, 관심 및 활동이 한정되고 반복적·상동적인 양상을 보인다는 점이다. ASD 아동들은 자신의 이름을 불러도 대답하지 않거나, 신체의 일부가 다쳐도 통증을 호소하지 않는 등 외부 자극에 과소 반응(hyporesponsiveness)을 보일 수 있으며, 때로는 진공 청소기 소음과 같은 자극에 예민하게 반응하여 귀를 막는 등의 심한 혐오 반응이나 과대 반응(hyperresponsiveness)을 보일 수도 있다. 또한 행동적 측면에선 상동 행동이 보이거나 새로운 경험을 받아들이지 못하고 똑같은 것을 고집하는 경향, 과잉 활동 및 자해 행동 등이 나타날 수 있다(Chawarska et al., 2008; Sadock et al., 2007).

감각 기능 영역의 이상은 정상 발달 아동이나 다른 발달장애 아동에 비해 ASD 아동에서 더 흔하게 나타나는 것으로 보고되었다(Rogers et al., 2003; Watling et al., 2001). 사회적 상호 교류나 의사소통 영역의 이상과 동반되거나 때로는 그보다 선행하여 더 이른 나이에 나타나기도 한다. 이러한 증상들의 원인으로, 자극에 대한 역치가 변했기 때문에 자극에 대한 민감도가 감소 혹은 증가하여 눈 맞춤이나 신체 접촉을 회피하는 등의 양상이 나타난다는 가설이 제시되고 있다(Chawarska et al., 2008).

운동 기능 영역의 경우, 걷기나 뛰기 등의 큰 운동 기능은 ASD 아동도 정상 발달 아동과 차이를 보이지 않는 경우가 상대적으로 많은 편이다. 그러나 섬세한 동작이 요구되는 상황에서는 ASD 아동이 운동 실행(praxis)에 어려움을 겪는 경우가 보고되었다(Ghaziuddin & Butler, 1998; Manjiviona & Prior, 1995). 아스퍼거 증후군을 대상으로 실시한 조사에서는 환자군의 85%에서 운동 기능 이상이 보고되었다(Miyahara et al., 1997). ASD 환아 200명의 의무 기록을 조사한 연구에서는 정도의 차이는 있으나 100%에서 운동의 계획(motor planning)과 배열(sequencing)의 어려움이 있는 것으로 나타났다(Greenspan & Wieder, 1997). 이러한 운동 기능의 이상들은 단추 잠그기나 글쓰기를 포함한 일상생활 동작뿐만 아니라 발음, 제스처, 시선 조절(gaze coordination)과 같은 사회적 상호 교류 기능에 영향을 미칠 가능성이 있다. 특히 ASD 환아에서 동작 모방하기에 어려움을 겪는 원인은 단지 그 행동의 의미를 파악하지 못하기 때문만이 아니라 자세나 입 모양 등을 따라 하는 운동 기능이 부족한 것과도 관련 있을 수 있다(Page & Boucher, 1998; Stone et al., 1997).

ASD 아동에게 감각 기능 및 운동 실행 기능의 이상이 존재하는지 여부 자체에 대해서는 아직까지 논란이 많은 상태다. 그럼에도 현실에서는 많은 ASD 아동들이 감각-운동 치료 범주에 속하는 다음과 같은 치료들을 받고 있다.

(1) 감각 통합 치료

감각 통합 치료(sensory integration therapy: SIT)는 앞서 설명한 이론적 근거를 바탕으로 여러 가지 치료적 활동을 통해 ASD 아동에게 결핍된 감각 자극을 제공하는 방법이다. SIT에서 다루는 ASD 아동에게 결핍된 감각은 전정 감각(vestibular sensation), 고유 수용성 감각(proprioceptive sensation), 촉각(tactile sensation) 등이다. 전정 감각의 경우는 수영이나 구르기, 트램펄린에서 뛰기, 스쿠터 보드 타기 등의 활동을 통해 자극을 제공한다. 고유 수용성 감각의 경우는 손목이나 팔꿈치 등의 관절에 적당한 압력이 가해지도록 담요 위에서 눌러 주는 방법을 통해 근육과 관절을 자극한다. 또 촉각의 경우는 아이의 몸을 솔질해 주는(brushing) 방법을 통해 촉각 자극에 지속적으로 노출시킬 수 있다(Chawarska et al., 2008).

SIT는 현재 작업치료사들에게는 ASD 치료 방법 중 기본적인 것으로 여겨지고 있으며(Watling et al., 1999) 통상적으로 일주일에 1~3회, 1회당 30~60분의 스케줄로 학교, 집 등 다양한 환경에서 행해지고 있다(Chawarska et al., 2008). 프로그램은 '감각 식단(sensory diet)'의 형태로 ASD 아동이 하루에 필요한 감각 자극의 양을 추정하여 개개인에 맞게 제공해 주도록 짜여 있다. 예컨대, 활동이 큰 동작을 많이 하는 게임을 하기, 무거운 조끼(weighted vest)나 손목 보호대를 착용하기, 잇몸을 칫솔질하거나 얼굴을 마사지하기 등의 활동을 시간을 배분하여 일정 시간 동안 순서대로 제공하는 것이다.

현재 SIT의 효과와 관련된 선행 연구들은 사례 보고이거나 대조군 없는 연구 형태로, 그 효과 여부에 대한 명확한 결론은 도출하기 어려운 상태다(Chawarska et al., 2008; Dawson & Watling, 2000).

(2) 청각 통합 치료

청각 통합 치료(auditory integration therapy: AIT)는 ASD 환아들이 소리에 과민한 반응을 보이기 때문에 사회적 상호 교류를 회피한다는 가설에 기반하고 있다. AIT는 워크숍 훈련 후 자격증을 취득한 전문가들이 시행하며 토마티스(Tomatis) 방법과 베라르(Berard) 방법이 대표적이다. 치료 회기의 수나 지속 기간에는 차이가 있지만, 두 방법 모두 청력도(audiogram)를 이용하여 환아가 가장 과민하게 반응하는 주파수를 찾은 다음에 이 역치 주파수(threshold frequency)를 걸러낸 음악을 장치를 통해 듣게 하는 방법을 쓰고 있다(Chawarska et al., 2008). AIT를 대상으로 한 지금까지의 6개 무작위 대조군 연구(randomized controlled trial: RCT) 중에서 3개는 효과가 없는 것으로 나타났다. 그러나 다른 3개 연구에서는 이상 행동 체크리스트(Aberrant Behavior Checklist: ABC) 점수 평균은 AIT를 3개월 시행한 군이 대조군에 비해 낮은 것으로 나타났다(Sinha et al., 2006). AIT의 효과와 관련하여 추가적인 연구가 필요한 상태다.

(3) 의사소통 촉진 기법

의사소통 촉진 기법(facilitated communication: FC)은 ASD 환아들이 복잡한 언어를 이해는 하지만 운동 실행증(motor apraxia) 때문에 자신의 의사를 제대로 표현하지 못한다는 가설에서 출발한다. 따라서 이 문제를 해결하기 위해 AIT와 마찬가지로 워크숍을 이수한 '촉진자(facilitator)'가 직접 환자의 손이나 손목 또는 팔을 잡고 키보드나 인쇄된 문자판 위에서 철자를 가르치면서 의사를 표현할 수 있도록 도와주는 방법이 FC다. FC를 옹호하는 사람들은 이 방법을 통해 ASD 환자들이 극적으로 호전된 경우가 있다고 주장한다. 하지만 이 방법은 환자의 의사가 표현된다기보다 이를 도와주는 '촉진자'의 의사가 반영된다는 비판을 받고 있으며, 지금까지 수백 명의 ASD 환아를 대상으로 시행된 연구에서도 FC가 언어 능력을 호전시키지 못하는 것으로 나타났다. 따라서 이 기법은 ASD 환아에게 적용하기 부적절한 방법이다(Mostert, 2001).

(4) 급속 반응 촉진 기법

급속 반응 촉진 기법(rapid prompting method: RPM)은 ASD 환아의 자극 과잉 및 실행증을 보완해 줄 필요가 있다는 가설하에 아동의 집중력이 지속될 수 있도록 지속적으로 말을 걸고 반응을 보이기를 요구하는 방법이다. 처음에는 아이가 어떻게 반응하는 것이 맞는 방법인지를 관찰하는 데 초점을 두다가, 차츰 아이에게 올바른 반응이 어떤 것인지를 물어보고, 나중에는 필기구로 쓰거나 키보드로 철자를 짚도록 해서 반응을 유도한다. 그러나 이 기법과 관련된 과학적 연구는 아직까지 없는 상태다(Chawarska et al., 2008).

(5) 시기능치료

ASD 아동에게서 많이 나타나는 특징 중 하나는 눈 맞춤을 못하거나 회전하는 물체와 같은 시각적 자극에 강한 집착을 보이는 증상이다. 시기능치료(vision therapy)는 색안경이나 프리즘 또는 안구 운동을 이용하여 ASD 환아의 눈 응시, 눈 맞춤과 관련된 문제에 접근하려는 시도다. 그러나 효과를 검증하기 위한 과학적 연구는 없는 상태이며, 다른 학습장애 아동에게 시행했던 연구에서도 비효과적인 것으로 알려져 있다(Chawarska et al., 2008; Rawstron et al., 2005).

2) 결속치료

결속치료(bonding therapy)는 ASD 아동이 하루 종일 지속적인 애정과 관심을 느낄 수 있도록 무조건적인 지지와 격려를 제공하고자 하는 치료적 접근법이다. 그러나 ASD에서 사회적 상호 교류의 손상이 핵심적인 증상이지만, 대부분의 ASD 아동들도 양육자와는 애착관계를 형성한다. 따라서 정상 발달 아동과 마찬가지로 ASD 아동들도 양육자와 떨어져야(separation) 할 때 힘들어하고, 낯선 어른보다는 양육자와 같이 있으려고 한다(Sigman & Mundy, 1989). 결속치료는 아직 과학적 연구로 평가된 적이 없는데다 ASD에서 애착 형성의 어려움이 핵심적 특징이 아님을 고려할 때 이론적인 근거 또한 의심스럽다고 볼 수 있다(Chawarska et al., 2008).

3) 보완·대체의학적 접근

(1) 식이 요법

많은 ASD 아동들에게서 특정 음식을 가리거나 혹은 무리하게 많이 먹으려 하는 등의 특이한 식사 습관을 볼 수 있다. 일각에서는 이 같은 식사 습관이 음식 속에 포함된 특정 성분을 소화시키는 능력이 저하된 것과 관련 있고, 이 기전이 ASD의 기저에 있으므로 식사에서 특정 성분을 제거함으로써 행동 문제도 호전될 수 있다고 제시하고 있다.

ASD 환아에게 가장 많이 적용되는 특수 식이 요법(diets) 중 하나는 바로 글루텐-카세인 제거 식이(gluten-free-casein-free diet: GfCf diet)다. 글루텐은 밀가루 반죽의 응집성에 기여하는 단백질이고 카제인은 우유, 치즈를 포함한 유제품에 포함된 단백질이다. ASD의 병태생리와 관련하여 이 단백질들이 체내에 흡수

되면 모르핀과 같은 펩타이드인 아편계 성분으로 전환된다는 가설이 있다. 이 가설에 의하면 ASD 환아의 경우 장벽 사이의 틈을 통해(leaky gut) 아편계 성분이 소화기관에서 혈류를 거쳐 뇌를 포함한 전신에 퍼지게 되고, 아편계 성분에 대한 중독 때문에 ASD 환아에서 특정 음식에 대한 강한 갈망(craving)이 발생한다. 이러한 갈망으로 인해 뇌가 지속적으로 독성에 노출되어 ASD가 발병한다고 보기 때문에, GfCf 식이의 효과를 주장하는 사람들은 근본적으로 문제가 될 수 있는 글루텐과 카세인을 제거함으로써 뇌에 입은 손상을 복구하고자 한다(Chawarska et al., 2008).

지금까지 GfCf 식이를 평가한 소규모의 RCT는 2개가 있다. 10명을 대상으로 시행한 연구에서는 GfCf 식이가 자폐증적 특징들을 감소시키는 것으로 나타났으나, 15명을 대상으로 시행한 다른 연구에서는 대조군과 유의미한 차이가 없는 것으로 나타났다. 따라서 아직까지는 GfCf 식이가 효과적인 치료법인지, 또 잠재적인 부작용은 없는지에 대한 근거가 부족한 상태로, 향후 대규모의 RCT를 통한 검증이 필요하다(Millward et al., 2008).

(2) 비타민 보충 요법

비타민 보충 요법(vitamin therapies)은 ASD가 특정 영양 성분에 대한 신체적 수요를 증가시키는 유전적 혹은 후천적인 신체적 질환이라는 가설에 기반하고 있다. 지금까지 보고된 3개의 소규모 RCT에서 비타민 B_6(pyridoxine)와 마그네슘의 동시 섭취가 행동 문제를 변화시키는 데는 비효과적인 것으로 알려져 있다(Findling et al., 1997; Kuriyama et al., 2002; Tolbert et al., 1993). 그 외 DMG(dimethylglycine), 비타민 A, 비타민 B_{12}, 비타민 C 등의 비타민 보충 요법들이 있으나, 아직까지 이론적 근거가 명확하지 않고 ASD 아동을 대상으로 한 잘 설계된 연구도 없는 상태다(Chawarska et al., 2008).

(3) 감염의 치료

현재 명확한 결론을 도출해 낼 만한 근거는 부족한 상태이나, 일부 연구자들은 ASD가 면역 계통의 손상과 관련이 있다는 가설을 바탕으로(Lawler et al., 2004) 항생제나 항균제 등이 치료에 효과적이라고 주장한다. 2000년 시행된 소규모 연구에서 항생제를 복용할 경우 ASD 아동이 먼저 의사소통을 시작하는 빈도가 증가한다는 보고가 있었으나 아직까지는 잘 설계된 연구를 통해 검증되지 않은 상태로 ASD 치료를 위해 항생제를 추천하기는 시기상조다(Levy et al., 2005). 정맥 내 면역 글로불린 주사 치료(intravenous injections of immunoglobulin treatment)의 경우, 면역 기능을 향상시키는 방법일 수는 있으나 역시 잘 설계된 연구를 통한 평가는 아직 없다(Levy et al., 2005).

(4) 백신 비접종(nonvaccination)

홍역-볼거리-풍진(measles-mumps-rubella: MMR) 백신이 도입된 이후에 ASD 발병률이 증가하였다는 보고가 있은 후, MMR 백신과 ASD 발생 간의 상관관계에 대한 의문은 꾸준히 제기되어 왔다(Honda et al., 2005). 특히 1998년 Wakefield 등이 MMR 백신으로 인해 장에 염증이 발생하고 이로 인해 필수 비타민과 영양분의 흡수가 저해될 가능성이 있음을 제시한 후, 대중적으로 MMR 백신과 자폐증 발생의 관련성에 관한 공포가 커지게 되었고 많은 국가에서 MMR 백신 접종률이 감소하는 경향이 나타났다. 이에 MMR 백신과 장 염증 그리고 ASD 간의 상관관계에 관한 많은 연구가 진행되었고 2005년 31개의 연구들을 비교 종합한 리뷰에서 MMR 백신과 ASD 간의 상관관계를 입증할 만한 근거는 없는 것으로 보고되었다(Demicheli et al., 2005). 또한 2005년 Honda 등은 일본 요코하마 시에서 1993년에 MMR 백신 접종을 중단하였으나 ASD 발병률은 이후 감소하지 않았음을 보고하였다.

그 후 Bernard 등(2001)은 수은 화합물 성분의 방부제인 티메로살(thimerosal)을 포함한 백신을 접종할 경우 수은 중독으로 인해 자폐증이 발생할 수도 있다는 다른 가설을 제시하였다. 또 1999년 미국 식품의약청(Food and Drug

Administration: FDA)은 디프테리아-파상풍-백일해(diphtheria-tetanus-acellular pertussis: DTaP), B형 간염 백신 등 모든 소아용 백신에서 티메로살을 제거하도록 규정하였다. 그러나 MMR 백신은 처음부터 티메로살을 포함하지 않았고, 이후 2004년 미국 의학연구소(Institute of Medicine)는 티메로살이 ASD 발생과 연관이 없는 것으로 보고하였다. 따라서 일련의 연구 결과들은 백신이 안전하며, 백신을 맞지 않을 경우 오히려 ASD 유무에 관계없이 감염 등으로 인한 위험도가 더 증가할 수 있음을 보여 준다(Chawarska et al., 2008).

(5) 세크리틴

세크리틴(secretin)은 십이지장에서 분비되는 호르몬 중 하나다. 1998년 Horvath 등이 3명의 ASD 환아에게 세크레틴을 정맥 주사했을 때 눈 맞춤 및 표현언어의 증가 등 사회 및 언어 기능적 측면이 호전되었다는 결과를 보고한 후 대중적인 관심을 끌게 되었다. 이후 세크리틴의 효과에 대해 많은 연구가 진행되었으며, 세크리틴 수용체가 장뿐만 아니라 뇌에도 존재하고, 세크리틴이 혈뇌장벽(blood-brain barrier: BBB)을 통과할 수도 있음이 보고되었다(Levy et al., 2005). 그러나 2005년 Williams 등이 당시까지 시행된 14개의 RCT 결과를 종합했을 때에는 세크리틴 정맥 주사가 자폐증 치료에 비효과적이므로 자폐증의 치료에 적용되어서는 안 된다고 결론을 내렸다.

(6) 킬레이트 제제 요법(chelation)

앞서 티메로살에 포함된 수은과 ASD 발생 간의 관련성에 대해 언급한 바와 같이, 일부 연구자들은 수은이 ASD 발생과 관련이 있다는 가설을 바탕으로 중금속을 제거하는 킬레이트 화합물을 복용함으로써 자폐증의 호전을 가져올 수 있다고 보았다. ASD 환아에게 적용되는 킬레이트 제제로는 Na2-EDTA(disodium versante), CaNa2-EDTA(calcium disodium versante), DMSA(dimercaptosuccinic acid), DMPS(sodium dimercaptopropane sulfonate), TTFD(thiamine tetrahydrofurfuryl disulfide) 등이 있다. 그러나 이러한 성분 중 어느 것도 유의미한 수준으로 혈뇌 장벽을 통과하지 못하며, 그것들이 ASD와 관련된 뇌 손상을 복구시킬 수 있다는 기전 또한 알려진 바가 없어 이론적인 근거가 없다(Levy & Hyman, 2005). 킬레이트 제제들의 부작용으로 인한 위험 부담 또한 상당한 수준으로, 2005년에는 킬레이트 정맥 주사 치료를 받던 5세 ASD 환아가 사망한 사건이 보고되기도 하였다. 아직까지 ASD 치료에서 킬레이트 제제의 효과 여부와 관련된 RCT는 없는 상태이나, 이 치료법은 이론적 근거가 부족하고 부작용 또한 매우 위험하므로 ASD 치료에 적용되어서는 안 될 것이다(Chawarska et al., 2008).

(7) 고압 산소 요법

최근에는 고압 산소 요법(hyperbaric treatment)이 ASD 치료에 쓰이는 사례가 증가하고 있다(Rossignol et al., 2007). 고압 산소 요법은 일산화탄소 중독의 경우와 유사하게 1기압(atm) 이상의 가압실(pressurized chamber)에서 100% 산소를 흡입하는 방법이다. 고압 산소 요법의 효과를 옹호하는 일부 연구자들은 고압 산소 요법 시행 후 염증이 감소하고 뇌 혈류 저하가 개선되며 면역 불균형이 호전되어 ASD의 임상 증상이 개선된다고 주장한다(Rossignol et al., 2009). 지금까지 몇 개의 증례 보고와 6~18명의 ASD 환아를 대상으로 한 소규모 연구에서 1.3기압의 고압 산소 치료를 했을 때 ASD 환아에서 임상적 호전이 있었다는 보고가 있었다. 2009년 62명의 ASD 환아를 대상으로 시행된 multicenter RCT는 전반적 기능 및 수용언어, 사회적 상호작용, 눈 맞춤 등의 많은 영역에서 ASD 환아들이 호전을 보였다고 보고하였다(Rossignol et al., 2009). 그러나 고압 산소 요법의 효과에 대한 정확한 평가를 위해서는 대규모의 RCT와 장기간 효과에 대한 추적 연구가 더 필요하다.

3. 결론 및 향후 연구 과제

지금까지 ASD의 감각 통합 치료(SIT)와 의사소통 촉진 기법(FC) 등을 포함한 감각-운동 치료, 결속치료, 비타민 보충 요법 등의 기타 보완 · 대체의학적 접근의 종류와 선행 연구 결과들에 대해 살펴보았다. 아직까지 많은 수의 접근법들이 과학적으로 검증된 적이 없거나, 연구가 있다 하더라도 잘 설계된 RCT 결과 없이 증례 보고에 의존하는 수준인 경우가 많아 그 효과 여부에 대해 명확한 결론을 내리기 어려운 경우가 많다. 또 잘 설계된 RCT를 통해 결과가 축적된 경우에도 의사소통 촉진 기법(FC)과 세크리틴, 백신 비접종 등의 방법은 ASD 치료에 적용되어서는 안 된다는 결론이 도출되었다. 킬레이트 제제 요법은 RCT 결과가 없기도 하거니와 이론적인 근거가 부족하고 부작용의 위험이 수용 범위를 넘어서기 때문에 ASD의 치료에 적용하는 일은 피해야 할 것이다(Chawarska et al., 2008).

그러나 아직까지 ASD는 '완치(cure)'라고 불릴 만한 치료법이 없는 만성적 정신질환으로, ASD의 치료법에 관한 새로운 시도와 연구 자체는 앞으로 지속적으로 이루어지는 것이 필요하다. 또한 축적된 과학적 연구 결과를 바탕으로 치료법에 대한 객관적인 평가를 내리는 것과는 별도로, 임상적으로는 치료자가 새로운 치료 접근법과 관련하여 숨기려고 하거나 무조건 막으려 하기보다는 개방적인 분위기에서 대화를 나눌 수 있는 자세가 요구된다. 기존의 행동치료 및 교육, 약물치료 외에 또 효과적인 방법은 없는지 질문을 받을 때, 치료자는 가능한 범위에서 새로운 치료법과 관련된 과학적 연구 결과들을 설명해 주고, 보호자가 그 효과와 위험성을 충분히 숙지한 후에도 새로운 치료적 접근을 원할 경우 한 방법씩 점진적으로 신중하게 치료에 적용해 보도록 돕는 것이 필요하다.

참 고 문 헌

Bernard S, Enayati A, Redwood L, Roger H, and Binstock T. Autism: a novel form of mercury poisoning. *Med Hypotheses* 2001;56:462–471.

Chawarska K, Klin A, and Volkmar FR. *Autism Spectrum Disorders in Infants and Toddlers: Diagnosis, Assessment, and Treatment.* New York: Guilford Press, 2008.

Dawson G and Watling R. Interventions to facilitate auditory, visual, and motor integration in autism: a review of the evidence. *J Autism Dev Disord* 2000;30:415–421.

Demicheli V, Jefferson T, Rivetti A, and Price D. Vaccines for measles, mumps and rubella in children. *Cochrane Database Syst Rev* 2005;CD004407.

Findling RL, Maxwell K, Scotese-Wojtila L, Huang J, Yamashita T, and Wiznitzer M. High-dose pyridoxine and magnesium administration in children with autistic disorder: an absence of salutary effects in a double-blind, placebo-controlled study. *J Autism Dev Disord* 1997;27:467–478.

Ghaziuddin M and Butler E. Clumsiness in autism and Asperger syndrome: a further report. *J Intellect Disabil Res* 1998;42(Pt1):43–48.

Green VA, Pituch KA, Itchon J, Choi A, O'Reilly M, and Sigafoos J. Internet survey of treatments used by parents of children with autism. *Res Dev Disabil* 2006;27:70–84.

Greenspan S and Wieder S. Developmental Patterns and Outcomes in Infants and Children with Disorders in Relating and Communicating: A Chart Review of 200 Cases of Children with Autistic Spectrum Diagnoses. *Journal of Developmental and Learning Disorders* 1997;1:87–141.

Honda H, Shimizu Y, and Rutter M. No effect of MMR withdrawal on the incidence of autism: a total population study. *J Child Psychol Psychiatry* 2005;46:572–579.

Horvath K, Stefanatos G, Sokolski KN, Wachtel R, Nabors L, and Tildon JT. Improved social and language skills after secretin administration in patients with autistic spectrum disorders. *J Assoc Acad Minor Phys* 1998;9:9–15.

Kuriyama S, Kamiyama M, Watanabe M, Tamahashi S, Muraguchi I, Watanabe T,

Hozawa A, Ohkubo T, Nishino Y, Tsubono Y, Tsuji I, and Hisamichi S. Pyridoxine treatment in a subgroup of children with pervasive developmental disorders. *Dev Med Child Neurol* 2002;44:284-286.

Lawler CP, Croen LA, Grether JK, and Van de Water J. Identifying environmental contributions to autism: provocative clues and false leads. *Ment Retard Dev Disabil Res Rev* 2004;10:292-302.

Levy SE and Hyman SL. Novel treatments for autistic spectrum disorders. *Ment Retard Dev Disabil Res Rev* 2005;11:131-142.

Levy SE, Mandell DS, Merhar S, Ittenbach RF, and Pinto-Martin JA. Use of complementary and alternative medicine among children recently diagnosed with autistic spectrum disorder. *J Dev Behav Pediatr* 2003;24:418-423.

Manjiviona J and Prior M. Comparison of Asperger syndrome and high-functioning autistic children on a test of motor impairment. *J Autism Dev Disord* 1995;25:23-39.

Millward C, Ferriter M, Calver S, and Connell-Jones G. Gluten-and casein-free diets for autistic spectrum disorder. *Cochrane Database Syst Rev* 2008;CD003498.

Miyahara M, Tsujii M, Hori M, Nakanishi K, Kageyama H, and Sugiyama T. Brief report: motor incoordination in children with Asperger syndrome and learning disabilities. *J Autism Dev Disord* 1997;27:595-603.

Mostert MP. Facilitated communication since 1995: a review of published studies. *J Autism Dev Disord* 2001;31:287-313.

Page J and Boucher J. Motor impairments in children with autistic disorder. *Child Language Teaching and Therapy* 1998;14:233-259.

Rawstron JA, Burley CD, and Elder MJ. A systematic review of the applicability and efficacy of eye exercises. *J Pediatr Ophthalmol Strabismus* 2005;42:82-88.

Rogers SJ, Hepburn S, and Wehner E. Parent reports of sensory symptoms in toddlers with autism and those with other developmental disorders. *J Autism Dev Disord* 2003;33:631-642.

Rossignol DA, Rossignol LW, James SJ, Melnyk S, and Mumper E. The effects of hyperbaric oxygen therapy on oxidative stress, inflammation, and symptoms in children with autism: an open-label pilot study. *BMC Pediatr* 2007;7:36.

Rossignol DA, Rossignol LW, Smith S, Schneider C, Logerquist S, Usman A, Neubrander J, Madren EM, Hintz G, Grushkin B, and Mumper EA. Hyperbaric treatment for children with autism: a multicenter, randomized, double-blind, controlled trial. *BMC Pediatr* 2009;9:21.

Sadock BJ, Kaplan HI, and Sadock VA. *Kaplan & Sadock's synopsis of psychiatry: behavioral sciences/clinical psychiatry*, 10th ed. Philadelphia: Wolters Kluwer/Lippincott Williams & Wilkins, 2007.

Sigman M and Mundy P. Social attachments in autistic children. *J Am Acad Child Adolesc Psychiatry* 1989;28:74-81.

Sinha Y, Silove N, Wheeler D, and Williams K. Auditory integration training and other sound therapies for autism spectrum disorders: a systematic review. *Arch Dis Child* 2006;91:1018-1022.

Stone WL, Ousley OY, and Littleford CD. Motor imitation in young children with autism: what's the object? *J Abnorm Child Psychol* 1997;25:475-485.

Tolbert L, Haigler T, Waits MM, and Dennis T. Brief report: lack of response in an autistic population to a low dose clinical trial of pyridoxine plus magnesium. *J Autism Dev Disord* 1993;23:193-199.

Wakefield AJ, Murch SH, Anthony A, Linnell J, Casson DM, Malik M, Berelowitz M, Dhillon AP, Thomson MA, Harvey P, Valentine A, Davies SE, and Walker-Smith JA. Ileal-lymphoid-nodular hyperplasia, non-specific colitis, and pervasive developmental disorder in children. *Lancet* 1998;351:637-641.

Watling R, Deitz J, Kanny EM, and McLaughlin JF. Current practice of occupational therapy for children with autism. *Am J Occup Ther* 1999;53:498-505.

Watling RL, Deitz J, and White O. Comparison of Sensory Profile scores of young children with and without autism spectrum disorders. *Am J Occup Ther* 2001;55:416-423.

Williams KW, Wray JJ, and Wheeler DM. Intravenous secretin for autism spectrum disorder. *Cochrane Database Syst Rev* 2005;CD003495.

Chapter 16

청소년기 및 성인기 자폐증

1. 서론

 청소년기 및 성인기 자폐증의 임상 양상과 정신의학적 교육의 필요성에 대한 연구는 소아기 자폐증 영역에서만큼 광범위하게 진행되어 오지 않았다. 그러나 소아기에 자폐증으로 진단받은 청소년과 성인에 대한 경험적 추적 연구들이 있으며 자폐 청소년과 성인을 위한 교육 및 치료적 개입에 대한 전문가들의 문헌이 점점 많아지고 있다.

 소아기 자폐증의 거의 대부분은 청소년기 및 성인기 자폐증으로 이어진다. 소아기에 자폐증으로 진단받은 이들 중 소수는 수년 후 자폐증의 진단 기준을 만족시키지 않는다. 그러나 이런 경우에도 대부분 사회성, 의사소통, 행동 특성의 일부 특징이 남아 있다.

임미향, 반건호, 조수철

2. 선행 연구 내용

1) 발달 및 정신적 측면에 대한 연구

(1) 발달 경과

소아기 자폐증의 일부는 청소년기에 기능이 두드러지게 호전되며 일부는 퇴보하기도 하지만 대부분은 안정적인 성숙 과정을 겪는다. 다수의 추적 연구들은 나이가 들수록 전반적인 증상이 호전된다고 보고하고 있다. 1972년 Kanner 등은 소아기 자폐증의 일부에서 10대 초·중반에 현저한 변화가 일어나 자신의 독특함을 인식하고 극복하기 위하여 의식적으로 노력하며, 성장하여 독립적으로 생활하고, 고등교육을 받거나 취업을 하기도 한다고 보고하였다. 1992년 Kobayashi 등은 201개 가족을 조사하여 10~15세에 43%가 뚜렷하게 호전되었다고 보고하였다. 1996년 Ballaban-Gil 등은 9~18%에서 행동상의 호전을 보였다고 보고하였으며, 1996년 Eaves와 Ho는 76명의 자폐증 소아에 대한 추적 연구에서 초기 청소년기에 37%가 인지 또는 행동상의 호전을 보였다고 보고하였다. 1996년 Piven 등은 높은 IQ를 가진 경우 청소년기 및 성인기에 의사소통에서 82%, 사회성에서 82%, 행동 특성에서 55%가 호전되었다고 보고하였다. Mesibov 등은 1989년 CARS를 사용한 59명의 자폐증 소아 추적 연구에서 평균 8.7~15.9세 사이에 전반적인 영역에 걸쳐 평균 3점이 감소하였다고 보고하였다.

여러 횡단 연구들도 나이에 따라 전반적으로 호전됨을 시사한다. 2003년 Seltzer 등은 ADI-R을 사용한 횡단 연구에서 청소년 그룹(평균 나이 15.71세)과 성인 그룹(평균 나이 31.57세) 모두 의사소통, 사회성, 행동 특성의 세 영역 모두에서 의미 있게 증상이 호전되었으며, 세 영역 모두에서 절단점수(cutoff score)를 만족시키는 경우는 전생애점수(lifetime score)에서 96.5%인 데 반해, 현재점수(current score)에서는 54.8%에 불과하다고 보고하였다.

그러나 소아기 자폐증 모두에서 나이가 들면서 증상이 호전되는 것은 아니다. Nordin과 Gillberg는 1998년 후향적 연구들을 검토한 결과 자폐 청소년의 12~22%가 인지 또는 행동상의 퇴보를 보였다고 보고하였다. Kobayashi 등은 1992년 추적 연구 결과 32%가 10대에 행동상의 퇴보를 보였으며 시기적으로 12~13세가 가장 많았다고 보고하였다. Venter 등은 1992년 고기능 자폐에서도 간질이나 뚜렷한 신경학적 문제가 없음에도 청소년기에 인지 또는 행동상의 퇴보를 보이는 경우가 있음을 보고하였다. 1996년 Ballaban-Gil 등은 가족 조사 연구에서 청소년기에 44%, 성인기에 49%가 문제 행동을 보이거나 약물치료를 받았으며, 이는 정상이거나 거의 정상인 인지 능력을 가진 경우를 제외한 모든 인지 수준에서 나타났다고 보고하였다. 1996년 Eaves와 Ho는 3~12세에 진단받은 76명의 자폐증 소아에 대한 추적 연구에서 4년에 걸쳐 5명이 퇴보하였다고 보고하였다. 2001년 Gilchrist 등 20명의 아스퍼거 증후군 청소년에 대한 연구에 따르면, ADI를 통해 부모들은 초기 아동기보다 청소년기에 증상과 문제가 더 많았다고 보고하였다. 2003년 Seltzer 등은 ADI-R을 사용하여 405명 중 47명이 소아기에는 없었던 증상이 청소년기 또는 성인기에 발생하였다고 보고하였다.

소아기 자폐증의 대부분에서 청소년기 및 성인기에 전반적으로 증상이 호전된다 하더라도 많은 자폐증 청소년과 성인에서 변화에 대한 저항, 강박 행동, 부적절한 성적 행동, 공격성, 자해 행동 등을 포함한 심각한 행동 문제들이 보고되었다(DeMyer, 1979; Fong et al., 1993). 다루기 힘든 행동의 빈도가 줄어든다 하더라도 신체적 성장으로 인하여 이러한 행동이 끼치는 영향은 더 심각할 수 있으며, 소아기에는 그렇지 않던 행동이 청소년기 또는 성인기에는 위험할 수도 있다(Gillberg, 1991; Nordin & Gillberg, 1998; Rutter, 1970). 여러 경험적 연구들이 청소년기와 성인기에 다루기 힘든 행동들의 유병률을 보고하였다. Rumsey 등은 1985년 평균 인지 능력을 가진 9명을 포함한 14명의 자폐증 성인 남자 표본에서 6명이 심각한 분노 폭발을 보였으며 이 중 5명이 평균 인지 능력을 가졌다고 보고하였다. 1996년 Ballaban-Gil 등은 99명의 자폐증 청소년과 성인 표본에서 69%가 행동 문제가 있거나 행동 조절을 위한 약물치료를 받았으며, 이는 추정 인지 능력과 부적 상관관계를 가지나 고기능 자폐군 13명 중에서도 7명이 행동 문제를 가짐을 보고하였다. Howlin 등은 2000년 평균 IQ 94, 평균 나이 23.75세인 정신지체를 동반하지 않은 자폐증 성인 19명 표본에서 ADI를 사용하여 17%가 심각한 행동 문제를, 56%가 중등도의 행동 문제를 가지고, 28%는 가벼운 행동 문제를 가지거나 행동 문제가 없음을 보고하였다. 2004년 Howlin 등은 인지 능력이 좋을수록 자폐증의 행동 특성에 의한 문제를 적게 보이는 경향이 있으나 상관관계가 강하지 않으며, 이러한 문제는 각각의 인지 수준에서 비교적 고르게 분포한다고 보고하였다.

(2) 지능

자폐증에서 발달 경과를 결정하는 중요한 인자는 정신지체의 동반 유무 또는 지능 수준이다. 역사적으로 자폐증에서 정신지체 동반율은 70~80%로 추정되어 왔다(Fombonne, 1999; Tager-Flusberg, 2001). 그러나 자폐증의 영역이 넓어지면서 광범위 자폐 스펙트럼에서 정신지체 동반율은 이보다 적을 것이라고 생각되고 있다(Bryson & Smith, 1998). 2001년 Chakrabarti와 Fomboone은 자폐증(광범위 자폐 스펙트럼)으로 진단받은 학령전기 아동 중 26%가 정신지체를 동반한다고 보고하였으며, 1998년 Gillberg는 자폐증(광범위 자폐 스펙트럼)의 정신지체 동반율이 15%보다 낮을 것이라고 하였다.

자폐증 진단 범주의 확대뿐만 아니라 1970년대 이후 보편화되기 시작한 조기개입과 특수교육도 자폐증에서 정신지체 동반율을 감소시키고 있다. 1996년 Eaves와 Ho는 1974~1984년에 태어난 자폐증 청소년에서 52%만이 동작성 지능이 70보다 낮았으며 언어성 지능이 70보다 낮은 경우는 62%라고 보고하였다. 1996년 Ballaban-Gil 등은 한 명의 의사로부터 소아기에 자폐증으로 진단받은 54명의 청소년과 45명의 성인에 대한 추적 연구(비선택적 표본)에서 성인 그룹의 47%, 청소년 그룹의 19%가 중증 이상, 성인 그룹의 22%, 청소년 그룹의 37%가 경도 또는 중등도의 정신지체를 동반하며, 성인 그룹의 29%, 청소년 그룹의

42%는 정상 또는 거의 정상 인지 능력을 지녔다고 보고하였다. 근래의 연구로, 2002년 Byrd는 1983~1985년에 태어난 자폐증 그룹에서 정신지체 동반율이 50%인 데 반해 1993~1995년에 태어난 자폐증 그룹에서는 22%임을 보고하였다. Croen 등(2002a)은 1987~1994년에 태어나고 캘리포니아 발달서비스부 (California Department of Developmental Services)로부터 도움을 받은 자폐증 아동 중 37%만이 정신지체를 동반함을 보고하였다.

다른 관점으로 정신지체의 자폐증 동반율을 조사한 연구들도 있다. 1998년 Bryson과 Smith는 정신지체 청소년과 성인 표본의 약 25%가 자폐증을 동반한다고 보고하였으며, 2002년 Morgan 등은 대규모의 정신지체 성인 표본의 30%가 자폐증을 동반한다고 보고하였다. 1996년 Steffenburg 등은 정신지체와 간질을 가진 청소년 표본에서 38%가 자폐증을 동반한다고 보고하였다.

자폐증을 동반하지 않더라도 IQ 50 미만인 경우 거의 언제나 심각한 한계점들이 있으며 성인기에도 독립적인 생활이 어렵다. 정신지체의 자폐증 동반 유무는 성인기에 이루는 발달 수준에 매우 강력한 영향을 준다. 자폐증에 정신지체를 동반한 경우에도 정신지체를 동반하지 않은 경우에 비해 교육, 취업, 주거환경, 전반적 독립성 등에서 의미 있게 낮은 기능을 갖는다(Howlin et al., 2004; Nordin & Gillberg, 1998; Rutter, 1970). Howlin 등(2004)은 정신지체를 동반하지 않은 자폐증에서도 결과는 매우 다양하며 자폐증과 연관된 근본적 결함들은 때때로 비교적 높은 인지 능력의 효과를 무력화시키는 것처럼 보인다고 하였다.

자폐증에서 지능지수는 소아기부터 청소년기를 거쳐 성인기까지 전반적으로 안정적이다(Lockyer & Rutter, 1969; Nordin & Gillberg, 1998). 개인적으로 변화가 있더라도 이는 대부분 향상되는 방향으로 일어나는데(Freeman et al., 1991), 청소년기에 유의하게 퇴보하는 경우와 비언어성 지능은 좋았으나 언어 발달에 실패한 경우는 예외적이다(Howlin et al., 2004). 1996년 Ballaban-Gil 등은 다양한 인지 수준에 있는 99명의 자폐증 소아에 대한 추적 연구에서 중증 정신지체로 추정되었던 2명이 청소년기 또는 성인기에 정상 범주로 변화하였으며, 10명은 소아기보다 하나 높은 단계로, 6명은 하나 낮은 단계로 이동하였다고 보고하였다. 2000년 Mawhood 등은 4~9세에 WISC를 시행하여 비언어성 지능이 정상이었던 자폐증 성인(21~26세) 9명에 대해 WAIS-R을 시행한 연구 결과를 보고하였다. 이 연구에서 전체 지능은 평균 94에서 83으로 낮아졌으나 언어성 지능은 평균 66에서 82로 향상되었다. 비록 언어성 지능이 매우 다양하였고 두 시기에 사용한 검사 도구가 달랐지만, 이러한 결과는 정상 범주의 비언어성 지능을 가진 자폐증의 경우 언어성 지능은 청소년기에 걸쳐 실질적으로 전반적인 향상을 보인다는 것을 가리킨다. 이와 비슷하게 Howlin 등은 2004년 초기 비언어성 지능이 50보다 높았던 3~15세의 자폐증 아동 68명을 대상으로 한 성인기 결과 연구에서 초기 언어성 지능이 30~69인 아동 중 69%에서 언어성 지능이 상당히 향상된 데 반해, 초기 언어성 지능이 70보다 높은 아동들의 언어성 지능은 매우 안정적임을 보고하였다. 이 연구에서 동작성 지능은 대부분의 아동에서 같은 단계에 머무르거나 한 단계만 이동하여 언어성 지능보다 더 안정적이었다.

(3) 언어

자폐증에서 소아에서 성인까지 언어 기술이 전반적으로 호전되기는 하지만 언어의 이상은 대개 지속적으로 보인다(Howlin, 1997, 2003; Rumsey et al., 1985; Tager-Flusberg et al., 2001). 1992년 Kobayashi 등은 197명의 자폐증 성인 표본에서 16%가 좋은 어휘력으로 유창하게 의사소통을 하고, 31%가 이상하거나 부적절한 언어로 어떻게든 의사소통을 하며, 32%는 부분적으로 언어를 이해하나 구두로 의사소통을 하지 못하고, 9%는 반향어를 사용하며, 12%는 의미 있는 목소리를 내지 못한다고 보고하였다. 1996년 Ballaban-Gil 등은 정상 범주의 인지 능력을 가진 자폐증 그룹의 대부분과 경도에서 중등도의 정신지체가 있는 자폐증 그룹의 일부는 소아기에서 성인기까지 수용언어, 표현언어가 모두 향상되었다고 보고하였다. 이 연구에서 가족 보고에 의하면 정상 범주의 인지 능력을 가진 자폐증 그룹의 23%가 본질적으로 정상적인 표현언어를 구사하게 되었다. 2003년 Seltzer 등은 청소년기와 성인기 자폐증 405명에 대한 ADI-R 연구에서 전반적 언어 사용의 향상, 비언어적 의사소통 능력의 향상, 판에 박은 듯한 반복적인 말이나 특징적인 어투의 감소 등 전반적인 증상의 경감 양상을 보인다고 보고하였다. 이 연구에서 전체 표본 중 4~5세에 세 단어로 이루어진 구를 말하지 못한 이들 중 60.2%는 연구 당시 세 단어로 이루어진 구를 말할 수 있었다.

5세까지 자발적으로 의미 있는 말을 하지 못하면 성인기 예후가 좋지 않다(Eisenberg, 1956; Gillberg & Steffenburg, 1987; Lotter, 1974; Rutter, 1970). 5세 이후에 말하기 시작한 경우도 많이 보고되었다(Ballaban-Gil et al., 1996; DeMyer et al., 1973; Howlin, 2003; Howlin et al., 2004; Nordin & Gillberg, 1998; Rumsey et al., 1985; Rutter et al., 1967; Venter et al., 1992; Windsor, 1994). 그러나 2002년 Lord 등은 5세까지 유창하게 말하지 못한 아동의 언어 능력이 그 후에 유의하게 향상될 수 있더라도 유연성이 부족하며 복잡한 언어를 구사하지 못하고 성인기의 독립성을 감소시킨다고 보고하였다.

Mawhood 등은 2000년 성인기 복합적 언어 능력의 가장 중요한 예후 인자는 소아기 PPVT 점수라고 보고하였다. Howlin 등은 2000년 소아기 PPVT 점수가 언어 능력뿐 아니라 성인기 사회성의 중요한 예후 인자의 하나라고 하였다. Venter 등도 1992년 PPVT 점수를 회귀 분석에 추가한 결과 청소년기 적응적 행동지수를 예측하는 초기 소아기 계측치의 힘이 유의하게 증가하였다고 보고하였다. 그러나 Gilchrist 등은 2001년 고기능 자폐 표본에서는 조기 언어 발달력이 청소년기 사회적 기능과 관계가 없다는 보고를 하였다. Mayes와 Calhoun도 2001년 평균 인지 기능 그룹에서 언어 발달 지연이 이후의 자폐 증상, 표현언어 기술 또는 인지 기능의 임상 상태를 구분하지 못한다고 보고하였다.

요약하면, 자폐증에서 언어 기술은 소아에서 성인기까지 전반적으로 두드러지게 향상되나 그렇지 않은 경우도 일부 있으며 대개 장애가 남고, 이는 평균적인 인지 기능을 가진 경우에서도 마찬가지다.

(4) 정신적 · 정서적 문제

Bryson 등은 1998년 ADI-R을 사용하여 자폐증으로 진단된 청소년과 성인을 대상으로 한 연구에서 적어도 40%가 정신과적 삽화를 경험하였으며 특히 기분

장애가 가장 많았다고 보고하였다. 자폐 스펙트럼 장애를 가진 성인 임상 표본에서 가장 흔한 정신과적 문제는 우울증이다(Ghaziuddin, 1998, 2002; Howlin et al., 2000). 우울증은 종종 스트레스와 사회적 고립에 대한 반응으로 나타난다. 그러나 자폐증 아동을 둔 엄마들 중에 출산 전 우울증 발생률이 높다는 보고가 다수 있으며, 이는 자폐증에서 우울증의 유전적 영향을 시사한다(Bolton et al., 1998; Piven & Palmer, 1999; Piven et al., 1991; Smalley et al., 1995). 강박증을 포함한 불안장애도 자폐증 청소년과 성인에서 종종 보고된다(Green et al., 2000; Rumsey et al., 1985; Seltzer et al., 2001; Szatmari et al., 1989). 청소년기 및 성인기 자폐증에서 정신분열증의 위험도가 증가한다는 명확한 근거는 없다(Ghaziuddin et al., 2002). 독립적인 피해 사고나 망상 또는 환청이 발생한 경우가 있다는 몇몇 보고들이 있다(Howlin, 2003; Howlin et al., 2000; Rumsey et al., 1985; Szatmari et al., 1989; Wing, 1981). 양극성 장애도 보고된 바 있다(Howlin, 2000).

2) 기능 및 성취에 대한 연구

(1) 적응 기능

적응 기능은 대개 지능보다 눈에 띄게 낮으며 특히 지능이 높을수록 두드러진다(Bolte & Poustka, 2002; Bryson & Smith, 1998; Carter et al., 1998; Freeman et al., 1991; Lockyer & Rutter, 1969; Rumsey et al., 1985). Venter 등은 1992년 10~37세의 평균 지능지수가 79.21인 표본에 대한 추적 연구에서 VSS 지수는 의사소통 47.57, 일상생활 기술 49.05, 사회화 38.09였다고 보고하였으며, Howlin 등은 2000년 평균 언어성 지능이 82인 성인 표본의 VSS 지수는 각각 51.11, 65.1, 46.4임을 보고하였다. Green 등은 2000년 11~19세의 자폐증 청소년 20명에 대한 연구 보고를 하였는데, 그들의 평균 IQ는 92였고 이 중 50%만이 목욕과 이 닦기 등의 기본적인 자조 기술에서 독립적이었다.

정상 범주의 IQ를 가진 자폐증의 경우, 그들이 정신지체가 아니라는 이유로 특수교육이나 주거 지원, 직업훈련 등을 거부할 수 있으므로 적응 능력을 평가하는 것은 매우 중요하며 유의하게 손상된 적응 능력을 기록해 놓는 것이 필수적이다.

(2) 학업 성취도와 고등교육

교육의 기회와 서비스가 점점 확대됨에 따라 학업 성취도는 점차 증가하고 있다(Venter et al., 1992). 그러나 학업 성적은 지능에 비해 낮은 기능 수준을 반영할 때가 많다. 예를 들면, IQ 90 이상인 이들 중 많은 수가 독해/해독을 제외한 모든 학업 성적이 평균보다 낮았다. Mawhood 등은 2000년 평균 IQ 82인 성인 표본에서 평균 학업 성취 연령은 독해 정확성 12.17세, 독해 이해 10.64세, 철자법 10.82세였다고 보고하였다. Howlin 등은 2004년 평균 지능과 매우 좋은 예후(outcome)를 보인 그룹의 학업 성취 연령이 독해 정확성 12.2세, 독해 이해 10.5세, 철자법 13.1세였다고 보고하였다.

Minshew 등은 1994년 54명의 자폐증 성인 표본에서 기계적인 학업 기술에서는 대조군과 차이가 없었으나 독해 이해에서 중대한 결함을 보였다고 보고하였다. 현재까지 자폐증 성인 대부분은 초등학생 이상의 독해 능력과 수학 기술을 발달시키지 못하였으나, 대학과 대학원을 졸업한 경우도 다수 보고되고 있다(Green et al., 2000; Howlin, 2003; Howlin et al., 2004; Kanner, 1973; Rumsey et al., 1985; Szatmari et al., 1989; Venter et al., 1992).

(3) 주거

Seltzer 등은 1998년 뉴욕에서 기관에 다니는 20~29세의 자폐증 성인 중 54%, 30~39세의 경우는 34%가 여전히 부모와 함께 살고 있다고 보고하였으며, 1997년 매사추세츠에서 기관에 다니는 18~30세의 자폐증 성인 중 42%, 30세 이상에서는 23%가 여전히 부모와 함께 살고 있다고 보고하였다(Seltzer et al., 2001). 자폐증을 지닌 경우 성인기에 이르러서도 부모에게 매우 의존적이라는 것을 알 수 있다. 그러나 정신지체만 가지고 있는 같은 연령의 성인보다는 그 비율이 낮다

(Seltzer et al., 2001). 자폐증이 있는 경우 정신지체가 있을 때보다 부모가 다루기 힘들거나 함께 살기 어렵기 때문에 거주 시설에 많이 있기 때문이다.

자폐증과 정신지체가 동반되어 있는 경우에는 완전히 독립적으로 생활하는 것은 불가능해 보인다(Nordin & Gillberg, 1998; Howlin et al., 2004). 가사, 경제 관리, 시간 관리, 자기 보호 등은 복잡한 일이기 때문에 정신지체가 동반된 경우 성공적으로 관리하는 기술을 습득하기 어렵다.

(4) 취업

독립적인 정규직을 얻고 유지하는 능력은 정상적인 성인으로서의 기능을 판단하는 요소 중 하나다. 1998년 Howlin 등은 자폐증 성인 중 소수만이 이러한 기준을 만족시킨다고 보고하였다. Kanner의 환자들을 시작으로, 일부 자폐증 성인은 독립적으로 정규직을 가졌으나 그들이 가진 특정 직업 명단을 작성할 수 있을 정도로 드물다.

지역 경제와 특수 직업훈련 프로그램 및 지원은 자폐증 환자 개인의 직업적 성공을 유의하게 향상시킨다(Kobayashi et al., 1992; Mawhood & Howlin, 1999). 1995년 Smith 등은 모든 자폐증 환자가 조용한 환경에서 고정되고 기계적인 업무를 하는 직업을 필요로 한다는 틀에 박힌 생각은 틀리며, 그들이 취약한 언어와 사회적 기술이 중요시되는 일을 피하면서 여러 산업 분야에서 다양한 종류의 일을 할 수 있도록 자폐증을 가진 근로자들을 관리해야 한다고 하였다.

(5) 결혼

자폐증 성인 중 소수만 결혼을 하며, 자폐증 성인의 대부분은 제한된 사회적 접촉을 가지고 비교적 피상적인 관계를 유지하거나 주로 지역 단체와 기관에서만 사회적 관계를 갖는다(Ballaban-Gil & Rapin, 1996; Howlin et al., 2000, 2004; Rumsey et al., 1985).

(6) 자폐증과 형사 사법 제도

자폐증을 포함하여 발달장애를 가진 사람들은 정상적으로 발달하는 사람들에 비해 범죄의 희생자가 되기 쉬우며(Debbaudt, 2001), 성적으로나 경제적으로 착취당할 가능성이 높다(Howlin et al., 2004; Murrie et al., 2002). 게다가 자폐증이 있으면 제한된 의사소통 기술, 비정상적인 행동, 상황에 대한 잘못된 인식 등으로 인해 그가 희생자건, 목격자건, 혐의자건 간에 경찰을 상대하는 데에도 보통 사람들보다 어려움을 갖는다. 고기능 자폐에서는 적절한 지원이나 감독 없이 지역사회에서 시간을 보낸다면 더욱 범죄나 착취의 희생자가 되기 쉽다. 아스퍼거 증후군의 대다수는 양심적으로 법을 지킨다(Murrie et al., 2002). 그러나 자폐증 중 특히 아스퍼거 증후군이 있거나 고기능 자폐인 경우 어려운 법적 상황에 처할 때가 있다. 그 범죄는 대개 특정 관심사에 대한 지나친 집착의 일부이거나, 당황하여 방어적인 행동을 한 결과이거나, 상식이 너무 없거나 독특한 사고 양식으로 인해 생긴 일이다(Howlin, 1997; Howlin et al., 2000).

3) 신체적 측면에 대한 연구

(1) 간질

자폐증에서 간질의 유병률은 20～30%로 보고되고 있다(Bryson & Smith, 1998; Nordin & Gillberg, 1998; Rapin, 1997). 간질은 모든 지능 수준에서 발생하지만 정신지체가 동반된 경우(Rutter, 1970; Volkmar & Nelson, 1990; Wolf & Goldberg, 1986)나 뚜렷한 발달상의 퇴행을 보이는 경우(Gillberg & Steffenburg, 1987; Kobayashi & Murata, 1998; Rutter et al., 1967)에 더 많이 보인다. 간질발작의 발병은 5세 이전과 초기 청소년기의 두 시기에 가장 많이 분포한다(Howlin et al., 2000; Rutter, 1970; Tuchman, 2000; Volkmar & Nelson, 1990). Giovanardi-Rossi 등은 간질을 동반하거나 발작은 없으나 뇌파에 발작성 이상이 있는 자폐증 청소년과 성인 27명 중 66.7%에서 12세 이후에 발병하였다고 보고하였다(Giovanardi-Rossi et al., 2000). Byrd(2002)는 MIND 연구소 연구에서 1993～1995년에 태어난 자폐증

그룹(약 7~9세)에서 9.8%, 1983~1985년에 태어난 자폐증 그룹(약 17~19세)에서는 14.8%의 간질 유병률을 보고하였다.

(2) 사망률

자폐증 자체는 퇴행성 질환이 아니다. 그러나 연관된 의학적 상태(특히 간질) 또는 정신지체와 관련하여 발생하는 사고로 인해 조기 사망하는 경우가 있다. Isager 등(1999)은 덴마크에서 1945~1980년에 태어나 전반적 발달장애로 진단받은 모든 소아에 대해 1993년 후반 사망 기록을 검토하였다. 이 연구에서 총 341명 중 324명이 계속 덴마크에서 살고 있었으며, 4명이 이민을 갔고, 1명은 실종되었으며, 12명이 사망하였다. 나이, 성별, 추적 기간을 짝지은 대조군에서의 기대 사망률에 비하여 유의하게 높은 사망률이었다. 사망한 12명은 신체질환(5명), 간질발작과 연관된 원인(1명), 사고(4명, 이 중 3명은 간질발작과 연관된 것으로 추정됨), 자살(2명)로 사망하였다. Shavelle 등(2001)은 캘리포니아 주 데이터베이스에서 이동성이 있는 자폐증 환자 모두에 대해 1983년에서 1997년까지 14년 동안의 사망 원인을 조사하였다. 1만 3,111명 중 202명이 사망하였으며 일반 인구에 비해 여성과 중등도 이상의 정신지체를 동반한 경우 사망률이 높았다. 사망 원인은 간질발작, 질식, 익사 등이었다. Patja 등(2000)은 핀란드에서 간질 발작이 기대 수명을 감소시키는 중요한 위험 요소라고 보고하였다. Ballaban-Gil 등은 1996년 자폐증 소아에서 익사의 발생 보고율이 매우 높다고 보고하였다. 다른 소아기 자폐증의 추적 연구들에서 보고된 사망 원인들은 심장 이상(Gillberg & Steffenburg, 1987), 간질발작(Howlin et al., 2004; Rutter, 1970), 교통 사고(Kanner, 1973), 흡인성 폐렴, 익사, 항정신병 약제의 장기 복용에 의한 합병증(Ballaban-Gil et al., 1996), 뇌병증, 자해로 인한 두부 손상, 신증후군, 천식(Kobayashi et al., 1992) 등이다. 정신지체를 동반한 자폐증 환자들은 흡연, 음주, 교통 사고와 직업 재해 사고와 자살 등 일반 성인의 생활 방식과 연관된 위험 요소는 적다(Patja et al., 2000; Shavelle et al., 2001). 자살 사고와 시도는 소수의 경도에서 중등도의 정신지체를 동반한 자폐증 소아와 청소년에서 보고된 바 있으며(Hardan & Sahl, 1999) 고기능 자폐 성인에서도 보고된 바 있다(Wing, 1981). 정신지체 동반 유무에 상관없이 자폐증에서 통계적으로 높은 사망률을 보임에도 불구하고, 자폐증을 지닌 대부분의 사람은 중년까지 살고 있으며 거의 확실히 그 이상 살아갈 것이다(자폐증 진단이 내려지기 시작한 초기 환자들이 이제 중년을 지나고 있다.). 따라서 많은 자폐증 환자는 부모보다 오래 살 것이며, 이는 자폐증 성인에 대한 주거 및 다른 서비스들의 필요성을 강력히 시사한다.

3. 결론 및 향후 연구 과제

자폐 스펙트럼 장애의 발달 경과와 성인기 결과는 본질적으로 두 가지 관점으로 바라볼 수 있다. 정상 발달의 관점에서 보면 자폐증은 독립적인 성인이 되기 어렵게 하는 심각한 장애다. 반면, 심각하게 비정상적인 초기 발달의 관점에서 는 많은 자폐증 소아가 시간의 흐름에 따라 기술이 향상되고 사회적으로 용납되는 행동이 증가하며 대부분의 가족이 특수한 상황에 적응한다(Sanders & Morgan, 1997).

자폐 스펙트럼 장애를 가진 소아의 일부에서 청소년기는 자신과 가족 모두에게 특별히 능력을 시험하는 시기가 될 수 있으며, 대부분의 경우에는 기술이 발달하고 사회적 인식이 증가하는 시기다.

평균 지능 또는 경도의 정신지체를 가지는 경우에는 일반학교에서 학업을 연마하고 의미 있는 직업을 얻고 유지하며 가정과 사회 활동 및 관계를 즐길 수 있다. 그러나 정신지체가 심하거나, 기능적 언어가 제한되어 있거나, 관심이 지나치게 제한된 영역에 집중되어 있거나, 경직된 행동 양상이 있으면 상당한 장애가 지속된다. 자폐증과 정신지체가 공존하는 성인에게는 특수한 거주 서비스와 일을 하거나 의미 있고 만족스러운 활동에 참여할 수 있는 특수한 지원이 필요하다. 거주 및 직업/주간 프로그램 서비스를 제공하려면 예산, 전문 인력, 이동 수단, 지지적 공동체가 필요하다.

Ballaban-Gil K, Rapin I, Tuchman R, and Shinnar S. Longitudinal examination of the behavioral, language, and social changes in a population of adolescents and young adults with autistic disorder. *Pediatr Neurol* 1996;15(3):217-223.

Bolte S and Poustka F. The relation between general cognitive level and adaptive behavior domains in individuals with autism with and without co-morbid mental retardation. *Child Psychiatry Hum Dev* 2002;33(2):165-172.

Bolton PF, Pickles A, Murphy M, and Rutter M. Autism, affective and other psychiatric disorders: patterns of familial aggregation. *Psychol Med* 1998;28(2):385-395.

Bryson SE and Smith IM. Epidemiology of autism: Prevalence, associated characteristics, and implications for research and service delivery. *Mental Retardation and Developmental Disabilities Research Reviews* 1998;4:97-103.

Byrd R. *Report to the Legislature on the principle findings from the epidemiology of autism in California: A comprehensive pilot study.* University of California Davis, MIND Institute, 2002.

Carter AS, Volkmar FR, Sparrow SS, Wang JJ, Lord C, Dawson G, Fombonne E, Loveland K, Mesibov G, and Schopler E. The Vineland Adaptive Behavior Scales: supplementary norms for individuals with autism. *J Autism Dev Disord* 1998;28(4):287-302.

Chakrabarti S and Fombonne E. Pervasive developmental disorders in preschool children. *JAMA* 2001;285(24):3093-3099.

Croen LA, Grether JK, Hoogstrate J, and Selvin S. The changing prevalence of autism in California. *J Autism Dev Disord* 2002a;32(3):207-215.

Croen LA, Grether JK, and Selvin S. Descriptive epidemiology of autism in a California population: who is at risk? *J Autism Dev Disord* 2002b;32(3):217-224.

Debbaudt D. *Autism, advocates, and the law enforcement professionals: recognizing and reducing risk situations for people with autism spectrum disorders.* London: Jessica Kingsley, 2001.

DeMyer MK. *Parents and children in autism.* Washington, DC: Winston and Sons, 1979.

DeMyer MK, Barton S, DeMyer WE, Norton JA, Allen J, and Steele R. Prognosis in autism: a follow-up study. *J Autism Child Schizophr* 1973;3(3):199-246.

Eaves LC and Ho HH. Brief report: stability and change in cognitive and behavioral characteristics of autism through childhood. *J Autism Dev Disord* 1996;26(5):557-569.

Eisenberg L. The autistic child in adolescence. *Am J Psychiatry* 1956;112(8):607-612.

Fombonne E. The epidemiology of autism: a review. *Psychol Med* 1999;29(4):769-786.

Fong L, Wilgosh L, and Sobsey D. The experience of parenting an adolescent with autism. *International Journal of Disability, Development and Education* 1993;40:105-113.

Freeman BJ, Rahbar B, Ritvo ER, Bice TL, Yokota A, and Ritvo R. The stability of cognitive and behavioral parameters in autism: a twelve-year prospective study. *J Am Acad Child Adolesc Psychiatry* 1991;30(3):479-482.

Ghaziuddin M, Ghaziuddin N, and Greden J. Depression in persons with autism: implications for research and clinical care. *J Autism Dev Disord* 2002;32(4):299-306.

Ghaziuddin M, Weidmer-Mikhail E, and Ghaziuddin N. Comorbidity of Asperger syndrome: a preliminary report. *J Intellect Disabil Res* 1998;42:279-283.

Gilchrist A, Green J, Cox A, Burton D, Rutter M, and Le Couteur A. Development and current functioning in adolescents with Asperger syndrome: a comparative study. *J Child Psychol Psychiatry* 2001;42(2):227-240.

Gillberg C. Outcome in autism and autistic-like conditions. *J Am Acad Child Adolesc Psychiatry* 1991;30(3):375-382.

Gillberg C. Asperger syndrome and high-functioning autism. *Br J Psychiatry* 1998;172:200-209.

Gillberg C and Steffenburg S. Outcome and prognostic factors in infantile autism and similar conditions: a population-based study of 46 cases followed through puberty. *J Autism Dev Disord* 1987;17(2):273-287.

Giovanardi-Rossi P, Posar A, and Parmeggiani A. Epilepsy in adolescents and young adults with autistic disorder. *Brain Dev* 2000;22(2):102-106.

Green J, Gilchrist A, Burton D, and Cox A. Social and psychiatric functioning in adolescents with Asperger syndrome compared with conduct disorder. *J Autism Dev Disord* 2000;30(4):279-293.

Hardan A and Sahl R. Suicidal behavior in children and adolescents with developmental disorders. *Res Dev Disabil* 1999;20(4):287-296.

Howlin P. *Autism: preparing for adulthood*. London: Routledge, 1997.

Howlin P. Outcome in high-functioning adults with autism with and without early language delays: implications for the differentiation between autism and Asperger syndrome. *J Autism Dev Disord* 2003;33(1):3-13.

Howlin P, Goode S, Hutton J, and Rutter M. Adult outcome for children with autism. *J Child Psychol Psychiatry* 2004;45(2):212-229.

Howlin P, Mawhood L, and Rutter M. Autism and developmental receptive language disorder—a follow-up comparison in early adult life, II: Social, behavioural, and psychiatric outcomes. *J Child Psychol Psychiatry* 2000;41(5):561-578.

Isager T, Mouridsen SE, and Rich B. Mortality and causes of death in pervasive developmental disorders. *Autism* 1999;3:7-16.

Kanner L. *Childhood psychosis: initial studies and new insights*. Washington, DC: Winston and Sons, 1973.

Kanner L, Rodriguez A, and Ashenden B. How far can autistic children go in matters of social adaptation? *J Autism Child Schizophr* 1972;2(1):9-33.

Kobayashi R and Murata T. Setback phenomenon in autism and long-term prognosis. *Acta Psychiatr Scand* 1998;98(4):296-303.

Kobayashi R, Murata T, and Yoshinaga K. A follow-up study of 201 children with autism in Kyushu and Yamaguchi areas, Japan. *J Autism Dev Disord* 1992;22(3):395-411.

Lockyer L and Rutter M. A five-to fifteen-year follow-up study of infantile psychosis. *Br J Psychiatry* 1969;115(525):865-882.

Lotter V. Factors related to outcome in autistic children. *J Autism Child Schizophr* 1974;4(3):263-277.

Mawhood L and Howlin P. The outcome of a supported employment scheme for high-functioning adults with autism or Asperger syndrome. *Autism* 1999;3:229-254.

Mawhood L, Howlin P, and Rutter M. Autism and developmental receptive language disorder—a comparative follow-up in early adult life, I: Cognitive and language outcomes. *J Child Psychol Psychiatry* 2000;41(5):547-559.

Mayes SD and Calhoun SL. Non-significance of early speech delay in children with autism and normal intelligence and implications for DSM-IV Asperger's disorder.

Autism 2001;5(1):81-94.

Mesibov GB, Schopler E, Schaffer B, and Michal N. Use of the childhood autism rating scale with autistic adolescents and adults. *J Am Acad Child Adolesc Psychiatry* 1989;28(4):538-541.

Minshew NJ, Goldstein G, Taylor HG, and Siegel DJ. Academic achievement in high functioning autistic individuals. *J Clin Exp Neuropsychol* 1994;16(2):261-270.

Morgan CN, Roy M, Nasr A, Chance P, Hand M, Mlele T, et al. A community survey establishing the prevalence rate of autistic disorder in adults with learning disability. *Psychiatric Bulletin* 2002;26:127-130.

Murrie DC, Warren JI, Kristiansson M, and Dietz PE. Asperger's syndrome in forensic settings. *International Journal of Forensic Mental Health* 2002;1:59-70.

Nordin V and Gillberg C. The long-term course of autistic disorders: update on follow-up studies. *Acta Psychiatr Scand* 1998;97(2):99-108.

Patja K, Iivanainen M, Vesala H, Oksanen H, and Ruoppila I. Life expectancy of people with intellectual disability: a 35-year follow-up study. *J Intellect Disabil Res* 2000;44:591-599.

Piven J Chase GA, Landa R, Wzorek M, Gayle J, Cloud D, and Folstein S. Psychiatric disorders in the parents of autistic individuals. *J Am Acad Child Adolesc Psychiatry* 1991;30(3):471-478.

Piven J, Harper J, Palmer P, and Arndt S. Course of behavioral change in autism: a retrospective study of high-IQ adolescents and adults. *J Am Acad Child Adolesc Psychiatry* 1996;35(4):523-529.

Piven J and Palmer P. Psychiatric disorder and the broad autism phenotype: evidence from a family study of multiple—incidence autism families. *Am J Psychiatry* 1999;156(4):557-563.

Rapin I. Autism. *N Engl J Med* 1997;337(2):97-104.

Rumsey JM, Rapoport JL, and Sceery WR. Autistic children as adults: psychiatric, social, and behavioral outcomes. *J Am Acad Child Psychiatry* 1985;24(4):465-473.

Rutter M. Autistic children: infancy to adulthood. *Semin Psychiatry* 1970;2(4):435-450.

Rutter M, Greenfeld D, and Lockyer L. A five to fifteen year follow-up study of infantile psychosis, II: Social and behavioural outcome. *Br J Psychiatry* 1967;113(504):1183-1199.

Sanders JL and Morgan SB. Family stress and adjustment as perceived by parents of children with autism or Down syndrome: implications for intervention. *Child and Family Bahavior Therapy* 1997;19:15-32.

Seltzer MM, Krauss MW, Orsmond GI, and Vestal C. Families of adolescents and adults with autism: uncharted territory. In: *International review of research in mental retardation: Vol. 23. Autism* Glidden LM (ed). San Diego, CA: Academic Press; 2001.

Seltzer MM, Krauss MW, Shattuck PT, Orsmond G, Swe A, and Lord C. The symptoms of autism spectrum disorders in adolescence and adulthood. *J Autism Dev Disord* 2003;33(6):565-581.

Shavelle RM, Strauss DJ, and Pickett J. Causes of death in autism. *J Autism Dev Disord* 2001;31(6):569-576.

Smalley SL, McCracken J, and Tanguay P. Autism, affective disorders, and social phobia. *Am J Med Genet* 1995;60(1):19-26.

Smith MD, Belcher RG, and Juhrs PD. *A guide to successful employment for individuals with autism.* Baltimore: Paul H. Brookes, 1995.

Steffenburg S, Gillberg C, and Steffenburg U. Psychiatric disorders in children and adolescents with mental retardation and active epilepsy. *Arch Neurol* 1996;53(9):904-912.

Szatmari P, Bartolucci G, Bremner R, Bond S, and Rich S. A follow-up study of high-functioning autistic children. *J Autism Dev Disord* 1989;19(2):213-225.

Tager-Flusberg H, Joseph R, and Folstein S. Current directions in research on autism. *Ment Retard Dev Disabil Res Rev* 2001;7(1):21-29.

Tuchman R. Treatment of seizure disorders and EEG abnormalities in children with autism spectrum disorders. *J Autism Dev Disord* 2000;30(5):485-489.

Venter A, Lord C, and Schopler E. A follow-up study of high-functioning autistic children. *J Child Psychol Psychiatry* 1992;33(3):489-507.

Volkmar FR and Nelson DS. Seizure disorders in autism. *J Am Acad Child Adolesc Psychiatry* 1990;29(1):127-129.

Windsor J, Doyle SS, and Siegel GM. Language acquisition after mutism: a longitudinal case study of autism. *J Speech Hear Res* 1994;37(1):96-105.

Wing L. Asperger's syndrome: a clinical account. *Psychol Med* 1981;11(1):115-129.

Wolf L and Goldberg B. Autistic children grow up: an eight to twenty-four year follow-up study. *Can J Psychiatry* 1986;31(6):550-556.

찾 아 보 기

◆ 인 명 ◆

◆ 내 용 ◆

저자 소개

대표 저자　≫ 조수철

서울대학교 의과대학 졸업
서울대학교 대학원 의학박사(정신과학전공)
미국 예일대학교 소아연구센터 연수. 교환교수 역임
대한 소아청소년정신의학회 이사장 역임
서울대학교 의과대학 신경정신과 주임교수 역임
서울대학교병원 신경정신과 과장 역임
대한 신경정신의학회 이사장 역임
현 대한 청소년정신의학회 회장, 서울 해바라기 여성-아동센터 소장
　서울대학교병원 소아청소년정신과 분과장

〈주요 저서 및 역서〉
소아정신약물학(서울대학교 출판부, 1995)
소아정신질환의 개념(서울대학교 출판부, 1999)
주의력결핍 · 과잉운동장애(서울대학교 출판부, 2001)
베토벤의 삶과 음악세계─고난을 헤치고 환희로─(서울대학교 출판부, 2002)
소아용 모차르트 이펙트(역, 황금가지, 2002)
산만한 우리 아이 어떻게 가르칠까?(부모용 교양서적, 샘터사, 2005)
소아정신병리의 진단과 평가(공저, 학지사, 2005)
베토벤─그 거룩한 울림에 대하여(서울대학교 출판부, 2007)
천재성과 마음(공역, 학지사, 2007)
뇌를 알면 공부가 쉬워져요(아동용, 공저, 효리원, 2008)
엄마는 주치의(경향미디어, 2009)
아동 · 청소년 임상 면담(공저, 학지사, 2010)
음악, 인간을 연주하다(서울대학교 출판부, 2010)
인간의 발달과 생존─힘과 통제의 원리(학지사, 2010)

〈전문 논문〉
유아자폐증, 주의력결핍 · 과잉운동장애, 틱장애, 소아기 불안장애, 소아기 우울증, 야뇨증, 행동장
　애, 소아기 정신분열병에 대한 논문 160편

〈음악 관련 논문〉
베토벤의 생애와 음악(정신의학, 1997) 외 6편

공동저자

김다정 서울대학교 졸 / 서울대학교 뇌과학협동과정 재학
김붕년 서울의대 졸 / 서울대학교 의과대학 교수
김수진 서울의대 졸 / 서울대학교병원 근무
김은영 서울의대 졸 / 서울대학교병원 근무
김재원 서울의대 졸 / 서울대학교 의과대학 교수
김지은 서울의대 졸 / 이화여자대학교 뇌인지과학과 교수
김효진 서울의대 졸 / 서울대학교병원 근무
남보라 서울의대 졸 / 서울대학교병원 근무
박규리 연세대학교 졸 / 마인드케어 심리치료센터 소장
박혜연 서울의대 졸 / 서울대학교병원 근무
반건호 경희의대 졸 / 경희대학교 의과대학 교수
변민수 서울의대 졸 / 서울대학교병원 근무
손지훈 서울의대 졸 / 서울대학교병원 근무
신민섭 서울대학교 졸 / 서울대학교 의과대학 교수
신서연 부산의대 졸 / 서울의료원 근무
양영희 서울의대 졸 / 양산부산대학교병원 교수
유한익 서울의대 졸 / 서울우리아이정신과 원장
유희정 경희의대 졸 / 서울대학교 의과대학 교수
이상돈 서울의대 졸 / 분당서울대학교병원 근무
이정현 이화의대 졸 / 서울대학교병원 근무
임미향 서울의대 졸 / 강북삼성병원 근무
장준환 서울의대 졸 / 서울대학교병원 근무
전유진 서울의대 졸 / 서울대학교병원 근무
정경미 연세대학교 졸 / 연세대학교 심리학과 교수
정동청 서울의대 졸 / 서울대학교병원 근무
정위훈 고려대학교 졸 / 서울대학교병원 근무
조맹제 서울의대 졸 / 서울대학교 의과대학 교수
채종희 서울의대 졸 / 서울대학교 의과대학 교수
홍순범 서울의대 졸 / 서울대학교병원 근무

자폐장애

2011년 10월 25일 1판 1쇄 인쇄
2011년 10월 31일 1판 1쇄 발행

지은이 • 조수철 외
펴낸이 • 김진환
펴낸곳 • (주) **학지사**

　　　　　121-837 서울특별시 마포구 서교동 352-29 마인드월드빌딩 5층
대표전화 • 02)330-5114　　　팩스 • 02)324-2345
등록번호 • 제313-2006-000265호

홈페이지 • http://www.hakjisa.co.kr
커뮤니티 • http://cafe.naver.com/hakjisa

ISBN 978-89-6330-772-5 93370

정가 25,000원